中国法律史学文丛

中国近代行政法
（1901—1949）

程维荣　著

2018年·北京

图书在版编目(CIP)数据

中国近代行政法：1901－1949/程维荣著．—北京：商务印书馆，2018
（中国法律史学文丛）
ISBN 978－7－100－15673－8

Ⅰ.①中… Ⅱ.①程… Ⅲ.①行政法—法制史—研究—中国—1901－1949 Ⅳ.①D922.102

中国版本图书馆CIP数据核字(2017)第315274号

权利保留，侵权必究。

中国法律史学文丛
中国近代行政法
(1901—1949)
程维荣 著

商 务 印 书 馆 出 版
（北京王府井大街36号 邮政编码100710）
商 务 印 书 馆 发 行
北 京 冠 中 印 刷 厂 印 刷
ISBN 978－7－100－15673－8

2018年1月第1版 开本 880×1230 1/32
2018年1月北京第1次印刷 印张 12⅜

定价：52.00元

总　　序

随着中国的崛起,中华民族的伟大复兴也正由梦想变为现实。然而,源远者流长,根深者叶茂。奠定和确立民族复兴的牢固学术根基,乃当代中国学人之责。中国法律史学,追根溯源于数千年华夏法制文明,凝聚百余年来中外学人的智慧结晶,寻觅法治中国固有之经验,发掘传统中华法系之精髓,以弘扬近代中国优秀的法治文化,亦是当代中国探寻政治文明的必由之路。中国法律史学的深入拓展可为国家长治久安提供镜鉴,并为部门法学研究在方法论上提供营养。

自改革开放以来,中国法律史学在老一辈法学家的引领下,在诸多中青年学者的不懈努力下,在这片荒芜的土地上拓荒、垦殖,已历30年,不论在学科建设还是在新史料的挖掘整理上,通史、专题史等诸多方面均取得了引人注目的成果。但是,目前中国法律史研究距社会转型大潮应承载的学术使命并不相契,甚至落后于政治社会实践的发展,有待法律界共同努力开创中国法律研究的新天地。

创立已逾百年的商务印书馆,以传承中西优秀文化为己任,其影响达致几代中国知识分子及普通百姓。社会虽几度变迁,物是人非,然而,百年磨砺、大浪淘沙,前辈擎立的商务旗帜,遵循独立的出版品格,不媚俗、不盲从,严谨于文化的传承与普及,保持与学界顶尖团队的真诚合作,始终是他们追求的目标。追思当年,清末民国有张元济(1867—1959)、王云五(1888—1979)等大师,他们周围云集一批仁人志士与知识分子,通过精诚合作,务实创新,把商务做成享誉世界的中国品牌。抗战烽烟使之几遭灭顶,商务人上下斡旋,辗转跋涉到渝、沪,艰难困苦中还不断推出各个学科的著述,中国近代出版的一面旗帜就此屹立不败。

近年来,商务印书馆在法律类图书的出版上,致力于《法学文库》丛书和法律文献史料的校勘整理。《法学文库》已纳入出版优秀原创著作十余部,涵盖法史、法理、民法、宪法等部门法学。2008年推出了十一卷本《新译日本法规大全》点校本,重现百年前近代中国在移植外国法方面的宏大气势与务实作为。2010年陆续推出《大清新法令》(1901—1911)点校本,全面梳理清末法律改革的立法成果,为当代中国法制发展断裂的学术脉络接续前弦,为现代中国的法制文明溯源探路,为21世纪中国法治国家理想呈献近代蓝本,并试图发扬光大。

现在呈现于读者面前的《中国法律史学文丛》,拟收入法律通史、各部门法专史、断代法史方面的精品图书,通过结集成套出版,推崇用历史、社会的方法研究中国法律,以期拓展法学规范研究的多元路径,提升中国法律学术的整体理论水准。在法学方法上致力于实证研究,避免宏大叙事与纯粹演绎的范式,以及简单拿来主义而不顾中国固有文化的作品,使中国法律学术回归本土法的精神。

何 勤 华
2010年6月22日于上海

目 录

前言 ………………………………………………………………… 1

第一章 中国近代行政法综述 ………………………………… 5
第一节 中国近代行政法的立宪背景 …………………… 5
一、晚清立宪运动 ………………………………………… 5
二、南京临时政府的约法 ………………………………… 8
三、北京政府的立宪活动 ………………………………… 10
四、国民政府的训政与宪政 ……………………………… 12
第二节 中国近代行政法的理论依据 …………………… 15
一、西方宪政思想 ………………………………………… 15
二、晚清法律改革思想 …………………………………… 21
三、孙中山政治与法律理论 ……………………………… 24
四、近代行政法思想 ……………………………………… 31
第三节 中国近代行政法的概念与发展 ………………… 36
一、中国近代行政法的概念 ……………………………… 36
二、中国近代行政法的发展 ……………………………… 37
三、中国近代行政法的特征 ……………………………… 39

第二章 近代行政立法制度 …………………………………… 44
第一节 行政立法体制与法律渊源 ……………………… 44

一、清末民初行政立法变化 …………………………………… 44
　　二、国民政府法制机关 ………………………………………… 48
　　三、国民政府行政法律渊源 …………………………………… 52
第二节　国民政府行政立法程序 ………………………………… 57
　　一、四步立法程序 ……………………………………………… 57
　　二、行政立法的演变 …………………………………………… 60
第三节　国民政府行政立法技术 ………………………………… 65
　　一、行政法的实质规定 ………………………………………… 65
　　二、行政法规定事项的方式 …………………………………… 67
　　三、行政法律法规结构 ………………………………………… 69

第三章　近代行政机关法 ………………………………………… 73
第一节　中央行政机关组织法 …………………………………… 73
　　一、晚清中央官制改革 ………………………………………… 73
　　二、民国前期中央行政机关 …………………………………… 79
　　三、国民政府中央行政机关 …………………………………… 85
第二节　地方行政机关组织法 …………………………………… 96
　　一、晚清地方行政机关 ………………………………………… 96
　　二、民国前期地方行政机关 …………………………………… 98
　　三、国民政府地方行政机关 …………………………………… 102
第三节　警察行政法 ……………………………………………… 110
　　一、晚清警察制度的建立 ……………………………………… 110
　　二、北京政府的警察行政 ……………………………………… 115
　　三、国民政府的警察行政 ……………………………………… 118
第四节　司法行政法 ……………………………………………… 123
　　一、司法行政机关 ……………………………………………… 123

二、律师管理制度 …………………………………………… 125

三、监狱管理制度 …………………………………………… 128

第四章 近代政府人事法 ……………………………………… 135

第一节 官等与考试制度 ………………………………… 135

一、官等 ……………………………………………………… 135

二、考试法规 ………………………………………………… 137

三、考试 ……………………………………………………… 141

第二节 铨叙、任用与职等 ……………………………… 145

一、铨叙 ……………………………………………………… 145

二、任用 ……………………………………………………… 149

三、职等 ……………………………………………………… 154

四、待遇 ……………………………………………………… 156

第三节 考绩与奖惩 ……………………………………… 158

一、考绩 ……………………………………………………… 158

二、勋给与退职 ……………………………………………… 160

第五章 近代部门经济行政法 ………………………………… 163

第一节 土地与农林水利法 ……………………………… 163

一、土地管理法 ……………………………………………… 163

二、农林渔业管理法 ………………………………………… 168

三、水利管理法 ……………………………………………… 171

第二节 工矿、公用事业与知识产权法 ………………… 176

一、矿业法 …………………………………………………… 176

二、工商与公用事业管理 …………………………………… 180

三、知识产权管理 …………………………………………… 185

第三节　邮电交通行政法 …… 190
一、邮政管理体制 …… 190
二、电报电话管理 …… 194
三、公路法 …… 196
四、航运与航空法 …… 199
五、铁路法 …… 202

第四节　财政与金融法 …… 208
一、统一财政体制 …… 208
二、预算与会计制度 …… 218
三、银行与货币管理 …… 223
四、证券交易管理 …… 227

第五节　海关行政法 …… 229
一、外贸管理法 …… 229
二、海关管理法 …… 231
三、海关人事制度 …… 237

第六节　战时经济统制 …… 239
一、战时经济统制机构 …… 239
二、战时经济统制法令 …… 241

第六章　近代教育文化卫生行政法 …… 248

第一节　教育行政法 …… 248
一、中央教育行政机构 …… 248
二、地方教育行政机构 …… 252
三、教育改革与管理 …… 255
四、各级(类)学校教育管理 …… 258

第二节　文化管理法 …… 262

一、图书馆、博物馆管理 …………………………………………… 262
　　二、档案馆管理 …………………………………………………… 266
　　三、礼制与文物管理 ……………………………………………… 270
　第三节　新闻、出版与广播法 ………………………………………… 273
　　一、报刊业管理 …………………………………………………… 273
　　二、新闻出版检查 ………………………………………………… 276
　　三、广播管理 ……………………………………………………… 280
　第四节　卫生、检疫与体育法 ………………………………………… 284
　　一、医政体制 ……………………………………………………… 284
　　二、医疗管理 ……………………………………………………… 287
　　三、红十字会与港口检疫法 ……………………………………… 290
　　四、体育法 ………………………………………………………… 294

第七章　近代社会管理法 ………………………………………………… 298
　第一节　国籍、户籍与统计法 ………………………………………… 298
　　一、国籍制度 ……………………………………………………… 298
　　二、户籍与人口管理 ……………………………………………… 300
　　三、保甲制度 ……………………………………………………… 304
　　四、统计制度 ……………………………………………………… 306
　第二节　度量衡与气象法 ……………………………………………… 310
　　一、度量衡管理 …………………………………………………… 310
　　二、气象行政 ……………………………………………………… 314
　第三节　社团与社会合作法 …………………………………………… 316
　　一、社团管理规章 ………………………………………………… 316
　　二、各类社会团体管理 …………………………………………… 320
　　三、合作社法 ……………………………………………………… 325

第四节 社会生活管理法 ······ 327
一、禁毒制度 ······ 327
二、禁赌管理 ······ 331
三、公共秩序管理 ······ 333

第五节 民族与宗教行政法 ······ 336
一、民族事务管理 ······ 336
二、宗教事务管理 ······ 340

第六节 劳工与社会保障法 ······ 345
一、劳工法 ······ 345
二、社会保险制度 ······ 349
三、社会救济法 ······ 351
四、赈灾与难民管理 ······ 353

第八章 近代行政监督与行政司法 ······ 359

第一节 行政监督制度 ······ 359
一、行政监督 ······ 359
二、行政审计 ······ 363
三、公务员惩戒 ······ 368

第二节 行政法院制度 ······ 372
一、行政裁判院 ······ 372
二、平政院 ······ 374
三、行政法院 ······ 376

第三节 行政诉讼制度 ······ 378
一、行政诉讼法 ······ 378
二、诉愿前置制度 ······ 380
三、行政执行 ······ 382

附 录 ………………………………………………………… 384
一、中国近代主要行政立法表…………………………………… 384
二、本书所引法律法规资料主要出处…………………………… 388
三、本书参考文献………………………………………………… 389

前　言

　　中国近代行政法,是中国近代社会发展与变革的产物。

　　历史上,中国是一个统一集权、实行君主专制的国家。清代中期以后,整个社会日益呈现腐朽僵化、死水一潭的局面,偶尔才漾起一阵涟漪。到19世纪第一次鸦片战争爆发,开始进入多事之秋。尤其到20世纪上半期,天灾人祸频繁,社会剧烈动荡,同时受到外来的显著影响,各种经济因素、政治力量和文化潮流汹涌澎湃,是一个守旧与创造、强权与民主、古老传统与新生形态错综交织、碰撞融合,启蒙与愚昧、革命与守旧、进步与徘徊交织交替,爆发出巨大能量的时期。

　　回溯第一次鸦片战争以后的中国社会,有一个逐步发展、艰难转型的进程。中国20世纪上半期的行政法,就是在这样的历史背景下,受西方法学理论与法律制度影响,依托立宪运动,以光绪二十七年(1901年)起的清末新政揭开帷幕,历经南京临时政府、北京政府、国民政府等几个接连不断的阶段。到30年代初期,以各主要领域行政法律法规已经颁布、行政法律制度初步建立为标志,而基本实现近代化的。作为接受西方模式改革传统专制集权性质的行政法的结果,中国近代行政法以追求所谓三权分立下的近代行政法治为目标,在当时的社会背景下转型、变化。推动与支持行政法变革的力量,主要是受西方行政法思想与制度影响的由部分政治人物、各级执法与司法官员,以及法学教授与学者等构成的行政法领域的主流改革派。到30年代,中国已经成为当时亚洲拥有先进行政法体系的国家之一。

近代行政法，是中国近代社会制度的一个重要组成部分，又是整个中国法律制度史特别是行政法律制度发展的一个特定阶段。研究中国近代行政法，对当代行政法治建设有重要意义。第一，中国近代行政法第一次将中国的行政法作为一个真正意义上独立的法律部门，赋予其特定的本质特征与内涵，并作为部门法改革与蜕变的一种模式，与其他部门法区分开来，为今天的行政法开辟了联系中国与西方、传统与现代、从近代化转向现代化的视野与路径。第二，中国近代行政法的理论，为今天的行政法学提供了理论的滋养，使今天的人们能够从历史的角度认识到行政法的目的、特征、原则、内部与外在关系；认识到行政法的问题，归根结底是政府的组织法问题、机构职责问题，以及相应的行政程序问题；认识到行政法对于建设法治国家的不可或缺。第三，中国近代行政法的构成，为今天的行政法体系建设提供了主要框架，就是从根本法出发，以组织法为主线，包括人事法，经济、文化、社会等各部门管理法，行政监督与程序法，各部分之间互相协调的行政法体系。第四，中国近代行政法在其各个领域提供了一些具体的、可以为当代立法参照的条文范本，例如关于农业、森林与铁路经营，公务员考试、任用和奖惩，律师与监狱管理，知识产权制度及其实施，教育、图书馆、档案行政，医疗、检疫与社会救济，以及关于行政监督与行政诉讼的规定等。第五，中国近代行政法为今天的行政法建设提供了若干方面值得重视的经验教训，包括必须在社会发展的一定时期及时进行行政立法；必须讲究行政管理的规范与效率；必须处理好行政管理者与相对人之间的关系，重视对政府机构的监督；必须在宪法的统领下，与刑事、民商、诉讼等领域的法律互相衔接配套，等等。

可见，研究中国近代行政法，对于认识中国近代特别是 20 世纪上半期的法律制度，掌握中国近代社会发展的特征与趋势，并且认识中国行政法的演变规律，建设当今的行政法律制度，具有特殊的意义。目前,中国的行政法体系建设已经取得了很大成就,但是并不健全,特别是经常出现机构重叠、效率低下、有法不依、公平缺失、政府与民众关系不顺等问题。近代行政法制积累的经验教训,给我们提供了一面难能可贵的可以参照的镜子。

本书的主旨,就是本着悉心梳理、科学分析、客观评价的态度,研究中国近代行政法的发展过程与主要成就,探索中国近代行政法的发展规律,进而为今天的行政法制建设提供参考与借鉴。

在资料搜集整理中,我主要查阅了民国时期和新中国成立以后的资料,吸收了相关学术成果,从近代行政法的背景与一般理论及实践的各方面展开论述,介绍中国近代行政法的主要内容、特点,特别是注重揭示民国行政法草创、发展、渐趋完备以及在战乱中频繁变动逐渐衰败的演变过程。

本书的特点,首先是定位于20世纪上半叶,与当时中国社会的巨大震荡与制度变迁紧密相连,突出行政法在近代中国特定历史阶段中的独特地位与作用。其次是强调思想、制度及其实施的结合,在介绍西方近代行政法思想影响的前提下,阐述中国近代行政法的理论内涵、制定与实施过程,及其内在动因与规律。再次是注意内容的相对完整,以近代宪政为背景开端,涉及近代行政法的各个方面,包括近代行政法基本理论、行政立法、行政机关、行政执法与行政司法,重在揭示中国近代行政法的基本特点与演变规律。第四是尽量吸收已有的特别是民国时期的相关资料与研究成果,注意介绍民国学者的观点。第五是尽可能不受传统政治观念的束缚,摆脱成见,根据行政法本身发展的状况中性叙述,客观评价。最后是注意理论性、知识性和可读性的结合,运用附表、注释和附录等形式,在体现学术前沿的同时尽量做到能被一般观众所接受。

本书对于读者了解中国近代行政法的发展演变,以至于中国近代法律、政治与社会变迁具有一定的价值,也可以作为高校相关专业的教学参考之用。

  本书的策划与撰写,得到商务印书馆的指导,承蒙该馆接受出版,特别是王兰萍老师给予了多方支持与指教,并悉心审读稿件,提出具体修改意见,在此谨致衷心感谢。书中存在的问题,敬祈读者批评指正。

程维荣

2017 年 3 月

第一章 中国近代行政法综述

中国近代行政法,是受西方近代民主、法治思潮及其实践影响,并且在民主革命运动的背景下产生的。清末"新政"实践与孙中山的政治法律思想,分别对这一时期行政法的发展产生了重要作用。民国时期各阶段历史演变的条件与行政法理论的发展,及其追求的所谓三权分立下的近代法治,决定了近代行政法的基本面貌与本质特征。

第一节 中国近代行政法的立宪背景

一、晚清立宪运动

公元17世纪初,女真族兴起于我国东北的白山黑水间。女真首领努尔哈赤在赫拉阿图(今辽宁新宾)称汗,建立大金(史称后金)政权,与明朝对峙,并且完成了各部统一。皇太极在位期间,迁都至盛京(今沈阳),建国号大清,改族名为满洲。明崇祯十七年(1644年),李自成率领的农民起义军攻进北京,推翻腐朽的明朝。清军趁新政权立足未稳,在明朝降将的引导下入关,占领并定都北京,建立起以满族贵族为核心的国家政权。清军随即分路南下,镇压各地反清武装,圈占土地,强令汉人薙发以示顺从。康熙在位期间,清朝平定三藩之乱,收复台湾,击败噶尔丹叛乱势力,加强对西藏等少数民族地区的管理,并与沙俄签订《尼布楚条约》,巩固了东北边疆。当时并改革赋役,兴修水利,恢复农业经济;开办博学鸿词科收揽汉族士人,尊崇理学,巩固中央集权。从这时延续到雍正时期及乾隆的大部分时期,疆域广袤、包括众多民族的清朝户口蕃息,农业与城市工商业得到发展,文化繁盛,政权稳定,史称"康乾盛世"。与此同时,清朝政府大兴文字狱,加强思想控制。乾隆后期、嘉庆直至进入道光年间,在欧美近代革命兴起的同一时期,清王朝内部守旧势力强大,政治腐败、土地兼并、赋役繁苛、政治黑暗带来的社会矛盾日益突出,各地民众起义连绵不断,高度专制集权的清朝走上了萎靡衰朽之路。

第一次鸦片战争前后,宪法观念开始引进中国。随着洋务运动兴起,一批知识分子在探索拯救民族危机道路,致力国家富强的同时,开始认识到西方国家之所以富强不在于船坚炮利,而在于民主政治。甲午战争后签订了中日《马关条约》,清朝被迫割地赔款,震动朝野。为了拯救民族危亡,出现了康有为、梁启超等人的立宪主张。光绪二十四年(1898年)戊戌变法虽然被守旧顽固势力扼杀,却提供了中国近代最初的立宪思想成果。

光绪二十六年(1900年)七月,八国联军在枪炮声中攻占北京,慈禧挟光绪仓皇出逃。面对横行无阻的洋人和几乎变成一片瓦砾的北京,中国的许多士绅和官僚已经认识到极端保守的态度无法应对现实危机。清朝统治集团也觉察到,如再不作任何"革新"的表示,必将"全局糜烂","溃决难收",必须慎重选择"善后之策",进行若干改革,才能苟延残喘,保持危在旦夕的统治地位。同年十二月(1901年1月),流亡西安的清廷诏谕变通政治,以图自强:"我中国之弱,在于习气太深,文法太密,庸俗之吏多,豪杰之士少";如果"法令不更,锢习不破,欲求振作,当议更张"。因此要求"军机大臣、大学士、九部六卿,出使各国大臣,各省督抚,各就现在情弊,考察中西政治,举凡朝章国政,吏治民生,学校科举,军制财政,当因当革,当省当并,如何而国势始兴,如何而人才始盛……各举所知"。① 该上谕的精神主要有：(1)变法革新的目标是"富强"；(2)变法革新的方针是"取外国之长,去中国之短"；(3)革新内容涉及政治、经济、社会、军事、文化等各方面,其中包括"朝章、国政、吏治等"。这就表明清廷决定开始推行以官制改革为主要内容的"新政"。

光绪二十七年(1901年)三月,清朝成立规划新政的机构督办政务处,命奕劻、李鸿章、荣禄等六人为督办政务大臣,刘坤一、张之洞遥为参领。从此逐步推出各项新政,包括改革官制、兵制、学制,奖励工商等。

但是,这时的列强在加紧侵略与瓜分中国的同时,为实现"以华治华"的目标,从自身利益出发,要求清政府的不仅仅是局限于制度的小修小补,而必须推行"民主宪政"。与此同时,国内民主革命思潮广泛传播,各地群众的反抗斗争此起彼伏,反清武装起义风起云涌,代表资产阶级右翼和一部分地主官僚的君主立宪派也积极活动,企图通过立宪分得一份权力。在此压力下,清廷不得不做出预备立宪的姿态,派载泽、端方等五大臣于光绪三十一年(1905年)十一月至十二月分批出洋,在考察美、英、法、德、日等国宪政后,于次年六月先后回国。载泽向慈禧密陈"欲防革命,舍立宪无他",并以日本宪法为依据,说立宪有三大好处,一曰"皇位永固",二曰"外患渐轻",三曰"内乱可弭"。② 同年九月清廷于是宣布"预备立宪",周期三年。

光绪三十四年(1908年)八月,清廷颁布了中国历史上第一部宪法性文件《钦定宪法大纲》,其由宪政编查馆参照1889年《日本帝国宪法》

---

① 故宫博物院明清档案部编：《义和团档案史料》下册,中华书局1959年版,第914—916页。
② 故宫博物院明清档案部编：《清末筹备立宪档案史料》上册,中华书局1979年版,第174—175页。

制定,删去日本宪法中限制君权的条款,体现出"大权统于朝廷"的立法旨意。《钦定宪法大纲》共23条,分为两个部分,一为正文"君上大权"14条,二为附录"臣民权利义务"9条。《钦定宪法大纲》规定:"大清皇帝统治大清帝国万世一系,永永尊戴";"君上神圣尊严,不可侵犯"。皇帝有权颁布法律,发交议案,召集及解散议会,设官制禄,黜陟百司,编订军制,统帅陆海军,宣战媾和及订立条约,并总揽司法权。又规定臣民有纳税、当兵、遵守法律的义务,在法律范围内有言论、著作、出版、集会、结社、担任公职等权利和自由。《钦定宪法大纲》确认了君主大权,意味着皇权法定;又把臣民权利义务作为附录,表现出清朝统治者重君权、轻民权的一贯性。同时,《大纲》打破中华法系的传统结构,使宪法作为根本大法独立于刑法、民法等普通法律之外;《大纲》规定了国家与社会制度的基本原则,并且在中国历史上第一次明确规定了臣民的权利和义务。

宣统三年(1911年)十月,爆发了由革命党人领导的武昌首义,许多省份迅速响应,宣布独立,清王朝分崩离析。为苟延残喘,清廷命资政院迅速草拟宪法,表明对革命派作出让步。资政院仅用三天就制定出抄袭自英国宪法的《宪法重大信条十九条》即《十九信条》。与《钦定宪法大纲》相比,《十九信条》中君权有所缩小,规定"皇帝之权,以宪法所规定者为限";国会的权力有所扩大,但其基本精神仍然是在保君权的前提下,实行立宪政治。《十九信条》的颁布没有能够挽救清朝的命运。随着南方各省独立和内阁总理大臣袁世凯(1859—1916)的逼宫,1912年2月,宣统皇帝逊位,统治中国260多年的清朝垮台,延续两千多年的专制制度也就结束了。

二、南京临时政府的约法

1894年11月,孙中山(1866—1925)在檀香山成立革命团体兴中会,并制定章程,发表宣言。1905年8月孙中山联络其他革命团体,在东京成立中国同盟会,以"驱除鞑虏,恢复中华,创立民国,平均地权"为宗旨。在同年11月的《民报》发刊词中,孙中山又提出民族、民权、民生三大主义。经过多年的舆论宣传,尤其是许多在海外的革命派与知识分子的大力推进,民主共和观念深入人心,建立实行三权分立、摒除人治、推行法治的民主共和国已经成为一种广泛的共识。

1911年10月10日武昌首义爆发后,革命党人成立湖北军政府,改国号为中华民国,12月3日颁布《中华民国临时政府组织大纲》,其带有临时宪法性质,以美国国家制度为蓝本,确立临时政府为总统制共和政府,政府机关实行三权分立原则。随着全国革命形势迅速发展,同年12月,孙中山结束长期的海外流亡生涯回到上海。1912年1月,在南京成立了中华民国临时政府,孙中山在各省代表会上当选临时大总统。南京临时政府的成立,是辛亥革命的胜利成果,是中国近代民主革命运动的产物,宣告了共和制在中国的诞生。

南京临时政府成立后,采取一系列民主革命措施。但是,在南方阵营内,革命派与旧官僚及立宪派之间关系复杂,存在着各种矛盾。早在孙中山就任临时大总统以前,南方就在上海开始了秘密谈判。迫于袁世凯重兵压境的严峻局面,南方革命派曾经同意只要袁世凯"反正",逼迫清帝退位,就让他当中华民国临时大总统。南京临时政府成立后,袁世凯野心毕露,一方面率领清军进攻南方,一方面利用革命党的力量逼迫清廷退位,企图通过玩弄两面派权术夺取最高权力。1912年2月清朝皇室退位后,面对袁世凯的压力,南方革命党人被迫让步,孙中山宣布辞职。就在孙中山离职前,南京临时政府参议院召开了制定约法会议。3月,在袁世凯于北京就任临时大总统的次日,孙中山在南京正式公布了《中华民国临时约法》。

《中华民国临时约法》共7章56条。其以孙中山的民权主义学说为依据,以根本大法的形式肯定了中华民国的诞生,确立了民主共和国的国家制度,规定"中华民国由中国人民组织之";"中华民国之主权,属于国民全体"。《临时约法》将南京临时政府初期的总统制改为内阁制,按照三权分立原则,规定"中华民国以参议院、临时大总统、国务员、法院行使其统治权"。参议院为行使立法权的机关,临时大总统和国务员行使最高行政权,法院为审判机关。《临时约法》确认"主权在民"的民主共和制度,规定了人民的民主权利和保护私有财产,发展工商业的原则,否定了统治中国两千年之久的专制制度。制定《临时约法》的直接目的是为了约束与限制袁世凯。当时,袁世凯承诺遵守《临时约法》而得以上台。

三、北京政府的立宪活动

袁世凯原来为清朝官僚。在清末的宦海沉浮中攫取了实际上的最高权力,随即在北京当上了中华民国临时大总统,建立起北洋军阀统治下的北京政府,并且任命唐绍仪为民国第一任国务总理。袁世凯不久就背弃诺言,撕毁《临时约法》,实施各种手段,一步步实现其建立军事专政独裁制度的目的。

《临时约法》规定,在约法施行的 10 个月内,由临时大总统召开国会,制定宪法,选举正式大总统。从 1912 年 12 月开始,全国各地进行了第一届国会选举,这是中国近代史上第一次带有民主政治气息的选举。按照选民资格条件的规定,全国大约有 10% 的居民,即 4 000 万人拥有选举权,这个数字比过去已经扩大了很多。各主要政党于是紧张地投入选举。当时同盟会领袖宋教仁竭力鼓吹责任内阁制,并将同盟会改组成国民党,在国会中占有多数,遭到袁世凯的嫉恨。1913 年 3 月,宋教仁在上海火车站被袁世凯所派党羽暗杀身亡。这位民主革命的斗士和领袖人物成了近代宪政的殉道者。

1913年4月,中华民国第一届国会在北京召开。这天北京风和日丽,锦旗遍悬。上午9点起,议员们身着礼服陆续齐集会场。国会分参、众两院,有参议员179人,众议员503人,并有观礼代表千余人。

国会成立后,着手制定宪法并选举大总统。但在孰先孰后的问题上发生争议,国民党被迫退让,先起草《大总统选举法》。10月,袁世凯唆使军警强迫国会选举他为正式大总统。随后,宪法起草委员会通过了在北京天坛祈年殿起草的《中华民国宪法草案》("天坛宪草")。这部草案的基础是《临时约法》,反映了国会中的反对党仍然企图通过宪法来限制袁世凯。

袁世凯恼羞成怒,下令解散国民党,并命令以政治会议代替国会,修改《临时约法》。1914年3月,由政治会议议决的约法会议开会,根据袁世凯的意见,通过了《中华民国约法》("袁记约法")。该《约法》取消国会制,代之以由总统一手控制的参政院;废除了国务院官制,在大总统府中设立政事堂;取消国务总理而设置国务卿;大总统为国家元首及行政首脑,"总揽统治权",从而全面否定了《中华民国临时约法》的精神。

通过《约法》,袁世凯巩固了自己的独裁地位,但其欲壑难填,1915年12月,他公然复辟帝制,自称"中华民国皇帝"。袁世凯的专制独裁与复辟帝制丑剧,从一开始就遭到国人的反对。孙中山等先后发动了二次革命与护国战争讨袁。在一片声讨中,只当了83天皇帝的袁世凯心力交瘁,一命呜呼。自此以后,北洋军阀陷入四分五裂状态。1916年6月,黎元洪继任大总统,明令废弃"袁记约法",恢复临时约法。经过张勋复辟的波折,1918年7月,北京政府成立在皖系段祺瑞(1865—1936)控制下的新国会,并以"天坛宪草"为基础,重新起草宪法,遭到各派军阀反对。在军阀混战中,皖系、直系军阀先后入主北京。

第一次直奉战争后,直系军阀控制北京政权。觊觎最高权力的曹锟(1862—1938)打着"恢复法统"的旗号,再度恢复屡次被解散的国会。1923年10月,国会举行大选。曹锟以5 000到1万元不等的价格收买议员前来参会。在金钱的诱惑下,议员们趋之若鹜。总统选举当日,国会会场被大批荷枪实弹的军警严密包围,议员及有关人员入场要进行人身搜查,入席后不得中途退出。由于到会人数不足,曹锟通过向议员行贿凑足法定人数,当选总统。为了掩盖丑行,议员们又速成一部《中华民国宪法》并公布施行,被国人讥称为"贿选宪法"。

该宪法是中国历史上正式公布的第一部较为完备的宪法,把"民主"国体放在突出地位,同时专列"国权"和"地方制度"两章,划分中央和地方权限,以换取地方对中央政权的支持;又赋予总统各项大权。贿选丑剧遭到各界人士的声讨。不久,直系在1924年第二次直奉战争中被打败,"贿选宪法"随之作废。自此皖奉共同执掌北京政府,段祺瑞建立临时执政府,并起草宪法。到1926年4月,段政权瓦解,此次宪草亦流产。

1927年6月奉系张作霖(1875—1928)建立北京军政府,成为北洋军阀政府时代的末代统治者,直至1928年6月因被北伐军打败,张作霖退入关外,被日军制造的柳条沟事件炸死。其子张学良(1901—2001)接任东北保安司令。同年12月,张学良易帜,宣布东北并入南京国民政府管辖。

四、国民政府的训政与宪政

1917年8月,孙中山为反对军阀,保护临时约法,在广州召开非常国会,组成护法军政府。1922年2、3月间,孙中山在广州成立陆海军大元帅大本营。同年6月中共三大确立民族革命统一战线的方针,作出中国共产党和孙中山领导的国民党合作,改组国民党为民主革命联盟的决定。在中国共产党的帮助下,1924年1月,孙中山领导在广州召开中国国民党第一次全国代表大会。大会发表宣言,接受中国共产党反帝反封建的主张,制定了联俄、联共、扶助农工的三大政策,标志着国共两党革命统一战线的建立。

1925年7月在大元帅大本营基础上成立广州国民政府。其最高行政机构是国民政府委员会,该委员会实行集体领导,代表国民政府处理日常政务。国民政府下设行政各部、院,实行行政、司法、立法合一制度。第一次国共合作期间,1926年7月,从广州开始了反对北洋军阀的北伐战争。随着战争的进展,1927年1月国民政府从广州迁至武汉,通称武汉国民政府,设有军事、外交、财政、交通、司法、劳工、农政等部。

北伐军占领上海后,1927年4月,蒋介石在上海发动"四一二政变",随即建立南京国民政府。7月,武汉国民政府实行"分共",宁汉随即合流。中国共产党人通过发动南昌起义、秋收起义和广州起义,开展了独立领导武装斗争和创建革命根据地的第二次国内革命战争。1928年6月北伐战争完成。国民党二届五中全会宣布军政时期结束,训政时期开始。1930年10月,蒋介石(1887—1975)率军打垮阎、冯、桂三派势力,取得中原大战的胜利,从而获得全国统治者的地位。1931年5月由国民党一手包办的国民会议通过的《中华民国训政时期约法》,是训政时期具有宪法性质的文件,是国民党实行训政的基本法律依据。

《训政时期约法》借用来自西方的民主共和国宪法形式,实质上不仅确认了国民党掌握统治权,而且对人民权利加以种种法律限制,以国家根本大法形式确立国民党的一党专制,规定"训政时期由中国国民党全国代表大会代表国民大会行使中央统治权;中国国民党全国代表大会闭会时,其职权由中央执行委员会行使之"。国民政府主席、委员由中国国民党中央执行委员会选任,实行行政、立法、司法、考试及监察五院制,约法的解释权也由国民党中央行使。据此,训政时期即"过渡时期",其主要任务有"施行约法","建设地方自治,促进民权发达,以一县为自治单位","规定人民之权利义务,与革命政府之统治权",并"将人口清查,户籍厘定,警察、卫生、教育、道路各事照约法所定之低限度而充分办就"。①

1931年"九一八"事变爆发,日本帝国主义迅速占领我国东北三省,十四年抗战揭开帷幕,国内团结御侮、救亡图存、结束训政的呼声日益高涨。在此背景下,国民党决定起草宪法,召开国民大会,"结束党治,还政于民",并为此成立宪法起草委员会。1936年5月5日,国民政府公布宪法草案,又称"五五宪草"。其中宣布"中华民国为三民主义共和国";实施"权能分治"原则,规定"国民代表之选举,以普遍、平等、直接无记名投票之方法行之";以国民大会执掌中央治权,以总统及五院执掌治权。行政院对总统负责,总统对国民大会负责。由于全国抗战爆发,国民党停止推行宪政,继续训政。

1945年8月抗日战争胜利后,国内形势发生了新的变化。应蒋介石一再邀请,毛泽东同周恩来、王若飞赴重庆与国民党谈判。10月10日谈判结束,国共双方签订《双十协定》。1946年1月,国民党、共产党和各民主党派、无党派人士的代表在重庆召开政治协商会议,就政府组织、施政纲领、军事、国民大会、宪法草案等问题进行了讨论。会议闭幕后,依决议成立宪草审议委员会,起草宪法。但是1946年6月内战全面爆发,国民党不顾中国共产党和全国人民的反对,于同年11月在南京召开国民大会,大会的中心任务是制定《中华民国宪法》,所以此次大会又称"制宪国大"。

同年12月,国民大会通过《中华民国宪法》,并于1947年元月公布。《中华民国宪法》共14章,175条。其中声称"中华民国基于三民

---

① 蒋君章:《中华民国建设史》,正中书局1982年版,第48页。

主义,为民有、民治、民享之共和国";"中华民国之主权属于国民全体"。人民有秘密通信、信仰宗教、集会及结社之自由,有生存权、工作权及财产权,有应试一般公职之权;同时有依法纳税、服兵役之义务,有受国民教育之权利义务。人民之自由权利,"除为防止妨碍他人自由、避免紧急危难、维持社会秩序或增进公共利益所必要者外,不得以法律限制之"。"国民大会代表全国国民行使政权",并选举罢免总统、副总统,修改宪法,复决立法院所提之宪法修正案。总统为国家元首,对外代表中华民国,并统率全国陆海军,依法公布法律,行使缔结条约及宣战媾和之权,依法任免文武官员。行政院为最高行政机关,院长由总统提名,经立法院同意任命之。同时,列举了中央和地方权限,规定了地方自治制度。

这是国民党政权大陆时期最后一部宪法。根据当局的宣传,"宪法为巩固、保障民权,奠定社会安全,增进人民福利而制定,国人亟应循序推行,完成宪政大业,致国家于富强康乐之境。"①制宪国大召开以后,1948年3至5月,国民党又召开"行宪国大",选举"总统"、"副总统"。但是这部宪法的公布,已经无法挽回国民党政权在大陆的覆灭。一年以后,人民解放军渡江南下,国民党在大陆的统治就土崩瓦解了。

第二节 中国近代行政法的理论依据

一、西方宪政思想

西方行政法思想源于古希腊以来的政治理论。一般认为,古希腊有系统的政治思想是从苏格拉底(Socrates,公元前469—399)开始的,他把希腊人对于自然的研究转向了对于人类社会的关注。古希腊政治

---

① 宪政实施促进委员会:《促进宪政宣传纲要》,1947年印行,第20页。

思想的一个重要内容是关于民主的观念。特别是雅典的民主制度,以及主要是政治家对于民主政治的称颂,使古希腊的民主政治成为后世理想中的家园。雅典哲学家柏拉图(Plato,公元前427—347)对政体进行了划分,他指出:"现实城邦政制可分为四种类型,即荣誉政体、寡头政体、平民政体、僭越政体,最好的政体是哲学家的统治。"① 另一位哲学家亚里士多德(Aristoteles,公元前384—222)则认为,政体就是城邦中各种权力尤其是最高权力的分配和组织方式,政体事实上也就是政府。政体之所以不同,是由于城邦由若干不同部分组成,以及这些组成部分之间有不同的配合方式。城邦政体据此可以分为六种,即三种"正宗政体":君主政体、贵族政体、共和政体,以及三种"变态政体":僭主政体、寡头政体、平民政体。他认为正宗政体是好的政体,在各种正宗政体中,中产阶级执政的共和政体是最好的政体。②

以上理论对政体的选择产生了一定影响。在欧洲,公元前6世纪至公元1世纪的罗马国家和11世纪中期以前的英国均曾实行贵族共和制。雅典和后来的意大利威尼斯等欧洲城邦国家,还曾经实行民主共和制。不过,在古代与中世纪,君主制是普遍形态。专制政体下,君主最大限度地将国家一切权力集中于自己手中,成为国家权力的源泉和实质上的主权者,并且实行世袭制。虽然国家也设有行政与其他机关,有大臣和各级官员,但其均必须听命于君主,为君主专制服务。

中世纪欧洲神权与政权的结合,在思想上集中表现在"君权神授"论。这种理论宣称国王是上帝在人间的代表,所以人们应服从国王的意志和统治。经过中世纪的漫漫长夜,从13世纪开始的文艺复兴照亮了人们的视野,人文主义的影响日益深刻,在思想上表现为对神性的怀

---

① 转引自丛日云:《西方政治文化传统》,吉林出版集团有限公司2007年版,第93页。
② 〔古希腊〕亚里士多德:《政治学》,吴寿彭译,商务印书馆1965年版,第132—134页。

疑和人性的复归。随着罗马教廷权威的逐渐衰落,15世纪以后的欧洲兴起了宗教改革运动,它既反对天主教的精神秩序,也反对封建主义的世俗生活秩序。它从《圣经》关于所有灵魂都有平等价值的观点出发,得出人人权利平等的结论,即人人都有自己形成对上帝意志看法的能力和确定个人生活原则的能力。从思想上对旧社会秩序的理论基础进行最后一击的,是作为宗教改革副产品的古典自然法学说。

17、18世纪摆脱了宗教桎梏的启蒙思想家,如英国的霍布斯(Thomas Hobbes,1588—1679)和洛克(John Locke,1632—1704)、法国的孟德斯鸠(Baron de Montesquieu,1689—1755)和卢梭(Jean-Jacques Rousseau,1712—1778)等所阐述的古典自然法学说都从人的理性平等和客观正义观出发,假定人类曾生活于没有公共权力的"自然状态"中,那时人们是自由而平等的,人人享有生而就有的生命、自由和财产权利;但自然状态下人们的生活十分不方便,人类为了更完美的生活,更好地解决彼此间的纠纷并保障自己的权利,便相互订立契约,组成国家;每个人放弃全部的或部分的权利给社会,从而获得约定的社会权利,由国家保障每个人的生命、自由和财产;如果统治者侵犯了人们的生命、自由和财产等基本权利,人民根据天赋的权利,就有权推翻暴政,重新订立契约,另立新政府来保障自己的权利。

古典自然法论证了既然法律是人设立的制度,人就应该有最高的法律统治,即法律或宪法;宪法与其他法律一样,是关于人生活的,而不是为了某种神的理念;既然所有人在理性上是平等的,则人们在订立契约的资格上就都是平等的,即宪法或政府应得到大多数人的同意;宪法主要是为保护个人的权利,而不是保护政府或特权;权力必须受到限制,即政府必须是有限的。在这种思想的影响下,市民阶级以全社会的名义不断掀起争取民主、自由和平等的斗争,并将等级会议逐步改造成由选举产生的议会,从而进入国家的政治生活领域并力图控制政治权力。在反封建革命胜利后,市民阶级就将代表多数人统治的政治制度即议会制,以国家根本法的形式固定了下来。在这种民主的社会秩序中,人们需要一种共同的根本的行为规则,这就是宪法。因此,宪法产生的政治条件就是为反抗不合理的专制制度而形成的民主趋势。

近代行政法出现的一个重要前提是国家权力特别是立法权、司法权与行政权的分立。英国思想家洛克在其《政府论》中批判了"君主神授"理论,首次提出分权制衡说。他将国家权力分为立法权、执行权、对外权,"立法权是国家的最高权力";"如果得不到公众选举和委派的立法机关的批准,任何人的任何命令,无论是以何种形式出现,也不管是以什么权利为后盾,都不具有法律效力和强制性"。因为"需要相关人来执行和维护这些法律,因此也需要一个常设机构来负责法律的执行,保持法律效力。由此我们得知,立法权和执行权往往是分立的"。[①] 法国的孟德斯鸠受到洛克影响,发展分权制衡说,创立了立法、行政、司法三权分立和制衡的理论,认为:"当司法权和行政权为一个人或同一机构独揽时,就没有自由的存在,因为人们害怕这个国王或议会制定残暴的法律并残酷地尝试这些法律。如果司法权不与立法权和行政权分离,自由同样将没法存在";"如果同一个人或由显要人物、贵族和平民组成的同样机构执行以上三种权力,即立法权、公共决策权、司法权,一切都将化为乌有",[②] 并且认为行政机关可以用反对权参与立法,对立法机关进行牵制。卢梭则把他的人民主权思想运用到政府的分类、政府的形式问题上,认为国家的建立是社会成员订立社会契约的结果,契约如果遭到政府破坏,人民有反抗暴政的权利。政府问题的要害在于主权是否在民。他赞成共和制,主张建立一个民主的社会,人民认为如

---

① 〔英〕洛克:《政府论》,丰俊功译,光明日报出版社2009年版,第177—183页。
② 〔法〕孟德斯鸠:《论法的精神》,许家星译,中国社会科学出版社2007年版,第351—353页。

果主权在民,一切合法的政府都是共和制。① 卢梭的思想带有革命性,但他的主要注意力集中于权力在君主向民众的转换,而不是权力结构本身的合理化。

杰佛逊(Thomas Jefferson,1743—1826)与汉密尔顿(Alexander Hamiliton,1757—1804)是美国建国时期思想家。杰佛逊发展了权力制衡论,论及中央三机关时,他认为不能使一个机关的权力过大,行政首脑的权力过大是产生暴政的最大危险,总统的终身制势必使权力膨胀,所以他反对总统终身制,主张一任制,后来才同意最多两任制。他也反对让法院凌驾于议会和总统之上,并主张地方与中央分权。汉密尔顿倾向于削弱和分散议会权力,加强行政权力,提出"要把权力均匀地分配到不同部门","决定行政管理是否完善的首要因素就是行政部门的强而有力"。② 同时认为要使行政部门(总统)和司法部门有权否定立法部门的法案,使立法部门有权弹劾行政部门的首脑。

英国的密尔(John Stuart Mill,1806—1873)在《代议制政府》一书中说:代议制政府是理想上最好的政府形式。议会虽不宜直接管理行政事务,但议会有权任命行政部门的主要负责人,并且应该监督政府。行政官吏的特点是行动,任何一个团体除非严格地组织起来并有人统率,是不宜于行动的。议会虽然代表全体人民,但它并不熟悉具体业务,又无首脑统率,因此只能监督掌握、限制,或者在行政官员犯错误时予以弹劾免职,"如果组成政府的人滥用职权,或者履行责任的方式同国民的舆论明显相冲突,就将他们撤职,并明白地或事实上任命其后继人"。③ 密尔的思想反映了当时工商业阶级的发展。

---

① 马啸原:《近代西方政治思想》,云南人民出版社1987年版,第125页。
② 〔美〕汉密尔顿等:《联邦党人文集》,程逢如等译,商务印书馆1982年版,第40—41、356—357页。
③ 〔英〕密尔:《代议制政府》,商务印书馆1982年版,第80页。

总之,近代以来宪政理论及其指导下的三权分立思想与法治思想,是近代行政法产生与发展的基石。只有行政与立法、司法相脱离,并且在行政活动中贯彻依宪执政、依法办事的理念,才是近代意义上的行政法制。

一般认为1887年美国伍得罗·威尔逊(Thomas Woodrow Wilson,1856—1924)发表的《行政之研究》和1900年美国弗兰克·古德诺(Frank Johnson Goodnow,1859—1939)出版的《政治与行政》,是西方行政学确立过程中最早的文献。而在与近代中国关系更为密切的日本,有一些学者运用西方理论,对行政法和中国传统行政法史进行研究,成就斐然。浅井虎夫(1877—1928)在《中国法典编纂沿革史》中,运用近代法学观点,对中国上自先秦下至清朝的法典编纂情况进行了系统梳理和考证,认为中国历史上的主要法典就是刑事和行政(尤其是官制)两个方面。关于清代行政法典,着重介绍了会典、则例、全书等。这部著作,实际上可以看作日本学者研究中国近代行政法制背景与来源的成果,尤其是对推动清末法律改革有一定意义。织田万(1868—1945)所著《清国行政法》,是东方学者第一次用近代西方宪政思想研究中国传统行政法的著作。该书将清代行政法典杂乱的体系纳入近代行政法体系中,贯穿了近代法理,认为清朝"制度复杂而无序",提出"若为清国将来计,现行之制度亟宜改废;而欲改废之,固当于成法之外,考察其利害,洞察其得失"。[1] 虽然对清代行政法的落后多有讥刺,客观上与当时日本对中国的扩张形成某种遥相呼应之势,但在其书传入中国以后,对清末民初近代行政法理论与体系的形成起了一定推动作用。美浓部达吉(1873—1948)有《行政法撮要》、《行政裁判法》等著作,传播立宪主义、自由主义。在其《日本行政法撮要》一书中,主张三权分立,

---

[1] 〔日〕织田万:《清国行政法》,陈与年等译,上海广智书局1906年版,第1—4页。

认为在立宪政治下,行政权的界限有如下重要原则:(1)行政权的作用,不得与法规相抵触;(2)行政权若非以法规之根据为基础,则不得命之人民以义务,或危害其权利;(3)行政权若非根据法规,则不得对于特定人免除法规所命之义务,或为特定人设定权利;(4)纵令行政权之自由裁量为法规所许可,裁量权亦必服从法规之限制。①

二、晚清法律改革思想

清代是大一统的专制集权王朝,以礼的等级观念为核心的思想文化的专制主义与闭关锁国政策在清代得到延续。晚清法律改革思想,是中国近代法律制度变革的思想基础。

第一次鸦片战争前后,面对西方殖民主义者的威胁,出现了以龚自珍(1792—1841)、魏源(1794—1857)等为代表的一批以经邦济世、匡扶社稷自命,以拯民水火、挽救清王朝为己任的经世派。他们在维护专制制度的前提下,讥刺时政,诋诽专制,呼吁人才,倡言变法,讨论经济、地理,以筹边防,以谋御外。龚自珍揭露了清朝政治的腐败,提出要实行变法:"自古及今,法无不改,势无不积,事例无不变迁,风气无不移易。"②林则徐(1785—1850)具有经世致用思想,以及开眼看世界、抵御侵略的爱国思想。他找人将西方出版的著作译为《四洲志》等,从而对西方制度有了一定了解。魏源编纂有《海国图志》100卷,介绍西方各国的政治制度与社会风情。他介绍了英国的议会制度,又阐述美国的民主制度,赞扬美国总统四年一选举,"一变古今官家之局,而人心翕然,可不谓公乎!"议会选举,"众可可之,众否否之;众好好之,众恶恶

---

① 〔日〕美浓部达吉:《日本行政法撮要》,杨开甲译,考试院1933年印行,第15—19页。
② 〔清〕龚自珍:《龚自珍全集》,上海古籍出版社1975年版,第五辑《上大学士书》,第319页。

之。三占从二","可不谓周乎!"①他要求实行政治改革,"五帝不袭礼,三王不沿乐","善治民者不泥法"。②

在19世纪60至80年代的洋务运动期间,随着中国官僚资本和民族工商业的初步发展,出现了近代早期改良派,其中有的是带有资本主义倾向的地主官僚,有的是接触西方文化的知识分子,有的曾经被派驻或者游历西方国家,其共同倾向是较多了解西方制度与思想,要求学习西方,实行改革。如冯桂芬(1809—1874)主张"采西学"、"制洋器",有《校邠庐抗议》;郭嵩焘(1818—1891),近代中国第一位驻外公使,目睹西式民主,力倡洋务;王韬(1828—1897)曾游历西方,有《弢园文录外编》,推崇西方君主立宪的议会制度,认为"惟君民共治,上下相通,民隐得以上达,君惠亦得以下逮",并推崇英国的议会制度完美无缺。③薛福成(1838—1894)曾随李鸿章办理外交,任驻英、法、美、比四国公使,他说:"英国上下议院,有公保两党,迭为进退,互相维制";"一出一入,循环无穷,而国政适以剂于平云"。④郑观应(1842—1921),作为洋务企业买办,主张对列强进行"商战"、设立议院,有《盛世危言》。他积极鼓吹"君民共主制",称"议会者,公议政事之院也。集众思,广众益,用人行政,一秉至公,德诚良,意诚美矣"。⑤早期改良派主张"变局"、"借法自强"、"工商立国"、"中体西用",学习西方制度,富国强兵,并且与顽固势力进行了斗争。

到90年代,要求改革的呼声日益高涨。以康有为(1858—1927)、梁启超(1873—1929)、严复(1854—1921)为代表的维新派大力鼓吹变

---

① [清]魏源:《海国图志》,岳麓书社2011年版,第三册,卷五十九《外大西洋》,第1619页。
② [清]魏源:《默觚——魏源集》,辽宁人民出版社1994年版,第55页。
③ [清]王韬:《弢园文录外编》,上海书店出版社2002年版,卷一《重民·下》,第24页。
④ [清]薛福成:《出使四国日记》,社会科学文献出版社2007年版,卷四,第177页。
⑤ [清]郑观应:《盛世危言》卷首《自序》。

法图强,同时引进西方天赋人权说,形成新的国家观,批判专制,鼓吹民权。戊戌变法时期,在光绪帝的支持下,他们的观点一度得以实践。康有为用历史进化论批评顽固派,认为中国落后的原因在于塞,政治上塞,上下不通,导致君主专制阻碍社会发展,"考中国败弱之由,百弊丛积,皆由体制尊隔之故";主张托古改制,破旧立新,学习西方实行三权鼎立、君主立宪:"以国会立法,以法官司法,以政府行政,而人主总之。"① 梁启超强调反专制,兴民权,"熟悉西国议院",实行宪政与法治,称:"若中国能立议院之时,亦不患吏治不清矣。"② 严复倡导进化论,鼓吹学习西方,声称西洋各国"政教之施,以平等自由为宗旨";因此"欲开民智,非讲西学不可;欲讲实学,非另立选举之法,别开用人之途,而废八股、试贴、策论诸制科不可"。③ 维新派在要不要变法,要不要伸民权,要不要废八股、兴学校等问题上,与坚持专制制度的顽固派与官僚洋务派进行了斗争。维新运动虽然很快遭到顽固势力的扼杀,但是维新派思想并没有销声匿迹,反而进一步为当时的社会广泛接受。

沈家本(1840—1913),光绪进士,曾为天津、保定知府,清末任刑部侍郎、修律总纂与修订法律大臣。作为旧官僚阵营出身的改革派,沈家本力主按照新思想修律。对于《大清律例》,他改造的原则包括总目宜删除、刑名宜厘正、新章亦节取、例文亦简易四者。他还主持修订过《商律》、《破产律》、《刑事民事诉讼法》、《法院编制法》、《刑律》、《刑事诉讼律草案》、《民事诉讼律草案》等。他注意研究古代律学,翻译与研究西方与日本法典,主持民商事习惯调查,创建并主持京师法律学堂,对于创设律师制度与近代狱政发挥了重要作用。其立法思想要求"专以折

---

① [清]康有为:《上清帝第七书》,《康有为政论集》上册,第219页;《请定立宪开国会折》,同书,第338页。
② [清]徐涤珊编:《湖南时务学堂学生日记类钞》,上海三通书局1941年版,第129页。
③ [清]严复:《原强》,吉林人民出版社1976年版,第81—82页。

冲樽俎、模范列强为宗旨"。他指出:"窃维法治主义,为立宪各国之所同。编纂法典,实预备立宪之要旨。"①他称赞西方"纯以法治,三权分立,互相维持",强调"无论旧学新学","所贵融会而贯通";要求"参用西法","会通中西",②就是通过吸收西方三权分立学说从根本上改造中国传统法律,奠定清末立宪运动的基础,从而为中国近代行政法制开辟了道路。

三、孙中山政治与法律理论

作为近代中国民主运动的先驱者,孙中山(1866—1925)的政治与法律理论,首先是在国家权力结构上的五权分立论。

孙中山建立同盟会时,在章程中提出革命纲领。在《民报》发刊词中,孙中山正式提出民族、民权、民生三大主义。三民主义是孙中山总结中国革命经验,参照外国政治历史而设想的民主制度、社会制度的集中概括,是中国近代民主革命的政治、理论纲领。三民主义的核心是民权主义,就是要推翻君主专制,按照"五权宪法"方案建立民主共和国。这是孙中山对西方三权分立政体的发展。

五权分立,就是在行政权、立法权、司法权之外,加上考选权和监察权。五权分立的初衷是以中国传统的"优良制度"来济西方三权分立的流弊。在三权分立中,考试权从属于行政权,监察权从属于立法权。孙中山认为,西方的三权分立并不完善,因为西方官吏都是通过选举和委任两个途径来任职的,选举可以作弊,委任很难避免任人唯亲;而中国历史上以科举为中心的考选制度符合平民政治精神,具有平等性,有利

---

① [清]沈家本等:《奏请编定现行刑律以立推行新律基础摺》,故宫博物院明清档案部编:《清末筹备立宪档案史料》下册,中华书局1979年版,第852—853页。
② [清]沈家本:《法学名著序》、《法学会杂志序》,分别载《历代刑法考》(四),中华书局1985年版,第2240、2244页。

于优秀人才选拔。只有借鉴中国传统的考试制度,增加考选权,才能保证合格的官吏得以任用。同时,独立设置监察权,是对古代御史制度的继承,不像西方那样将监察附着于议会,可以避免议会专横,防止党派挟私行政,也可以对不合格的官吏进行罢免。五权分立下,五个治权彼此独立,共同对国民政府负责。孙中山指出,中国从前效仿的三权分立有很大流弊:"我们现在要集合中外的精华,防止一切的流弊,便要采用外国的行政权、立法权、司法权,加入中国的考试权和监察权,连成一个很好的完璧,造成一个五权分立的政府。像这样的政府,才是世界上最完全、最良善的政府。国家有了这样的纯良政府,才可能做到民有、民治、民享的国家。"[①]有了五权分立的体制,中国"便是民族的国家,国民的国家,社会的国家",[②]成为完美无缺的国家。

孙中山的五权宪法抛弃西方的代议民主制。实行全民政治的宪制,将直接民权引入宪制,设为政府结构中的一个权力结构(国民大会)。宪制中的权力平衡,主要体现在国民大会与政府的关系。政府内部各个权力特别是行政权与其他各项权力之间不存在制衡关系,而是一种平等的分工合作关系。五权宪法理论体现了孙中山实行民主革命,同时又糅杂西方制度与中国传统制度长处的思想。孙中山相信,他创造的五权宪法成功地解决了困扰民主制度发展的问题。

1927年在南京建立的国民政府,其结构与组成人员因政治纷争不断变化,到1928年2月国民党二届四中全会通过《改组国民政府案》才稳定下来。同年8月国民党二届五中全会,通过了胡汉民等人关于训政时期"实行五权之治"的主张,会议决定"训政时期之立法、行政、司法、考试、监察五院,应逐渐实施"。会后,国民党中央修订《国民政府组

---

① 孙中山:《三民主义·民权主义》,1924年,《孙中山全集》,中华书局2006年版,第9卷,第353—354页。

② 孙中山:《在东京民报创刊周年庆祝大会的演说》,1906年12月,《孙中山选集》上卷,人民出版社2011年版,第94页。

织法》,正式实行五院制。

应该指出,五权宪法并没有突破间接民权。如何保证这个代表机关实现人民的意志,其理论没有解决。五权分立下的行政观念实难和三权分立制下的行政观念相提并论。如官吏的任命在原则上须经过考试院的考选铨叙,任命权只能在考试院监视下行使;监察院的弹劾不但对政务官行使,对事务官是一样行使的;行政机关固有的惩戒权和监督权被监察院侵蚀了不少。司法院除掌握普通裁判以外,还握着官吏惩戒和行政裁判等权力。

其次,是革命程序论。孙中山的革命目标是在中国建立民主共和国。他意识到革命过程的艰苦性与长期性,将革命分为互相衔接而各具特色的三个阶段——军政时期、训政时期和宪政时期。他认为这是中国革命不可替代的过程。这就是他的"革命程序论"。

二次革命失败后,孙中山在日本解散国民党,另立中华革命党,表明他决心摈弃西方式政党政治,以党建国,实现他认为是最革命的中华革命党的一党专政。1919年10月,中华革命党更名中国国民党。在中国共产党的帮助下,国民党于1924年1月在广州召开第一次全国代表大会。大会接受了中国共产党反帝、反封建的主张,把旧三民主义发展成具有反帝、反封建军阀内容和联俄、联共、扶助农工三大政策的新三民主义,标志着第一次国共合作的统一战线的建立。大会发表了孙中山的《建国大纲》,其中宣布,为了在中国实现民主政治,建立民主共和国,必须经过军政、训政、宪政三个时期。

所谓军政时期,也就是用革命武力推翻专制王朝、统一国家的时期,"一切制度,悉隶于军政之下。政府一面用兵以扫除国内之障碍,一面宣传主义以开化全国之人心,而促进国家之统一"。[①]

---

① 孙中山:《国民政府建国大纲》,1924年,《孙中山全集》,中华书局2006年版,第9卷,第127页。

训政时期,在统一一省至全国的过程中,政府派员赴各县筹办自治,训练人民行使选举、罢免、创制、复决四种政权。孙中山认为,人民脱离长期专制不久,必须有一个接受训练的过渡时期,才能懂得如何行使政权。他说,"'训政'好像就是帝制时代用的名词,但是与帝制实在绝不相同";"五千年来被压作奴隶的人民,一旦抬他起作皇帝,定然是不会作的";"只好用些强迫的手段,迫着他来做主人,教他练习练习。"① 凡一省各县都达到自治,即为宪政开始时期,国民代表会选举省长为本省自治监督,至于该省内之国家行政,则省长受中央之指导。训政的关键,在于由国民党通过国民政府代替人民掌握政权。孙中山去世后,国民党中央执行委员会政治委员会议决在建立国民政府,实行训政的同时,明确规定政府的"施政方针由政治委员会决定,以政府名义执行之",确定了党对国民政府的指导关系。1925年7月公布的《国民政府组织法》以及国民政府建立后的实际活动,使上述关系逐步具体化:(1)政府由国民党组建,政府的权力来源于党的权力;(2)政府委员及各部门首脑由国民党中央任免;(3)政府的工作受国民党中央的指导和监督,向国民党中央负责。施政方针和立法原则由国民党中央执行委员会政治委员会提出,经中央执行委员会审议后,交国民政府执行。这种党治政府体制,使国民政府处于从属国民党的地位。

宪政时期,就是"还政于民",召开国民大会颁布宪法、实行民主制度的时期。立法机关议定宪法草案后,俟全国过半数省份达到完全自治,即开国民大会决定宪法而颁布之。宪法颁布后,国民依法举行全国大选,国民大会成为全国最高权力机关,对中央官员有选举、罢免权,对中央法律有创制、复决权。国民政府则于大选后三个月解散,而授政于

---

① 孙中山:《在上海中国国民党本部会议的演说》,1920年,《孙中山全集》,中华书局2006年版,第5卷,第400—401页。

民选政府。

"以军政肃清反侧,以训政扶植民治,然后才行宪政。"这种程序,源于同盟会《革命方略》中的军法之治、约法之治、宪法之治,三个时期各有不同的政权建设的中心任务和目标,相互区别又相互衔接,是孙中山关于政权建设和民主政治发展的重要主张,表明他在中国实现民主宪政的决心。①

再次是权能区分论。孙中山主张国家中的政府应该是万能的,"无论什么事都可以做"。他把建设一个强有力的政府看作是中国迅速摆脱落后状况的重要条件。但是孙中山也意识到,他的这个"万能政府"的主张与当时世界上流行的民主理论有相冲突的地方。当时的主流观点都主张要建立一个"有限政府"。因为人们担心,"政府的力量过大,人民便不能管理政府,要被政府来压迫。从前政府压迫太过,所受的痛苦太多,现在要免去那种压迫的痛苦,所以不能不防止政府的能力"。②为此,孙中山提出了一个"新发明",即"权能区分"理论。其理论的基本模式是围绕着他的"政治"定义提出的。孙中山提出"政就是众人的事,治就是管理,管理众人的事便是政治"。③ 政治可以分为两部分,即政权与治权,其中,"集合众人之事的大力量"叫作"政权";"集合管理众人之事的大力量"叫作"治权"。在民主制度下,人民只行使政权(权),而治权(能)则交给政府,实行权能分开。一般认为,孙中山的权能分开理论的思想渊源是中国古代皇权与相权分割的传统。权能区分理论是孙中山民主宪政思想的核心,孙中山认为该理论的最大意义在于,可以免

---

① 袁继成等:《中华民国政治制度史》,湖北人民出版社1991年版,第87页。

② 孙中山:《三民主义·民权主义》,1924年,《孙中山全集》,中华书局2006年版,第9卷,第339页。

③ 孙中山:《三民主义·民权主义》,1924年3月,《孙中山全集》,中华书局2006年版,第9卷,第254页。

去人们对政府权力过大的担心,并且改变人们敌视政府的态度。但是,如果从人民以政权控制治权的有效性来看,这个权能分职模式还存在模糊之处。

从国民党一大开始,孙中山在他的一系列演讲中,总结历史经验,提出了他的新民权主义思想。孙中山对国家政权组织的设计和阐述,都严格遵守民主政治的原则,从属于新民权主义规定的国体。"权能区分"是他的民权主义的创造性理论。他认为欧美政治的进步远不及科学的进步,根本原因是人民无权、政府与人民处于对立地位,社会政治生活趋于反动。解决的办法就是在五权分立的前提下,实行权、能区分,就是把政权让人民掌握,把办理国事的全部能力交给政府,政权包括人民的选举、罢免、创制、复决四权,是五权分立的有机组成部分,其基本精神是直接民权。其中选举权、创制权体现了主权在民;罢免权、复决权是人民保持收回权。

孙中山要求革命党这些先知先觉者将政权交给人民,因此民权仍然是恩赐的。在形式上权能区分模式通过直接民权解决了人民控制政权的问题,但孙中山并没有把政府放在与人民相对的地位,而是认为政府(专门家)不但有本事,而且有道德。因此,孙中山是把人民比作阿斗,把政府比作诸葛亮。这是中国传统的贤人政治。[①]

孙中山提出,中央政府的组织原则是五权分立,进而将五权定位于治权范畴。五权分立下,行政、立法、司法、考试、监察五个治权彼此独立,共同对国民政府负责。孙中山五权宪法原理决定了其宪制模式。(1)抛弃西方的代议民主制,是全民政治的宪制。五权宪法中的国民大会和立法院并不是代议机构或间接民主。在五权宪法体制下,人民可以通过选举、罢免、创制、复决四种政权直接管理治权。这四个民权,就

[①] 牛彤:《孙中山宪政思想研究》,华夏出版社2003年版,第122页。

好比四个放水闸、接电钮,可以使人民用来"直接管理自来水"、"直接管理电灯"一样"直接管理政府"。① 同时,国民大会高居于政府之上,与三权分立下的立法与行政关系也不同。(2)将直接民权引入宪制,设为政府结构中的一个权力结构(国民大会),宪制中的权力平衡,主要体现在国民大会与政府的关系,"用人民的四个政权来平衡政府的五个治权"。(3)政府内部各个权力之间不存在制衡关系,而是一种平等的分工合作关系。"在行政人员一方面,另外设立一个执行政务的大总统。"②

应该指出以下几点。(1)五权宪法否定代议制,但在实际操作中,在中央政制的层面上,民权并没有突破间接民权。如何保证这个代表机关实现人民的意志,其理论中没有解决。(2)权能分职没有解决自由与秩序之间的平衡。国民大会处于宪制最高端,只有它控制政府,政府没有反作用。如果人民按动国民大会的开关,无法保障政府的稳定与效能。显然这是政权的专制,不符合权能区分的初衷。(3)权能体制下权力划分的科学性问题。五权宪制下没有一般意义上的立法权,国民大会不能经常性地行使立法权,于是立法院被赋予了立法权,这些权力显然不属于治权,而是属于政权,造成治权侵越政权,政府权侵越人民权。(4)权能分职体制下责任关系的合理性问题。包括立法院在内的五院须向国民大会负责,作为权力来源相同的机构,为什么一方要向另一方负责?五权宪法思想中对此缺乏交代。③

---

① 孙中山:《三民主义·民权主义》,1924年,《孙中山全集》,中华书局2006年版,第9卷,第350页。

② 孙中山:《在广东省教育会的演说》,1921年,《孙中山全集》,中华书局2006年版,第5卷,第509页。

③ 牛彤:《孙中山宪政思想研究》,华夏出版社2003年版,第170—173页。

四、近代行政法思想

关于行政与行政法的概念,近代以来一些外国学者的著述中屡有阐述。

所谓"行政"者,一般认为与国家作用相关。有的强调国家统治权,为"国家作用之一种也,故行政之观念,以国家之观念为起点"。而"国家作用最显著之特征,既在其统治权"。所以"行政者,谓于法之范围内,实行国家目的之作用"。[①] 有的将维护国家利益与国民利益并称:"行政者,非徒以维持法规之秩序为目的也。凡因国家及国民之利益,依法规之所定或于法规之范围内,所行之国家作用皆属之";"国家欲保护国民之利益,必先维持一己之生存发达,于是有设置兵力,以保持其对于列国之关系,并具备经济上之要素,即财力之必要焉。国家因此目的,于法规之范围内,所为之种种活动,即行政之谓也"。[②] 日本学者美浓部达吉侧重于行政与立法的关系:"行政者,于法规之下国家所为之活动也,故与立法不同。所谓在法规之下之活动,系指行政若破坏既定之法规,或不依法规之根据,则不得对于国家和人民间制定新的法规之意也。"[③]有的力持国家意志执行说。这种学说以美国古德诺为代表,他在所著《政治与行政》一书中指出:"政治是民意的表现,行政是民意的实现。政治在决定政策,行政在实行政策。"即制定政策是政治,执行政策是行政。有的主张目的实现说。这种学说以德国学者马叶尔·奈班德等人为代表,主张"行政是实现国家目的的作用",即行政可以不必依据法律而进行,而是为实现国家政治目的的活动。美浓部达吉主张"行政是除立法、司法以外的一切活动",也叫"排除说"。还有人把行政

---

① 黎兴殷:《比较行政法》,广东法学会1913年发行,第3页。
② 朝阳大学法律科讲义:《行政法总论》,第27页。
③ 〔日〕美浓部达吉:《行政法撮要》,程邻芳等译述,商务印书馆1934年版,第7页。

一词分为广义与狭义。美国学者魏格认为从广义上说,行政泛指政府的各种实际活动,而不专指政府的任何一方面,如立法机关的行政,司法机关的行政,行政机关的行政均属之。因此广义的行政,包括整个政府的活动在内。从狭义行政上说,行政仅指行政机关的活动。

所谓行政法,当然是管理政府行政活动的部门法。美国学者伯纳德·施瓦茨认为:"行政法是管理政府行政活动的部门法,它规定行政机关可以行使的权力,确定行使这些权力的原则,对受到行政行为损害者给予法律补偿。"①

我国近代学者曾经论及行政法。

"行政法者,关于行政之公法也";"详言之,即关于行政权组织及其作用之法则也。故于行政法学所应论者,得分割为二事项。(1)关于行政权组织之法,但其中不仅为国家行政机关之组织,即国家内公共团体之组织,亦包含之。(2)关于行政权作用之法,乃国家行政机关,及国家内公共团体,当其对于国民为行动时,而规律其间关系之法也"。② 这是认为行政法为规范国家行政机关与公共团体本身,及其与人民关系的法律。

"行政法者,自法律之分类上观之,即法律之一部分,而支配政府中一切行政官吏关系之法律也";其"为公法之一部分,而规定行政官吏之组织及其能力,且指权利侵害之时,而以救济之道予个人者也。行政法为管理行政官吏组织之法律规则,与支配个人关系之法律规则不同,且其所规定者甚为繁杂富博。"③这是强调行政法为规范政府组织与行为,以及关于救济权利被官吏侵害的个人的法律。

"国家欲达其目的,非必以依据关于国家之特别法规为不可缺之要

---

① 〔美〕伯纳德·施瓦茨:《行政法》,徐炳译,群众出版社1986年版,第1页。
② 黎兴殷:《比较行政法》,广东法学会1913年发行,第27页。
③ 上海科学书局编辑:《比较行政法表解》,上海科学书局1913年版,第2—3页。

素也";"凡足以为行政作用之准据之一切法则,则行政法之谓行政法,非公法之一分科,而将为公法与私法之混合物矣"。① 这是说行政法不仅是公法,作为行政作用的法则,有时候也可以包括私法在内。但是这种观点,一般不为学界所认可。

"行政法者,规律国家及自治团体之行政的组织及其作用之法也";"现代的国家除少数独裁国家,一般均酌采权力分立与中央地方均权的原则,即于纵的方面,将国家统治权作用分为立法、司法、行政等权,使之各司其事而独立;而于横的方面,将统治权作用一部分分授于国内地方团体,使之作为自己的事务去自治,担任行政权的主体。除国家自身外,尚有国内地方自治团体,而行政体系亦应分列国家行政与自治行政两大系统而说明之"。② 这是认为行政法不仅包括国家行政行为,而且包括相关自治团体的行政行为。

当代有学者认为,"所谓行政法,是指调整行政关系的,规范和控制行政权的法律规范体系。"③也有学者认为,以上仅从行政的字面含义或者三权分立的角度来分析,并不很准确。一般地说,行政可以概括为两个方面:国家的行政和社会组织、私人企业的行政。行政法上的行政特指国家的行政,在西方通常称公共行政。马克思主义认为,行政是国家的组织活动。在现代,行政已经不限于国家行政机关的组织和管理活动,而是扩展到非国家行政机关的公共组织,如公共团体、企事业单位的组织和管理活动,行政法中的"行政"的含义越来越丰富。④ 也有学者认为,行政法的特征,从形式上说,包括没有统一完整的行政法典;

---

① 朝阳大学法律科讲义:《行政法总论》,第41页。
② 史尚宽:《行政法要旨》,中央训练团党政军人事管理人员训练班演讲录,1944年编印。
③ 姜明安等:《行政法》,科学出版社2010年版,第5页。
④ 皮纯协等:《行政法学》,中国人民大学出版社2012年版,第1—3页。

行政法规据以存在的法律形式、法律数量居部门法之首。从内容上说，牵涉广泛，规范易于变动，实体性与程序性规范交织在一起。从性质上说，行政法是公法，是规范行政权的国内公法。①

行政法的基本原则包括：(1)行政权之作用不得与法规相抵触；(2)行政权非有法规根据不得使人民负担义务或侵害其权利；(3)行政权非有法规根据不得免除特定人在法规上所营负担之义务或为特定人设定权利；(4)法规任诸行政权之自由裁量时，其裁量权之界限及内容应受法规之限制，等等。②

以上诸说歧义纷出，莫衷一是，但大同小异，各有侧重，多数都认为行政法是规范国家机构及其行为的公法。

近代行政法学，是当时关于行政法的思想理论体系，其核心，是依法行政的理论。

民国时期依法行政理论来自英、法、德、日等国，德文为 Der Grundsatz der gesetzmäßigen Verwaltung，法文为 Le principe de la légalité administrative（行政合法主义），英文为 The rule of law（法治），Administration according to the law（依法行政），日文为"法律による行政の原理"（依据法律行政之原理）。近代以西方思想家的分权制衡及国民主权论为宗旨，认为立法权代表人民意志，法律的执行与适用均应严格遵循制定法，避免专制独裁。主要内容包括议会至上，无法律即无行政，行政准则只依据制定法；立法务求细密，避免概括条款；习惯法、法理及司法判例、行政解释均不得为行政法的法源；行政规章命令仅为内务行政规范，不具有约束人民的效力，等等。显然，依法行政原理肯定了主权在民理论，树立了近代立宪国家的典范，使分权主义得

---

① 杨海坤等：《中国行政法原理》，中国人民大学出版社2007年版，第37—39页。
② 林纪东：《中国行政法总论》，正中书局1944年版，第9—16页。

以根深蒂固。19世纪以后,西方所谓民主法治社会的病态日益显露,议会制度的代表性与权威性受到怀疑。

行政法学发展成一门独立的法律科学,远较民法学为迟。行政法是最具体的公法,民法则是具有代表性的私法。公法学发展以后,复杂万端,自身也在迅速调整,不能简单用私法来说明公法并推敲诠释其含义。如德国奥托·迈耶(Otto Mayer)在《德国行政法》中,否认公法私法之间的联系,认为拟以民法上的类推方法去修正或补充公法之不足,是不可能的。① 有的则认为公法与私法并无共通的法制度,没有公法上的法制度得能产生直接民事法的效果等。但也有学者认为两者之间存在一定联系。民国时期史尚宽(1898—1970)认为,行政法与私法联系甚多,"尤其行政行为,与民法上法律行为,互为表里,非有民法之素养,甚难了解行政行为之真谛"。② 中国近代,"中央地方行政官府常随时宜,制定特别条例,或经奉呈邀准,或经由部省自行颁布者如商人通则、公司条例、清理不动产典与办法、各省救荒章程等,比比皆是,言其形式虽属行政命令,而有内容所属,多涉私人权义。"③

传统行政法学从权力作用为中心的法规构造出发,以行政权维护为目标,强调行政权的优越,政府及官署必须拥有权力的重要,多以国家安全、国权保障、社会秩序、官僚制度等为重点,如学者所称宪法国家、依法行政,明确规定授权内容,严格的羁束行政形式的行政处分、创立行政裁判制度等。德国近代学者皮·拉邦德、法国学者杰·哈切克等人的传统行政法学重视统治、支配或者命令作用的发挥。而且政府需要有立法权以制定更多法规,使政府在行政时有所参照。同时,近代大陆行政法学的草创与发展,深受历史背景及政治体制因素影响,强调

---

① 〔德〕奥托·迈耶:《德国行政法》,刘飞译,商务印书馆2002年版,第47—51、78页。
② 参见城仲模:《行政法之基础理论》,台北三民书局1991年版,第904页。
③ 中国社会科学会出版部:《现代立法问题》,民智书局1933年版,第425页。

国家行为必须有法规依据,无依据者,不得要求所属任何人给付或忍受,亦不得命令与禁止。

第三节　中国近代行政法的概念与发展

一、中国近代行政法的概念

近代有学者指出,"中国行政法,一方面受欧美各国的影响,吸收着各种新的思想新的主义和原则,一方面继承其自己历史的传统思想和制度,保留着旧时的残物,溶解在这个革命的炉灶立面,铸成了一个新的法律体系。因此我们行政法学有着自己的妥当依据,独自的认识基础和对象"。①当代台湾有学者认为,近代中国行政法学体现的传统行政法学的特色,包括:(1)重视实体法的理论体系,表达"法实证主义"理论倾向,亦即掉入"条文法学"泥淖,以为消极依据法令的行为即遵循法治原理,无暇积极思虑社会正义或社会利益。(2)相当偏重行政权、官权的阐释与维护,未真正了解行政法学的基础法理。(3)注重形式法治主义的附和,至于实际上是否合乎法治主义原理多有意忽略。(4)重视"侵害行政"亦即干预行政,片面关注"侵害行政"学说。(5)对于行政法与宪法或其他司法(如民、刑、诉讼法等)邻接法学不很在意。(6)行政法中有不少"权限的规范",而欠缺"行政的规范",即特别注意权限,而缺少对行政机关的行为的约束。(7)忽略了事先详密规制的行政程序制度。(8)事后的法律保障或救济制度有相当的偏颇,即偏重官权的结果,一般公务员或法官,被保守观念支配充斥而不自知。②

---

① 徐仲白:《中国行政法论》,现代科学出版社1934年版,第3—11页。
② 参见城仲模:《行政法之基础理论》,台北三民书局1991年版,第3—35、902—914页等。

本书所谓中国近代行政法，从时间的跨度上说，为清朝末年官制改革直到国民政府在大陆的统治覆灭，属于 20 世纪上半叶的 1901 年至 1949 年；从空间跨度上说，包括整个中国的范围。从纵向层次说，包括中央政府行政与地方政府行政，但行政立法活动主要指中央与省两级；从程序上说，包括行政立法、行政执法与行政司法等阶段。从所涉及的行政领域说，包括行政立法制度，政府组织、公务员管理制度，以及政治架构、经济建设、教育文化、社会秩序等领域的行政管理制度及行政诉讼。本书在上述各层次与方面的论述中，揭示中国近代行政法的渊源、体制、内容、特征、演变及其发展规律，从而探索中国近代法律制度发展变化的规律。

因此，中国近代行政法是整个中国行政法史的一个发展阶段，是从传统行政法到现代行政法之间的一个过渡的、转型的形态。其建立在近代立宪基础上，包括三个方面的内容：(1)中国近代行政法律法规；(2)中国近代以行政官署为主的政府行政机关体系；(3)中国近代行政法的实施活动。

二、中国近代行政法的发展

中国旧行政法典的编纂，大致起于《唐六典》。清代行政法散见于《大清律例》。而《大清会典》以行政机关的组织、权限及事务准则等一般行政为主，则谓之行政法典，固无不可。《大清会典》包括康熙、雍正、乾隆、嘉庆、光绪所修各部，其限于中央官制。至于地方自治制度，直至清末，始能确立。[①]

在近代，宪法性文件与行政法对于维护社会秩序，促进政治、经济与文化的进步至关重要。"综观三十余年来制宪之经过，可知国家不能

---

① 杨幼炯：《近代中国立法史》，商务印书馆 1936 年版，第 71—72 页。

无宪,尤不能无法。法之不行,宪于何有。故曰:法无良窳,行斯为贵。不行之法,直等无法。"①

中国近代行政法经过了几个发展阶段。

第一个阶段是清朝末年,1901年至1911年。紧接着八国联军入侵的是《辛丑条约》的签订,中国的部分领土主权丧失,并且被迫支付巨额赔款。在维新派和革命派的压力下,风雨飘摇中的清帝国宣布官制改革,并且颁布了《钦定宪法大纲》。预备立宪与三个阶段的官制改革,揭开了中国近代行政法制建设的序幕。

第二个阶段是南京临时政府时期,1912年。辛亥革命以后成立的南京临时政府,在短短三个月期间,颁布了《中华民国临时约法》,初步规划了民主共和制度下的行政法制,在近代行政法制史留下了光辉的一页。

第三个阶段是北京政府即北洋政权时期,1912年至1928年。这一时期,各派政治力量关系错综复杂,斗争持续不断,政坛波诡云谲。袁世凯(1859—1916)时期,围绕着废除《临时约法》,加强总统权力乃至称帝建立其行政法制;袁世凯以后,各派军阀先后入主北京,控制中央政权,号令四方。第一次直奉战争后,曹锟(1862—1938)颁布有《中华民国宪法》,是中国近代第一部正式的宪法。在此前后北京政府颁布的法律带有一定的民主色彩和近代特征,是近代行政法制取得明显进展的阶段,但是尚有一些领域行政法缺失或者漏洞明显。

第四个阶段是国民政府时期,1927年至1949年。这一时期又可分为南京国民政府(1927年至1937年)、重庆国民政府(1937年至1945年),以及国共决战时的南京国民政府(1945年至1949年)三个阶段。1927年以后围绕训政颁布许多行政法规,在各方面都弥补了立法

---

① 岑德彰:《中华民国宪法史料》,新中国建设学会1933年版,第4页。

空白。抗战时期，主要围绕战时需要颁布了一些加强经济文化统制的法律法规。抗战以后，经过短暂的和平时期，又爆发了内战。当时颁布有《中华民国宪法》，意味着正式进入宪政时期。总的来看，国民政府行政法制建设有一定成就，在20世纪30年代已经建立起行政法体系，大体实现了行政法制的近代化，但同时还较多保留专制独裁的色彩。

在近代，特殊的社会历史阶段与形态决定了还有一些特殊地区的行政法，包括西方资本主义模式的租界行政法，日本模式的沦陷区行政法。中国共产党领导的新民主主义革命根据地行政法在受苏联影响的同时，密切结合中国革命实践的要求，随着革命的胜利，成为新中国社会主义行政法制的主要渊源之一。

三、中国近代行政法的特征

中国近代行政法大体符合近代行政法制的一般性质与形态，例如：(1)行政法属于政府机关对社会各领域管理法制的总和，属于政府行为，是公法的组成部分。(2)行政法通过法律规定与上级政府的决策规范，具有纵向性、直接性、指令性、明确性与严格性。(3)行政法以宪法为基本依据，与民事、刑事、诉讼法制互相衔接，与国家的立法、司法活动互相配合，与政治、经济、文化、社会等领域存在直接联系，而且往往与执政党(民国时期主要是国民党)的决策与活动密切相关。(4)行政法内容繁多，没有统一法典，而是由从约法、宪法到多种不同效力等级的行政规范组成的统一体。(5)行政法创建与演变的宗旨，是维护政府机关与社会各领域的正常秩序与运作。

与其他国家现当代类型的行政法相比较，中国近代行政法有其显著特征。

第一，从内容上说，十分芜杂。行政法调整社会生活的各个方面，虽然缺少一部行政法典，涉及的面却十分广泛。中国近代行政法的这个特点也十分突出。"在政治体系之下,行政法规方面,除各部会组织法外,其关于内政者,为户籍法、户口调查法;其关于财务者,如公库法、会计法;关于司法方面,如司法行政部、最高法院、惩戒委员会、各级法院等组织法;考试方面如考试法、铨叙法;监察方面,如监察法、审计法,均相继完成";经济体系的立法,涉及经济行政和经济建设。经济行政包含商标、保险、公司等领域的登记管理,以及财政法规如盐税、关税、所得税、遗产税等直接税。关于经济建设的立法,如森林法、水利法、合作法等也先后制定。①

第二,从来源上说,西方思想、制度与中国传统思想、制度的糅杂,其中西方近代行政法占据主导地位,中国近代行政法主要在西方行政法思想与实践模式的影响下发展起来。中国传统行政法主要体现在维护专制统治与传统社会关系的因素方面。国民政府时期,思想上的中西糅杂主要体现在三民主义:"国民政府秉承三民主义,以党建国,所有立法政策与立法精神,应以三民主义为最高原则";"三民主义之立法原则。以社会共同福利为目标,以达到中国自由平等为效用,于畅遂民族生存、国民生计、社会生活、民众生命各种错杂关系中,而企图国民人格权、生存权、劳动权之确实保障",因此要"一本三民主义之方针与政策,而制定法律。此则三民主义立法原则之大较也"。② 国民政府的五权体制,同样是西方模式与中国传统制度的混合物。

第三,从过程来说,变动频繁。20世纪上半期,战争频仍,清朝与反清革命势力之间的战争,袁世凯政权与讨袁战争,北洋军阀各派之间的战争,北伐战争,国民党军队内部各派之间的战争,抗日战争,国民党军队与中国共产党领导的军队之间的战争直至国共战略大决战等,无

---

① 《十五年理国民政府立法:孙院长于三十一年(1942年)八月在中央纪念周报告词》,载国民党中央执行委员会训练委员会:《立法要旨》,1942年印行。
② 杨幼炯:《近代中国立法史》,商务印书馆1936年版,第248页。

不对社会发展进程产生重要影响,再加上天灾与政治经济的发展变化,导致政局变换频繁。在北京政府的 16 年中,更是经历了多届政府和行政法的多次变动,到国民政府时期,才有发展过程中的相对连续性,但仍然存在政局特别是战争的影响,具有法制的不稳定性。如《国民政府组织法》,就多次立法修改。中央行政机关方面的例子如 1912 年 1 月南京临时政府将邮传部改为交通部,路政司长仍兼全国铁路督办。北京政府于 1913 年 12 月,改路政司为路政局。1914 年 7 月,撤销路政局,改设路政、路工、铁道会计三司。1926 年 11 月,交通部下设铁路处。1927 年 7 月又划归路政司。1925 年 7 月,广东省公路处改组为广东公路局。翌年 3 月,复改为建设厅公路处,并令各县长兼任公路局长,"就近商承该管分处,筹办县属路政"。后因经费困难,先后裁撤,1929 年议决将公路处裁撤,另由建设厅设第四科协理,"以收直接指挥监督之效"。1931 年 6 月,"又以路务纷繁,非设一科所能办理,提出省务会议,议决将第四科裁撤,恢复公路处"。1932 年 6 月又加裁撤,"复由厅设第四科办理"。前后多次往复更替。[①]

第四,从各种政治力量的相互关系来说,错综复杂,相互牵制。清末主要是改革派和保守派之间围绕要不要变法,要不要制定摆脱传统形式的行政法的斗争。在南京临时政府时期,主要是革命阵营中的革命派与立宪派之间围绕建立包括行政制度在内的民主共和制,以及反对袁世凯的斗争。在国民政府时期,则主要围绕实行训政与推行宪政,实行专制与推行民主、维护旧体制与建立新的行政法制等问题的斗争。例如国民政府的卫生署与卫生部之间因各派角力而屡经反复。一种观点认为,国民政府为安置政学系成员,地盘不够分配,把卫生署扩大为卫生部。1928 年蒋介石(1887—1975)为了拉拢阎锡山(1883—1960),

---

① 朱志龢:《广东省公路行政实施状况》,载《工程季刊》1932 年第 1 期。

将冯玉祥(1882—1948)系统的薛笃弼(1890—1973,这时薛任内政部长)从内政部调开,空出缺来,就安排了山西系统的人。同时设立了卫生部,安排薛笃弼为部长。仅仅过了两年,蒋冯开战,薛笃弼离开南京,卫生部就撤销了,另设卫生署,属于内政部。① 可见政治力量关系对行政制度的影响。

  第五,就执政党的地位而言。执政党决定行政法的基本面貌。尤其突出地表现在国民政府的训政时期,"党义党纲与国家法令不可区分","即'警察国'形态入于'法治国'形态之过程阶段,'党义''党纲'和国家法令糅成一片而不可分。党的组织和国家组织亦几混而为一,不能辨识"。如(1)因国民党训政的结果,国民党总理孙中山的遗教即为中华民国训政时期的最高根本法。《训政时期约法》的规定,或称"依据《建国大纲》",或称"依据三民主义",在性质上仅仅是最高根本法的从属法,和《中华民国临时约法》迥然不同,国民政府法规所依据的根本法,不是《训政时期约法》,而是党的规章。(2)中国国民党全国代表大会训政时期代表国民大会领导国民行使政权,全国代表大会闭会期间,其政权付托于中国国民党中央执行委员会执行,在党和国民政府的中间设有中央执行委员会政治委员会,或中央政治会议,为指导监督国民政府重大国务的施行机关,亦即实际上行使政治权力的发动机关。在一个时期,政治会议议决的法律直接交国民政府公布,就可以有效施行。在另一个时期,政治会议握有解释法令和修订国民政府组织法大纲的权力。② 其结果,出现以党代政的现象,即所谓"以党治国"。"以党治国,就是以中国国民党治国。在《国民政府组织法》的条文中,虽未规定中国国民党与国民政府的关系,然在此法律的前文中已表明

---

  ① 参见姚克方:《回忆国民党政府卫生部》,全国政协文史资料委员会:《文史资料存稿选编·社会》,中国文史出版社 2002 年版,第 779—782 页。
  ② 徐仲白:《中国行政法论》,现代科学出版社 1934 年版,第 3—11 页。

以党治国之精神至为显者。如规定'中国国民党本革命之三民主义、五权宪法,建设中华民国;既用兵力扫除障碍,由军政时期入于训政时间,先宜建立五权之规模,训练人民行使政权之能力,仰促进宪政奉政权于国民,兹谨本历史上所授予本党指导监督政府之职责'"云,而与所谓"法治国"的精神格格不入。①

第六,在行政法的实施来说,近代总体上机构重叠,效率不高。典型的例子,如台湾学界在论述30年代民国行政机关时认为,"当时的经济行政组织,有若干地方略嫌重复,例如全国经济委员会、建设委员会与实业部的工作,很难明确划分;铁道部工作又与交通部若干职掌重叠。农业方面,如实业部有农业司外,行政院另有农村复兴委员会,全国经济委员会下有农业处,建设委员会下有振兴农业设计委员会,而且教育部还设有农业推广委员会";"最有'政出多门'之感的则在水利方面",当时"内政部土地司主管水利,但该部还有太湖流域、华北二水利委员会,与湘鄂湖江水文总站。但是,实业部却管农田水利,交通部除管航道疏浚外,还设有扬子江水道整理委员会,甚至外交部亦插上一脚,下有浚浦局,并代管海河工程局。全国经济委员会下有水利委员会,建设委员会下有灌溉科。至于国府下的导淮委员会、广东治河委员会、黄河水利委员会,行政院下的整理海河委员会,更不在话下。"②

---

① 冯震:《国民政府组织法研究》,南京书店1931年版,第6页。
② 秦孝仪等:《中华民国经济发展史》,台北近代中国出版社1983年版,第1册,第414—415页。

第二章　近代行政立法制度

专制时代的皇帝口含天宪,掌握最高立法权,同时行政与立法不分。近代行政立法制度,清末伴随着立宪运动与官制改革而出现,在北京政府与国民政府时期各派政治力量的对立与消长中有了一定发展。"我国之有立法运动,实始于日俄战争(1905年)之后";"清末之立法运动,最主要者可分为民主革命与君主立宪两派";"迨后民国组织成立,于中国之制宪运动方面,前者仍循急进自由之细规,而后者仍带渐进稳健之色彩。隐然于民国成立后之十年中,成对峙之局势。"①这种叙述,大致勾勒出清末至民初行政立法的基本走向。

第一节　行政立法体制与法律渊源

一、清末民初行政立法变化

清代行政法规范,较过去各朝更为纷繁复杂。清代主要刑法典《大清律例》,从清朝建立后的顺治元年(1644年)就开始编修,直至乾隆五年(1740年)完成,共分七篇、436条,其中许多内容,特别是《吏律》篇的内容,大体属于职官等行政制度。专门行政法典,主要是《大清会典》。会典以外,朝廷各部、院、寺、署分别编纂有则例,如《吏部则例》、《户部

---

① 杨幼炯:《近代中国立法史》,商务印书馆1936年版,第3页。

则例》、《礼部则例》、《内务府则例》等,都是各行政部门的运作规则。

官制改革中,光绪二十八年(1902年)二月,清廷决定开设修订法律馆,以沈家本、伍廷芳(1842—1922)分任修律总纂。自此,晚清法律改革进入实质阶段。经过两年筹备,光绪三十年(1904年)四月,修订法律馆开馆,被任命为修订法律大臣的沈家本集中人才进行了古代法律研究、外国法律搜集与翻译活动。在修订法律馆所翻译的书目中,日本书目超过一半,体现出沈家本"取法日本"的指导思想。其中原因,首先在于地域性,由于中日文化的接近,日本法学著作容易为中国人所接受。其次,也是甲午战争以后民族危机不断加深的背景下,中国人重视探索日本作为东方岛国社会与法律迅速发展的原因。刘坤一、张之洞、袁世凯在保举沈家本等修订法律的奏文中说:"近来日本法律学分门别类,考究亦精,而民法一门,最为西人所叹服。该国系同文之邦,其法律博士,多有能读我会典律例者,且风土人情,与我相近,取资较易。"沈家本自己也说:"日本之游学欧洲者,大多学成始往,又先已通其文字,故能诵其书籍,穷其学说,辩其流派,会其渊源,迨至归国之后,出其所得者,转相教授,研究之力,不少懈怠。是以名流辈出,著述日富。"[①]光绪三十三年(1907年)下半年,修订法律馆脱离法部独立。同年十一月颁布《修订法律馆办事章程》,规定馆中职掌为:(1)拟订奉旨交议各项法律;(2)拟订民商诉讼各项法典草案及其附属法,并奏定刑律草案之附属法。(3)删定旧有律例及编纂各项章程。(4)编译各国法律书籍。馆中分设:第一科,掌关于民律、商律之调查起草;第二科,掌关于刑事诉讼律、民事诉讼律之调查起草。馆中并设译书处、编案处、庶务处。馆中修订各律,凡各省习惯有应实地调查者,得随时派员前往详查;其关于各国之成例,得随时咨商出使大臣代为调查,并得派员前往详查。自

[①] [清]沈家本:《寄簃文存》,商务印书馆2015年版,第209页,卷六《法学名著序》。

此,除了日本法律以外,所译以法国、德国等法律为多。与此同时,为实行预备立宪开始了修订旧律、编纂新律的工作。除聘请日本法学家冈田朝太郎(1868—1936)、志田钾太郎(1868—1953)、松冈正义(1880—1946)等以外,沈家本还奏调通晓各国法律、"法学精研或才识优裕"者30人加盟修订法律馆。拟订包括各类行政法,以及刑律、民律、诉讼律在内的法律,是该馆主要工作。因此,修订法律馆是清末改革期间主要的中央法制机构。

宣统二年(1910年)九月,资政院开院。根据《资政院院章》,该院"钦遵谕旨,以取决公论、预立上下议院基础为宗旨",即资政院是设立立法机关的基础。或称资政院"可谓我国最初的立法机关。当时所议决的法律,如《新刑法总则》、《法院编制法》,入民国以后,犹多援用"。①实际上,根据其章程,资政院不得参议宪法,议决事项有预算、决算、税法、公债、新定法典及其修改等。而对其议决案,政府可持异议,提交资政院复议。如仍持原案,则由资政院总裁与军机大臣或部院大臣同时分别具奏,请旨裁夺。对于资政院的决定,行政可以提出质疑,要求复议,皇权可加以否决。因此,资政院虽然有立法机关的初步形态,实际上多咨询机关。至于前一年各省分别开幕的咨议局,只是"钦遵谕旨为各省采取舆论之地,以指陈通省利病、筹划地方为宗旨",议决本省预决算、税法、公债,本省单行章程规则增删修改等事项,充其量涉及地方规章修改,同样不能奢谈行政立法权。

沿袭清末修订法律馆的形式,从南京临时政府起,中央先后设立过多种专门法制机构,负责规划、编制法律草案或者直接承担法律的起草,参与行政立法。

1912年1月南京临时政府设有法制局,直辖临时大总统。同年4

---

① 中国社会科学会出版部:《现代立法问题》,民智书局1933年版,第425页。

月北京政府公布《法制局官制》后,改属国务院,任务是承国务总理之命拟订法律命令,对法律命令提出制定、废止或修改,审定各部拟订的法律命令等。1914年2月职掌增加保存法律命令的正本和撰定、审定礼制。同年5月修改官制,法制局改属总统府政事堂,1916年5月又属国务院。1924年12月段祺瑞执政府将其裁撤,另设临时法制院。1926年1月恢复设立,仍属国务院。职权依旧,设局长、帮办,以及参事、秘书、佥事、调查员等。1928年6月裁撤。

北京政府时期,1912年7月又公布《法典编纂会官制》,设立法典编纂会,隶属于国务院,负责编纂刑、民、诉讼等各法,设会长,国务院内由法制局局长兼充,并有纂修、调查员等,1914年2月裁撤,改为法律编查会,隶属于司法部。根据《法律编查会规则》,该会"掌调查、编纂关于民事、刑事等法规",负责起草法规,由会长、副会长和编查员、顾问、事务员组成。会长由司法总长兼任,其他人员由会长呈请大总统聘任。编查员负责法律编纂与法律调查。1918年7月,冯国璋(1859—1919)政府裁撤法律编查会,重设修订法律馆,颁布《修订法律馆条例》,其馆设立总裁、副总裁各两人,以及总纂等,内置文牍、会计、调查三科办事。1920年公布《修正修订法律馆条例》。

1924年12月公布有《临时法制院官制》,以临时法制院院长为特任职,在行政支配下设置了一个变相的立法机关和设计机关。临时法制院的组织,设院长一人,由临时执政特任,管理本院事务,监督所属职员;评议四人,参事16人,编译8人,佥事16人,主事20人,下设事务厅,文书、调查、会计、庶务、保管五科,并有四处两股。临时法制院的职权,包括拟定临时政府发布的具有法规性的命令案,审定主管各部、院及其他官署拟定的具有法规性的命令案;调查条议关于宪政的一切制度、典章及临时政府特交审议事项;收受有关审定一切法制的条陈等。1927年12月,北京军政府重设法制局,并有从法典编纂会改设的法律编查会,主要编纂各类法典。

二、国民政府法制机关

国民政府成立初期,并未按照孙中山五权宪法的精神设置立法机关。一切法律、法令、条例、制度、章程,多由国民党中央执行委员会或其政治委员会制定。因为当时情形,无法召集拟议中的制定宪法、法律的国民会议,无法与"党治精神"和军政、训政、宪政的规定相一致。

关于法律的起草与审议,广州国民政府设有专门机构——法制委员会。该委员会虽没有立法权,却可辅助有关方面起草与审议法律。1925年9月《国民政府法制委员会组织法》规定,法制委员会掌理拟定或审定一切法制事务。法制委员会设委员7人,由国民政府委派;事务员4人,由委员会自行委派。会务由委员会议议决,法制的起草与审查由委员分别担任。事务员在委员的指挥下分别负责该会记录、文牍、会计、庶务等事项。1926年4月,法制委员会改为法制编审委员会。6月公布《法制编审委员会组织法》,其中规定该会仍直辖国民政府,掌理编订及审定一切法制事宜。这两个委员会虽然都建立起来,却未能正式行使职权。同年9月,国民政府命令裁撤法制编审委员会。

南京国民政府成立后,设有国民政府中央法制委员会,为全国最高法制行政机构。据1927年5月《中央法制委员会组织条例》,该委员会职权为"秉承中央政治会议及国民政府之命,草拟及审查一切法制",并向中央政治会议及国民政府提出有关法制方面的意见和建议。委员共9人,由中央政治会议决定,咨请国民政府任命,指定其中3人为常务委员,并得聘请专家担任顾问。直至立法院建立,国民政府始有固定的立法机关。同年6月设立法制局,掌理草拟及修订法律条例,保管法律文本,整理及刊行现行法规,设有局长、编审、秘书等,聘请专家从事特殊立法的研究与起草工作。1928年10月因筹设立法院,法制局撤销。

依据1928年10月《国民政府组织法》,立法院有"议决法律案,预算案,大赦案,宣战案,媾和案及其他重要国际事项之职权",为国家立法机关。该院设院长、副院长各一人,委员49至99人,由立法院院长提请国民政府任免之,任期二年。

国民政府的立法属于近代法律体系,一方面从中国传统法律中吸收专制集权、维护家长制与旧礼教部分(主要在婚姻家庭及相关刑事规定方面),如1929年,国民党的《训政纲领提案说明书》说:"一切权力皆归党集中,由党发施,政府由党负保姆之责,故由党指导,由党拥护"。另一方面,采撷各国法律,特别是仿效日本、德国、意大利和美国的法律。由此而形成的特点,以"民主"、"自由"、"平等"相标榜。

国民党中央政治会议,为国民党中央执行委员会"特设的政治指导机关",1924年7月正式成立,称中央政治委员会,1926年7月至1935年11月称中央政治会议,主要职权为讨论和议决建国纲领、立法原则、施政方针、军事大计、财政方针和特任、委派官吏与政务官的人选,其一切决议交由国民政府执行,为立法指导与决策机关。该会议对中央执行委员会负责。设主席一人,委员若干人,1935年增设副主席一人,会内设内政、外交、国防、财政、经济等各专门委员会及秘书处包括秘书长、秘书等。抗战期间以国防最高委员会代行中央政治委员会职权。

国民政府法律案的动议包括:(1)国民党中央政治会议和国民政府交议的。(2)行政、司法、考试、监察各院移送审议的。各院移送审议的提案,大多是所属各部、会及由各部、会及行政院所属各省市政府主管的问题,经该院核定后,以该院名义提出法律案予以立法的。(3)五院以外国民政府直辖机关主管事项的法律案,经国民政府核定后,以国民政府名义交立法院审议的。(4)立法委员提出的。立法委员提出的议案,必须5人以上的连署,才算合法。

"行政机构被称作准立法、准执行或准司法,随场景要求而定,目的是在宪法赋予的权力分离下使它们(行政机构)的职能有效"。① 根据上述第(2)类,行政等院及其所属各部、会及行政院所属各省市政府机关可以在职权范围内提出立法动议,经其上级各院或国民政府审核并提出法律案。因此,国民政府时期参与行政立法的包括中央行政机关的部门立法,以及地方省级(包括相应的院辖市)政府的地方立法。

无论哪一类立法动议与立法草案,重要的必须由国民党中央政治会议提出立法原则,并且经过法制部门编订审核。最后,法律案必须经过立法院议决通过,由国民政府主席或者总统公布。当然,在必要的时候可以不经立法院议决,而由国民党中央政治会议及军事委员会直接提出法律案交国民政府公布。中央政治会议所定的原则,立法院不得变更,若有不同意见,只能陈述理由交中央政治会议,变更与否由中央政治会议决定。因此,立法院是国民政府时期主要的但不是唯一的立法机关。国民党中央政治会议是一切立法原则的决定者,立法院不过是根据其意志议决法律条文。

抗战期间,学者史尚宽曾经对民国立法制度有较为详细的论述。其指出,军政时期党政不分,可称为一权主义。训政时期开始后推行政权与治权之划分及五权之分立,依《训政时期约法》第三章"训政纲领",应注意者有三:(1)训政时期由中国国民党全国代表大会代表国民大会行使中央统治权。(2)选举、罢免、创制、复决四种政权之行使,由国民政府训导之。(3)行政、立法等五种治权,由国民政府行使之。所谓中央统治权,依照《建国大纲》第 24 条,"宪法颁布后,中央统治权则归于国民大会行使之,即国民大会对于中央政府官吏有选举权、罢免权,对于中央法律有创制权、复决权。"因之即指中央的政权。

---

① 〔美〕史蒂文·卡恩:《行政法原理与案例》,张梦中等译,中山大学出版社 2004 年版,第 9 页。

史尚宽就《国民政府组织法》与"五五宪草"所分别规定的训政时期国民党中央执行委员会与宪政时期国民大会对国民政府的职权进行了比较。

国民党中央执行委员会对国民政府的职权包括：(1)选任国民政府主席、国民政府委员、五院院长副院长；(2)改任国民政府主席、国民政府委员、五院院长副院长；(3)制定立法原则(由其所设之中央政治委员会行使之，抗战时期由国防最高委员会代为行使)；(4)对于立法院通过之法律案于未公布前发交立法院修正，由中央政治委员会行使之，抗战时期由国防最高委员会代为行使；(5)制定及修正根本法；(6)解释《训政时期约法》。

国民大会对国民政府的职权则包括：(1)选举总统、副总统、立法院院长副院长、监察院院长副院长、立法委员、监察委员；(2)罢免总统副总统、各院院长副院长、立法委员与监察委员；(3)创制法律；(4)复决法律；(5)修改宪法；(6)宪法赋予之其他职权。

由此可见，训政时期的国民党中央执行委员会几乎完全实施了宪政时期应该由国民大会实施的权力，由国民党代替国民大会实施国家政权。

关于以立法为基础的政府权限与职责，国民政府有明确的规定，1929年9月颁布《治权行使之规律案》指出：国民政府五院及所属机关现已渐次成立，国家大政各有专司，亟应认明权限，各尽厥职，以立法治基础而免治丝益棼。自今以后政府所属各机关应严守范围，毋得越权或废职。举其大者略有数端：

(1)一切法律案(包括条例案及组织法案在内)及有关人民负担之财政案，与有关国权之条约案或其他国际协定等属于立法范围者，非经立法院议决不得成立。如未经立法院议决而公布施行者，立法院有提出质询之责。其公布施行之机关，以越权论。立法院不提出质询者，以废职论。

(2)人民之生命财产与身体之自由皆受法律之保障,非经合法程序不得剥夺。其未经合法程序而剥夺之者,司法院及其所属有提出质询之责。其非法剥夺者,以越权论。司法院成立,及其所属不提出质询者,以废职论。

(3)在考试院成立以后,一切公务人员之考试权皆属于考试院,其不经考试院或不经考试法所特定之办法而行使考试权者,以越权论。考试院不提出质询者,以废职论。

(4)在监察院成立以后,一切公务人员之弹劾权皆属于监察院。凡对于公务人员过失之举发,应呈现监察院处理,非监察院及其所属不得受理。其不经监察院而公然攻讦公务人员或受理此项攻讦者,以越权论。监察院不提出质询者,以废职论。

(5)各级政府之行政范围已经划分者,应各守其范围,其逾越范围者,以越权论。其受侵越而不提出抗议者,以废职论。

三、国民政府行政法律渊源

关于近代行政法的渊源(法源),有各种观点。

一说认为中国行政法法源范围极广,包括有六种。(1)根本法,即约法、国民政府组织法。(2)法律与命令,法律指经立法院三读通过由国民政府公布者而言,命令包括府令、院令、部命令、厅令、县令等各种。(3)条约,如关税条约、通商条约、工业所有权条约。(4)地方自治法规,如乡镇自治公约。(5)习惯法,包括判例法、行政先例法。(6)条理。上述因人民推理为正义意识、自然条理、立国主义等,而获得法之效力者。①

---

① 林纪东:《中国行政法总论》,正中书局1944年版,第16—19页。

一说认为行政法的法源:主要是制定法,但无民法、刑法之类的法典,只不过是许多法律规范组成的聚积,此外也有习惯法。具体为以下五种。(1)法律和命令,法律为法源之最上原;命令为行政法法源亦和其他法的形式相同。行政机关的命令可分为法律执行作用的一般行政行为,和对于下级行政作用的规范并设行为两个方面,包括国民政府建都南京前后的法令。所谓命令,即除由立法院议决、国民政府以法之名称公布者外,一切未经立法机关参与之条例、章程、规则及其行政机关的命令等,命令不得和法律相抵触。命令之制定应依据法律。命令不得违反或抵触法律,应以法律规定之事项不得以命令规定之。(2)条约,能否为国内法法源,有所争论。(3)自治法规,即公共团体基于国家授权,在其自治行政权范围所制定的行政法规,如区乡镇坊所制定的公约、规则,省政府所发省令,并有单行条例及规程、市令及单行规程。(4)党务法规,中国国民党党部在其关于行政的限度内所发布的种种规章,往往对于行政有较大拘束力。如第三届中央执行委员会于1930年9月通过的《人民团体理事监事就职宣誓规则》、1931年1月通过的《人民团体职员选举通则》等。其党务规章既发生效力,且有法规性质,故认其为行政法法源。但是这类规章制定与国民政府组织法制定情形不同,不认为党部为国家行政机关,所以此类为党务法规命令。(5)行政习惯法,包括行政先例法、民众习惯法等,多半为地方习惯法,通行全国者不多见,如《违警罚法》第35条第1项第14款规定:"讹索至惯例最高额以上",即此种习惯法的例子。①

一说行政法渊源,首先是制定法。制定法为行政法之渊源者,大要不外如下数端:(1)宪法;(2)宪法施行前后之法令;(3)与国家之内部关系有关涉之国际条约;(4)地方自治团体之规程。其次是非制定法规,

---

① 徐仲白:《中国行政法论》,现代科学出版社1934年版,第157—246页。

如法院之判决例;法院之判决一旦确定,苟非有特别反对之理由,则此后遇有同一之事件,恒依前此之判决例而判决之,率乃与人民间之惯例相同。此外有政治上之惯习及行政上之处置,以及理法。①

又有学者认为:行政法渊源为成文法与不成文法。我国行政法采制定法主义,即行政法之成文法主义。与刑民等法不同,没有整个有系统之行政法典,而有无数散在之行政法规。行政法典非全然不可能,唯行政作用极为复杂,而行政法学未臻充分发达,立法技术困难繁多。

民国前期,法规用语未能划一,出现的名称有"法"、"条例"、"规程"、"章程"、"规则"、"通则"、"细则"、"简则"、"准则"、"大纲"、"纲要"、"标准"、"办法"、"须知"、"程序"、"注意事项",还有的名曰"办法",而由国民政府公布,有以办法为母法而据之制定组织条例的,轻重倒置,名称庞杂。

针对这种现象,国民政府时期进行了清理,其行政法律渊源,主要有法律、命令等。立法院成立后,整理现行法规,经委员提议,1929年5月立法院通过《法规制定标准法》与《整理现行法规之标准》。

所谓法律,又称法。按照《法规制定标准法》的解释,凡是经过国民政府立法院三读会通过,并由国民政府公布的叫法,否则叫条例。不过事实上,许多未经立法院三读通过,由国民党中央政治会议及军事委员会以条例代法交国民政府公布的亦屡见不鲜。因此,国民政府的所谓法,无论是三读会通过,还是未经通过的条例、章程,甚至作为国民党与国民政府最高领导人蒋介石的手谕、命令实际上都是法。至于法律案,按照国民政府1943年6月修改的《法规制定标准法》的解释,凡是关于人民的权利义务,国家各机关的组织,法律的变更或废止,法律有明文规定"须以法律定之",提经立法院三读会议通过的文件,就是法律案。

① 朝阳大学法学科讲义:《行政法总论》(出版地点、年份不详),第42—50页。

根据当时规定,立法院通过由国民政府公布者有法、条例,亦有办法、纲领之称。其未经立法院通过而径由国民政府公布者,亦有法、条例、办法、大纲、纲领等名称。其中有经中央执行委员会或其常务委员会通过的,有经政治会议、政治委员会、国防最高会议、国防最高委员会通过的,也有由军事委员会或行营直接公布的。其由行政院或其他院部会公布的,则多称规程、规则、细则、规章、办法等。

如果查阅当时的法规汇编之类,只根据标题,往往还是不知由何机关通过,是命令还是法律,适用上不免困难。为划一起见,当时提出二种办法:一是根据通过者的不同来定名,凡经立法院通过的法律统称为某某法,而不用条例等名称;一是以其事项性质的不同来定名,如1943年6月修正《法规制定标准法》即规定"法律得据其规定事项之性质,定名为法式条例";"各机关发布之命令,得依其性质称规程、规则、细则或办法"。在各种规范中,法律的效力最高。"规程、规则、细则、办法,不得违反、变更或抵触法律";"应以法律规定之事项,不得以命令定之"。此外还规定各机关发布之规程、规则、细则、办法,应将全文送立法院,以便察知命令有无违反法律的情况。

把规程、规则、细则、办法等与条例相混淆显然不妥。因此1943年6月国防最高委员会所议决《现行法规整理原则》第8项规定:"凡经立法院通过后,国民政府公布的,应照《治权行使之规律案》称法及条例。条例次于法。政府其余各机关所制订者,分别性质,只限称规程、规则、细则、办法四种。"

大体上说,条例相当于现在的行政法规;规程、规则、细则、办法相当于现在的政府规章。其中:

(1)凡各机关依据法或条例,制订关于本机关或所属机关组织人员职责或处理事务之程序的,称规程。例如组织规程、处务规程。因此,规程为机关内部人员职责与运作程序。

(2)凡各机关依据法规,制订执行法令或处理业务规定的,称规则,如会议规则、管理规则。因此,规则为执行法令或处理业务的规定。

(3)其余特定范围内为具体规定的,称细则,如施行细则、办事细则。因此,细则为处理法律问题的详细规定。

(4)凡各机关执行法令时所指示或订定的方法称办法,例如实施办法。因此,实施办法为执行法令或命令的具体方法。

《现行法规整理原则》第8项同时规定,除以上各种名称外,"其余名称一律不得滥用"。"至于纲领、纲要、大纲、原则宜为中央执行委员会及国防最高委员会制定之条文专用之名称,用以行知政府机关遵照此种条文,以颁布发令者。"①

国民政府行政法渊源及根本法、党法表

种类	名称	性质	制定者
根本法	约法、宪法	规定国家基本制度	国民会议、国民大会
法律	法、条例	规定国家重要领域的行政规范	立法院
命令	规程、规则	规定各政府机关职责与行政程序	国民政府行政、考试、监察、司法院及其部会,国民政府其他直辖机关,各省级政府等
命令	细则、办法	规定各政府机关工作细则或方法	国民政府行政、考试、监察、司法院及其部会,国民政府其他直辖机关,各省级政府等
国民党中央意见与纲领	纲领、纲要、大纲、原则	国民党中央立法指导意见与纲领	国民党中央

本书所谓中国近代行政法的渊源,指中国近代如下成文的行政法律形式:(1)法律;(2)部级与省级(含)以上机关所发布的条例、规程、规则、细则等规范性文件。至于党务规范、部级与省级以下机关所制定的规范性文件,以及法理、习惯法等不包含在本书行政法范围内。

---

① 史尚宽:中央训练团党政训练班讲演录《立法程序及立法技术》,1943年编印。

第二节　国民政府行政立法程序

一、四步立法程序

清代大部分时间,君主掌握最高立法权,内阁、军机处等作为政权中枢,负责替皇帝草拟谕旨。清末开设修订法律馆后,由该馆负责法典起草工作,由军机处审核,经皇帝批准公布。《钦定宪法大纲》仍然规定皇帝掌握立法权。而根据《资政院院章》,该院议决新定法典及其修改,但行政可持异议,如果相处不下,则请旨裁夺。北京政府时期,设置专门法制机构起草法律,经大总统批准公布。

国民政府的立法程序大体上分四个步骤,即法律案的提出、法律案原则的决定、法律案的议决、法律案的公布和实施。

(一)法律案的提出

前已述及,一般分为几种情况:(1)国民党中央政治会议和国民政府交议的;(2)行政、司法、考试、监察四院移送审查的,大多是所属各部、会及行政院所属省政府主管的问题,经该院核定后以该院名义提出;(3)五院以外的国民政府直辖机关主管事项的法律案,则是经国民政府核定后,以国民政府名义交立法院审议;(4)立法委员提出的。立法委员提出的提案须经5人以上的连署;临时提案除提议人以外,应有委员4人以上附议。

(二)法律案原则的决定

由国民党中央政治会议提出的法律案(即法案),由其自定原则;由国民政府、五院及立法委员提出的法案,经各该机关拟定原则草案,交中央政治会议决定;由各部、会及行政院所属各省市政府或国民政府直辖机关提出的法案,由各移送提案机关审定原则草案,送中央政治会议决定。各种法律案的原则,除秘密的政治、军事、外交案外,一般中央政治会议事先要交立法院审议后,才能做最后决定;中央政治会议所定的原则,立法院不得变更,若有不同意见,只能陈述其理由交中央政治会议,变更与否由中央政治会议决定。抗战时期,国防最高委员会代替中央政治会议,成为立法原则的最后决定者。

(三)法律案的议决

中央政治会议向国民政府交议的法案、各院移送之法案等,由立法院院长发专任委员会或委员审查,提交院务会议议决。但遇急迫情形,可以不经审查程序。依《法规制定标准法》,下列事项为法律案,应经立法院三读会程序通过:(1)关于现行法之变更或废止者;(2)现行法有明文规定应以法律规定者。例如《训政时期约法》规定对于人民自由之限制、财产之查封或没收,非依法律不得为之。其他有明文规定应以法律规定者,该法与其他法律中规定某某事项应以法律定之,或某某法另定之之例甚多。(3)其他事项涉及国家各机关组织或人民权利义务,经立法院认为有以法律规定必要者。

所谓三读,包括初读、二读、三读三个步骤。初读是宣读案名或要点,交有关委员会审查;二读是对委员会审查后的议案逐条宣读,进行辩论;三读是进行文字修改和表决。最紧急或简单的议案可以省略其中某项步骤。如果院长酌量情形或经出席委员 2/3 以上请求,可以省略三读会。在立法院通过后,国民政府公布前,国民党中央政治会议认为还须修改时,立法院还得将议决的法案进行修正,而院长对于院会否决或者废弃的议案提出复议时,也要根据中央政治会议议决的原则来定。所以,一切议案完全操纵于中央政治会议。

(四)法律的公布与实施

法律案一般经过立法院三读会通过,国民政府公布后,便成为国民政府的正式法律,立法程序完成。公布期限法律上无规定。还有由中央执行委员会议决直接交国民政府公布的,例如《国民政府组织法》,但这是基于中央统制权所定的根本法,自与普通立法程序不同。也有由中央政治会议议决直接交国民政府公布的,例如1932年3月《军事委员会暂行组织大纲》;而由国民会议通过经国民政府公布的,则有《训政时期约法》。

关于命令的制定与发布,第一,由国民政府公布法律,发布命令。国民政府所有命令以及关于军事动员之命令,由国民政府主席署名施行,但应经相关院的院长、部长副署,始生效力。第二,行政、立法、司法、考试、监察各院得依法律发布命令。第三,由各省、市、县政府在其管辖区域内发布(省级以下政府所发布的规范性文件,效力范围十分有限,本书不认为其属于行政法范畴)。

在以上各个步骤中,由法制机构办理程序事宜,或者初步审议,或者直接起草相关法律案件。至于实施,主要根据公布的日期或者到达机关的特定日期,才能发生效力。抗战爆发后,由于交通困难,因而变更为"各省市县一律以公布法律之命令实际到达各该省市县之翌日起,发生效力,其中各省及行政院直辖市,应将奉到法令日期,专案呈报中央;各省所辖县市,亦应将奉到法令日期,专案呈省,由省汇报中央",因此,是以奉到日期算起。[①]

除以上四步以外,立法还有复议程序。国民政府对于立法院已议决的法律案,并无请求立法院重行复议之权。但依《立法院议事规则》第66条,立法院否决或废弃的议案,院长认为有复议必要时,可以出具意见书提请中央政治会议议决发交复议;而对于已通过议案,则院长亦无权使其再行复议。又依《立法程序纲领》规定,"立法院会议通过之法

[①] 李进修:《中国近代政治制度史纲》,求实际出版社1988年版,第388页。

律案,在国民政府未公布以前,中央政治会议认为有修正之必要时,得以决议案发交立法院依据修正之",因此中央政治会议有发交修正之权。

二、行政立法的演变

近代行政立法,经过清末和北京政府时期的演变,到国民政府时期,进入了另一个阶段。

根据史尚宽1943年的说法,国民政府建立以后,立法程序的演变到当时为止可分为三个时期。①

第一期(1925年7月至1928年10月,即广州国民政府成立至南京国民政府五院制成立)。此阶段为军政时期,党政军合而为一,政权治权尚未分割,可称为"一权主义"。法律与命令,亦无严格界限。中国国民党中央执行委员会为该党全国代表大会开幕时最高权力机关。关于国家根本组织及重要机关组织法,如《国民政府组织法》、《军事委员会组织大纲》、《国民革命军总司令部组织大纲》,均经其通过。其次政治委员会(或政治会议)为国民党特设之最高政治指导机关,经其议决法律案包括《省政府组织法》(1927年7月公布,12月修正,1928年4月再次修正)、《中央研究院组织法》、《特别市组织法》、《市组织法》、《县组织法》、《土地征收法》、《违警罚法》等,也有因中央政治会议一度撤销,未经上述机关议决而由国民政府直接公布的,如《省政府组织法》、外交部及司法部组织法等。1927年中央政治会议第120次会议议决"一应法律在未制定颁布以前,凡从前施行之各种实体法、诉讼法及其他一切法令,除与国民党党纲主义与国民政府法令抵触各条外,一律准

---

① 史尚宽:中央训练团党政训练班讲演录《立法程序及立法技术》,1943年编印。

援用"。

至1928年3月《立法程序法》10条公布,立法程序才有明确标准。(1)关于法律之制定。第一,有法律提案权者为:中央政治会议、《国民政府组织法》第7条所列各机关,各省政府,各特别市政府。第二,有法律案议决权者,为中央政治会议。法律案或律条案除经中央政治会议或国民政府常务委员会认为有特别紧急情形者外,于议决前须交法制局为初步审查。第三,有公布权者为国民政府。由中央执行委员会交国民政府公布,国民政府接到所议决法律案,应在10日内公布之。第四,有请求复议权者,为国民政府。国民政府于10日内,得请求中央政治会议复议,但以一次为限。(2)关于命令之发布。第一,国民政府为执行法律,或基于法律之委任,可以制定施行法律的规程。第二,《国民政府组织法》第7条所列各机关、各省政府、各特别市政府可以制定条例,除法律有特别规定外,须呈经国民政府核准。

第二期(1928年10月至1937年8月,即五院制成立至全国抗战开始)。该时期行政法立法属于训政阶段立法,或者称政权治权试分及五权分立阶段。依1928年10月《国民政府组织法》,五院独立行使行政、立法、司法、考试、监察五种治权,各自对中国国民党中央执行委员会负责。1929年7月国民政府公布《治权行使之规律案》规定各院权限,五院的分立予以确定。1930年11月修正《国民政府组织法》,废除国务会议,由五院院长共同副署改为公布法律由立法院院长副署,发布命令由关系院院长副署,遂由五院联合负责改为各自负责,以符合五权分立的精神。依据1932年12月修正《国民政府组织法》第27条,"立法院为国民政府最高立法机关",一切法律案均应经立法院的议决。关于立法程序,1932年6月中央执行委员会通过《立法程序纲领》作了具体规定,1932年7月及1933年4月两次修正。

近代行政立法权限表

时期		提议或起草、初审立法议案及其指导者	议决法律者	发布法律者	依据法律发布命令权者	权力依据
1901—1911	清末	六部、修订法律馆	军机处 资政院	皇帝	皇帝	清代法律、上谕 钦定宪法大纲
1911—1912	辛亥革命时期	政府部门 法制局	参议院	临时大总统	临时大总统	临时政府组织大纲
1912—1928	北京政府时期	政府部门、宪法起草委员会、法制局、临时法制院、法典编纂会、法律编查会、修订法律馆	参议院	临时大总统	临时大总统	临时约法
			国会（参众两院）	大总统	大总统	天坛宪草
			参政院、立法院	大总统	大总统	中华民国约法
			国会	大总统	大总统	1923年宪法
1927—1949	国民政府时期	中央执行委员会及其政治会议、行政院及其各部、其他四院、法制委员会、法制编审委员会、法制局、中央法制委员会、省级政府	立法院、国防最高委员会	国民政府主席	五院、各部会、国民政府主席	训政时期约法、国民政府组织法
			立法院	总统	总统	五五宪草
			立法院	总统	总统	1946年宪法

第三期（1937年全面抗战开始以后）。该阶段具有训政时期及战时的特性。如以对日宣战日（1941年2月）划分，则又可分为前后两期。前期为非常时期，后期为严格意义的战时。前期国防最高委员会为各种紧要处置，具有紧急命令的性质；太平洋战争爆发后，中国正式对日宣战，于是有国民党中央授权的决议，国防最高委员会与立法院关系的调整，《总动员法》的制定，以适应战时状态。此后关于总动员事项，得依法直接发布命令。而所称紧急或特殊情形亦应以动员事项为其范围。此外凡法律案均应依通常程序经立法院议决，然后由国民政府公布。

中央执行委员会起先建立国防最高会议，继则改为国防最高委员会，以统一党政军的指挥，并代行中央政治委员会职权。国防最高委员会委员长对于党政军一切事务,得不依平时程序,以命令为临时措施。1938年3月立法院54次会议决议案规定:(1)凡应交立法院审议之案,国防最高会议认为有紧急处置必要时,得依《国防最高会议处置条例》第7条为便宜之措施,事后按立法程序送立法院。(2)立法院所议各案,与战时有关者,应先送国防最高会议核议。

上述第一项可解释为一种紧急命令。"五五宪草"第44条规定:"国家遇有紧急事变或国家经济上有重大变故,须为急速处分时,总统得经行政院之议决,发布紧急命令为必要之处置,但应于发布后两个月内,提交立法院追认",明定总统有发布紧急命令权责。《训政时期约法》及《国民政府组织法》并无相关条文。但在战时各国多制定总动员法或授权法授权于行政机关,以命令变更或代替法律,以便应付战时之紧急需要。因为外国国会不常开会,若一一待其通过,然后施行,则时过境迁难以适应,所以于《总动员法》或《授权法》内,规定某某事项得由行政机关径行发布命令,以期便捷。立法院于抗战前虽曾通过《总动员法》,但未公布。其理由:(1)我国立法院常年开会,不难随时通过法律;(2)我国国防最高委员会有制定立法原则及为紧急措施之权。上述立法院54次会议决议案第2项规定权力性质类似于国防最高委员会代行中央政治委员会之职权,所以一切职权均得行使,自不待言。至于战事扩展至太平洋以后,动员之需要更加迫切。1941年12月国民党九中全会通过授予总裁大权案,规定"在总裁指导与裁决下,整理一切法令规章,制定各项实施方案,以期迅速完成抗战胜利、建国成功之任务"。显然,这种方式增加了国民党中央及其总裁的专断权。

前述国防最高会议所定"紧急处置"并无一定标准,而动员事项又无法律可依。事实上如主管机关为使其所提案件易于通过,有时并无紧急处置之必要或与战争无直接关系的事项,均呈请国防最高委员会通过并交国民政府公布,或已实行而请求备案。其直接公布送交立法院的法律案,立法院又根据其最高立法权再为审议,有时加以修正。公布未久的法律案,又不得不重行修正公布,法律效力极不确定。

为解决此类问题,国防最高委员会专门规定国防最高委员会与立法院关系的调整办法三项。① 其内容如下。(1)国防最高委员会决定之立法原则,立法院如有意见,应尽速向国防最高委员会陈述。(2)法律案如无紧急或特殊情形及《国防最高委员会组织大纲》第8条所规定的事实,仍应交立法院审议。关于此项紧急或特殊情形的存在,应由提案机关以书面详述埋由,呈由国防最高委员会核定。(3)国民政府依国防最高委员会决定公布的法令,应通知立法院。立法院对此项命令,无须再行审议。

但是在此情况下,有无"紧急及特殊情形"应经慎重考虑,以免冒滥。何种事项可直接以命令规定,如无明确标准,不足以应当时之急需。于是又由行政院提出《总动员法》草案于立法院,内容虽与前案颇有出入,其精神则无二致。该案经立法院通过,于1942年2月国民政府明令公布。其中列举总动员物资及总动员业务,规定国家于必要时可以对总动员物资为一定的使用管理;对于总动员业务,为一定的人与物的支配。国民政府及其所属行政机关,为实施本法,可以发布命令。

1928年《法规制定标准法》明确列举应经立法院三读程序通过的法律案。1929年6月国民党中央执行委员会第二次全体会议通过的《治权行使之规律案》第1条规定:"一切法律案(包括条例案及组织法案在内)及有关人民负担之财政案等,属于立法范围者非经立法院议决不得成立,如未经立法院议决而公布施行者,立法院有提出质询之责,其公布施行之机关以越权论;立法院不提出质询者,以废职论",此类均为"立法之基础,而为五权分治精神之所寄"。《治权行使之规律案》,曾

---

① 1942年2月国民政府通令"遵照"。

由国民政府于同年7月令行各机关遵照,所以有束缚政府各机关的效力。学者指出,当时"各机关仍有以事实之需要,而将条例案、组织法案等不经立法程序以命令径行制定公布者,虽或称暂行条例,或称组织大纲,或称办法、规则等,以免与上述条文有文字上之抵触,论其实质,则固为越权之行为。毫无疑义。此种法规应即送立法院加以审查,补充行立法程序,并改正名称"。①

以上说明当时一方面强调国民党中央于特殊情况下在立法领域的专权;另一方面,仍然存在主张限制专断的力量,试图尽可能加以牵制与限权。两方面的矛盾,导致国民政府时期立法制度的多元。

第三节 国民政府行政立法技术

一、行政法的实质规定

国民政府时期,对于立法有实质上的要求。

(一)详细规划,按实定名

当时要求,凡以法律规定的事项,必须是涉及国家重要机关的组织职权、人民权利义务,或其他有重要关系,立法机关认为有以法律规定必要者。制定法律时必须把握事项的中心,分析条理,考量可能存在的前因后果,而区别其本末、先后、轻重、缓急,为之详细规定,避免有疏漏乖舛处,做到划一而简易,适时而制宜,能与人民程度相应,能改进事实而不与事实脱节。又有众多事项彼此互相关联,或其性质相类似,则当编为法典,或订为一单行法或数单行法,须详加研究。编为数单行法

---

① 司法行政部编:《司法法令汇编》第五册《行政法令》,上海法学编译社1946年版,第3—5页。

时,须就其有关或相通之点,一一明定,不得互不协调,或竟有所歧义。

(二)协调体系,防止冲突

法律前文与后文,或彼法与此法,均不得有抵触冲突。《训政时期约法》第 16 条:"地方法规与中央法规抵触者无效";"命令与宪法或法律抵触者无效";第 84 条:"凡法律与本法抵触者无效"。当时一部法律中自相抵触者虽不多,而此法抵触彼法者不乏其例。如《法规制定标准法》规定条例须根据法律,而《治权行使之规律案》则定为条例包括于法律之内,且事实上经过立法程序的法律案,亦多名为条例。法律既难免有互相矛盾之处,即应通盘调整,分别予以补救。

(三)明确制定根据与适用范围

凡法律有根据而制定者,须首先给予注明,此为通例。如《国民政府组织法》第 1 条规定:"国民政府依据《中华民国训政时期约法》第七十七条之规定,制定《中华民国国民政府组织法》。"《土地法施行法》第 1 条规定:"本法依《土地法》第五条规定制定之。"又凡法律之适用,亦首应详定其适用范围,如《工厂法》第 1 条规定:"凡用发动机之工厂,平时雇佣工人在 30 人以上者适用本法。"再如,法律有普通与特别之分,有特殊事项应适用特别法而亦应补充适用普通法的,亦有适用此法而并适用彼法的,普通皆有除外的规定。如《海商法》第 7 条规定:"海商本法无规定者,适用民法之规定。"又如《公务员任用法》第 1 条:"公务员之任用除法律另有规定外,依本法行之。"公务员范围较广,除普通公务员外,外交官、领事官、警察官、县长、主计人员、技术人员皆为公务员,此类公务员的任用,多另适用特别法,如《县长任用法》、《警察官任用条例》等。《非常时期公务员任用补充办法》第 1 条:"非常时期公务员之任用除适用各该任用法外,依本办法行之",是此办法与其他任用法规同时并用,因此有"除法律另有规定外"的明文。此项规定不一定指整部法律,即使法律的一编、一章、一节或一条也多如此。如《土地法》第四编首条规定:"土地除依法令免税者外,依本法之规定征税。"

同时规定,组织法规或处罚法规,若经法律授权,而由执行机关自行订定时,则必须在其条文中载明依据某法(或某条例)第几条规定订定字样;而且,组织法规中职员官等及员额规定不应笼统,以致漫无限制。

(四)明确定义

法律有不明示适用范围,而于其所规定的事项确定意义,适用即有准则的情况,虽与上述方法略异,而用意则一,效用亦同。如《合作社法》第1条规定:"本法所称合作社,谓依平等原则,在互助组织基础上以共同经营方法谋社员经济之利益与生活之改善,而其社员人数及资本额均可变动之团体",合作社之意义既明,而本法通用之范围亦定。又如《土地法》第1条规定:"本法所称土地谓水陆及天然富源","天然富源包括一切天空地下之空气、光热、矿产、水力及尚未与土地分离之出产物"。这是采经济学原理而作的广义解释。又如《银行法》第1条规定:"凡收受存款,及放款、票据贴现、汇兑,或押汇者皆为银行";又采实质主义规定:"上项业务之一,虽不称银行亦视同银行",并禁止非营银行业之公司使用表示其为银行的文字,从而确定银行的定义,确定该法适用的范围。此外如《商业登记法》第3条亦为这种情况。又法律不仅于其所规定事项明示其定义,即其所用固定名词或术语,亦多详加解释,明定意义,如"五五宪草"第139条所作"宪法所称之法律,谓经立法院通过,总统公布之法律"的解释。定义虽有确定适用范围的效果,但其外延内涵,很难确定。如不慎思明辨,则反致迷惑。

二、行政法规定事项的方式

民国法律规定事项(或者称内容)有多种方式,应该如何运用,须根据其所规定事项的性质,未可一概而论。

法律关于行政规定，可以采列举主义，也可以采概括主义。如1924年《中华民国宪法》对于国土的规定采列举主义，而《训政时期约法》规定领土则采概括主义，"五五宪草"又采取列举主义，但句末缀有"等固有之疆域"字样，似又兼采概括主义。1935年12月国民政府公布《县行政人员任用条例》第2条明确规定"本条例所称之县行政人员，为下列各种：一、县政府秘书；二、县政府科长或局长；三、县政府科员；四、县政府技术人员"，则采取列举主义。

法律对于事项有为强制者多以"应"字表明，如"五五宪草"第50条"总统应于就职宣誓"，亦有以"须"字或"不得"表明。凡强制规定均当遵守，违反则为无效，并有处以罚锾，甚至徒刑的。如《土地法》第七章、《森林法》第九章、《水利法》第八章、《考试法》第15条皆为罚则规定。

凡任意规定多以"得"字表明，或规定"契约另有订定，或另有习惯者依其订定或习惯"，使人有考量余地，并有决定遵守与否的自由。

法律有从正面为积极规定，也有从反面为消极规定的。如《土地法》第36条："依本法所为之登记有绝对效力"，此可谓为积极规定。法律条文中"不适用之"语句，可谓消极规定。又如《考试法》第6条、第7条规定得应普通考试高等考试之资格，第8条规定不得应考试之情况，亦可谓从积极与消极两面规定。"五五宪草"第12—16条皆有"非依法律不得限制之"的反面规定。如正面规定，则为"依法律得限制之"或"得依法律限制之"。

法律又有原则规定与例外规定。如1936年7月教育部修正公布《小学规程》："小学儿童入学年龄为六足岁，但有特别情形者，得缓展至九足岁。"又规定："小学不收学费，但得视地方情形依照《小学法》第十六条之规定，呈请主管教育行政机关核准，酌量征收之。"1936年2月国民政府修正公布《印花税法》，规定"应纳印花税之凭证及税率"，依附表规定，"但每种凭证所贴印花之最高额不得超过二十元"。普通但书为例外规定,通常应从严格解释。如果法律对于所定事项甚为繁复不能并纳一法,须另外制定法律或认为不甚重要的事项可以交由行政机关以命令规定,或关于本法的执行应由主管机关订定法则者,则采用"另定之",或"另以法律定之"及"由某某机关定之"的方式。

法律又有通常习见的术语,于制定法律解释法律时,亦须慎明思辨。所有法律无论法典或单行法,实体法或程序法,普通法或特别法,均有彼此互通相关或符合类似之处,即一法律内所定之事项较繁,条文较多者,亦有此种情形。为求简捷免重复起见,则采用"适用"的处理,如"本法无规定者,适用民法之规定"之类。现实事项,可以酌用上述各种术语,如仅为可能发生的事实或无法测度的事项,则可采用"推定"的术语。

三、行政法律法规结构

(一)弁言

有的法律法规前有弁言,尤其是重要法律。弁言用以说明本法的由来,表示制定的郑重,使国人得以信守,如《训政时期约法》及宪法草案等。另如1928年10月《国民政府组织法》亦有弁言,其中说明国民政府受国民党之指导监督行使治权。1933年2月《国民参政会组织法》亦有弁言,申述国民政府"为求三民主义的积极实施,训政工作的迅速完成","特制定此法,召集国民参政会,以共谋国是"。弁言不仅为根本法,普通法有时也加采用。

(二)体例

民国法律有法典与单行法两种。法典完整,但偏于固定,不易适应潮流;单行法有弹性,可以随时修正,运用灵活,唯数量纷繁,而缺乏纲举目张、整齐贯通的效果。此两种体例的取舍,须视法律性质及所规定事项为断。民国《民法》、《土地法》等为法典,《民事特别法》、《劳工法》

等为单行法,各有所宜。立法采法典者少,9/10以上为单行法。

(三)名称

法律除称法以外,并无其他名称。唯《立法程序纲领》并未称何者为法律,《治权行使之规律案》所定之一切法律案,则包括条例案在内。"事实上现行法之经过立法程序者,亦多名为条例。大抵性质上较重要永久者,名为法,次要而暂时施行者,名为条例。"如内政部蒙藏委员会之组织称法,赈务委员会、总理陵园管理委员会之组织则称条例。此虽由于事实,也在于习惯,"严格而言,似凡经过立法程序之法案,皆当称为法,以明法律命令之区别,而免与根据法律、执行法律之条例相混淆,"但是修正《法规制定标准法》则以法与条例并用。

(四)标题

法律标题冠有"修正"或"暂行"字样同样十分重要。时人指出,关于修正,意在区别前法,为法律非仅一次修正,多有经数次修正。但修正字样不足以分别前修正与后修正,所以标题不必冠以修正字样,而于其下注明修正年月及次数较为妥当。法律既具有时间性而必须修正,则不必附以暂行字样,因为暂行二字足以贬损法律的尊严。况且法律施行长短皆难预测,不当以某种法律特标明暂行字样。事实上有标"暂行"字样的,如《暂行特种刑事诬告治罪法》,自1928年7月公布施行至1932年4月明令废止,施行达三年余。又如1927年11月公布施行的所谓《惩治盗匪暂行条例》,至1936年8月改为《惩治盗匪暂行办法》,实施了多年。法律如仅暂时适用,则可于条文明定施行期间,如《清乡条例》第3条规定施行期间以3个月为限,延期不得逾6个月。又如《危害民国紧急治罪法》第11条规定:"本法有效期间及其施行日期以命令定之",则不必于标题注明暂行两字。

(五)编章节目

法律编纂,有所规定的事项甚为繁富,内容甚多,条文甚多者,则当分立编章，各系节目，使条理井然，此在编制上有一定名词，即编、章、节、款、目之类。除民法典、刑法等外，其他法典一般分编、章、节三级，很少有用"款"与"目"的，更无用"款"又用"目"者。至单行法则因规定事项单纯，多不分章节，其较复杂者也仅分章节而已。

（六）条项款目

法律每一条文内亦有内容甚多，而须分项分款的。如1927年11月公布的《惩治盗匪暂行条例》第1条，规定处死刑的行为有十六种，即为十六款，而第十六款又分为五子目。一般条文的分项分款，为通常所见，而于款下更分子目，则其例甚少。又通常起草法律，于条文项下分款较易，而条文之分项则须详细斟酌，缜密考虑。通常一条而有数项的，必其事项相同或其性质相近，而又过于冗长有自然段落的，否则当另立一条或数条。

（七）修正

上述法律不必冠以修正字样，即制定法律时也不必虑其将来或须修改而特于条文内明定。法律与宪法不同，尤与刚性宪法有异。刚性宪法修改的机关，并非普通立法机关，其修改之程序自更异于普通立法程序，所以有于宪文中详定的必要。宪法尚非永久不可变，则普通法律理所当然必须随时修改，且其修改的机关与程序即为制定机关及其程序。《土地法》第4条即为关于增修的规定，而行政机关颁布的条例、规则、办法、细则等，尤多此例，标题冠以"修正"字样，均为赘文，应予删去。

（八）施行

法律制定后多公布施行，也有以其规定的事项不能即时施行，而其施行日期应由行政机关审时度势，以命令规定。又有其所规定的事项并非永久性，而其实行仅限于战时，因此特别指定施行细则，或以施行期间的长短未能预定，应由行政机关斟酌确定的。法律的施行既有此种差异,所以应该于条文内加以明确,如大多数法律均于末条规定:"本法自公布日施行"。《法院组织法》末条均规定:"本法施行日期,以命令定之",《惩治盗匪暂行条例》第 11 条规定:"本条例施行期间,暂定为六个月";《危害民国紧急治罪法》第 11 条:"本法有效期间及其施行日期,以命令定之。"

  但亦有例外。我国地域辽阔,政令推行不易,法律所规定的事项,有难于同时普遍施行的,须由行政机关察其缓急、先后、轻重,分别以命令决定。如《土地法》第 6 条规定:"本法各编施行区域,分别以命令定之。"《人事管理条例》第 11 条规定:"本条例施行日期及施行机关,以命令定之。"①

---

  ① 以上参见史尚宽:中央训练团党政训练班讲演录《立法程序及立法技术》,1943 年 12 月编印。

第三章 近代行政机关法

历史上,职官是行政法律制度的核心。而中央行政机关,历来是皇权控制下以六部为中心的中央官僚机关体制。在晚清,军机处为权力中枢、总理各国事务衙门兼理外交边防。20世纪初的清末"新政"官制改革中,为适应经济社会的发展,传统中央行政机关开始向近代模式转移。北京政府时期,中央行政机关经历了从专制体制向共和体制的转变。国民政府时期,中央行政机关适应从"训政"转向"宪政"的过程,但本质上仍然是国民党专制。与此同时,地方各级行政机关和司法行政机关也有变化,并且建立了近代警察行政制度。

第一节 中央行政机关组织法

一、晚清中央官制改革

清代前中期中央政治制度基本上沿袭明代,又有所发展,总的特征是皇权高度集中,皇帝之下主要有内阁、六部、都察院、理藩院、内务府等。六部,即吏、户、礼、兵、刑、工六个处理政务的主要行政部门,直接对皇帝负责,分别设有尚书与左右侍郎,其下分别设有四司。内阁,名义上为综理国家政务的最高行政机构,有保和、文华、武英殿,与体仁、东阁、文渊阁,共三殿三阁大学士,大学士通常兼六部尚书,位列百僚之首,但内阁实际上不过是皇帝咨询、顾问机构,与近代内阁意义不同。

此外雍正时设立军机处,全称办理军机事务处,由皇帝特旨召三品以上满汉大员各若干人,入值为军机大臣,其中满汉大学士各一人为首领,以下则入值为军机章京。军机处职掌机要,负责奏折文书的处理,及谕旨撰拟。军机大臣常侍皇帝左右,以备顾问,并参与国政方针的讨论及重大案件的审判,是清代中后期实际政治中枢,又称枢垣、廷垣。行政运作上,实行进呈题奏本章、密折陈奏、御门听政、派遣钦差大臣等制度。政治体制以满族贵族为主体,实行满汉贵族官僚的联合统治。

第一次鸦片战争后,清朝被迫与列强签订不平等条约,在通商口岸建立租界,政治制度也相应发生变化,设立了五口通商大臣,第二次鸦片战争以后又设置了南、北洋大臣,管理通商、交涉、海防并办理其他洋务,并且于咸丰十年(1860年)设立总理各国事务衙门,为总揽一切洋务的机构。起初只有恭亲王奕䜣等人管理,后增至八九人不等,统称总署大臣等,例由亲王一人领班。下属司员亦称章京,并分设英国、法国、俄国、美国、海防五股及司务厅、清档房。总理各国事务衙门不仅掌对外交涉往来,而且职司海陆通商、边疆海防、铁路电讯等事务,职权甚广。次年于上海设立总税务司,主要由英国人赫德①领导,同治四年(1865年)迁往北京。中国的主权逐渐丧失,沦为半殖民地半封建国家。戊戌变法期间,维新派提出在三权分立原则下改革官制,裁汰冗官,设立新的机构,并进行了一些政治制度的改革,但很快被绞杀,旧制度完全恢复。直到义和团运动与八国联军侵入北京以后,清廷才如梦方醒,认识到不进行政治改革,其统治就难以维持下去。

---

① 赫德(Robert Hart,1835—1911),英国人,字鹭宾。1854年到香港,次年任驻宁波领事馆翻译,以后逐步得到擢升。由于其汉语流利,态度谦恭,办事干练,管理有方,得到清廷赏识,1863年起任总税务司,达48年之久。任内不断扩张权力,并进行海关制度改革,推行由外人管理的海关制度,并建立海关各项设施,维护外国商业利益,同时增加了清朝的关税收入。1908年请假回国,至死方卸任。著有《中国论集》、《赫德日记》。

光绪二十六年十二月(1901年1月),流亡在西安的清廷诏谕变通政治,以图自强,革新内容涉及政治、经济、社会、军事、文化等各方面,其中包括"朝章、国政、吏治等"。这表明清廷决定开始推行以行政官制改革为主要内容的"新政"。

清末官制改革过程可以分为三个阶段。

第一个阶段,从光绪二十七年(1901年)三月至光绪三十二年(1906年)三月,设置了一些新的机构。光绪二十七年三月,成立督办政务处,作为举办新政的专门机构,以奕劻、李鸿章、荣禄等为督办政务大臣,刘坤一、张之洞遥为参预大臣,主持新政。设有提调、总办与章京,并先后置官制、学校、科举、吏治、财政、军政、邦交、商务、工艺、刑律等股。主要工作是讨论举办新政的各项条陈奏折,为朝廷决策提供参考意见。光绪三十一年(1905年)起,参与组织有关内政外交重大问题的讨论,职权有所扩大。

这个阶段官制改革的内容还有如下几点。(1)光绪二十七年七月,将总理各国事务衙门改为外务部,"班列六部之前",是中国第一个正式的外交机构,以屈从列强的要求。(2)光绪二十九年(1903年)八月,增设商部,兼办农工及铁路。接着颁布《钦定大清商律》,包括《商人通例》和《公司律》。光绪三十一年(1905年)十月设立巡警部,十一月设立学部及财政、练兵二处。光绪三十二年(1906年)三月设税务处。同年统一厘定官制。(3)裁撤河东道总督与云南、湖北、广东三省巡抚及詹事府(并入翰林院)、通政使司等"冗衙",宣布裁汰胥吏差役,停止捐纳实官,废除勒索性陋规与"供应"等。

由于设立了一些新的中央行政机构,自隋唐沿袭下来的六部建制开始动摇。但是这个新政未能一举革除清朝种种腐败无能的弊端。立宪派对此极不满足。

官制改革第二阶段是光绪三十二年(1906年)七月至光绪三十三

年(1907年)。该阶段改革将官制置于预备立宪的整体进程中,在一定程度上体现出三权分立的原则。同时进一步整理机构,调整职能。

这一时期,立宪被中央到地方的官僚认为是解决各种问题的灵丹妙药。光绪三十二年七月《宣示预备立宪先行厘定官制谕》:"廓清积弊,明定责成,必从官制入手。亟应先将官制分别议定,次第更张,并将各项法律详慎厘定。"各地方大员和驻外使臣纷纷上奏请求预备立宪。五大臣出洋考察宪政回国奏报后,清廷认识到仿行宪政,进一步改革官制的必要性。同年八月,清朝开始实行第二阶段官制改革,派载泽等编纂官制,各省督抚派员参议,后又派奕劻、瞿鸿禨等总司核定。经过一番讨论,奕劻上奏列举中央官制积弊有三:一曰"权限之不分",二曰"职任之不明",三曰"名实之不符",进而提出改革方案:"首分权以定限。立法、行政、司法三者,除立法属议院,今日尚难实行,拟暂设资政院以为预备外,行政之事,则专属之内阁各部大臣",如此则"中央集权之势成,政策统一之效著"。而"司法之权,责专属于法部"。其方案表面实行三权分立,所谓内阁,已经从过去的顾问机构变为中央行政机关。经过内部讨论与交锋,同年九月清廷宣布预备立宪,成立筹备立宪机构。为此,改督办政务处为会议政务处,其官职多由军机大臣、军机处属员,以及内阁大学士、内阁官员等充任。

同年十一月,清政府发布命令,宣布正式厘定的中央官制,内容如下。(1)改巡警部为民政部,户部为度支部,兵部为陆军部,刑部为法部,理藩院为理藩部。(2)将太常、光禄、鸿胪三寺并入礼部,工部并入商部,取名农工商部。(3)增设专管轮船、铁路、邮政的邮传部。(4)内阁、军机处、外务部、吏部、学部及宗人府、翰林院、钦天监、銮仪卫、内务府、太医院等照旧不变。(5)准备设立海军部、军咨处、资政院、审计院等。

改革后共设立11个部,均设尚书一人,侍郎两人,"不分满汉"。清末《各部官制通则草案》32条,规定各部尚书遇本部有重要事件,可参与入对,并得请开阁议。各部尚书就本部主管事务订定规则,发布部示。各部设承政厅、参议厅等,设左右丞、左右参议、参事、郎中、主事。这一阶段改革的机构,侧重于增强发展工商交通等经济领域行政。同时废除三法司制度,实行各级审判厅的四级三审制度,大理院为最高审判机关。改革废止了传统六部体制,实行内阁、大理院、准备设立的资政院三权分立,实际大权仍统一于朝廷,以军机处为行政总汇。其目的在于削弱地方督抚权力,将部分军权、财权收归中央。

为推行宪政,设立了宪政编查馆。光绪三十三年(1907年)七月军机处《宪政编查馆办事章程》规定本馆职掌:(1)"议覆奉旨交议有关宪政折件,及承拟军机大臣交付调查各件。"(2)"调查各国宪法,编订宪法草案。"(3)"考核法律馆所订法典草案(法典指民法、商法、刑法、民事诉讼法、刑事诉讼法诸种而言),各部院各省所订各项单行法(单行法隶于一事之章程,不属法典之各法而言)及行政法规(如改订官制及任用章程之类)。"(4)"调查各国统计,颁定格式,汇成全国统计表及各国比较统计表",有统一全国法制之责。该馆由军机大臣管理,设提调二员,综理馆中一切事宜",下设编制、统计两局,各设局长一人,各置三科。同时公布《各省官制通则》,宣布"各省按察使拟改为提法使,并增设巡警、劝业道缺,裁撤分守、分巡各道,酌留兵备道及设审判厅,逐渐推广"。

以上改革,使清政治体制较为面向社会变化,适应推行宪政的进程。在此期间,清朝颁布了《钦定宪法大纲》。但是第二阶段官制改革仍从巩固皇权出发,咨议局和资政院的成立,加深了立宪派内部的分裂,同时为要求改革的力量提供一个平台,消磨了上层人士的改革要求。通过改革,地方督抚权被分散,军权、财权分别收归陆军部和度支部,督抚中最有权势的袁世凯和张之洞被调任军机大臣,明升暗降。

迫于各省立宪派的请愿活动,以及一些督抚的压力,清政府把九年

清末中央行政官制改革简表

阶段	官制改革前	第一阶段 1901—1906	第二阶段 1906—1907	第三阶段 1911年5月
概况	围绕专制皇权,以六部为主体,以军机处为中枢	八国联军入侵后发出上谕为开端,成立督办政务处为专门机构,初步涉及经济、社会与外交	围绕立宪,改督办政务处为会议政务处,将行政权与立法权、司法权分开。由宪政编查馆起草法律草案	效法国外,建立责任内阁,共10部,被称为皇族内阁
机构设废	军机处	依旧	依旧	撤销
	总理各国事务衙门	外务部	依旧	依旧
	工部	依旧	工部、商部合为农工商部	依旧
		商部		
		巡警部	民政部	依旧
	吏部	依旧	依旧	撤销
		学部	依旧	撤销
	户部	依旧	度支部	依旧
	兵部	依旧	陆军部	依旧
				海军部
	刑部	依旧	法部	依旧
	礼部	依旧	并入太常等三寺	裁撤
			邮传部	依旧
	理藩院	依旧	理藩部	依旧

预备立宪缩短为五年,定于1913年召开国会,在国会召开以前先成立责任内阁。立宪派对此深为不满,他们纷纷上书国会,开展大规模请愿

运动,要求速开国会。

清末第三阶段也是最后阶段的官制改革,是宣统三年(1911年)五月,迫于维新派的抗议和革命运动风起云涌而进行,主要标志是颁布《新内阁官制》。根据这个新官制,正式成立责任内阁,由总理大臣、协理大臣、各部大臣组成,下设外交、民政、度支、学部、陆军、海军、法部、农工商、邮传、理藩10部,裁撤内阁、军机处、会议政务处、宪政编查馆。在13个阁员中,满族贵族8人,蒙古贵族1人,汉族官僚4人,满族贵族8人中,皇族又占6人。这显然是一个以皇族为中心组成的内阁,人们称为皇族内阁。

清末,武昌首义爆发后,在颁布《十九信条》的同时,清廷被迫再次退让。袁世凯由汉口到达北京,于1911年11月组成自己的责任内阁,任内阁总理大臣,其成员均是袁世凯党羽。随着南京临时政府的成立与袁世凯的逼宫。次年二月,清廷退位。

二、民国前期中央行政机关

1911年10月武昌首义爆发后,革命党人成立湖北军政府,拥戴旧官僚黎元洪为都督。湖北军政府经过改组,由军事和行政两大系统组成。军事有军政部,下设军令、参谋、军务三部;行政为民政部(后改政治部),下设外交、内务、财政、法制、交通、文书、编制七局,两大部门直接归都督统辖。不久再次变更,撤销军事、行政两大部门,实行军政合一,共计11个部。军事进展推动了全国革命局势的变化,大江南北各省,纷纷起义并宣布独立,清朝大势已去。

11月,宣布独立的各省代表来到武汉会议,确立国号为中华民国,并商议成立中央政府,通过了具有临时宪法作用的《中华民国临时政府组织大纲》。《大纲》效法美国制度,实行总统制,规定:"临时大总统由各省都督府代表选举之,以得票满总数三分之二以上者为当选,代表投票，每省以一票为限"，总统"有统治全国之权"，"有统率海陆军之权"，在"得参议院之同意"的条件下，总统还"有任用各部长及派遣外交专使之权"，得以"宣战、媾和及缔结条约"。湖南代表宋教仁（1882—1913）提议增加副总统一职，获得通过。大总统和副总统之下是行政各部，包括外交、内务、财政、军务、交通部，各设部长一人，总理本部，分别管理国家军政事务。对此《大纲》，各界议论纷纷，"或谓不应略人权而不言，或谓行政各部不应规定于有宪法性质之根本法内"。[1]

同年12月，孙中山结束长期海外流亡生涯回到上海。革命派由于孙中山的海外归来而声势大振。1912年1月，在南京成立了中华民国临时政府，孙中山当选中华民国临时大总统。南京临时政府的成立，是辛亥革命的胜利成果，是中国近代民主革命运动的产物，宣告了民主共和国在中国的诞生。

南京临时政府除设有临时大总统外，另有临时副总统，黎元洪（1864—1928）当选。根据《中华民国临时政府组织大纲》的原则，南京临时政府仿效美国总统制，按照三权分立原则构建。临时大总统代表国家，是国家元首、政府首脑。同时确定了政府组成人员，包括陆军部总长黄兴、海军部总长黄钟瑛、外交部总长王宠惠、财政部总长陈锦涛、司法部总长伍廷芳、内务部总长程德全、教育部总长蔡元培、实业部总长张謇、交通部总长汤寿潜等。九个国务员中，大多数以旧官僚为部长，同时采取"部长取名、次长取实"的方案，直接任命同盟会骨干为各部次长。各部以下或者为局，或者为司。

以上为行政系统。1912年3月5日，同盟会于南京召开全体大会，提出九项施政纲领，其中包括"完成行政统一，促进地方自治"；"普

---

[1] 谷钟秀：《中华民国开国史》，上海泰东图书局1914年版，第38页。

及义务教育";"整顿财政,厘定国税"等。① 此外,有立法机关临时参议院,司法职能由司法部行使。

同月,在袁世凯于北京就任临时大总统的次日,孙中山在南京正式公布了《中华民国临时约法》,要求袁世凯遵守。《中华民国临时约法》按照三权分立原则,规定"中华民国以参议院、临时大总统、国务员、法院行使其统治权"。参议院为行使立法权的机关。临时大总统总揽政务,和国务员行使最高行政权;临时大总统得制定官制、官规,但须提交参议院议决,代表临时政府公布法律。法院独立行使审判权。

孙中山制定《临时约法》的目的在于"法律限袁"。从政治制度上说,这种初衷突出地表现为用内阁制代替南京临时政府的总统制,用虚位的总统制取代《中华民国临时政府组织大纲》规定的掌握实权的总统制。袁世凯承诺遵守《临时约法》而得以上台。1912 年 3 月,袁世凯在北京宣誓就任临时大总统,建立起北洋军阀政府即当时的北京政府。3月底,成立国务院,是最高行政机关、国家政治制度中责任内阁的体现。国务总理及各部总长均称国务员,以国务总理为首脑。同年 6 月公布的《国务院官制》中,将国务会议作为国务院决策机构确定下来,以国务总理为会议主席。国务院除了国务会议以外,还有辅助机构秘书厅,直属机构法制、铨叙、印铸、蒙藏事务、临时稽勋、全国水利、临时国会事务七局,以及一个法典编纂会。同时有行政各部,包括外交、内务、财政、陆军、海军、司法、教育、农林、工商、交通十部。各部设总务厅及若干个司。袁世凯任命唐绍仪(1862—1938)为民国第一任国务总理,并且任命了各部部长。以后,陆徵祥、赵秉钧相继任国务总理。②

国务院由国务总理(即内阁总理)和国务员组成,总理是国务员之

---

① 〔美〕费正清等:《剑桥中华民国史(1912—1949)》,上卷,中国社会科学出版社 1998 年版,第 102 页。

② 贾逸君:《中华民国政治史》,北京文化学社 1929 年版,第 25—29 页。

一,但有特定地位。(1)按照规定,总理是"国务员的首领",有责任"保持行政之统一",是国务院实际上的首长。其由大总统提名,经国会任命同意;其他国务员则由总理提名,经国会同意由总统任命。(2)就实际责任来说,总理处于领导地位,副署所有文件。在召开国务会议期间,任国务会议主席。(3)为保持行政统一,国务总理有权中止各部长的政令,有权就其所管事务发布训令和具体指令。国务总理以下,有根据《国务院秘书厅官制》组成的秘书厅,设秘书长、秘书等,以及各部。1913年为九部,各部设总长一人,由国务员兼任;次长一人,协助总长工作。下设总务厅和各司(局),其下分科办事。凡总统发布的法律命令,必须由相关国务员签署才能生效。

以上的内阁制度,使意欲专权的袁世凯如芒刺在背。1913年10月,袁世凯胁迫国会选举他为正式大总统,并称国会的继续存在使"政权无由集中"、"不宜统一国家",因此采取各种办法,破坏按照《临时约法》原则建立起来的责任内阁制。首先,通过临时大总统辅助机构扩大权力,如将秘书处扩大为秘书厅,将军事科扩大为军事处,将财政科扩大为财政委员会,从而抑制了国务院权力。其次,派亲信任职并控制国务院,有时候国务院大小事务,都由总统府决断。到1914年1月,袁世凯见时机已到,下令解散国会。同年3月成立约法会议制定的"袁记约法"规定,行政以大总统为首长,置国务卿一人赞襄之。行政事务,至外交、内务、财政、陆军、海军、司法、教育、农商、交通各部分掌之。各部总长,依法律、命令,执行主管行政事务。国务卿、各部总长及特派员,代表大总统出席立法院发言。国务卿、各部总长有违法行为时,受肃政厅之纠弹及平政院之审理。

约法颁布后,袁世凯愈发肆无忌惮,到同年5月干脆下令撤销国务院,取消责任内阁制,成立政事堂为行政枢要机构,设国务卿赞襄总统,并设右丞、左丞和参议,下有印铸、法制、铨叙、机要、主计五局和一个司务所,实际上为总统办公厅性质,但集中了行政实权。1915年6月,在政事堂下又设一个全国生计委员会,并先后设置法制讨论会、政治讨论会和财政讨论会。政事堂是袁世凯晚期独裁政体中最高行政机构,是袁世凯的决策机关,也是其复辟帝制的过渡机关。袁世凯还改变了政府公文来往投递关系,不论地方和中央用来向国务院呈报的事件,一律改为呈大总统。国务院令中央各部和地方施行的事情,也改以大总统令施行。这种公文关系的改革,就是袁世凯恢复旧制度、总统皇帝化的表现。

行政各部的权力也被削弱。1914年7月,袁世凯公布修改后的各部官制,最重要的是把各部隶属关系改为直隶大总统。部内组织仅有司,取消了局。部内其他组织也改变名称,增加或取消了一些机构。如财政部1915年4月成立全国烟酒公卖局等。各部秉承大总统令管理行政,不再是国务员,各部失去独立地位。袁世凯还规定外交、内务、交通、财政、陆军五个重要部的总长每日必须直接向他报告工作,在报告工作时又必须以国务卿为首领,国务卿实际上凌驾于各部总长之上。同年大总统令公布《大总统公文程式令》11条,规定大总统令分四种:(1)策令,用于任免,以及授勋等荣典;(2)申令,用于公布法律、指挥训令官员等;(3)告令,用于对人民的宣示;(4)批令,用于裁答官署陈请。

袁世凯死后,黎元洪任总统,恢复民国初年责任内阁制,段祺瑞任国务总理。1917年春,在参加欧战问题上府院发生争执。张勋复辟失败,冯国璋任总统,段祺瑞再度担任国务总理,恢复《临时约法》,召开国会,并使内阁凌驾于总统、国会之上。同年7月,段祺瑞公布新的内阁名单,仍为九部。他自认为讨逆有功,将责任内阁制看成是个人独裁制,与冯国璋之间开展权力争夺,最后废弃《临时约法》,拒绝召开国会。"在1916—1928年时期的大部分时间里,北京政府在1912年《临时约法》的基础上进行工作。虽然《临时约法》的缔造者打算把主要权力给了内阁,但它含混不清,徒以助长总统、总理和议会之间的不断争执";"内阁通常由各派系分得职务的人组成,实际上很少发挥决策机构的作用。"①

1920年直皖战争后,恢复法统,旧国会复会。根据直系曹锟的《中华民国宪法》,中华民国之行政权,由大总统以国务员之赞襄行之。国务院以国务员组织之。国务总理及各部总长,均为国务员。国务员赞襄大总统,对于众议院负责任。1924年10月,冯玉祥率兵推翻直系军阀政府,奉系南下华北,段祺瑞乘机再起,11月建立中华民国临时执政府,自任临时总执政。根据临时执政府制,国家制度由临时执政府、国务员、国务会议所组成,临时总执政总揽军政、民政,国务员由临时总执政任命,分掌各部,赞襄临时总执政处理政务,实际上将临时总执政的权力规定得毫无限制,实行总统、总理、国会三者合一。1925年12月,在国民军与各界的压力下,段祺瑞宣布改组政府,增设国务院,国务会议由国务总理主持,但并没有改变执政府的独裁性质。1926年3月"三一八"惨案后,段祺瑞被迫下台,临时执政府宣告结束。

1926年12月,张作霖(1875—1928)在天津就任安国军总司令,接着在北京组织军政府,自任中华民国陆海军大元帅,1927年6月军政府成立。同时颁布相关制度,规定大元帅下设国务院,包括外交、内务、军事、财政、教育、司法、实业、农工、交通九部及礼制馆,国务院下设法制、铨叙、统计、印铸四局,国务院是作为协助大元帅执行政务的机构,由国务总理及各部总长组成国务会议,国务总理及各部总长由大元帅直接任命。因此,军政府仍然是独裁政府。张学良继掌东北军后,至12月易帜,归顺国民政府。

---

① 〔美〕费正清等:《剑桥中华民国史(1912—1949)》上卷,中国社会科学出版社1998年版,第102页。

三、国民政府中央行政机关

1925年7月,国民政府在广州正式成立,公布《国民政府组织法》。据此,广州国民政府最高执行机构是国民政府委员会,由若干委员组成,并在其中推定五人组成常务委员会,其中一人为主席。委员会议论和掌管全国政务,常务委员会处理日常政务,并设秘书处,办理具体工作。行政机构主要有外交、财政、交通、军事、司法五部及教育和侨务两个委员会,并且设有法制委员会、大理院、监察院,以及军事委员会等。

随着北伐战争的进展,国民政府于1927年3月迁往武汉。针对北伐战争以来军事政治集中于个人的情况,规定废除国民政府主席制,设国府委员及其常务委员,实行常委的集体领导制。政治委员会是中央执行委员会领导下的最高政治指导机构,增设劳工、农政、教育、实业、卫生五部,司法机关改称法院。武汉国民政府的组成人员有共产党人,大多数却是隐藏在左派幌子下的右派、军阀、官僚。

南京国民政府建立后,1928年2月,国民党修正公布《国民政府组织法》10条。根据这个组织法,国民政府实行主席制。国民政府由中央委员会推举委员若干人组织之,并推定其中5至7人为常务委员,于常务委员中推定一人为主席,下设内政、外交、财政、交通、司法、农矿、工商七部,并设大学院、审计院、建设委员会、蒙藏委员会,以及秘书处。

同年6月,"北伐成功"。"然革命武力之胜利,必当以革命的建设保障之,方足以垂诸久远。于是党中同志,对于纪纲制度,咸有论列。中委胡汉民(1879—1936)、孙科(1891—1973)等亦于巴黎电达国民政府,提议以五权制度,作训政之楷模";蒋介石"亦感于当时国府之组织过于简单,党政之系统过于纷乱,不足以应付环境之需要,遂于是年9月中,邀集党中领袖讨论政制",并推胡展堂、戴季陶、王亮畴等共同修改《国民政府组织法》。胡等拟成条文19条。经政治会议讨论,议决推定蒋介石、胡汉民、王宠惠、李煜瀛等14人为查审委员,对于草案加以详细研究,最后于同年10月由中央执行委员会常务会议修改公布。其中规定实行五院制度,为"军政告终,训政开始之时代产物"。[①] 以后,1930年11月再次修改《国民政府组织法》,将国务会议改称国民政府会议。

修改过的《国民政府组织法》的两个特点,第一是"以党治国",就是以中国国民党治国。"在组织法条文中,虽然未规定中国国民党与国民政府的关系,然在此法律的前文中已表明以党治国之精神至为显者。如规定'中国国民党本革命之三民主义、五权宪法,建设中华民国。既用兵力扫除革命障碍,由军政时期入于训政时间','训练人民行使政权之能力,仰促进宪政,奉政权于国民'。"第二是实行五权宪法,国民政府由行政、立法、司法、考试、监察五院组成,"五权制度是新创的,而国府组织上实为实现此制度之宪法"。[②]

1928年10月国民党《训政纲领》规定,治权包括行政、立法、司法、考试、监察五项,"以立宪政时期民选政府之基础",表明国民党的军政时期已经结束,训政时期来临。《训政纲领》的基本内容,就是把国家权力分成政权和治权两部分,政权由选举、罢免、创制、复决组成,在国民大会召开以前,"由中国国民党全国代表大会代表国民大会,领导国民行使政权";"中国国民党全国代表大会闭会时,以政权付托中国国民党中央执行委员会执行"。治权由行政、立法、司法、考试、监察所组成,由国民政府在中国国民党中央执行委员会政治会议的指导和监督下,"总揽而执行"。因此,纲领是把国民党法定为最高训政者,把国民党全国

[①] 谢瀛洲:《国民政府组织法研究》,华通书店1931年版,第1—3页。
[②] 冯震:《国民政府组织法研究》,南京书店1931年版,第8页。

代表大会及其中央执行委员会定为最高权力的决策机构,把国民党中央政治会议,定为指导全国训政、监督指导国民政府重大政务的机构。

蒋介石曾致中国国民党中央,电文中说:"宪法未颁布以前,如需先制定一种训政时期适用之约法,使《训政纲领》所规定与第一次全国代表大会宣言中之政纲,益能为全国国民所谅解,亦可由国民会议讨论决定之。"① 1931 年 6 月《中华民国训政时期约法》规定,行政、立法、司法、考试、监察,五种治权由国民政府行使之。国民政府总揽中华民国之治权。省置省政府,受中央之指挥,综理全省政务,其组织以法律定之。

国民政府主席一职初设于 1925 年 7 月国民政府在广州成立时。南京国民政府主席由国民党中央执行委员会选任,资格与任期初无限制,1931 年 12 月《国民政府组织法》规定任期为两年,连选得连任一次。值得注意的是,国民政府主席的职权视蒋介石的任职而相应发生变化。1928 年 10 月,蒋介石担任国民政府主席,其权力大为增加。1930 年 9 月和 1931 年 6 月,国民党连续修正公布《国民政府组织法》,其中规定了国民政府主席的职权,加上兼任海陆空总司令和其他官职。1930 年 11 月,国民党三届四中全会以后,蒋介石兼任行政院长。到 1931 年 12 月,蒋不担任国民政府主席,于是规定国民政府主席不得兼任其他官职,并在该月通过的《国民政府组织法》中将国民政府主席兼职的条款删除,国民政府主席实际上不负政治责任。1943 年 11 月,蒋介石重新担任国民政府主席,才又规定国民政府主席的兼职。国民政府委员由国民党中央执行委员会决定,其权力随着蒋介石不断缩小国民政府委员会的权力而变化,人数也随着国民政府委员职权的缩小而变化。1946 年再度修正《国民政府组织法》,主席任期增为 5 年,得连任。

---

① 潘树藩:《中华民国宪法史》,商务印书馆 1935 年版,第 242 页。

国民政府委员会,初名国务会议,1930年11月改名国民政府会议,1931年12月改名国民政府委员会,由主席一人,委员12至16人组成,以后又有增加。"其职权之行使,除有特别规定外,均以合议制之形式出之。此种合议机关,名为国民政府会议。国民政府会议以国府委员全体及国府主席组织之,开会时以国府主席为主席。"这种制度"似效法瑞士,然亦有其特点。第一,瑞士联邦评议会之委员,各有其专管之部,国府会议则有不兼院务之委员。第二,瑞士联邦评议会主席,于委员中选任之;国府则于委员之外,另行指定主席。第三,瑞士联邦评议会之行政事务,对于以委员全体之集合的行动出之;但根据国府组织法则公布法律,仅需由国府主席署名及立法院院长副署,发布命令仅须由国府署名及主管院院长之副署。第四,瑞士联邦评议会委员均有一定之任期,国府委员之任期无明文规定。"①

名义上五院统属于国民政府主席和国民政府委员会,实际上直属国民党中央。国民政府直属机构有文官处、参军处与主计处。此外还有一些会、部、院等,包括行政性质与军事性质的。军事性质的,五院制国民政府成立以前是军事委员会及总司令部,五院制国民政府成立前两月,撤销这两个机构,重新设立了军政部、参谋部、训练总监部和军事参议院,军政部隶属行政院,其他两部一院直属国民政府。"九一八"后,恢复军事委员会,将参谋部、训练总监部和军事参议院划归军事委员会。还专门设立特务机构调查统计局。行政性质的,如首都建设委员会(1932年11月改全国经济委员会)、黄河水利委员会、导淮委员会、建设委员会、总理陵园委员会、中央研究院、故宫博物院等,均在1927至1931年间建立。

---

① 谢瀛洲:《国民政府组织法研究》,华通书店1931年版,第14—16页。

国民党中央与国民政府权力结构示意图

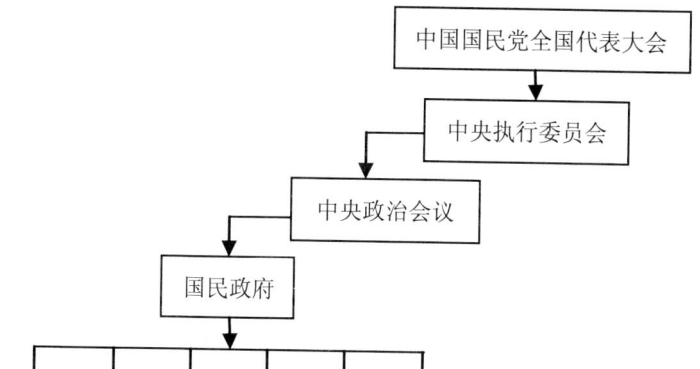

行政院为国民政府最高行政机关,位列五院之首。设院长、副院长各一人。院长职权是"指挥全院院务及所属机关",包括监督所属机关、任免行政官吏、主持行政院会议。"行政院院长一方面为行政之领袖,他方面则立于政治会议、国民政府以及各部会之间,当联络之枢机。行政院之下部会,均为施政之重要机关,然各部会对于国民政府或政治会议,不能发生直接关系";"行政院长既为国民政府之构成分子,事实上亦必于政治会议占其一席";"故院长之设置,实足以保持党政之一贯,上下之连续,其职责固甚重要也。"[①] 首任院长谭延闿(1880—1930),副院长冯玉祥。行政院设各部、委,分掌行政之职权。关于特定之行政事宜,得设委员会掌理之。各部部长、政务次长、常任次长等,均由行政院院长提请国民政府分别任免之。

---

① 谢瀛洲:《国民政府组织法研究》,华通书店1931年版,第25页。

1932年8月公布的《行政院组织法》,规定行政院以内政部、外交部、军政部、海军部、财政部、实业部、教育部、交通部、铁道部、蒙藏委员会、侨务委员会、禁烟委员会、劳工委员会等组成。行政院会议是处理院务的领导机构。凡行政院重要问题,都提交该会议议决。行政院会议由行政院长、副院长、各部部长、各委员会委员长组成,其职权有:(1)提交立法院讨论有关法案;(2)任免行政司法官吏和陆海空军军官;(3)议决行政院各部、各委员会之间不能解决的事端;(4)其他依法律或行政院长认为,应该交付议决的事项。行政院直属机构有秘书处与政务处。行政院所属各部有多次变化。

1937年12月,国民党通过《中央机构调整案》,决定对行政院的一些机构进行调整:(1)裁撤铁道、实业两部以及隶属于国民政府的建设委员会及经济委员会;(2)成立经济部,将实业部及军事委员会第三、四部,建设委员会,经济委员会的水利部分,原属军事委员会的资源委员会和农产、工矿调整委员会以及财政部的粮食运销局并入经济部;(3)铁道部及经济委员会的公路部分、农产、工矿、贸易三调整委员会的水陆运输联合办事处等改隶交通部;(4)卫生署以及原隶军事委员会的禁烟总会,改隶内政部;(5)原隶军事委员会的贸易调整委员会以及对外贸货委员会、重庆行营的禁烟办事处,改隶财政部。1938年1月修正公布《行政院组织法》,行政院所辖机构仅存内政、外交、军政、财政、经济、教育、交通七部及蒙藏、侨务两个委员会。这是行政院成立以来最大规模的一次调整,其裁并了重复或职能一致的骈枝机关,停办或撤销了已丧失行政职能的闲散机构或受战事影响已不能工作的机构,有利于划清行政与军事的权限,明确职能分工,提高行政效率并节约行政经费。针对日军侵略深入的局势,行政院的机构以后又有一些调整。至1943年10月,行政下属机构增至内政、外交、军政、财政、经济、教育、交通、农林、社会、粮食、司法行政等十一部,蒙藏、侨务、赈济三个委员会,以及卫生和地政两署。①

行政院内设主要机构演变表

年月	组成部门	内置机构
1928年10月	内政部、外交部、军政部、财政部、农矿部、工商部、教育部、交通部、铁道部、卫生部、建设委员会、蒙藏委员会、侨务委员会、劳工委员会、禁烟委员会,共15个	秘书处、政务处
1930年6月	内政部、外交部、军政部、海军部、财政部、农矿部、工商部、教育部、交通部、铁道部、卫生部、建设委员会、蒙藏委员会、劳工委员会、禁烟委员会,共15个	同上
1932年8月	内政部、外交部、军政部、海军部、财政部、实业部、教育部、交通部、铁道部、司法行政部、蒙藏委员会、侨务委员会、禁烟委员会、劳工委员会,共14个	同上
1936年5月	内政部、外交部、军政部、海军部、财政部、实业部、教育部、交通部、铁道部、蒙藏委员会、侨务委员会、卫生署,共12个	秘书处、政务处、诉愿审议委员会
1938年1月	内政部、外交部、军政部、财政部、经济部、教育部、交通部、蒙藏委员会、侨务委员会,共9个	同上
1940年5月	内政部、外交部、财政部、军政部、海军部、教育部、司法行政部、工商部、农矿部、交通部、铁道部、社会部、宣传部、警政部、振务委员会、边疆委员会、侨务委员会、水利委员会,共18个	秘书处、参事厅、法制局、诉愿审议委员会
1943年10月	内政部、外交部、军政部、财政部、经济部、教育部、交通部、农林部、社会部、粮食部、司法行政部、蒙藏委员会、侨务委员会、振济委员会,共14个,附卫生署、地政署	秘书处、政务处、诉愿审议委员会、法规委员会、会计处、统计室、人事室

---

① 袁继成等:《中华民国政治制度史》,湖北人民出版社1991年版,第498页。

续表

1944年3月	内政部、外交部、财政部、陆军部、海军部、教育部、司法行政部、实业部、建设部、宣传部、社会福利部、粮食部、铨叙部、卫生部,共14个	秘书处、会计室、统计室
1947年3月	内政部、外交部、国防部、财政部、教育部、司法行政部、农林部、工商部、交通部、邮电部、劳动部、水利部、地政部、卫生部、资源委员会、蒙藏委员会、侨务委员会,共17个	秘书处、诉愿审议委员会、会计处、统计室、人事室
1947年4月	内政部、外交部、国防部、财政部、经济部、教育部、交通部、邮电部、农林部、社会部、粮食部、水利部、司法行政部、地政部、卫生部、资源委员会、蒙藏委员会、侨务委员会,共18个,附新闻局	秘书处、诉愿审议委员会、法规委员会、会计处、统计室、人事室
1947年12月	内政部、外交部、国防部、财政部、教育部、司法行政部、农林部、工商部、交通部、社会部、水利部、地政部、卫生部、粮食部、资源委员会、蒙藏委员会、侨务委员会,共17个,附主计处、新闻局	秘书处、参事室、诉愿审议委员会、会计处、统计室、人事室
1948年5月	内政部、外交部、国防部、财政部、教育部、司法行政部、农林部、工商部、交通部、社会部、水利部、地政部、卫生部、粮食部、资源委员会、蒙藏委员会、侨务委员会、主计部,共18个,附新闻局	秘书处、诉愿审议委员会、法规委员会、会计室、统计室、人事室
1949年3月	内政部、外交部、国防部、财政部、教育部、司法行政部、经济部、交通部、蒙藏委员会、侨务委员会,共10个。	同上

资料来源:历次《行政院组织法》

立法院为国民政府最高立法机关,拥有草拟、审查法律的职权而且形式上有通过并决定国民政府法律的权力。立法院首任院长胡汉民,副院长林森。司法院,是法律的执行者和解释者,国民政府最高审判机关,首任院长王宠惠(1881—1958),副院长张继(1882—1947)。考试院,国民政府最高考试机关,主要职权是考试权与铨叙权,首任院长戴季陶(1891—1949)、副院长孙科。监察院,国民政府最高监察机关,负有弹劾与审计两项职权,首任院长蔡元培(1868—1940)、副院长陈果夫(1892—1951)。

全国抗战开始后,为适应动员全国力量抗战的要求,1937年8月,国民党在国防委员会基础上成立国防最高会议,以军事委员会委员长蒋介石为主席,中央政治委员会主席为副主席,设常务委员九人,为战时最高政治指导机构。1939年1月改组为国防最高委员会,为国民政府最高决策机关。

由于事务过多,为加强效能,从1940年起施行"行政三联制",将各级政权分为计划、执行、考核三各部分,三机构分工联系,要求各种机关明确职责,讲究效率,中心是区分"权"与"能"。为贯彻行政三联制,国防最高委员会成立了一批政府机构,主管计划的是1940年冬成立的中央设计局,其总裁由蒋介石兼任,职权是主持国民政府"政治经济建设的计划及审核",其主持设计的机构为审议会。各省设计机构名称最初不统一,国民党颁发了设计考核委员会组织通则,统一为某机关设计考核委员会。①

"五五宪草"规定总统为国家元首,对外代表中华民国。行政院为中央政府行使行政权的最高机关,设各部、各委员会,分掌行政职权。地方制度,设省、县、市。1946年国民大会召开以后,国民政府进入宪政时期,但并没有立即结束训政。按照规定,国民政府改组完成,才为训政结束之时。于是国民党开始国民政府改组。

抗战结束以后行政院的一些变化:(1)试行行政院负责制,即行政院根据国务会议的决议负行政的全责,改行政院会议为政务委员会;(2)过去行政院长由国府主席于国府委员中提请国民党中执委会选任,

---

① 林代昭等:《中国近代政治制度史》,重庆出版社1988年版,第459页。

副院长由行政院长提请国民政府主席依法任免;改组后的行政院正副院长均由国民政府选任;(3)行政院政务委员的成员由国民党一党扩大到党外,有一些国民党党外人士成为行政院政务委员;(4)行政院下属机构也有一些调整,如改水利委员会为水利部,地政署为地政部,卫生署为卫生部,始设新闻局。

根据1946年宪法,国家政治体制有所变化。第一,国民政府主席改为总统,为国家元首,同时为行政首脑,其职权包括:军事权;缔结条约权;依法公布法律;发布命令权,但要经行政院长副署;依法宣布戒严权;大赦、特赦、减刑权;任命行政院长、司法院长和考试院长等官吏权;紧急命令权;院与院权限争执解决权等。总统任期六年,连选得连任一次。总统除犯内乱罪外,非经罢免或解职,不受刑事上之诉究。总统、副总统之罢免,由国民大会议决。第二,取消国民政府名称,在总统下设立一个总统府。总统府是总统依据宪法行使职权的最高机构,取代原来的国民政府委员会。总统幕僚人员有资政若干人、秘书长一人、参军长一人,设文书、政务、军务、典礼、印铸、总务六局,并有机要、侍卫、统计三室,人事、会计两处,警卫队、消防队和军乐队。另有一批参议、国策顾问委员会、战略顾问委员会等直辖机构,总统府编制共900余人,加上工人与勤杂人员共1500人。第三,行政院院长改为总统提名,立法院同意任命。总统、副总统缺位,或总统任满解职还未选出新总统,或选出尚未就职时,由行政院长代行总统职位,但不得超过3个月。

五院仍是基本机构。宪法明文规定总统是凌驾于五院之上的最高领导者,实际上不受任何约束。行政院设行政会议,有内政、国防、财政、教育、司法行政、农林、工商、交通、社会、水利、地政、卫生、粮食13个部,资源、蒙藏、侨务、美援运用四个委员会,主计、会计、秘书三处,以及统计、人事两室和新闻局,并置秘书长主持日常事务。行宪时期的行政院与训政时期的行政院有所不同,宪法规定行政院为国家最高行政机关,但是,有两点值得注意:其一,最高行政机关与总统的行政首脑地位相矛盾;其二,行政院有向立法院负责的规定,有些内阁制的味道,但总统有行政院与立法院之间的核可权和对立法院某种程度的否决权,掌握实权。宪法规定行政院依下列规定对立法院负责。(1)行政院有向立法院提出施政方针及施政报告之责,立法委员在开会时有向行政院院长及行政院各部会首长质询之权。(2)立法院对于行政院之重要政策不赞成时,得以决议移请行政院变更之。行政院对于立法院之决议,得经总统之核可,移请立法院复决。复决时,如出席委员2/3维持原决议,行政院院长应接受该决议或者辞职。(3)行政院对于立法院议决之法律案、预算案、条约案,如认为有窒碍难行,得经总统之核可,于该决议案送行政院十日内移请立法院复议,复议时如出席立法委员2/3维持原案,行政院长应即接受该决议或辞职。

上述规定,改变了训政时期行政院只有向立法院提出议案之权的规定,也改变了"五五宪草"不对立法院负责的规定。这种行政院对立法院负责的规定,仍是有条件的,不能算责任内阁,没有倒阁的规定,行政院实际上由总统控制。而且,行政院向立法院负责违背孙中山权能分治的原则,行政权与立法权均属于治权,行政院向立法院负责,成了治权机构向治权机构负责。按照五权分立、权能分立原则,行政院应向国民大会负责。同时,宪政时期行政院地位提高,取消了训政时期国民政府主席署名、有关院长副署的规定,只有行政院院长或行政院有关部会的副署权。在总统、副总统均不能视事时,则由行政院院长代行职权。这些规定,似乎有内阁制的特点,但由于行政院长的提任权在总统,总统还有"核可权",所以行政院长实际上是对总统负责。

1949年1月,李宗仁代理总统。3月,孙科辞职,李宗仁重组内阁。国民政府《修正行政院组织法》,规定:减少行政院下设的部和委员会,将原来的14个部减为8个,将三个委员会减为两个,裁撤新闻局。4

月,国民党拒绝接受国内和平协定,国共和谈破裂。人民解放军强渡长江,很快解放南京。国民政府逃至广州后,于同年3月修改《行政院组织法》,将机构缩减至八部、三委、两处、三室。很快,国民党政权就在大陆垮台了。

第二节　地方行政机关组织法

一、晚清地方行政机关

清代地方行政制度大体沿袭明朝,适应高度集权专制的要求。清代地方最高行政机关为总督衙门和巡抚衙门,总督为一省或数省的军政民政首脑。光绪末年,有直隶、两江、陕西、湖广、两广、闽浙、四川、云贵、东三省九个总督,还设有管理专门事务的总督,如漕运总督、河道总督等。巡抚衙门为一省最高行政机关,巡抚为最高行政首脑。总督与巡抚都有单独参核与上奏权。各省设有承宣布政使司、提刑按察使司和都指挥使司。承宣布政使司一般称藩司,掌一方行政,包括财政、户口,并宣达朝廷命令、监督官吏、参与政务与审判。咸丰以后,由原来19个行省增加到23行省,加上西藏共24个行省。省下为府,设知府衙门,以知府为主官,主管一府政令。以下设有经历、司狱二司,照磨所及儒学等机构。在京师和盛京设立顺天府和奉天府。府下为县,设知县衙门,知县以下有县丞、主簿、典史、巡检等,一般设吏、户、礼、兵、刑、工六房,个别的县还有承发房、仓房、库房等,并有胥吏。道为省的派出机构,为监察区。直隶州、厅相当于府,散州、厅相当于县。州、厅虽然是固定行政单位,但不是一级政权。大体上,是省、府、县三级。在基层,有里社,110户为里或坊厢,10余户为甲,负责调查田粮丁数,编制赋役册。

清代地方行政特点是：(1)行政、财政、司法权合一，尤其是府、县两级，由主官掌握行政、财政，并直接审理案件。(2)突出督抚权力，不仅有行政权，而且有司法权、监察权和军事指挥权，尤其总督，直接秉承皇帝旨意，为地方最高长官。(3)强化基层控制，主要体现在保甲制度的全面推行上。(4)机构层次繁杂，官员职权交错，难免造成繁文缛节、文牍往复的弊端。

清末"新政"期间，不仅重新设计中央官制，而且开始改革地方官制。光绪三十三年(1907年)五月颁布《各省官制通则》，规定"总督所驻省分，不另置巡抚，即以总督秉管该省巡抚事"。省属机构也有变化，不再设提刑按察使司与都指挥使司，"除东三省外，各省均置布政、提学、提法三司。各省布政司设布政使一员，受本管督抚节制，管理该省户口、管理、疆理、财赋，考核该省地方官吏。各省提学司设提学使一员，受本省督抚节制，管理该省教育事务并兼督各种学堂学会。各省提法司设提法使一员，管理该省司法上之行政事务，监督各审判厅并调度检察事务"。同时，"督抚衙门设交涉科、吏科、秘书员、参事员等幕职员数"。

晚清效仿欧美、日本，推行地方自治。光绪三十四年(1908年)十二月，清廷颁布《城镇乡地方自治章程》9章112条，《城镇乡地方自治选举章程》6章81条。两章程规定：凡府厅州县治城厢地方为城，其余市镇村庄屯集等各地方，人口满5万者为镇，不满5万者为乡，其区域各以本地方固有之境界为准。城镇乡自治事宜，包括教育、卫生、道路工程、实业、慈善、公共营业、旧有事业之继续等方面。其中专属于国家行政者，不属于自治之范围。城镇乡地方就自治事宜，得公定自治规约，但不得与此章程及其他法令相抵牾。凡于城镇乡内有住所或寓所者，不论本籍、京旗驻防或流寓，均为城镇乡居民。凡是：(1)有本国国籍；(2)年满25岁之男子；(3)居本城镇接续至三年以上者；(4)年纳正税或公益捐两元以上者,为城镇乡选民。居民内有素行公正,众望允孚者,虽居本城镇乡不满三年,及纳税捐不及两元,或纳税捐较最多之人尤多之女子,亦得作为选民。城镇乡各设自治公所,城镇乡议事会及乡选民会,为议决机关,城镇之执行机关为董事会,采合议制。乡之执行机关为乡董,系独任制。城镇乡自治职各以该管地方官监督之。该管地方官应令其报告办事成绩,征其预算、决算表册,随时亲往检查;并有申请督抚解散城镇乡议事会、城镇董事会,及撤销自治职员之权,但城镇乡议事会,须于解散后两个月内召集,城镇董事会或乡董须于解散或撤消后,15日内重行成立或选定。

宣统元年(1909年)十二月公布《京师地方自治章程》8章136条,其中规定京师地方自治事宜包括本地方之学务、卫生、工程道路、农工商务、善举与公共营业。同时公布《府厅州县地方自治章程》8章105条,分为总纲、府厅州县议事会、府厅州县参事会、府厅州县自治行政、府厅州县财政、府厅州县自治监督、文书程式、附条等,规定府厅州县自治事宜,包括公益事务关于府厅州县全体,或为城镇乡所不能担任者,国家行政或地方行政事务以法律或命令委任自治职办理者。附录有《府厅州县议事会议员选举章程》47条。其规定,府厅州县自治区域,各以该府厅州县行政区域为准,其自治事宜包括:地方公益事宜,关于府厅州县全体,或为城镇乡所不能担任者;国家行政,或地方行政事务,以法律或命令委任自治机关办理者。府厅州县由本省督抚监督之,仍承命于民政部,其关系各部所管事务,并承命于各部。监督官府得令府厅州县呈报办事情形,随时调阅文件,检查收支账目,并得减削其预算。

二、民国前期地方行政机关

辛亥革命后初期,地方一级仍沿袭清制,设23省。各省暂时统一官吏名称。省的行政制度基本上采取军政、民政合并管理的办法。1912年3月改称各省总督、巡抚为都督。政权机关名都督府。袁世凯为分散地方势力，1913年提出军民分治，设立行政公署作为行政机关，由总统直接任免民政长负责这一工作。当时多数省都由手握兵权的都督兼任民政长。未由都督兼任民政长的，民政长一般没有实权。行政机关称行政公署。行政公署下设总务处、内务司、财政司、教育司和实业司，司下设二至四科。

1914年5月，"袁记约法"颁布后，袁世凯为进一步实行军民分治，公布《省官制》，对省行政制度进行改革，将民政长制改为巡按使制，行政公署改为巡按使公署；民政长改为巡按使，为省内最高行政长官，负责省内一切职务。鉴于民政长没有兵权，6月，将地方武装拨给巡按使管理和监督，财政、司法拨归巡按使监督。改革后的行政机构将原一处四司改为总务、内务、教育、实业四科及财政厅，并增设政务厅，四科隶属于政务厅。有的省还设有其他一些机构。不久，袁世凯下令废除都督府，改都督为将军。同时又下令裁撤省都督府，实行军政分离，民政由大总统府管辖，军政由将军府管辖。省最高军政机关称为将军行署，长官称为将军，督理一省军务，将军下有会办与帮办。

1916年黎元洪就任大总统后，于7月下令将各省行政长官名称改为省长，行政机关则称省长公署，巡按使或省长的办公地称巡按使公署或省长公署，下设政务、财政二厅。政务厅下设总务、内务、教育和实业科，财政厅下置总务、征榷、制用三科。同时，改将军为督军。段祺瑞时期，在各省组织12人的参事会，作为省长咨询机构，并增设警务处、交涉署等。1917年9月，又在各省设立教育、实业两厅。两厅直属中央教育、实业两部领导，并撤销省长公署内的教育、实业科。至此，省行政体制为：省长公署下设政务、军务、财政、教育、实业厅，参事会、交涉署、警务处。其中财政、教育、实业三厅及交涉署、警务处属中央有关各部和省双重领导。

根据曹锟的《中华民国宪法》,地方划为省、县两级。省依宪法规定,得制定省自治法,但不得与本宪法及国家法律相抵触。省设省议会,为单一制之代议机关;县设县议会,于县以内之自治事项有立法权。

1913年1月北京政府颁布《划一现行各省地方行政官厅组织令》,废除清朝地方制度,在省、县之间设立道,最初称观察使制,道政府名观察使署,道首脑称观察使。全国各道根据辖区广狭、事务繁简、财赋多寡,以及形势是否重要等,并参照明清旧制,又分为繁要缺、边要缺、繁缺、边缺、要缺、简缺等三等六类。① 同年8月,统一现行地方各级行政官厅,各地一律废除府、州、厅级区划,改为省、道、县三级管理体制。除台湾外,全国共22个省、六个特别行政区,共有32个一级行政区划。1914年5月,北京政府公布《道官制》,规定废除观察使制,采取道尹制,观察使署改为道尹公署。道的行政长官管理道内行政事务,颁布道的单行章程,监督所属各县行政长官,监督道内财政与司法。下分内务、财政、教育、实业四科,各设科长一人,科员若干人,以后机构略有变化。改为道尹制后,道政府职权有了较明确规定,即管理道内行政事务,颁布道内单行规程,监督道内财政及司法行政,节制调遣驻道内地方武装,监督、考核所属各县行政官吏。

同时公布《划一现行各县地方行政官厅组织令》,将各省府、厅、州一律改为县,机关称县知事公署。县称知事,有行政、立法、司法职权。道下设县,1914年5月颁布《县官制》,知事改称县知事。县知事综理县的政务,监督所属官吏,颁布县的单行章程,指挥县内警备队。在许多地区,县知事兼理司法审判。1921年前后也有一些县称县长的。县政府分科办事,一般设两科或四科。

---

① 钱实甫:《北洋政府时期的政治制度》下册,中华书局1984年版,第283页。

1914年12月,以大总统令公布《地方自治试行条例》5章38条。县下分8至16个自治区,区设区董、区副各一人。自治区域采一级制,可以谓之区自治,一县之自治区域,得分为四区至六区,其二县以上合并之县得增至八区。自治区以人口之多少,财力之盈绌,分为合议制、单独制。凡居住于自治区内之男子,不论本籍与否,均为住民,而女子除外。自治区事宜采概括主义,凡卫生、慈善、教育、交通及工商事项不属于国家行政者,均属之。又依法令及监督官署委托之事项,亦得由自治区办理。合议制自治区设区董、自治员等。自治行政直接监督为县知事,间接监督为地方最高行政长官及内务部。县知事得随时命令自治职员报告办事成绩,征其预算、决算表册,检查自治经费。自治职员有违法、越权或妨害公益之情事时,县知事得撤退之。撤退至过半数时,全体应行改选。1915年4月,袁世凯又公布条例施行细则。但是由于地方多意存延宕,以上条例与细则并未切实施行。①

北京政府时期,北方大多沿袭清末城镇、乡制,南方一般是市乡制。所谓城镇,指府厅州县所在的城厢和县城以外人口聚集的市政。所谓乡,指区域在5000人以上,或者不满5000人的自然形成的区域中的市镇、村庄、屯集等地区。城镇设镇公所,置镇董一人,管理本镇居民;乡设乡公所,置乡董一人,并设镇佐、乡佐,有管理文书、庶务人员。1921年前后,城镇、乡制开始发生变化,有些省份实行区村制(区以下为村)和市村(市以下为村)制。以后演变为区、乡镇、保甲制度。

1913年11月,北京政府确定在一些地区实行特别行政区制,指一些边疆地区和京师。当时增设的有热河、绥远、察哈尔和川边特别行政区。1914年10月,设京兆特别行政区,颁布《京兆尹官制》,政权机关称京兆尹公署,行政首脑为京兆尹。下设四科,后增设政务厅。京兆的

---

① 谢振民:《中华民国立法史》,正中书局1937年版,第813页。

设置为后来北京设市的雏形。1914年6月公布有《各省所属道区域表》。

对蒙古和西藏地方基本沿袭清制,实行派遣和自治双轨制。蒙古地区漠南采取盟、旗制,漠北采取部(盟)、旗制;西藏地区由唐古忒和喇嘛官充任。其他少数民族地区设土司官,分为14种,即指挥使、指挥同知、指挥佥事、宣慰使、宣抚使、安抚使等。①

巡阅使,北京政府时期超越省界的地方军政长官,如东三省巡阅使、直鲁豫巡阅使等,由中央特派高级军官充任,虽主要统率境内驻军,却时常干预省内行政事务。1924年12月,北京政府明令裁撤巡阅使。

三、国民政府地方行政机关

国民政府时期,废除省、道、县三级,采取省、县(市)两级,在基层实行保甲制。

1927年国民政府成立后,颁布《省政府组织法》17条,以后几次修订。规定省设主席,由政府指定。政府委员会由9至13人组成,现任军职者不得兼任省政府委员。省政府委员会有权在不抵触中央法令范围内发布省令、制定省单行规程。省府内设秘书处与财政、民政、建设、军事、司法五厅,同年10月改民政、财政、建设、教育、农工、实业、土地七厅。经过几次变化,到1930年4月,大体有民政、财政、建设、教育四厅及秘书、保安两处。厅长由行政院就省政府委员中提请国民政府任命兼任。各厅在不抵触中央法令或省政府委员会议决的范围内发布厅令,彼此之间发生职权争议时由省政府澄清行政院裁决。同年11月蒋介石在江西"围剿"时,因感觉省政府不力,将省政府各厅处改变成合署办公,使各厅不能直接对外行文,将各厅经费由省政府统一支配,人事

---

① 孟昭华等:《中国民政通史》下卷,中国社会出版社2006年版,第1151—1152页。

一律由省主席统制。于是省主席变成一省集权者,各厅基本变成办理事务的机构。[①] 抗战结束后,实行省长制。"在宪政实行以前,省政府的组织是委员制。到了宪政实行以后,省政府的组织是省长制",省政府主席由国民政府就省政府委员中任命之。省长则由省民选举。[②]

国民政府时期所属的市分两种,一种是属于行政院的市,地位相当于省;另一种是隶属于省政府的市,地位相当于县。城市设置参议会。

国民政府直属于中央的市初期称特别市。1928年7月《特别市组织法》规定其条件为:(1)首都;(2)200万以上人口城市;(3)其他有特殊情形的城市。南京、上海、天津、青岛、汉口、广州、北平被定为特别市。《组织法》公布以后遭到地方实力派反对,认为市的权力太小,所定标准与实际情况不符合。所以,1930年又公布《市组织法》,规定原特别市改为直隶行政院市,其地位仍为省级。原称特别市的南京、上海、天津、青岛、汉口五市删去特别二字,称为直隶于行政院的市。人口100万以上或由特殊政治经济情形而为省政府所在地者,应隶属于省政府。原来北平、广州两特别市因属于河北、广东省政府所在地,分别改属于河北、广东省政府。普通市或省辖市亦不入县行政管理,直接隶属于省政府管辖的市。定为这样的市必须有下列条件之一:人口在30万以上;人口在20万以上,但其所收营业税、牌照费、土地税,每年合计占该地总收入1/2以上。抗战前隶属于省政府的市有杭州、广州、汕头、济南等。省辖市市政府下设科(公安局除外)。院辖市市长由国民政府任命,省辖市市长由省政府呈请国民政府主席任命。市长在不抵触国家法令的前提下,可以市长名义公布单行法规,有向市参议会提案权。院辖市市政府下一般设财政、土地、社会、工务、公安、卫生、教育七

---

① 李进修:《中国近代政治制度史纲》,求实出版社1988年版,第327页。
② 洪鋆:《地方政府》,中华书局1948年版,第1—2页。

局，因特殊情况可增设专理河道港务及船政的港务局，专理交通、电气、自来水、煤气及其他公用事业的公用局等。

特别市与市在不抵触中央法令范围内，办理市财政事项，市公产之管理及处分事项，市土地事项，市农工商业之调查、统计、奖励、取缔事项，市劳动行政事项，市公益慈善事项，市街道、沟渠、堤岸、桥梁、建筑及其他土木工程事项，市内公私建筑之取缔事项，市公安消防及户口统计等事项；市公共卫生及娱乐场所设置取缔等事项；市文化、教育、风纪事项。特别市设特别市政府，市设市政府，各设市长一人，下设秘书长与各局。特别市政府与市政府怠于履行其法定职务时，国民政府各行政部院及建设委员会，省政府各厅及大学区校长得呈请国民政府省政府纠正之。如认其命令或处分违法越权者，并得呈请停止、撤销或变更之。①

城市设居民大会、坊民大会，是地方自治机构。市政府以下的基层组织最初划为区、坊、闾、邻四级，五户为邻。1933年5月重新颁布组织法，改为区、保、甲三级。保设保卫处，如一乡一镇有三保以上的，则设保联合办事处，设联保主任。②"中华民国人民无论男女，在市区域内继续居住一年以上，或有住所达二年以上，年满二十岁经宣誓登记后，为各该市之公民，有出席居民大会、坊民大会，及行使选举、罢免、创制、复决之权。有下列情事之一者不得享有前项所定之权：（1）有反革命行为经判决确定者；（2）贪官污吏、土豪劣绅，经判决确定者；（3）褫夺公权，尚未复权者；（4）禁治产者；（5）吸用鸦片或其代用品者。"③

国民政府时期，省县之间设置行政督察专员，可追溯到30年代初江西党政委员分会，其于1931年7月第三次"围剿"时建立，每分会辖

---

① 谢振民：《中华民国立法史》，正中书局1937年版，第824—825页。
② 孟昭华等：《中国民政通史》下卷，中国社会出版社2006年版，第1158页。
③ 姚骧：《市组织法释义》，世界书局1930年版，第5—6页。

三县,设委员长一人,后来也称行政督察、行政督察专员,有行政长官公署,即专署。1932年8月颁布《各省行政督察专员公署组织条例》,在接近红区的地区,将统一指挥围剿组织统称为行政督察专员公署。专员由行政院长或内政部提请国民政府简派或荐派。1936年3月与10月,行政院先后颁布《各省行政督察专员公署组织暂行条例》,明确规定各省划分为若干行政督察区,设置公署,除特殊情形外,行政督察专员兼任驻在地之县长,其公署与县政府合署办公。行政督察专员的职权是承省政府之命推行法令,并监督指导暨统筹辖区内各县市行政。行政督察专员另一个重要职权是兼任本区保安司令,以及本地区的军事法官。其组织机构一般在专员以下设秘书一人,并设四个科分别处理各项事务。抗战时期,行政督察专员不兼县长,另设专门机构,将专员公署与保安司令部合并,借以加强行政督察专员的行政监督权和军事指挥权。

抗战期间地方行政制度另一个值得注意的变化是行署的设立。当时许多省份沦陷,国民党只控制部分地区,一些省政府设置了行署,在指定地区行使省政府职权。根据行政院《战区各省省政府设置行署通则》,省政府行署的职权是"在所辖的区域内代行省政府职权,以省政府主席名义行文时,由行署主任副署"。省政府行署形式上与行政督察专员公署(简称专署)一样,是管辖省的一部分地区的省政府派出机构,但性质与地位不同。(1)行署主任以省政府主席名义行使职权,而专署无此职权。(2)行署主任必须由省政府委员兼任,只有少数省份由于行署数量多,才由行政院特批不需省政府委员兼任。(3)行署只在长江中下游及华北地区设置,专署则普遍设立。

国民政府初期,废除北京政府的县知事公署,改设县政府。"县政府是全县的行政机关,或者是全县自治的执行机关。如果县自治执行起来,县的最高权力机关便是县公民所组织的县民大会,从县民选举议员,以组织县议会,也从县民大会选举县长,以成立县的自治政府。这时,县议会是议事机关(按,应为权力机关),而县政府便是执行机关。"① 县置县长,在省监督下综理县政,对所属有监督权,有向县参议会提案权,兼理司法权,有的还兼办军法事务,设秘书。县长须由民政厅提请,然后由省政府任用。1929年6月《县组织法》,1932年12月《实行县长久任,并严禁滥荐,以期政治修明案》,规定县长任期试署期为一年,实授期为三年一个任期。

1932年统计,全国设县1939个,相当于县的行政区域27个,省辖市9个。1933年6月《修正县长任用期》。县长有行政管理权、人事任免权、司法审判权。县政府设秘书与总务科,有县政会议以及县行政会议。县政府下属机构有公安局、财政局、建设局、教育局,均自成系统。为了加强对地方控制,1934年开始裁局改科。1936年6月,国民政府通过《县政府裁局改科暂行规程》,规定全国各县一律设科办理行政。其中第一科掌民政公安,第二科掌地方财政,第三科掌教育,第四科掌建设。凡与县相等的行政区域,因各种原因没有设置县政府的,暂以设治局作为行政机构。设治局有局长一人,受省政府管辖,处理该区内行政事务。1938年起,积极推行新县制,同时对县政府组织作了统一规定,县政府除警察事务在必要时可以设局以外,其余一律设科,县按面积、人口、经济、文化、交通等状况,分为三至六等。县政会议以县长为主席,每两周召开会议一次,议决向县参政会提出议案及其他有关县政重大事项,是县政府决策机构。1939年9月《县各级组织纲要》,确定县长必须是国民党员。县为地方自治单位,设参议会。县公民有依法行使选举、罢免、创制、复决之权,但"亏空公款者",则无公民权。

县政建设实验区,是20年代末30年代初在国民党统治区出现的

---

① 洪鋆:《地方政府》,中华书局1948年版,第12页。

自治行政机构,其地域范围一般以县为单位,有时也有几个县组成的实验区。最早设立地方实验区的是在河北定县创办的村治。县政实验区名目繁多,有的属于民族资产阶级改良主义,国民政府则将其纳入反共轨道。如江宁、兰溪实验区被作为县政的样板。1932年12月,内政部通令各省设实验区。1934年8月,经行政院核准,公布《各省设立县政建设实验区的办法》,作出具体规定,包括成立县政委员会,改局为科,派遣党政要人担任县政委员会要人,实验区税收无须提解省库。实验区长官如以一县为范围,必要时另组区公署,总揽区内一切行政。①

1934年以前,县以下分县、区、乡镇三级,1934年《改进地方自治原则》公布后,定乡、镇、村为一级。20至50村为区。换言之,县、乡(镇村)共为两级。以下又为闾、邻。区置区公所,村置村公所,里置里公所,设区长、村长、里长各一人,管理各该区村里自治事务,并得设区助理员、副村长、副里长。区村里得于不抵触中央及省县法令规则之范围内,制定自治公约。

《县各级组织纲要》规定,区的划分以辖属15至30个乡镇为原则。1928年《县组织法》,县以下为三四至十个区不等,区行政机构为区公所,长官为区长,任免权在省政府。区长下设区助理员、区丁,辅助区长,定期召开区务会议。设区公所一级,原意在于附会孙中山《建国大纲》,以区为办理"地方自治"的团体,粉饰其专制。但区公所成立后,常与其他机构职权冲突,因此1934年4月国民政府制定《改进地方自治原则》,决定取消区一级建制。实行分区设署,取消区公所,改名区署,区公所成为配合军事围剿、深入基层推行政令的工具。1929年10月国民政府公布《区自治施行法》67条。大致规定乡镇公民即为区公民,有出席区民大会及行使选举、罢免、创制、复决之权。年满25岁,具有

---

① 林代昭等:《中国近代政治制度史》,重庆出版社1988年版,第423页。

相当资格者,得为区长及区长监察委员之候选人。并规定了区民大会之职权,区公所应办之事项。1930年7月修正公布。区的政权机关称区署,代表县政府督导各乡镇办理各项行政及自治事务。设区长一人,下设指导员二至五人。区署的职员、各指导员轮流赴乡镇公所,考核工作。区并设区建设委员会,作为区的咨询机构,一般为6至14人。

凡100户以上的村庄为乡,100户以上的集市为镇。乡镇都设有乡公所或者镇公所。1929年9月国民政府公布《乡镇自治施行法》85条。其中规定中华民国人民,在本乡镇区域内居住一年或有住所达二年以上,年满20岁,经宣誓登记后,为乡镇公民,有出席乡民大会或镇民大会,及行使选举、罢免、创制、复决之权;其年满25岁,具有相当资格者,得为乡长、副乡长、镇长、副镇长,及乡镇监察委员之候选人。同时规定了乡镇大会之职权、乡镇公所应办之事项。1930年7月修正公布。抗战爆发,推行新县制。县以下设乡镇。乡镇以辖属10个保为原则,一般不少于6保,多于15保。其执行机关为乡镇公所,设乡镇长1人,副乡镇长一至两人,民政、警卫、经济、文化四股,各股设主任一人,干事若干人。乡镇公所必须有一人专办户籍,由副乡镇长或乡镇中心学校教员担任。警卫股主任必须为国民党员,由县政府委任。乡镇公所实行乡镇长独任制,但乡镇自行举办的工作,须经乡镇务会议议决,方能施行。乡镇还设乡镇民代表会作为民意机构。其代表由保民大会选举。

"我国乡镇,居民杂处,凌乱散漫,虽有新型的组织,却是土劣把持,乡董鱼肉人民的工具,而无裨于民众及国家政治。因之县治行政不能下逮民间,人民亦无机会可实行民权,顾问国家、地方的政治";"中华民国成立,废除府、州、厅,单留省、县两级,但是县的辖境都很辽阔,比较欧洲行政区域大得多";"为救弊补偏计,为建设民国计,只有划分区、乡(镇),才能"便于地方自治的实行,而收行政上系统的、直通的效力";"乡镇,是以邻为原则;区,是以二十乡镇为原则";"虽是范围区域可以伸缩","究竟所辖不是辽阔广大,民俗、民隐、民情、民生、民意、民瘼,都不难尽悉"。①

近代地方行政机关表

层级 年代	省以上	省	府、道、市	县	县以下	
晚清	总督衙门（总督）	省衙（巡抚、布政使）	府衙（知府）	县衙（知县）	城镇	村、里社、保甲
北京政府	巡阅使	都督府（都督）行政公署（民政长）、巡按使公署（巡按使）、省长公署（省长）	观察使署（观察使）道尹公署（道尹）	县知事公署（知事、县知事）	区董	镇公所（镇董）、乡公所（乡董）村、保甲
国民政府		省政府（主席）、特别市、院辖市政府（市长）	省辖市政府（市长）、行政督察专员公专署（专员）、省政府行署（主任）	县政府（县长）	区公所、区署（区长）	乡镇公所（乡长、镇长）、村长、里、保甲等

县内百户以上之乡村地方为村,百户以上之市镇地方为里,20村里以上为区,但因地方习惯或受地势限制,及有其他特殊情形者,虽户口村里较少,亦得组成之。1929年以后改村为乡。村里居民大致以25里为闾,五户为邻。乡设乡民代表会议。

乡镇内为保甲。30年代起,作为乡镇以下基层组织、新县制的工作重点,国民政府积极推行保甲制度。1932年8月,"鄂豫皖剿匪司令部"颁布所谓《剿匪区内各县编查保甲户口条例》,规定10户为甲,10甲为保。编组保甲的第一步是清查户口,登记以后,按户、甲、保造册,并制成门牌,以备保甲长和军警检查。当时强制民众参与保甲规约,实行"联保切结",各户必须互相监督,五户户长以上共同联保加盟,配合围剿红军,立功或伤亡者均可受奖或抚恤。保甲长形式上由各户公推,

---

① 文直公:《长副须知:区乡镇》,上海时还书局1933年版,第4—5页。

实际上操纵于士绅。保甲长的职权为：辅助区长工作，抽选民丁，编练民团，摊派各项劳役与费用。到1936年，全国有13省和北平、南京两市先后推行保甲制度。

1936年以后，由于抗日运动兴起，国民政府修正1932年《剿匪区内各县编查保甲户口条例》，于1937年2月公布《保甲条例》，其中删掉一些"剿匪"、"御匪"字样，相对放缓推行保甲制步伐。至1939年9月，又公布《县各级组织纲要》。1940年1月公布《警察保甲及国民兵联系办法》，同年8月行政院通过《各县保甲整编办法》，此后，保甲制在国民党统治区全面推行。1940年以后，建立了保办公处，设保长、副保长、干事等，并建立保务会议制度。新县制下的保甲长，形式上由保民大会、户长会议选举，实际上都由乡镇与县政府挑选产生，兼任警察任务。在五户以下一些自然单位，实行首席甲长制。新县制对于县以下各级组织，实行管（管理）、教（培养灌输）、养（农村经济）、卫（加强对地方统治）四位一体制度。① 1941年8月国民政府公布《乡镇组织暂行条例》，完善了保甲制度。在《防止异党活动办法》中明确规定："应当选择本党党员及思想纯正之青年，担任保甲长，并经授以各种政治常识及防止异党活动之训练与指导，使每一保甲均能兼政治警察之任务，并能领导所属人民，一致防制异党之活动"。

第三节 警察行政法

一、晚清警察制度的建立

作为国家行政系统的组成部分，承担安全保卫与社会秩序管理职

---

① 林代昭等：《中国近代政治制度史》，重庆出版社1988年版，第477—478页。

责的近代警察制度的建立,经过了一个复杂的过程。

总体上,清代地方治安管理混乱,虽有一些保安机构,但是职责不清,军队与保安界限不清,分工不明。警察的称谓,早期为巡捕,其后,中下层警察官员或称"巡捕官"、"巡捕长"。其看街巡丁,实则为地方顽民,往往仰仗地方恶霸势力,横行市廛,欺压百姓。街市污秽不堪,秩序不良。在京城,步兵统领(即九门提督)衙门是以八旗和绿营官兵为核心的半军半警性质的地方保安机构,相当于首都卫戍区,职掌京师地区的卫戍、警备和治安,包括守卫、断狱、门禁、编查保甲、缉捕,以及巡夜、执行禁令、救火、发信号等,兼具军队和警察的性质,无法发挥警察功能。

19世纪90年代前期,早期改良派提出有关警察制度的论断和设想,是我国最早的、比较系统的警政理论。光绪二十一年(1895年),改良派人物何启、胡礼垣合作发表《中国宜改良新政论议》,提出在中国设置"巡捕"的设想。郑观应称赞巡捕是"泰西善政之一端"。他们进而提出在中国引入警察制度,由警察负责维持治安、清查户口、整顿街道。戊戌变法时期,警政理论得到了丰富发展,康有为并且提出设立"巡警"。[1]

光绪二十六年(1900年)八国联军入侵期间,为维持京师秩序,在清廷留守官员的指使下,由各占领区内绅董出面,征得洋官同意,组织了绅办临时治安机构——安民公所,开始在各国占领区内分段逐次设立,其在维持治安方面发挥了一定作用。同年夏,和议已成定局,开始建立京城善后协巡总局,设专职大臣一人,兼职大臣四人,下设提调、总办、会办、巡捕官等。总局下设各分局,分设内城和皇城,下设各巡捕处。同时建立京城善后协巡总局的职责是维持京城地区的社会治安和

---

[1] 韩延龙等:《中国近代警察史》上册,社会科学文献出版社2000年版,第6—12页。

公共秩序,有权审理轻微案件,但未能吸收外国警察制度精粹,效果不理想,非议颇多,人员素质太差,至翌年八月裁撤。

实行新政的过程中,光绪二十七年(1901年)七月,清廷发布上谕,命令各省裁汰绿营,表明其决心创办近代地方警政,其后,各省将绿营、团练和保甲兵员相继改建为巡警军。翌年四月设立内城工巡局。八月,清廷发布上谕,各省纷纷创办巡警局、警务局。光绪三十一年(1905年)七月,仿照内城工巡局设立外城工巡局。合称工巡总局,职责有工程和巡捕两项,包括维持治安,保护使馆界址及教堂,以及一些案件的审判。清廷设管理内外城工巡事务大臣一人,会办大臣两人,下设事务、巡查、守卫等处,及东局、中局、西局、分巡处,共设有10个巡逻队。九月,由于发生五大臣出洋被炸事件,清廷上谕宣布成立巡警部,作为全国警政的最高管理机构。职权为接收、改组内外城工巡局,筹备建立警察制度。设尚书一人,左右侍郎各一人,置警政、警法、警保、警学、警务五司。下属机构有京师内、外城巡警总厅,京师内、外城预审厅,高等巡警学堂、京师习艺所、路工局、消防队、协巡营、探防队、稽查队,指导各省警政。

因此,时人概括道:"甲午与庚子之役,可以说是促成我国现代警察设立之近因";五大臣出洋被刺,"清廷遂觉现代警察之重要,为达到统一指挥及切实推进新制于各省起见,于同年十月下令设立巡警部,各省设立警察督办,是为中国采用现代警察制度之嚆矢"。①

光绪三十二年(1906年)九月成立内外城巡警总厅,直隶于巡警部,管理"内外城一切警务"。内外城巡警总厅各设厅丞一人,并设总务、警务、卫生处,事务、巡查、守卫、军装、刑事巡查所,下辖分厅、区等。同年民政部成立后,内外城巡警总厅改隶民政部。

---

① 余秀豪:《现代警察行政》,中华书局1948年版,第6页。

民政部章程规定,该部"管理地方行政、地方自治、户口、风教、保息荒政、巡警、疆理、营缮、卫生等事,除京师内外巡警总厅仍由本部直辖外,其直省民政等官,本部皆有统属考核之权",为全国警务、内务、民政的最高机关,设尚书、侍郎,下设五司:民治、警政、疆理、营缮、卫生司,辖内外城巡警总司、内外城预审厅、京师习艺所、工巡捐总局、路工处、缉探总局、消防队、高等巡警学堂等。

光绪三十三年(1907年)五月,清廷批准在各省设置巡警道一员,管理全省警察业务,表明清末全国警政逐步走向正轨。巡警道受本省督抚领导、民政部监督,官署为警务公所,设于所治地方。置总务、行政、司法、卫生四科,科下为股。东北三省设民政司而不设巡警道。翌年,宪政编查馆考核颁布《各省巡警道官制并分科办事细则》,强化地方警政的统一管理。其中规定各厅州县设巡警正局,主管境内警察事务,下分若干区、正局。省城及重要城市、商埠则设立警察总局、警务局、警察局等。此外还准备设立乡镇巡警。民政部于宣统元年(1909年)闰二月拟定了《筹办地方警政的八年方案》。但是,直到清亡,各省厅州县及乡镇巡警的普及程度仍有限,并存在警政管理权分散,发展不平衡的弊端。

几乎在创设警察机构的同时,清政府着手筹办警察教育。光绪二十七年(1901年)七月,清朝与时任顺天府警务衙门事务长官的日本人川岛浪速(1865—1948)签订合同,规定清朝创办警察教育,聘请川岛监督办理学堂一切事宜,并率学生赴日本学习警务。学堂由日本人管理,主要教职员也由日本人充任,很大程度上实行日本式训练。京师警务学堂随即开张。不久,清政府与川岛共同拟定《警务学堂章程》8章46条,规定京师警务学堂教科分为初等科、中等科、高等科,并设研究科。光绪三十二年(1906年),清廷将京师警务学堂改造为高等巡警学堂,为高等警察教育。巡警部并制定《考取巡警章程》,规定挑选警兵必须经过一定资格的检验。民政部则奏请将各省地方原有各项捕役乡勇裁汰,从壮丁中选募警兵,多称巡警等。随着清末预备立宪的展开,警察分类工作逐步得到了加强,种类包括水上警察、铁路警察、军事警察、侦探警察。到光绪三十四年(1908年)九月,全国已设20多所巡警学堂,民政部制定了统一的《各省巡警学堂章程》。巡警学堂大多为初等警察教育。宣统二年(1910年),民政部拟定《高等巡警学堂章程》12章92条,规定高等巡警学堂宗旨为"教养警务人员,并授以巡警必需之学术,及其重要之精神教育"。学堂分正、专两科,正科学生三年毕业,专科一年半毕业。

清末高级警察官员全部来自旧官僚,一般警察官吏来自旧官吏或者警官学堂、政法学堂。清末制定了一系列警官任用考选章程,严格对警官的素质要求,建立对警察官吏的考核选拔制度,有《考核巡警官吏章程》、《巡警长官赏罚章程》。同时,广兴警学,强调从警学毕业生中录用警官,颁布有《各等巡警学堂学生毕业录用暂行章程》等。

清末警察立法受到相当的重视。警政建设基本上以立法为先导,在警察机构开设之前,大多先创制警察立法。同时,注重借鉴东西各国主要是日本警察立法经验。警察立法发展的阶段性明显,初期主要围绕警察机构,立法混乱、技术低下;其后,主要内容为警察权的行使,立法趋向统一,立法技术迅速提高。清末警察法规种类有组织法规、行政警察法规、司法警察法规等。其中如民政部仿照日本法律,制定颁布《违警罪章程》。光绪三十四年(1908年)四月,经宪政编查馆考核颁布的《违警律》10章45条。其第一章总例,规定了该律的若干基本原则。第二至九章,规定了八种违警罪名,即政务、公众危害、交通、通信、秩序、风俗、身体及卫生、财产的违警罪。附条,规定了生效时间。所定罚例分为拘留、罚金,以及充公、停业及勒令歇业等。

二、北京政府的警察行政

袁世凯时以清末警制为基础,发布大量的警察法规,改变了清末警制混乱的局面。1912年,各省先后裁撤清末巡警道,改设军事巡警厅或者省会警察厅,规定各省省会和重要商埠均设警察厅,次要商埠成立警察局。1913年1月,北洋政府颁布《划一地方警察官厅组织令》,撤销巡警道,统一设立省会警察厅、商埠警察厅等。"二次革命"后,袁世凯政府再次对警察机关进行改组,1914年8月颁布《京师警察厅官制》、《地方警察厅官制》、《县警察所官制》,省、道、县三级建立了相应的警察机关。规定县警察所置所长一人,以知事兼任;置警佐一至三人,承所长之命管理警察事务;县区域内之繁盛地方得设警察分所。1915年7月,内务部颁布《全省整顿警政办法大纲》。

经过1914至1915年的整顿,省会和商埠警察机关逐步建立起来。此外还有军政执法处、探访局、军法课、绥靖处、军警联合会等。县以下有警察事务所。1915年7月颁布《各省整顿警政办法大纲》。这些都是"划一警制"指导思想的体现,是在整顿各级警察机关过程中制定的,它们比较详细地规定了京师、地方和其他警察机关的组织体制、权责职守及其相互关系。1917年4月在北京召开全国警务会议,讨论警察章制、警察经费、警官任用、警察募练与考核以及警察区划、特种警察的建立。1918年2月决定整顿与充实县警察队。旧保甲制以不同形式继续存在,但已逐步加以改造,或者说完全纳入警察管理体制,或已由警察机关控制。当时还扩大了京师的警察队伍。

早期高等警察教育,以光绪二十六年(1900年)为第一阶段,创办警务学堂;初开办时,专门教练巡警,每班120人,三个月毕业;至光绪二十九年(1903年)改为每班80人,6个月毕业。以后又特设高等专科,为教练警官之所,每班40人,肄业6个月,升入研究科一年毕业。

光绪三十二年（1906年）起为第二个阶段，先在京师，以后又在各省特设高等巡警学堂。进入民国，1912年开始为第三个阶段，将分区主义改为集中主义，通令各省撤销分设之高等巡警学堂，改为警察学校；唯于京师专设，以期统一教育。1915年开始第四个阶段，在京师设立警察传习学校，调取各省警务人员，授予系统警察知识，培养地方警察模范。同年各省咨送学员陆续到京，共350人，毕业后一律分配各地方，按照优等、中等，分别授以督察长、科长、科员，或充任各地方组织的警察传习所，即以中央毕业学员担任教授。是以警察教育与警察行政合一。1917年开始为第五阶段，设立警官高等学校，是为我国"复兴高等警察教育之始"。① 至此，北京政府时期包括高等警察教育（高等警官学校）、初等警察教育（巡警教练所）和特种警察教育（警察传习所）三个基本环节的警察教育体系趋于完成。

北京政府总揽全国警政的中枢机构为内务部，其地位在中央各部中仅次于外交部。1912年3月成立，其职责与清末民政部相似，比清末巡警部广泛，其中警政管理权是最重要的职能。内务部设总长一人，次长一人。下设总务厅和民治、职方、土木、礼俗、卫生和警政六司。其中警政为内务之首，下有警察厅、警察局和警察所。京师警察厅直属于内务部。1913年12月修订官制，改设民治、警政、职方、考绩四司。

民初在地方上，省城大多设巡警道为警察行政管理机关，设警务公所为警察实务领导机关，实则一套人马。警务公所一般设总务、行政、司法、卫生四科，编核、事务、拘留、缉探四所，下辖若干区署、分驻所和派出所。至于商埠，设警务公所或巡警局。县级，一般在县民政长官公署设警务课。

为统一各省警务，依照1915年7月《全省整顿警政办法大纲》，设

---

① 卢铿：《我国高等警察教育概述》，载《福建警官》1933年，第4—5期。

立警务处为省的警政管理机关。警务处成立后筹办的事项有：扩充警额，分配警费，警察培训，核订警章，督饬下属。1918年1月颁布《各省区警务处组织章程》。各省省城为省会警察厅，管理全省警察、卫生、消防事宜。当时省会警察厅基本实现了组织形式统一。道尹公署所在地的警察机关为商埠警察厅和地方警察局。初期县级警察机关十分紊乱，经历警务课、巡警局、警察事务所和警察所四个发展阶段。1914年8月公布《县警察所官制》，从此县级警察机构遂成定制。各县设普通警察外，还设警察队，属武装警察性质，主要任务是"清除盗匪，预备非常"。1918年2月公布《县警察队章程》，由1914年成立的县警备队改编而成。警察辅助组织则有地方保卫团、商团与保甲。

北京政府时期警察分类包括中央警察与地方警察、行政警察与司法警察、高等警察（维护国家与社会秩序）与普通警察（保护个人安全利益）等。也可分为司法警察、卫生警察、消防警察、铁路警察、水上警察、矿业警察。敛取警款的方式以捐为主，大致包括田捐和公益捐。[①]解决警源问题的主要办法是推行招募制。1914年4月《招募巡警条例》规定了应募条件。1917年11月，内务部决定在全国范围实行统一的巡警招募制，颁布了《招募巡警章程》。当时警察官制分为简任（一二等）、荐任（三四五等）和委任（六至九等）三种，各有不同的任用资格和程序，多用行政法规予以调整。1924年颁布《警察官任用暂行办法》，基本上统一了任用资格和任用程序。北京政府时期颁布有专门的警察抚恤条例与奖惩规定，并颁布有《巡官长警赏罚章程》。

《预戒法》（原称《预戒条例》），1914年3月公布，8月改名，共14条，是对公民既未构成犯罪也未违反《违警罚法》的某些言论和行为，预先施以惩罚的法律，最大特点是被惩罚言行的不确定性和惩罚的随意

[①] 赵修鼎：《警察行政》，商务印书馆1927年版，第7—8页。

性,言行均可以加以惩罚。有权发布预戒命令的行政官署是警察厅和县知事,对于有规定行为者,得令其在一定期限内从事合法职业,不得妨害其他人,不得以任何借口索取他人财物或提出不正当要求,时加检束,不得蔑弃道德或阻挠公益等。违反预戒命令者,警察厅或县知事有权分别不同情况给予行政处罚,如20日以下拘留,或20元以下罚金。其发布预戒命令时,应将预戒命令送达受预戒命令人,并在该地方张贴公布,以资警戒。受预戒命令人自接到预戒命令书之日起三年内,直接处于警察官署的严密控制下,必须随时向警察官署报到。同年7月参政院通过《违令罚法》5条。违令指违反大总统命令或违反大总统指示的地方官署发布的命令,凡违令者都要依据该法处罚。凡违反大总统命令的,得处一年半以下之徒刑,或2个月以下1日以上之拘役,或200元以上之罚金。凡违反大总统指示地方官署发布的命令的,得处8个月以下之徒刑或2个月以下1日以上之拘役,或百元以下之罚金,具体罚则由大总统以教令规定。北京政府时期《违警罚法》,以光绪三十四年(1908年)《违警律》为蓝本修改而成,1915年11月公布,9章53条,适用于该法明确规定的违警行为,确定违警年龄12岁,分主罚(拘留、罚金、训诫)三种,从罚有没收、停止营业和勒令歇业三种。行为有妨害安静、妨害秩序、妨害公务、诬告与伪证及湮灭证据、妨害交通、妨害卫生、妨害他人身体财产、妨害风俗等八种。

三、国民政府的警察行政

1928年6月撤销原内务部,依据所颁布《内政部组织法》,设立内政部,直隶国民政府。其职掌为:依据法令管理地方行政及土地、人口、水利、警察、选举、国籍、宗教、公共卫生、社会救济等事务。置部长一人,政务、常务次长各一人。设民政、土地、警政、卫生、总务五司及人口局。同年10月训政开始后,为行政院属部之一。警政司为全国警察行政中枢,职权有厘定警察制度,设置警察机关;任免、考核、抚恤警察官吏。设司长一人,下置四科。警政司与全国各级警察机关不是上下级隶属关系,而是业务指导关系。内政部还辖有首都警察厅、中央警官学校。抗战爆发后,成立警察总队。

在地方,1928年10月颁布《各级公安机关编制大纲》,规定院辖市(特别市)警察机关是市公安局,直辖于市政府。1929年6月公布《省警务处组织法》,规定省警务处秉承民政厅厅长之命,管理全省水陆警察事务,设处长一人,下有二至四科。鉴于地方割据,《省警务处组织法》难以推行,中央政治会议通令缓设省警务处。同年10月内政部公布《首都警察厅组织法》,11月在南京成立首都警察厅,直属于内政部,设厅长一人,下有三科二处。1937年11月修正公布新的《省警务处组织法》,规定提高省警务处地位,不再隶属于省民政厅而直属省政府。没有设立省警务处的省,继续由省民政厅管理全省警察事务。

"我国警察制度,原取材于东邻,则又效法欧陆,故我国警制,为大陆系统也。"当时警察制度的特征:(1)国防中心主义(针对当时日本的进攻);(2)寄内政于军令,使警察行政与国防要求相适应;(3)组织训练民众,俾培植民众自卫之能力。① 1937年1月,国民政府下令各级警察机关一律称警察局,各省省会警察机关一律称公安局,直属于该省民政厅。

其中,省辖市有警察局。特别警察组织有行政区公安局。县警察机关,南京政府时称县公安局,1937年起改称警察局。一种是单独设警察局,受县政府指挥监督;另一是不单独设局,而在县政府内设警佐室。区设公安分局。1936年国民政府《各级警察机关编制纲要》规定重要乡镇设警察所,区亦可设警察所。每一名警察所管区域称警管区。

---

① 内政部警政司:《中国警察行政》,商务印书馆1935年版,第224—225页。

抗战期间,重庆市警察局直属于市政府。抗战结束,1947年5月公布新的《省警保处组织法》,将警务处改为警保处,仍隶属于省政府,其职权扩大为"掌理全省警察及保安事务"。1947年8月改警察勤务区(警勤区制)。1948年1月,行政院公布《省保安司令部组织规程》,规定在全国各省设置保安司令部,集军队、警察于一身。省下设区保安司令部。①

1929年7月,颁布《县保安团法》,1931年4月加以修正。保安团负责侦查居户、搜捕盗贼、平息事变、协助追剿等。1933年1月,南京当局颁布《剿匪区内各省民团整理条例》,规定各县地方武装一律改编为保安队、壮丁队或铲共义勇队。到30年代中期,各省地方武装大都改编为保安团队。1936年,开是裁撤各省保安团,逐渐改由警察担任。由于抗战爆发,裁团改警方针又中断。1941年《县警察组织大纲》仍规定了保安团队应逐渐整训改编为警察队的原则。1944年1月,行政院通过的《各省保安部队整理办法》,规定对保安队干部士兵给予警察训练。

宪兵,即军事警察,目的是保证军队秩序,维持军人风纪、卫生、纪律。1928年8月颁布《宪兵服务暂行条例》,规定了宪兵的各种关系和职责。30至40年代还有《宪兵令》、《宪兵服务章程》等。国民政府时期宪兵隶属于军政部,1946年国防部成立后改隶国防部,全国有宪兵司令部,各省市可以设立宪兵区司令部。宪兵除军事警察外,还兼任普通行政、司法警察。

抗战结束后,1946年6月,国民政府公布《内政部警察总署组织法》,8月,内政部警察总署成立,接管了前警政司各单位的全部业务,作用在于加强中央警政机构,督导全国警政。与警政司相比,警政总署

---

① 韩延龙等:《中国近代警察史》下册,社会科学文献出版社2000年版,第579—581页。

相对于内政部具有独立性,权力较大,地位比警政司略高,其规模也比较突出,设署长一人,副署长一或二人,下设行政、教育、保安、刑事警察和出版检查、外事、总务等六处。常年编制在240至320人之间。同时颁布新的《首都警察厅组织法》,对其内外组织作了大幅度调整。其外部组织有各种警察队和警士教练所、警察医务所,另在各管辖区域设有各个警察局和巡逻队。

国民政府时期专业警察包括刑事警察,外事警察,司法警察,消防警察,驻卫警察,税务警察和盐务警察,矿业、渔业及森林警察,铁路警察,交通、公路及航空警察,政务警察和卫生警察。武装警察包括两种,一是各级公安(警察)机关依法设立的各种警察队,如保安警察队、水巡队、骑巡队等,一是省警察队。省警察队受省民政厅节制、调遣,每省成立若干大队。抗战后,南京当局对各省广泛存在的保安团队等地方自治武装进行整理,统一改编为省保安警察队。

国民政府时期警官任用资格一般为:必须具备警察学校或法政学校三年以上毕业资格,或曾办警察、行政事务三年以上著有成绩。1929年3月公布《警官学校章程》,规定学制二年,学科设置不统一。另有长警培训,即为训练警长和警士人才而实行的专门培训。警士训练所是国民政府实行三级制(警官高等学校、警官学校和警士训练所)警察教育的基础环节。1931年内政部《长警补习所章程》规定了警士训练所长警培训制度的要点。对高级警政人员的培训,由全国警察教育的唯一最高学府——警官高等学校进行。国民党的警官高等学校以北京政府警官高等学校为基础而建立。其学制为三年,1935年11月改为三至四年。1936年8月开始分设本科班与特科班。本科班二年,特科的高级班六个月至一年。接着,又将警官高等学校与浙江省警官学校合并,改名中央警官学校,并先后修订六次《警官高等学校章程》,其宗旨为教授或研究高深或专门的警察学术,造就高级警政人才;教育方针是:"一、精神上——以党政化、军事化、纪律化之主义,振起严整法治之精神,实践忠、信、仁、勇之道德;二、学术上——就高等警察人才必要之学科、术科,依融会贯通身体力行之旨趣,以增进其因时制宜、因地制宜之智识与能力。"1946年3月又改为正科、专修科、补修科三种。每年招生一次。① 初级警察官吏的培训,指由当时的中等警察教育机构,分别在各地警官学校的专门培训。

国民政府时期,吸收清末、北京政府立法,引进和借鉴东西方理论与制度,警察立法有几个特点。第一,来源广泛。主要是各级警察机关起草,经法定程序颁布实施的警察专门法规,如《各级公安编制大纲》、《警察录用暂行办法》;各级政府法规,如《行政院组织法》、《内政部组织法》、《省政府组织法》;内务行政法规,如《国籍法》、《户籍法》、《人事登记暂行条例》;以及其他治安组织法规,如《各省防军组织暂行条例》、《各县保甲整编办法》;刑事及刑事诉讼法规,如《戒严法》、《非常时期维持治安紧急办法》。上述不同来源的警察法规从不同侧面规定了警察职权范围。第二,层次繁多,等级森严。不同等级机关制定的警察法规具有不同效力;同时,许多重要警察法规大多配有一定数量的相关性法规或辅助性法规,照顾到全国的统一性与地方的特殊性。第三,变更频繁,稳定性不高,常有朝令夕改。

1928年7月国民政府公布《违警罚法》9章53条。其中规定违警责任年龄为13岁;取消处罚等级制的方法,更改处罚加减的标准。违警处理机关,将警察官署改为公安局所。刑法公布后,《违警罚法》几经修改,1943年9月公布,共12章78条,分为总则、分则。内容上增加了处罚程序的规定,处罚幅度采取折中主义。1936年2月,颁布《维持治安紧急办法》7条,规定的治安维持办法极为严苛,赋予警察与军队

---

① 韩延龙等:《中国近代警察史》下册,社会科学文献出版社2000年版,第737页。

同样的权力;军警可以不按正当程序,随意逮捕人民而不受任何法律约束。对于人犯的处理,不按正常法律程序而是采取一系列严酷的措施。上述非正常措施适用于非戒严时期和非战争时期。1940年7月公布《非常时期维持治安紧急办法》10条,规定"非常时期肃清奸宄、维持治安、保卫公共秩序,适用本法之规定"。该法规定国民党军警有权侦察逮捕,并可以在必要时使用武力或其他有效办法制止。《非常时期维持治安紧急办法》是《维持治安紧急办法》在抗战中的继续和发展。此外还有《假释管束规则》、《保护管束规则》等。

第四节 司法行政法

一、司法行政机关

在历史上,刑部是主管司法行政的中央机关。清代刑部掌政令、审录,核拟各省狱案,受理京师刑狱、修订律例、督捕逃人,辖17司,各以相关省份命名。清末官制改革中,光绪三十二年(1906年)十二月批准《法部官制》13条。法部由刑部改称,规定法部管理全国民事、刑事、监狱及一切司法行政事务,监督大理院、直省高等审判厅、地方审判厅、城乡讞局及各厅局附设之司直局,调查检察事务。法部置司法大臣、副大臣各一人,设承政、参议二厅,审录、制勘、编置、宥恤、举叙、典狱、会计、都市八司,收发一所。宣统元年(1909年)闰二月,法部奏请《统筹司法行政事宜分期办法》,分为9年[光绪三十四年(1908年)至宣统八年(1916年)],包括成立京师与各地检察厅、审判厅,筹办京师模范监狱。

南京临时政府设有司法部,管理有关民事、刑事诉讼事件,管理户籍、监狱,保护出狱人事务,并其他一切司法行政事务,监督法官。1912年3月,北京政府成立司法部,管理民事、刑事诉讼事件,户籍、监狱、出狱人保释,其他司法行政事务,监督所辖官署、司法官,设立总长、次长各一人,内设民事、刑事、教育三厅和总务处。同时,在大理院内设司法行政处,负责大理院内司法行政事务。

在地方,有的省设司法司。1913年8月公布《划一现行中央直辖特别行政官厅组织令》,规定各省增设或改设司法筹备处。司法筹备处由处长、委员组成,下设一、二两科,另设技士一至两人。处长由司法总长经由国务总理呈请大总统简任,委员分别担任该科科长和科员。根据1913年1月司法部《司法筹备处办事划一章程》规定,委员最高不得超过10人。司法筹备处办理省内司法行政,主要是筹备法院、监狱。法院和监狱已经筹备建立的,自成立之日起,就不受司法筹备处管辖,按其性质应分别交由所在省区高等审判、检察两厅或典狱官管理。同年9月,司法筹备处撤销,所掌事务由司法部就高等审判厅、高等检察厅中遴选人员呈请兼任,以后又将该处事务按性质分划审、检两厅办理,或由两厅会同办理。

1926年1月,广州国民政府决定将司法行政与司法审判分开,裁撤大理院内的司法行政处,设立司法行政委员会。国民政府北迁后,又将司法行政委员会改为司法部,职掌民刑事件、人口、户籍、监狱及其他一切司法行政,设总务、民事、刑事、监狱四司和秘书处。1928年10月实行五院制,司法院为国民政府最高司法机关,由正副院长、司法行政署、司法审判署、行政审判署和官吏惩戒委员会组成。紧接着,司法行政署改为司法行政部,司法院以司法行政部、最高法院、行政法院、公务员惩戒委员会组成之。

其中司法行政部承司法院院长之命,综理司法行政事宜。例如司法行政部1928年的工作,包括甄拔律师委员会章程修订、上海地方法院管辖区域之变更、山东泰安、江西上饶等地方法院之增设,司法储才馆学员毕业考试,安徽各县承审员考试及格人员择优改派候补及学习推事,各法院民刑案件收结之比较,监所之调查,监狱之视察等。① 司法行政部由部长、政务次长、常务次长、秘书、参事等组成。下设总务、民事、刑事、监狱四司,并先后设立法权研究、监狱官审查、甄拔律师、司法官审查、职员补习教育教务等委员会。另设法官训练处、狱务研究所、法医研究所等直属机构。1931年,司法行政部改隶行政院,1934年又改隶司法院,1942年重隶行政院。司法行政部对各地方最高行政长官执行本部主管事务进行监督和指示,并就主管事务对各地方最高行政长官的命令和处分,认为有违反法令和逾越权限的情形,则请司法院长提经国务会议议决后,撤销或停止执行。

按照《法院组织法》的规定,法院受司法行政的监督,其层次是:司法院长监督最高法院院长与最高法院;司法行政部长监督高等法院以下各级法院及分院;高等法院院长监督该院及所属下级法院和分院。检察同样受司法行政的监督。司法行政部长监督检察署;检察长监督全国检察官。国民政府讨论与规定司法院的过程中,多次把最高法院与司法行政部置于司法院下。就性质来说,最高法院是司法机关,司法行政部是行政机关,两者置于一院之内,均由司法院院长领导,难免有行政、司法互相干预之弊。

二、律师管理制度

清末律师首先是租界中的洋人律师。光绪三十二年(1906年)三月,沈家本等拟定的《刑事民事诉讼法草案》,在第四章中专设"律师"一节9条,引进西方国家与日本法律,设置律师制度,规定:"凡律师,俱准在各公堂为人辩案",并规定了律师的条件。虽然该草案因各地反对而

---

① 司法行政部统计室:《司法行政部工作报告书(十七年十二月)》之《关于行政事项》,1929年3月印行。

搁浅,律师制度也受牵连,但其具体规定却引起人们的注意与讨论。宣统元年(1909年)颁布《各级审判厅试办章程》和翌年《法院编制法》,对律师代理、辩护等作了规定。同年朝廷委派京师高等检察厅检察长徐谦等访问欧洲,回国后撰就《考察司法制度报告书》,其中法部制度一章中重点提及律师制度。

南京临时政府时期,有《司法部官职令(草案)》,规定司法部承政厅掌律师身份事项。又曾起草《律师法》,经孙中山批给参议院议决,因政府北迁而暂时停顿。

1912年6月,参议院审议通过《司法部官制》,规定承政厅改总务厅,掌律师事务。同年9月,北京政府公布《律师暂行章程》8章38条,其确定了律师的自由职业者身份,律师的资格;规定了特殊的以登录和惩戒为中心的司法机关、行业团体两机构双重管理、监督机制。律师登录的直接主管机关为各省高等审判厅,接受律师公会的监督、管理。章程规定,律师公会对执业律师的业务活动进行经常性监督。司法机关与律师公会二者在实施对律师的监督与管理职能中,后者又处在前者的监督管理中。以《律师暂行章程》为代表的民国早期律师制度,体现了对大陆法系的仿效,标志着律师制度在中国正式建立。

而且,北京政府颁布有《律师惩戒暂行规则》,规定对有违法行为的律师,由地方检察长向高等审判厅起诉,要求对违法律师加以惩戒。其惩戒方式分为训诫、罚款、停职和除名四种。此外还有《律师应守业务》、《律师登录暂行章程》、《律师考试令》、《甄拔律师委员会章程》、《复审查律师惩戒会审查细则》等,初步建立了包括资格、条件、考试、甄拔、职责、义务、惩戒等多方面内容的律师法律体系。当时的律师有了可观的发展。1912年年底,全国经考试合格由司法部颁发律师证书者共297人,1913年猛增至2 796人,以后逐年增加,其中包括章士钊等一批著名律师。①

国民政府成立后,律师制度有些方面沿袭北京政府。1927年7月公布《律师章程》,对北京政府的《律师暂行章程》有较大修改:解除了对女子充任律师的限制,提高律师从业年龄至21岁以上,增加了律师公会就法律修改向司法部长提出建议之权,增设高等法院就接受律师惩戒诉讼和律师委员会及司法部长复审的规定。地方法院或者高等法院附设地方法院分庭所在地设立律师公会,律师非加入公会不得执行职务。律师有违反章程及律师公会会则之行为者,律师公会会长应依常任评议员会或总会议之决议,声请所在地方法院首席检察官将该律师付惩戒。律师公会受所在地地方法院或者高等分院首席检察官之监督。②

"律师业务虽为社会上职业之一种,又为司法机关之协助,且为司法机关之一员,故律师与司法机关之间实具有特种之关系","包括对法院应致尊敬之义务"。③ 1930年12月,考试院公布《高等考试司法官、律师考试条例》17条。1935年5月匆匆修正,标题中的律师被删,从此不再适用于律师。30年代中期,经过律师公会组织的调查、了解和讨论协商,起草了《律师办案手续》。

1935年拟就《律师法草案》。1941年11月,国民政府公布《律师法》,48条。律师制度逐渐定型。律师资格原来是免试与考试,后改甄拔,考试院成立后为检选。《律师法》删除了单行以学历和司法行政职务经历即可检核免试方法获得律师资格的规定,确立了严格的溯及既往的律师检核甄别制度,规定律师的检核以学历与司法实际经历并用,司法行政官不得任律师,体现律师资格逐渐严格,扩大得充任律师者的

---

① 流水长:《中国律师史话》,改革出版社1996年版,第29页。
② 杨春绿:《本业之历史与概略》,载《律师业概况》,中华职业教育社1927年刊行。
③ 刘震:《律师道德论》,商务印书馆1935年版,第20页。

范围。同时公布了《施行细则》19条,以及《律师登录规定》、《律师公会平民法律扶助实施办法大纲》、《律师惩戒规则》等。

1945年4月,立法院修订《律师法》,对律师资格作了修改,对于有一定经历又有司法行政经历者,再开律师核检之门,体现某种妥协。同时,强化律师义务,限制律师公会对律师实施行业管理的职能,限制了律师自治。首席检察官与社会行政部门对律师公会监督管理,确立了律师的严格惩戒制度,以及外籍律师制度。《律师法》规定,律师公会之主管官署,在中央为社会部,在地方为省、市、县社会行政主管机关,但其目的应受司法行政部及所在地地方法院首席检察官之指挥,律师公会从司法、司法行政双重监督,变为司法、司法行政、行政三重监督。①

1929年5月,在南京召开了中华民国律师协会成立大会。1948年3月中华民国律师公会全国联合会首届代表大会在南京召开。

三、监狱管理制度

旧式监狱,黑暗野蛮,污秽不堪。光绪三十年(1904年),湖广总督张之洞(1837—1909)、两江总督刘坤一(1830—1902)联合上有《江楚会奏》,力陈变法主张,有轻刑罚、恤刑狱、修监羁,教工艺,派专官,重治吏等。沈家本于光绪三十三年(1907年)四月上奏《实行改良监狱注意四事折》,陈述其改良主张,主要有:(1)建造新式监狱;(2)监狱的宗旨在于感化人;(3)监狱应当重视对少年犯的教育惩治;(4)注意监狱管理培养;(5)重视即按与理论研究;(6)主张制定监狱规则;(7)主张编辑监狱统计。

清末监狱改良主要从监狱立法活动和设置新式监狱两个方面进行。光绪三十二年(1906年)五月批准巡警部《京师习艺所试办章程》,

---

① 徐家力:《中华民国律师制史》,中国政法大学出版社1998年版,第161页。

分为设所纲要、员司职任、经费筹计、看守规则、工艺制作等部分。规定京师设立习艺所的目的在于"惩戒犯人,令习工艺使之改过自新,藉收劳则思善之效,并分别酌收贫民,教以谋生之技能,使不至于为非"。所内收入犯人,凡内外城巡警厅遇有判罚工作三月以上者,由各该厅移送本所收入习艺。收纳贫民分两种:一自请入所。一强迫入所,京师习艺所设监督一员,总理该所事务;设提调兼典狱官一员,并设医官、总教习官。习艺所内犯人、贫民,日给饭食两餐,佐以熟菜,并由该所发给一定制服。

推行新政时期,清政府多次组团派员出国考察,最后认为"分房制、阶级制最善",并以此为据,筹建新式监狱。清末新监的筹建,最早由地方实力派推动,湖北、盛京等地率先试办新式监狱成功,然后法部才统一规划、指导,由各省筹资,在全国范围内强行推广。整个活动以改造旧监为基础,各省分别设立一至两所新监为示范。清末设立有京师模范监狱、奉天模范监狱、湖北省城模范监狱。罪犯习艺所,清廷命各省通设。

清末狱制的改良如下。(1)改革刑罚。法部颁布《处置配犯新章》9条,把应判处充军、发遣的罪犯送到习艺所。(2)规划监狱改良事宜。光绪三十三年(1907年)清朝核准沈家本等人奏折,规定各省会及通商口岸先建模范监狱一所,然后逐渐推广。习艺所分拘禁犯人的罪犯习艺所,归法部管辖,以及拘禁流浪者的民人习艺所。(3)中国第一部监狱法典——《大清监狱律草案》创设。

《大清监狱律草案》的制定,由日本监狱学家小河滋次郎为顾问,宣统二年(1910年)成稿,共14章241条,分总则、分则。总则规定监狱的种类、管辖、基本原则(区别对待、感化主义)。监狱分为徒刑监拘禁处徒刑者、拘役场拘禁处拘役者、留置所拘禁刑事被告人三种。受宣告死刑者,拘禁于留置所。又,处徒刑或拘役者,亦得暂时拘禁于留置所。

未满18岁之处徒刑者,应拘禁于特色监狱,或者监狱内特区分一隅拘禁之,但刑期不满二月者不在此限。监狱归法部管辖,司法部至少每二年应派官吏巡监狱一次。分则具体规定监狱的行刑与管理,包括分类拘禁制度、作业制度、教诲教育制度、卫生医疗制度、减少宗室犯人特权等。该草案为中国第一部独立的监狱法典,采用西方监狱理论。但其照搬日本监狱法,而且仓促草成,未及颁布。

1913年12月司法部公布《中华民国监狱规则》,是规范当时监狱活动的基本规范,15章103条。总则14条,为关于监狱的一般规则;分则88条,为具体规定。在这一时期还有一些单行法规出台:关于监狱组织方面的法规、章程,如《监狱看守服务规则》、《监狱教诲教师、医士、药剂师处务规则》;关于监狱官考试训练方面的法规,如《监狱看守考试规则》、《监狱看守教练规则》、《监狱官考试暂行章程》;关于狱政管理方面的法规,如《监狱看守使用公场规则》、《监狱处务规则》等。这些法规总体可分两类,一类关于对犯人的管理制度,一类关于监狱官吏的选拔、任用考核与奖惩制度。

从1919年前颁布的监狱法规看,立法部门把建立狱政管理体制作为立法重点,反映了监狱改良初期实行机制转换的迫切需要,从而确认新的体制与筹设新监的活动。立法者强调监狱执法的独立性。由于法院一向对监狱活动负有监督职责,习惯于把监狱看成附属机构,监狱官吏为僚属,影响到监狱执法活动的顺利开展。因此通过颁布有关监狱官制的法规,明确监狱管理体制与官员权限,给予其相对独立地位。1920年后,颁布若干单行条例、规则,开始涉及监狱执法的具体内容。司法部通过京师模范监狱试点,摸索经验,并参照西制,先后颁布了《监狱保释暂行条例》、《假释管理制度》、《监狱作业规则》。此外,《看守所暂行规则》和《感化学校暂行章程》等也纷纷出台。

司法行政机关还颁布了不少指令、训令,就指纹管理、重囚防范、脚镣使用、病犯保外、死亡检验等内容提出较为具体的要求。监狱改良方面的立法有《革新狱制计划书》、《改良监狱事项令》、《监狱图式通令》等。各地新监也有一些具体法规。北京政府时期政权更替频仍,监狱立法多有变动;而且溯及旧法,显示处新旧法的衔接。袁世凯时颁布有《赦令条款》、《徒刑改造条例》。《易笞条例》规定有发遣、笞刑等。同时,对西人罪犯给与优待,如《审理无约国人民民刑诉讼章程》、《审理无领事裁判权国人民重罪案件分别处刑办法文》等。①

北京政府改良监狱的措施主要有:(1)筹建新监;(2)改良旧监;(3)颁布《拟定监狱图式通令》;(4)颁布《划一监狱看守所名称办法令》。当时以成立时间为序将新监狱分别排列为第一、第二、第三监狱,将各省罪犯习艺所更名为监狱。对于没有经过任何整修改建的旧监,则沿用旧称。1916年司法部发布《实行司法会议议决改良监狱事务项令》,明确了各省新监的规模和建筑要求。北京政府原有监狱1700余所,绝大多数是旧式监狱。到1926年,全国共新办监狱63所。当时监狱组织系统实行三科二所制度,即第一、第二、第三科和教务所、医务所。新监则设有典狱长、看守长、候补看守长、教诲师、医士等。各分监设监长一人,看守所一般设所长一人。《监狱官考试暂行章程》、《监狱看守考试规则》中规定了其考试要求。另颁布《监所职员奖惩暂行章程》,并设立有监狱官会议制度。总括北京政府时代监狱的整理,约可分为数项。(1)养成狱官,1914年司法部定考察监狱、学校格式令。(2)明定职守。公布监狱官制。(3)严定考成,由司法部先后公布各项考核规则,并定监狱报告规则。(4)整顿作业,添设或扩充工场,并励行外役。②

1928年10月,国民政府司法部公布《监狱规则》,基本沿袭1913

---

① 张凤仙等:《中国监狱史》,群众出版社2004年版,第172—173、176页。
② 芮佳瑞:《监狱法论》,商务印书馆1934年版,第83—84页。

年《监狱规则》。抗战期间,则有《非常时期监所人犯临时处置办法》、《非常时期监犯调服军役条例》、《移垦人犯减缩刑期办法》、《看守所附设监狱作业暂行办法》。1946年1月,公布以刑事诉讼法为基础拟订的《监狱行刑法》16章98条,包括通则、分则。同时又颁布《监狱组织条例》、《行刑累进处遇条例》、《看守所组织条例》。当时司法行政部有关监狱立法的训令、指示数量较大,作为一种灵活的立法形式对监狱法律起到补充作用。

国民政府早期,"关于监狱的改善,除由司法行政部随时派员前赴各省切实调查指导改善外,并颁布各种法规,以资整饬";"全国新式监狱,亦努力扩充",至1931年,"各省已完全成立之新监,江苏、山西各五所,辽宁14所,山东、陕西各六所,河北、安徽、浙江、甘肃各四所,其他省一至三所,共计79所"。①

特殊监狱法律主要是指军人监狱、反省院等特殊监狱的立法。包括以下内容。(1)军人监狱法律。1928年8月军政部颁布《军人监狱规则》、《军人监狱组织大纲》和《军人监狱处务规则》等特殊法规。抗战时期颁布《战时监犯调服军役办法》、《非常时期监所人犯临时处置办法》等。(2)反省院法律。反省院是国民党中央和省党部监狱。1934年司法行政部颁布《反省院条例》,明确规定了反省院收押对象、行刑期限、管理体制与制度。此后据此又制定了《反省院训育工作大纲》法规。其监禁对象是违反1931年《危害民国紧急治罪法》和1928年《暂行反革命治罪法》之罪,无期徒刑执行刑罚超过七年而有期徒刑超过刑期的1/3,而有悔改实例者。反省院与普通监狱的区别之处主要在于,它注重对反省人进行思想灌输,最重要的是进行训育工作。抗战爆发后,反省院停办,取而代之的是秘密集中营。

---

① 赵琛:《监狱学》,上海会文堂新记书局1931年版,第129页。

普通监狱的种类包括：(1)监狱；(2)少年监；(3)外役监(1934年6月颁布了《罪犯外役规则》)；(4)看守所，是由法院管辖的监狱，并有《看守所暂行规则》、《看守所条例》、《各县监狱看守所规则》；(5)拘留所，是警察机关管辖的监狱，有《拘留所规则》；(6)管收所，是政府羁押无力偿还债务人及民事被告人的监狱，有《管收民事被告人规则》；(7)私牢。国民政府时期普通监狱的管理体制与北京政府时期大体相同，由司法行政部管辖。部下设监狱司，统一掌管全国监狱事务。一省的监狱事务由该省高等法院院长负责。各县监狱由县长负责，下设监狱员。司法行政部把全国监狱等级分为甲乙两种，关押量500人以上新监为甲等监狱，典狱长荐任；其余为乙种，典狱长委任。在监狱长的任职资格中，强调须有从事国民革命经历，不准经商、兼任其他职务，执行司法系统内回避制度等。看守所隶属于高等以下各级法院，由省市高等法院院长监督，高等法院院长得以其监督权委托地方法院院长或分院长；各法院院长对于所辖看守所，除应随时亲自就近视察外，高等法院院长每年还应派员视察管辖区域内各处看守所一次。拘留所归各该最高警察长官监督之。管收所一般设在看守所内。①

国民政府时期的监狱又可分为新型监狱与旧式监狱。新型监狱是根据"法治国"的样子，在所谓"寓刑期于无刑"的口号下建设起来的，上海、天津、汉口、青岛、北平等大城市都有一些新型监狱。所谓"监狱法之要素"，包括"严正的要素"、"慈爱的要求"与"公平的要素"。② 新型监狱内部机构分为三科二所，第一科管行政、会计、指纹，第二科管戒护、卫生，第三科管囚粮、工厂、农场等。二所是教务所、医务所。犯人在监狱里一般能吃饱饭，经常剃头、洗澡、学文化、学技术，并有教诲师，

---

① 张凤仙等：《中国监狱史》，群众出版社2004年版，第187—188页。
② 芮传瑞：《监狱法论》，商务印书馆1934年版，第8—10页。

设备相对完善。旧式监狱,监房简陋不堪,环境肮脏,很少有工厂设备者。久做看守的,大多凶狠残酷,榨取、虐待犯人方法多种多样。①

---

① 常增益:《旧中国的监所》,全国政协文史资料委员会:《文史资料存稿选编》,中国文史出版社2002年版,第483—484页。

第四章　近代政府人事法

封建时代，建立有严格的官僚体制。各级官吏作为君主的臣下，为专制政权奔走忙碌。近代，政府人事制度（国民政府时期称为公务员制度），是在吸收中国古代吏治因素与西方近代民主、人事制度及三权分立思想基础上的行政法制的重要环节。随着近代行政法的建立与实施，逐步实现了与三权分立相适应的一套选拔、考核、等级、待遇、奖惩与退职人事机制。

第一节　官等与考试制度

一、官等

清代吏部为掌理全国吏政的机关。在京之军机、内阁、部院、卿寺，在外之督抚、河道、府州县官员的铨选、除授、降调、品秩、考绩、奖惩、廪禄、封赠、恩荫等皆其所理。清代官员有严格的品级。最高正一品，然后是从一品，直至从九品，共十八等。未入九品的称"不入流"。清代又有封赠之阶，文职有十八等阶，某品职官即可授相应之阶。如正一品授光禄大夫，从一品授荣禄大夫；正二品授资政大夫，从二品授通奉大夫；正三品授通议大夫，从三品授中议大夫，直到正九品授登仕郎，从九品授登仕佐郎，等级细密繁琐而严格。

北京政府时期，根据文武分途原则，将官吏分作文官与武官两大类。文官主要分为行政官、外交官、司法官、技术官和警察官系列。行政官为一般文官,又称普通文官。根据1912年10月《中央行政官官等法》,行政官分为特任、简任、荐任、委任四等。

特任官即由大总统特别任命的官员,包括国务总理,各部总长,大理院、平政院、审计院院长,各省省长,驻外大使等。简任官由大总统在合格人员中简择任命。有大总统府直属各局局长、国务院各部次长司长等。荐任官由所属长官呈请大总统任命。北京政府时期荐任官主要是各部参事、金事、秘书、书记官、审计官、检察官、推事、科长等。委任官由所属长官委用。除特任官外包括九等,一、二两等简任,三至五等荐任,六至九等委任。

国民政府时期,以公务员之称代替旧时官吏之称。官吏任用分为选任、特任(1级)、简任(8级)、荐任(12级)、委任(16级)五种37级。1929年10月《公务员任用条例》,规定了各官等的任用资格。

选任。由国家权力机关选举任用的官员,包括国民政府主席、副主席,五院院长、副院长,以及立法委员和监察委员。训政时期,国民政府主席、国府委员、五院院长、副院长由国民党中央执行委员会特别任命,即特任,不需经过选举程序。

特任。除了上条以外,还有由国民政府主席(或总统)特别任命的官员,包括国民政府文官长、主计长、各部部长及驻外大使。

简任。由国民政府主席(或总统)简择任命的官员。主要是各部次长、各省政府主席、各直辖市市长等。简任官除政务官外,必须在具有一定资格人员中遴选:现任或曾任简任官,经甄别审查合格,得有证书者;现任或曾任最高级荐任官两年以上,经甄别审查合格,得有证书者;以及"对党国有特殊功劳,或致力革命10年以上",或者在学术上有特殊著作或发明者。

荐任。由官署长官荐请国民政府主席(或总统)任命。荐任官须在下列资格的人员中遴选：经高等考试及格者；现任或曾任荐举官，经甄别审查合格，得有证明书者；现任或曾任最高委任官两年以上，经甄别审查合格，得有证明书者；"对党国有功劳，或致力革命10年以上者"；在教育部认可的国内外大学毕业，且有专门研究者。

委任。由官署长官直接任免的官员，主要为主事、办事员、科员、翻译官、书记官及推事、检察官等。凡符合文官普通考试及第，或曾任各官署雇员三年以上等条件的，可为委任官。委任官须在具有下列资格的人员中遴选：经普通考试合格者；现任或曾任委任官，经甄别审查合格，得有证书者；曾致力革命五年以上者，在国内外大学或专门高等学校毕业者。

除各级文官以外，政府机关另有雇员，包括文书、录事、打字员、译电员、勤务员等。

"国民政府在南京成立后，不久即参照英、日等国的人事管理制度，制定出一整套人事管理制度"；"这些规章制度，从文字上看，似乎很完备、很合理、很科学，但实际上并未能完全兑现，有些地方因人设事，有些地方滥用私人，有些边远省份则根本不实行这一套，而更流行的是门户之见和裙带之风。"[①]

二、考试法规

清代沿袭前代，以科举考试为选拔官员的主要途径。礼部典制司掌科举事务，职掌包括拟制科场条例奏准请行；三年大比，拟定名额，选派考官等事务均由其核办。科举分为：乡试，在省城进行，中试者称举人，其头名称解元；中举人者被称为"老爷"，可以耀祖光宗。会试，在京

[①] 萧崇一：《国民政府人事管理制度纪要》，全国政协文史资料委员会：《文史资料存稿选编》（政府、政党），中国文史出版社2002年版，第452页。

城举行,中试者称贡元,头名称会元;中会试者赴太和殿参加殿试,以点定名次,计一甲三人,称状元、榜眼、探花,以上分援翰林院修撰与编修;二甲称进士出身;三甲称同进士出身。二甲三甲分授庶吉士、主事、中书、知县。因此,考中进士,就算取得做官资格。清朝还有荐举贤良方正,诏开博学鸿词、经济特科和巡幸召试制度。对于一部分有钱的地主、商人,清朝政府鼓励他们纳捐做官。

科举经过长期的运作与发展过程,到近代,已经日益显示出束缚士子思想,无法造就建设近代国家与社会需要的实用型人才的弊端。戊戌变法期间,维新派提出改革官制,开办学校造就人才,设立议院决断政事,实际上已经提出了废止科举取士和改革选拔官员制度的途径。面对各级学堂纷纷出现的局面,清末"新政"不再出台科举考试的规定;在光绪三十年(1904年)会试后的翌年(1905年)七月,清廷宣布停止科举考试,延续了一千多年的以科举考试取士、选拔官员的制度寿终正寝。

南京临时政府时期,法制局先后拟具《文官考试委员官职令》《文官考试令》、《外交官考试委员会官职令》、《外交官及领事官考试令》等草案,但未能议决。

1916年1月,北京政府公布《文官考试制度》和《典试委员会编制法草案》。其规定一般行政官员的考试分为文官高等考试和文官普通考试两种,前者由中央文官高等考试典试委员会负责,后者由中央各官署的文官普通考试典试委员会负责。地方文官考试由各省的文官普通考试典试委员会负责。文官高等考试程序分为甄录试、初试、大试三场。甄录用笔试,后两者先用笔试,再用口试。甄录试的科目有国文、历史、地理、笔算,初试有法学、经济学、行政学、财政学等,大试的科目有现行法令、判案、草拟文牍。凡中等以上学校毕业的可免甄录试。普通文官考试只考国文、历史、地理、法学、经济学等。[1]

---

[1] 林代昭等:《中国近代政治制度史》,重庆出版社1988年版,第345页。

北京政府1919年8月公布的《文官高等考试法》15条,规定中华民国年满25岁以上男子,参与文官高等考试,须有四种资格之一:(1)国立大学或高等专门学校,修习各项专门学科,三年以上毕业者;(2)经教育部指定外国大学,或高等专门学校,修习各项专门学科,三年以上毕业者;(3)经教育部认可本国公、私立大学,或高等专门学校,修习各项专门学科,三年以上毕业者;(4)文官普通考试及格,分发学习期满者,又修习政治、经济、法律,与大学或高等专门学校毕业之学历同等,而有荐任以上相当资格,或经考试得有出身者,经国务院派员甄录试验及格,亦得送考。唯:(1)褫夺公权,或停止公权,尚未复权者;(2)受破产之宣告,尚未复权者;(3)有精神病者;(4)亏空公款,尚未清结者;(5)其他法令有特别规定者,均不得考试。文官高等考试每三年一次,第一试国文,第二、三试各项专门学科,第四试就曾经笔试之各学科口试之。

北京政府同时公布的《文官普通考试法》15条,规定中华民国年满25岁以上之男子,参与文官普通考试,须有四种资格之一:(1)有应文官高等考试资格之一者;(2)经教育部指定或认可之技术专门学校毕业者;(3)修习政治、经济、法律,与专门学校毕业之学历同等,经甄录试验及格者;(4)曾任委任文职一年以上者。至关于应试资格消极之限制,完全与《文官高等考试法》相同。文官普通考试,于文官高等考试后一年行之。第一试国文,第二试分行政职与技术职,各别考试之,第三试就曾经笔试之各学科口试之。

国民政府时期,五院制政府建立后,逐步形成考试制度。1929年8月公布《考试法》18条。规定凡候选及任命之人员,并应领证书之专门职业或技术人员,均须经考试定其资格;考试分普通、高等、特种三种。政府人员的考选,也就是公职人员的考选,一般分为公职候选人、任用人员、专门职业或技术人员三种类型。公职候选人又分为甲乙两种,前者经过考试合格得为省、县参议员候选人;后者经过考试合格则为乡镇代表、乡镇长、保长候选人。在任用人员或专门职业或技术人员方面又分为普通、高等、特种考试三种。普通考试指普通财务、教育、外交、警察、卫生行政人员，建设、统计、会计、审计人员及法院书记官、监狱官等。高等考试指通过普通财务、教育、警察、卫生行政人员，建设、统计、审计人员及外交官、领事官、司法官、监狱官。特种考试指邮政人员、边区行政、县长及司法审判官。此外，还有检定考试。这种考试在高等、普通考试以前举行，一般自修但无高等、普通考试资格的人员经检定考试合格，均可参加高等、普通考试。上述人员参加考试必须符合一定的条件。

国民政府时期，主持考选事宜的机构为考试院考选委员会。考选委员会由正副委员长及委员5至7人组成。1941年后有所增加，考选委员会由委员长及委员8至15人组成，主管全国文官考选工作，组织各种考试，选聘典试委员和襄试委员组成典试委员会，是举办临时性的考试机构，负责决定考试科目、组织命题，根据考选委员会的审定发给准考入场证，决定分设考区，组织监考、阅卷评分、发榜公布等。典试委员一般是聘请各学科的名教授、专家学者担任，襄试委员聘请各学科的教授、副教授担任。

1929年11月，国民政府公布《监试法》8条，规定凡举行考试，考试院应咨请监察院派定监察委员或监察使为监试委员。试场内外之警卫及隔离，试卷之弥封，弥封号册之保管，试题之交发，试卷之点收，弥封之开拆，应试人总成绩之审查，及格人榜示等事项，监试委员会应加以检查或监视。如有舞弊情形，监视委员应提出弹劾案，由典试委员长或襄试处主任负责。同时颁布《襄试法》10条，规定凡举行考试，设襄试处，办理应考人员之膳宿及其他供应等事项。该处设主任，下分两科。该处于考试日遴派职员为监场员。考试完毕，襄试处应将襄理考试情形，连同关系簿册文件，呈报考试院，并即撤销。1931年6月，国民政府举行第一届高等考试,并公布修正《襄试法》。[①]

三、考试

袁世凯时期曾仿效科举制度实行学绩试验,省设省试,四年一次;道设道试,两年一次。道试合格取俊士,每道20至40名,省试合格取选士,每省40至80名。

在建立考试院前后,国民政府自1929年起,陆续公布相关法律法规,规定了各种考试的具体办法。其中如考试院于1930年12月公布高等考试财务行政人员、教育行政人员等10类考试条例,详细规定了各类人员参加考试的资格、科目和程序。1930年12月公布普通考试行政人员的考试条例。国民应普通考试,须经立案之公、私立中等以上学校毕业,或有同等学历,经检定考试及格者。普通文官考试是录取委任官的一种考试,凡考试录用人员,都以委任官分配任用。参加普通考试人员的应试资格为:(1)在高等中学或者中等专业学校毕业有证明者;(2)具高中文化程度曾任委任级三年以上者;(3)从事国民革命工作五年以上者。普通文官考试也进行分类考试,一般有下列各类:(1)普通行政人员;(2)警察行政人员;(3)财务行政人员;(4)教务行政人员;(5)司法人员;(6)会计人员;(7)统计人员;(8)各类技术人员。普通文官考试科目,与高等文官考试科目基本相同,也分为共同考试科目与专业考试科目两部分,只是在命题的难易程度上有所区别。

高等文官考试由考试院考选委员会直接举办,在全国各省市分设考区,统一命题,统一阅卷评分,统一录用,统一分配任用。每年或间年举行一次。具有法定资格者:(1)在国内外大专院校毕业有证明者,报考的类别应与所学的专业相同;(2)具有大专院校同等学历有专门著

---

① 谢振民:《中华民国立法史》,正中书局1937年版,第567页。

作,经中央研究院考试院指定的教授审查合格者;(3)曾任委任八级以上委任官三年以上经铨叙合格者;(4)从事国民革命十年以上经县以上党政机关证明推荐者;(5)经普通文官考试及格曾任委任官三年以上者。凡具有上述各项资格之一者,即可换同证明文件,报请考选委员会审查,经考选委员会审查认为可以参加哪一类高等文官考试,即由考选委员会发给贴有申报人相片的应考资格证明书。一遇高等文官考试时,即可凭应考资格证明书报名;由典试委员会审核合格发给准考入场证,应考人员凭证到指定考场对号入座,领取考卷。

高等文官考试对象分为普通行政人员、警察行政人员、教育行政人员、财务行政人员、财政金融人员、外交官、司法官、会计与统计人员、各类工程技术人员9类。考试成绩优异者,可以特予提升作为简任官任用。如第一届、第二届高等文官考试第一名,都被任命为监察委员。高等文官考试科目是根据各类文官应具专业知识的需要而分别设置的,但是"总理遗教"(包括三民主义、《建国大纲》、《建国方略》)、国文、宪法(宪法颁布前为《临时约法》)、中国历史、中国地理等五个科目,为各种文官考试必考。各类文官考试需要加试专业科目,如普通行政人员专业加试行政管理学、行政法、民法、刑法,财务行政人员专业加试经济学、财政学、民法、会计学,货币银行学等。各科考试一般是两个题目,最多不超过5题。试题答案的要求主要是论说和答案性质,字数不限,每科考试时间2小时至4小时不等。

普通考试及高等考试,每年或间年举行,各以国文及党义为第一试,分科考试为第二试,面试及成绩审查为第三试。举行考试时,由国民政府派定主考官,组织典试委员会,由监察院派员监试,并得调用各机关人员。考试及格者,由考试院分别发给及格证书。考试方法一般分为试验、检核和检定三种,其中试验采取笔试,检核由考选委员组织各种检核委员会进行。考试时间,一般一年或间年一次,如需要或各单位请求,举行临时考试。地点在首都或各省区考试院指定的区域,内容分为一试、二试、三试,前一试不及格不能参加后一试考试。考场设置警卫。《高等考试襄试处警卫组规程》规定,警卫组设警卫队长一人,承襄试处主任之命,督率警卫人员,担任高等考试全部警卫事宜。警卫长以下,设警卫官九人,警卫员若干人,警卫组设警务课、总务课。

第一届普通考试于1932年1月至6月在南京及各省会与相当地点举行,共录取409人。第二届文官普通考试,总经费近4万元,较前不及1/3,结果录取102名,内有女性两名。阅卷方面,事先由典委会议定命题标准,复规定问卷给分办法。省籍计有17省,以江浙居多。正式及格人员中,江苏27人,浙江20人,两省合计占46%。此外河北12人,湖南10人,福建8人,其他各省3至5人不等。云南、察哈尔、吉林等边远省份仅各1人。组织方面,由国民政府简派15人担任典试委员,6人担任监试委员,复由典委会聘请各专家为襄试委员。至于办事人员,除考试委员会职员全体参加,考试院及铨叙部职员大部参加,同时并调用各机关少数人员办理本届考试事宜。①

第一届文官高等考试于1931年7月在南京举行,各场考试陆续举行,前后持续达半个月之久。7月6日,各考试机构在国民政府宣誓就职。同日主考官兼典试委员长戴传贤,典试委员、襄试委员等同时进入八府塘典试委员会内场。正午12时将内场大门严扃加锁。门外由外场监试委员加贴襄试处封条。其他各小门亦由供扃锁。"自入场之日起至8月9日出场之日止,尚未发现舞弊情事。"自7月15日起至30日止,共16日,计考试14日,因暑热大雨停考二日(7月19、21日)。每日考试之前一日下午2点后12点前,印刷各科目试题。试题印讫,加封盖印,锁铁柜内。考试日早四时启锁发题。8月2日典试委员会

---

① 王用宾:《第二届高等文官考试经过情形》,载《中央周报》1933年第286期。

议决，8月6日发第一、二两试榜示，8月5日拆弥封，填姓名。计五种考试，第一、第二场试60分以上者，及遵奉国民政府明令加分及格者，共得100名，当日夜间写榜。8月6日早6时，由襄试处领榜张贴。8月8日在典试委员会举行第三试，场内分七组口试。8月9日发第三试及格榜。此榜所列三试及格者共99人，加上迟到经批准补考者，总计第一届高等文官考试共录取101名。①

特种考试是由主管业务部门报经考试院批准特别举行的一次考试，是根据业务需要择优录取人员的临时性办法，一般是因为这类人员专业性较强，需要掌握专门的业务知识与技能，当时经常举办特种考试的有交通、银行、财务等部门，如交通部门的汽车驾驶员、邮务员、报务员，银行行员、税务员等，通常都是通过举行特种考试来择优录用。特种考试分为高级和初级两种。参加特种考试的资格，属于高级的比照高等文官考试，属于初级的比照普通文官考试。一般来说，略低于文官考试应考资格的要求，可以说是文官考试的补充。1931年3月，国民政府颁布《特种考试法》9条，规定特种考试之种类、方法、地点、期间，应考人之资格，考试之分科与科目，均由考试院定之。1933年2月，国民政府公布修正《考试法》与修正《监试法》，将原法规定考试分普通、高等、特种三种，修正为普通考试与高等考试两种，并明定候选人员考试条例与各种特种考试条例另定之。

1933年举行特种考试承审员及会计人员考试，录取104人。1935年举行特种考试承审员及高级邮务员考试，录取49人。但是官吏考试不适用于国民政府的任何官员，上层官员可以不经过考试而任职。其次，规定的制度并没有认真执行，经过考试提拔上来的人寥寥无几。譬

---

① 《委员于洪起报告第一届高等文官考试监试内场由》，载《监察院公报》1931年第6期。

如,第一届高等考试所依法任用、承荐、试署、实授的只34人,其中已经遭到罢免的10人,所任用的不过24人。在24人中,行政院分发试署学司的5人,教育部6人,财政部5人。这些人皆有备员之名,而无任官之职。①

抗战爆发,国民政府对考试制度进行了变更,将高等、特种考试分为初试和再试。初试及格,经训练期满,再举行再试。不及格者再补训一次,但在初试中考试院可以酌情将一二三试合并为一次笔试。1940年普通考试改为与高等考试相同。

1946年宪法规定,考试院为国家最高考试机关,掌握考试、任用、铨叙等,正副院长及考试委员都由总统提名经监察院同意而任命。考试院设考选部掌全国考试事宜,设铨叙部掌全国文职公务员的铨叙及各机关人事机构的管理事项。宪法规定,选拔公务员应实行公开竞争的考试制度,非经考试合格不得任用,并规定公务人员、专门职业及技术人员执业资格,应经考试院依法考选铨定。对于不合法定资格者,考试院可以不经惩戒委员会程序而直接提请降职或免职。

第二节 铨叙、任用与职等

一、铨叙

清代任命官员的形式,根据其职位大小,首先是特荐,由军机处列名,请旨特荐;其次是"开列题请",由吏部开列资格相当人员,上呈题请;第三为铨选,由吏部召集受选人员,按班次每月掣签定名;第四为保荐,由二品以上官荐举。清代官员任职的各种区别,则有管理事务、行

---

① 林代昭等:《中国近代政治制度史》,重庆出版社1988年版,第448页。

走、兼充、差委、分发、署理、护理、加衔、补缺、回避等制度。① 除了作为正途的科举考试,清代还有捐纳取官即卖官鬻爵的途径。清代任用官员的最高权力掌握在皇帝手中,他可以不经法律程序、不受限制地任用各级重要官员。一般官吏的任用有阶级、资历的限制。由吏部文选司、兵部武选司按出身资历选用。

铨叙或称铨序,旧时按照资历或劳绩考核评定官职的授予或升迁的制度。民国除了对各类公职人员采取考试录用办法外,还对各种文官、法官、外交官、考取人员及其他公职人员进行铨叙。

1912年1月,南京临时政府设有铨叙局,直隶临时大总统。北迁以后,1914年改属国务院,掌荐任官以上的任免及履历、文官高等考试、恩给与抚恤、荣典授与、外国勋章受领与佩用等。1914年2月增加了文官任免、升转、勋核等,以后又增加存记人员注册开单、爵位勋章、其他荣典授与及文官资格审查等内容。同年5月改属总统府政事堂,1916年5月国务院恢复,辖属如初,设局长。内置叙官、典试、恩恤、荣典、勋章、庶务等六科。

国民政府成立,置铨叙部于考试院之下。凡中央与地方简、荐、委等官,均在铨叙之列。"而以社会需要之故,官署日益增加,官吏之员额,遂亦倍于过去。中央各院部会及其关于局部行政专设者,固无论矣。其关于普通行政如省市县政府以下,近所添设之厅处局所,多从前所未有。所有职员,向之视为掾属幕僚者,今则分科设股,在法律上各已取得官吏之身份,其数又何止百十倍于畴昔。铨叙职权既已扩充,则事务益繁,责任益重。"②

甄别。北京政府时期,文官有考试制度,分为高等考试和普通考试

---

① 白钢主编:《中国政治制度史》下卷,天津人民出版社2002年版,第859—860页。
② 铨叙部秘书处第三科:《铨叙部年鉴》,1930年10月印行,第2页。

两种。高等考试又分甄试录、初试、大试三次。大试及格的授予补官证书,按照等第高下依法叙补。普通考试及格的,授予补试官证书,亦依法叙补。凡未经考试任用的官吏,适用"甄别"、"甄用"办法。依照《文官甄别法草案》,甄别方法有五种:检验毕业文凭,调查经历,检查成绩,考验学识,考试经历。

1915年9月,袁世凯公布《文官甄用令》17条。1929年10月,国民政府颁布《现任公务员甄别审查条例》10条,规定现任公务员之甄别审查,分资格及成绩两项,由考试院制定表格,分送各官署,发交所属公务员填写,并由各该长官加具考语,拟定等次,汇送铨叙部,交给铨叙审查委员会审查决定之。审查成绩分为甲、乙、丙、丁四等,乙等以上者合格,丙等者降等,丁等者不及格。合格者,由铨叙部给与证书,仍以原官任用;不及格者,即予免职。

在国民政府《公务员任用条例》未实施前,甄别的对象除政务官、特殊技术人员、教育人员及聘任人员外,任用期满3月并未退职的简任官、荐任官、委任官都要进行甄别。甄别的方法,分为资格和成绩两部分。对于各类人员,甄别资格的要旨有所区别,主要是:学校毕业、大学教授、考试合格、曾任经历或者"革命历史",都必须具备证明文件。甄别的成绩主要依据被甄别人的领导平时记载的成绩,并加上考语及拟定的等第。如果成绩列入甲乙等为合格,以原官任用,并填发原官等级甄别证书;丙等为降等或降级,以应降官等任用,并填发应降等级甄别证书;丁等为不及格,呈报国民政府或通知该管长官免职。

1929年10月公布《现任公务员甄别审查条例》,以资格及成绩两项标准甄审全国各级任职人员。资格方面分为革命功劳、资历、学历及考试四项;成绩方面分甲乙丙丁4项。资格符合而成绩列甲乙等的按原官任用,丙等的降等或降级,丁等的不及格,予以免职。[①] 1930年4

---

① 林代昭等:《中国近代政治制度史》,重庆出版社1988年版,第444页。

月颁布施行细则。据此,对公务员进行了甄别。从1930年6月至1934年3月,据考试院总报告书,共收到甄别表62 019份,甄别结果,合格人员44 640份,降等降级139人,不及格7 100人,不予甄别5 524人,保留或待补证件未办或其他者4 616人。在44 640合格者中,简任职604人,荐任职4 875人,委任38 394人,书雇及其他占767人。从这些数据看,《现行公务员甄别审查条例》的实施并未取得预期效果,各地大多以种种原因未送请甄别,因而送甄别人员不多,合格者更少,因此不得不将《甄别审查条例》废止施行。可是,国民政府已在1933年3月公布《公务员任用法》,未经甄别审查,就发生任用的资格问题。作为补救,1934年4月,国民政府颁布《公务员登记条例》,出现了登记制度。①

登记,即《公务员甄别审查条例》废止以后,《公务员任用法》实施以前,对公职人员进行注册登录的制度,大体分为退职、现职、甄别审查合格、任用审查合格、公职人员动态、备用人员登记六种。其中退职和现职人员登记主要是对荐任、委任职人员而说的。所谓退职登记是指因机关裁撤、合并、变更组织、经费紧缩而退职的人员,或者因事因病而辞职的人员;所谓现职登记,是因战争交通阻梗、地处边远辗转延误,或人事障碍等特殊情况没有经过甄别的人员。登记审查的资格与成绩,除资格部分不是职满三月,而是一二年外,其余与甄别审查的资格或成绩相同。送审程序,退职人员由本机关长官转核;退职人员,若是变更组织或合并机关,由变更组织或合并机关转核,若是经费紧缩或因事因病,则由原机关现任长官转核。登记结果与甄别结果基本一样,填发各种登记证书。所谓备用人员登记,是指除了考试及格、铨叙合格已经登记者外,凡具备一定资格者,都可以向铨叙部申请登记。上述人员登记

---

① 李进修:《中国近代政治制度史纲》,求实出版社1988年版,第378页。

到相当数量后,连同考试及格、铨叙合格者,由铨叙部编表分送中央及地方各级政府任用。

1934年4月,国民政府颁布《公务员登记条例》16条,规定公务员得声请以简任职登记之资格有三:(1)在国内外大学毕业,并有专门之研究者;(2)曾任国立大学教授三年以上者;(3)对于党国有特殊勋劳,或致力国民革命10年以上者。以荐任职登记之资格有二:(1)在国内外大学或高等专门学校毕业者;(2)对党国有勋劳,或致力国民革命七年以上者。以委任职登记之资格有二:(1)在高级中学或旧制中学以上毕业者;(2)曾致力国民革命五年以上者。

二、任用

清代官吏按正常途径任用的,称"推升",提前或破格任用的称"即升"。地方官员迁升中央官的,三年一次,称"截取"。显然,清代官员任用制度的弊端,首先是服从专制制度;其次是过分看重出身等级与资历,造成人才上升途径壅塞。

考试及格,即可持补官证书等待任用。北洋时期任官一般分等任用。1915年9月,袁世凯公布《文职任用令》10条,规定文职之任用,须有三种资格之一:(1)经文官高等考试及格,或文官普通考试及格者;(2)经文官甄用合格,由大总统核定用途,交由政事堂铨叙局注册者;(3)已经正式任命之各项文职,依法令应行转任者。

1929年,国民政府公布《公务员任用条例》13条。规定简任官除政务官外,须就具下列资格之一者选任之:(1)现任或曾任简任官甄别审查合格者;(2)现任或曾任最高级荐任官两年以上,经甄别审查合格者;(3)"对党国有特殊勋劳,或致力革命10年以上者";(4)在学术上有特殊之著作经验或发明者。荐任官须就下列资格之一者选任之:(1)经高等考试及格者;(2)现任或曾任荐任官,与现任或曾任最高级委任官三年以上,经甄别审查合格者;(3)对党国有勋劳,或致力革命七年以上者;(4)在教育部认可之国内外大学毕业,且有专门之研究者。委任官须就具有下列资格之一者遴任之:(1)经普通考试及格者;(2)现任或曾任委任官经甄别审查合格者;(3)曾致力革命五年以上,或在国内外大学或高等专门学校毕业者。至公务员任用法公布,此条例废止。考试及格,即可持补官证书等待任用。北洋时期任官一般分等任用,当时官员共分九等,一、二等为简任、三至五等为荐任,六至九为委任。九等之上,为直接特命任用的特任官。

1913年12月,袁世凯曾公布《知事任用暂行条例》7条,未实施。1932年7月,国民政府颁布《县长任用法》12条,规定县长之任用须有下列资格之一:(1)依法受县长考试及格者;(2)在教育部认可之国内外大学、独立学院,或专门学校研究政治、经济、法律、社会各学科,3年以上毕业,经高等考试及格并曾任荐任职一年以上,或毕业后曾任荐任职一年以上,经中央举行县长复核考试及格者。县长任用程序分试署、署理、实授,试署、暑理期均为一年,实授任期三年。任县长满六年,而成绩特别优异者,得叙为简任职,或以简任职待遇;其能在中央规定之训政年限内,依法完成县自治者,并优予叙奖。1933年6月公布修正县长任用法,放宽了县长任用资格,县长任用分试署及实授,废除署理。①

除了主管文官考试的最高机关考试院以外,还有监察院是最高监察机关,主要职务是弹劾与审计,设监察委员29至49人。监察委员对公务人员的违法失职行为可单独提出弹劾。监察院接到弹劾案后,另派监察委员三人进行审查。审查后,如多数认为应给与惩戒,则将被弹劾人员移付惩戒。在司法院内,设立行政法院和公务员惩戒委员会。前者为行政诉讼的审判机关,后者掌管一切公务员的惩戒事宜。对荐

---

① 谢振民:《中华民国立法史》,正中书局1937年版,第577页。

任以上的公务员,须经监察院成立弹劾案后才可实行惩戒;对委任官,或经成立弹劾案,或由其主管长官交付惩戒。

1931年9月公布《第一届高等考试及格人员任用规程》和《第一届高等考试及格人员分发规程》,规定在分发任用考试及格人员中,应按考列等第作为荐任官任用先后的标准。成绩为最优等者尽先"实授",优等者尽先"试署";成绩虽为中等,但具有工作年资者也尽先"试署",其余人员继续进行学习。铨叙部应按及格人员考试种类、等第和现任职务,斟酌及格人员的志愿,办理分发手续。

根据1933年10月、1934年9月《高等考试及格人员分发规程》和《普通考试及格人员分发规程》:考试及格人员,按铨叙部或铨叙分机关规定的日期报到。报到期满后,一是由铨叙部将报到人员按其考取科别名次及拟分机关和员额,分别造册送考试院转国民政府向中央和地方相当机关分发;二是铨叙分机关将报到人员按其科目名次,酌就各省区内相当机关分发,并报铨叙部转考试院备案。在考试及格人员中,曾经任职一定时间并提出证明文件,经铨叙部或铨叙分机关审查属实,即可分发各机关任用,荐任或委任职人员还要尽先任用。

拟任人员如没有任职经历或者经历不够,则分派去各机关学习一年。学习期满成绩为甲等,则分别以荐任或委任职试署,乙等延长学习半年,丙等延长学习一年,两者延长最多两次,期满仍为乙等以下,停止学习及分发任用。在学习期内,被分派机关认为成绩优良,可以缩短学习期限,提前任用或请铨叙部提前分发任用。

在高等及格人员的分发中,自考试制度改为初试再试后,发生两点变化:(1)考取优等以上者,以荐任或荐任相当职务分发任用;中等者先以高级委任职或与高级委任职相当职务分发任用,遇有荐任缺则随时叙补;(2)凡以荐任职或与荐任职相当职务的分发人员未具备曾任委任职或相当职务满一年或曾任荐任职或相当职务满6个月的,均先派学习3月,期满后由被分配机关填具学习成绩考核表,连同学习日记送铨叙部审查,经审查后,成绩优良者予以任用,不良者延长学习期限。

国民政府规定,任用各级职员,应在其编制员额范围时,由各级机关长官先行派代,或复由人事机关通知拟任人员检送详历,由有关单位进行"忠贞调查",并由公立或合格医院检查身体,经人事单位依照规定予以人事查核,认为合格,再行签请派代。新派职员接奉派令或通知书后,应即新至人事单位或向机关长报到,如逾一个月未报到,除经呈准者展期者外,将由人事单位签请撤销其派用文件。报到后,新派人员应填审查表,送请铨叙机关审查,经铨叙审查不合格者应予解职。同时,新派人员必须经过试用或学习阶段,期间以一年为限,试用成绩经考核及格者,予以实授。经铨叙机关分别情节,酌予延长时间的,以6个月为限。延长后仍不及格者,停止其试用。在试用之前,也应依业务需要,派赴有关机关学习。学习、试用均合格者,概予实授。凡经铨叙合格人员,依法请简任、荐任及委任。

因此,任用、提升官员主要凭资历,特别是跟随蒋介石的资历。荐任、委任的任用资格相差很大,如全省公路处长、水利局长等,核其官阶,为省府所委,察其待遇,又与荐任相当。局长以下职员,颇多位高职重的人,而按当时的任用制度又无其地位。考试院职司铨叙,对此种机关职员,无法权衡其资格,也无法考试其成绩。①

1933年4月,国民政府公布《公务员任用法》15条及其施行条例,其与《公务员任用条例》的区别:(1)将简任官、荐任官、委任官改为简任职公务员、荐任职公务员、委任职公务员;(2)简任职公务员之资格,增加曾任政务官一年以上者;荐任职、委任职公务员之资格,增加与高等

---

① 林代昭等:《中国近代政治制度史》,重庆出版社1988年版,第445—446页。

考试、普通考试相当之特种考试及格者;(3)删去规定曾有反对国民革命之行为或言论不得为公务员之条文;(4)明定考试及格人员之优先任用,以铨叙部分发之先后为序,废除以年度标准序选之规定;(5)规定任用程序分试署实授,试署满一年者始得实授。新任用法所规定的简、荐、委各职等的任用资格,大致与原条例相同,只是委任职增列了"现充雇员继续服务三年以上而成绩优良者"一项。此外规定有下列情形之一的,不得任用为公务员:褫夺公权尚未复权者,亏空公款尚未清偿者;曾因赃私处罚有案者;吸用鸦片或代用品者。1935年11月公布修正《公务员任用法》,规定蒙藏委员会委员、侨务委员会委员、各机关秘书长及秘书等公务员,不受该法所规定的任用资格之限制。

1940年7月公布《非常时期战地公务员任用条例》规定,战地公务员适用法定资格确有困难者,得由行政长官依照抗战需要,就其职务上必要之学识、经验、技能、体力,拟订任用暂时标准,呈请行政院、考试院核定,其具有与核定标准相当之资格者,得分别任用。铨叙部成立后,掌管考试及格人员的分发与任用。所有各机关任用人员,必须填表送铨叙部去审查,合格后方得正式任用。

按照行政三联制,国防最高委员会还设立党政考核委员会,根据《党政工作考核工作委员会组织大纲》。该委员会与中央设计局与原有行政机关一起,构成国防最高委员会控制下中央政权三大机构。《人事管理条例》11条,国民政府1942年9月公布,规定五院及其各部会署,各省政府及院辖市政府,设置人事处或人事室。国民政府各处局、各部会署附属机关、各县市政府等,设置人事室或人事管理员。人事管理员机构职掌本机关人事规章的拟订,送请铨叙案件的催查、考勤、抚恤、任免、奖惩等12事项。

任用。公职人员除因褫夺公权、亏空公款、赃私处罚、吸食鸦片或其他代用品外,一般经过甄别、登记审查,合格者即可任用。但是,简任职由国民政府交铨叙机关审查合格后任命,荐任、委任职由主管机关送铨叙机关审查合格后,分别呈荐委任。任用程序分为试署和实授。初级人员一般试署一年,试署期满成绩优良,给予实授;成绩不好,则由铨叙机关分别情况延长试署或降免。委任职人员的分等情况,则从各该等的最低薪俸叙起,曾经任过同等职务并有年资和劳绩,则按原支俸额的叙级俸。如其简任资格而以委任职任用,则另有规定,不适用于上述规定。抗战期间,1942年11月,国民政府颁布《非常时期公务员任用补充办法》。①

"因公务人员初入机关工作,情形生疏,技能亦不娴熟,必须施以相当训练,俾期明了。"其训练方式包括:(1)个别谈话,由负责长官任之;藉此指导其实际的服务技能,并了解其个性与兴趣;(2)为试用及实习、新任公务员,以一定时间试用或观摩,由负责者加以考核,期满正式任用,或延长实习期间,以资熟习;(3)开班训练,即将现任公务员用集体方式,调聚一地集中训练,如县政训练班、财政训练班、警察训练班、行政干部训练班之类。②

三、职等

《中央行政官官等法》8条并附表,1912年10月袁世凯公布,规定中央行政官除特任以外,共分9等,包括简任、荐任、委任,以及各级官员任免办法。简任官之任免叙等,由国务总理,或各部总长商承国务总理,呈请大总统行之;荐任官之任免叙等,由各该长官,或各部总长,经由国务总理呈请大总统行之;委任官之任免叙等,由各该长官行之。初任官或升任者之官等,须为各该官最低之等;各官之官等,非在官两年

---

① 李进修:《中国近代政治制度史纲》,求实出版社1988年版,第380页。
② 甘明蜀:《公务员制度之基本观念》,载《新四川月刊》1939年第2期。

以上,受至各该官官等最高级之俸等,不得叙进一等。

北京政府时期中央行政官官等简表①

官署	特任	简任		荐任			委任	
		一等	二等	三等	四等	五等	六等	七—九等
国务院	总理	秘书长 法制局长 稽勋局长 蒙藏总裁	秘书长 法制局长 稽勋局长 蒙藏总裁 铨叙局长 印铸局长	秘书 参事	秘书 佥事 秘书、佥事 秘书、佥事 秘书、佥事 秘书、佥事 秘书、佥事 技正	佥事 秘书、佥事 秘书、佥事 秘书、佥事 秘书、佥事 秘书、佥事 技正	主事 主事 主事 主事 主事 主事 主事 技士	主事 主事 主事 主事 主事 主事 主事 技士
各部	总长	次长	次长	参事 秘书 司长	参事 秘书 司长 佥事	佥事		
	财政部	技监 驻外财政员	技监 驻外财政员	技正	技正	技正	主事 技士	主事 技士

为加强机构执行职能,又实行幕僚长制度与分层负责制。幕僚长制度即将机关工作分为政务工作与事务工作,主管长官负责政务,其余负责事务或者兼具政务与事务。这些负责事务的长官称幕僚长,以防止长官权力过于集中。幕僚长权力很大,但地位较低。分层负责制就是在维持党政军一元化原则的前提下,划定各级行政人员的责权。1941年3月,国防最高委员会制定《各级机关拟订分层办事细则之原则与方式》,对实行分层负责制作出了规定:(1)区分机关中的政务与事务,主管长官只负责政务;(2)确立机关中的指挥监督关系,即将机关中各级指挥与监督分为人与事;(3)将各级职员的责任逐一规定。在推行

---

① 钱实甫:《北洋政府时期的政治制度》(下),中华书局1984年版,第345页。

分层负责制的同时,国防最高委员会还实行分级负责制,即要求国民党和国民政府在接受上级机关控制、监督的同时,在本机关范围内,应依工作职权,各负其责。

四、待遇

清代官员俸禄,由正俸和养廉银两部分组成,正俸支银和米,一个正从一品官,每年的正俸是米九十石,银一百八十两,以下层层递减,到从九品,米十七石七斗五升,银三十一两五钱。由于正俸太低,不利于官员养廉,从雍正初年,又实行养廉银制度。养廉银取之正赋耗银,原只行于地方文官,从一品总督,每年养廉银一万五千两至三万两之间,正七品知县为四百两至两千两之间。京官开销比地方官小,起初用双俸解决低俸,即比原俸多出一倍,叫作"恩俸",雍正年间起也开始发养廉银,但比地方官少多了。咸丰、同治以后,因国家财政拮据,经费困难,官员俸禄往往减半支给。①

1912年10月袁世凯公布《中央行政官官俸法》8条,附有简任、荐任、委任各官月俸分级表及官等俸给对照表。规定国务总理月俸1 500元,各部总长月俸1 000元,简任官月俸分为三级,由400元至600元,每级相差100元。荐任官月俸分七级,由200元至360元,每级相差20元或40元。委任官分为12级,由50元至150元,每级相差5元、10元或15元。②

国民政府人员官等官俸起初不统一。为便于审查,考试院铨叙部制定了几点办法及其各类官俸标准。以1933年9月国民政府公布的适用一般公职人员的《暂行文官官等官俸表》为例,

---

① 白钢主编:《中国政治制度史》,下卷,天津人民出版社2002年版,第861页。
② 谢振民:《中华民国立法史》,正中书局1937年版,第559—560页。

国民政府时期文官官俸表

官俸	级数	等级	俸禄（元）
特任	1	1	800
简任	8	1至4级	每级40
		5至8级	每级30
荐任	12		每级20
委任	16	1至4级	每级20
		5至9级	每级10
		10至16级	每级5
最低			自55元起

当时选任官、特任官都不分等级，一律月薪800元；简任官分为八级，最低八级月薪430元，最高一级月薪680元。荐任官12级，最低12级月薪180元，最高1级月薪400元。委任官16级，最低16级月薪55元，最高一级月薪200元。此外有雇员，最低16元，最高40元，有的年资较长的可增加到50元。

国民政府人事制度的一个特点是重文轻武，文官待遇要比武官待遇高得多。如中央各部的科长，在军事上是上校级，月薪不过240元；而文职机关的科长，很多是荐任高级，月薪在300元以上。再如文职机关股长和科员，荐任级的可以拿到280元月薪；军事机关中校股长或科员，月薪则为170元。①

---

① 萧崇一：《国民政府人事管理制度纪要》，全国政协文史资料委员会：《文史资料存稿选编》（政府、政党），中国文史出版社2002年版，第454页。

第三节 考绩与奖惩

一、考绩

对于任职官员,除平时由上级或监察官实行监督纠察外,还确立了定期考核制度。考核京官的叫京察,原定六年一次,后改为三年一行;考核地方官的叫大计,每隔三年一举。凡京察三品以上官(各省督抚归入京察之列),先行自陈,其余各官由该所在衙门负责,然后经吏部、都察院查实,题列引见,以备敕裁。大计自州县起,经府道司到督抚,最后呈交吏部。考核依操守、才能、政绩、年龄四项标准,定为称职、勤职、供职三等。得到京察一等或大计卓异者,可加级记名。另有八法纠核不称职的官员,分别给予革职提问、革职、降调、休致等处理。光绪时,清廷鉴于吏治败坏,曾诏令各省设立课吏馆,限半年为期,分别等次,进行奏报。另外有年终密考,俸满甄别等,但总因请托贿赂,收效甚微。①

1931年12月,国民政府公布《公务员交代条例》15条,规定前后任应交代之事项凡六:(1)经费实领、实支,及其余存数;(2)经收各款已解未解数;(3)公有财产及物品者;(4)领售及余存印花税票,或其他债券等。前后任交代时,上级机关或主管长官,应派员监盘。前任或被裁人员交代逾限,或交代不清逃匿,或交代清册有虚捏漏报情事,即停止任用,查封其财产抵偿,并应依法惩处。后任或接收人员,对于交代故意留难,或延不结报者,予以记过、减俸或免职处分。

1935年7月,国民政府公布《公务考绩法》和施行细则。据此,考绩分为年考和总考。年考,就是每年12月对同一机关任同等官等职务

---

① 白钢主编:《中国政治制度史》,下卷,天津人民出版社2002年版,第861—862页。

的人进行考核;总考,就是对同等官等职务三年的成绩,在第三年年考后,进行一次总考。进行考绩时,一般称为初核与复核。初核由直接上级进行,然后由再上一级进行复核,最后由该机关主要负责人再复核,也就是最后复核。如该机关只有一级,则由该机关主管人考核。考核内容:工作占总分50%,学识和操行各占25%。总分在80分以上者为一等,逐次下推,每等相去10分,直至不满40分为七等,不论年考或总考均以60分为合格。年考由上述机关考核并报铨叙部登记,总考则由铨叙部及其铨叙分机关进行。未设立铨叙分机关的省份,中央和地方公职人员考核则归铨叙部或在各该省设立公务员任用委托审查委员会办理。

1932年12月,成立国民政府政务官惩戒委员会,掌管政务官惩戒事宜,由国民政府委员中推定7至9人组成,设常务委员一人,执行日常事务。会内设秘书处,承办交付惩戒案件,其职员由国民政府文官处人员兼任。凡须经政治会议决议任命之官吏,为政务官;国民政府及五院所属各部、会政务次长、副部长、副委员长等,均为政务官,其被弹劾时,皆由该会惩戒。

在上述公职人员年考和总考评定出来后,分别成绩优劣给予不同的奖惩,奖惩的办法分别是:年考为晋级、记功、不予奖惩、记过、降级、解职六种;总考为升等、晋级、记功、不予奖惩、记过、降级、解职七种。其中荐任或委任职人员因成绩特优而应升等又无缺额,或者已升至本职最高级而应晋级又无级可升时,则分别给予简任或荐任待遇。但是,每机关升等人员中荐任升等不能超过荐任人员1/10,委任升等不能超过委任人员1/20,如果成绩过劣应行解职的人员,年考不得少于该机关总额的2%,总考也不得少于2%,所余缺额则以考试合格人员补充。

以上惩戒制度,看似完备,实际上也存在明显缺点。公务员惩戒制度的缺点包括:(1)惩戒机关不统一,根据被惩戒人官职及其性质,分成数个不相统辖的机关管辖。(2)惩戒权的不完整。(3)惩戒程序的迟缓。(4)惩戒处分执行力的薄弱。①

二、勋给与退职

清末宣统二年(1910年)八月《厘订恤荫恩赏章程》,分为8章48条4表,规定凡阵亡、伤亡,因公殒命,或积劳病故,其恤赏之类分为以下四项:世职、荫监、恩恤金、恩抚金。

1914年3月,袁世凯公布《文官恤金令》24条,大致规定文官恤金为:(1)终身恤金;(2)一次恤金;(3)遗族恤金;并文官得受恤金之情事,恤金之额数,应褫夺或停止终身恤金,与应褫夺遗族恤金之情事,及应受恤金遗族之顺序。1927年9月,国民政府公布《官吏恤金条例》16条,规定恤金亦分终身恤金、一次恤金、遗族恤金三种。官吏有下列情形之一者,得给以终身恤金:(1)因公受伤,致身体残废,不胜职务;(2)因公致病,致精神丧失,不胜职务;(3)在职10年以上,身体衰弱或残废,不胜职务;(4)在职10年以上,勤劳卓著,年逾60,自请退职。官吏因公受伤或致病,未达身体残废或精神丧失之程度者,得酌给一次恤金。官吏因公亡故,或任职10年以上,勤劳卓著而亡故,或受终身恤金未满5年而亡故,均给以遗族恤金。

国民政府稽勋委员会,为国民政府审核勋章而设,1941年10月成立,置委员11至15人,以内政、外交、铨叙部部长等为当然委员,其余人员由国民政府选聘。并由委员互推三人主持会务。会内设秘书处,办理勋绩的调查、稽核、受勋人员登记及勋章法规的编纂等。

国民政府1933年12月颁发《勋章条例》,1935年12月公布其施行细则,规定凡是政府公职人员有特殊勋劳,都要授予勋章。除了特

---

① 吴绂徵:《公务员惩戒制度》,商务印书馆1940年版,第39页。

任、选任直接由国民政府颁发外,简任以下人员须事先经过主管机关将勋绩事实履历报上级机关转铨叙部审核,然后报考试院呈请国民政府颁给,但是颁给非公职人员和外国人员,前者由内务部,后者由外交部,事先呈请铨叙部审核并填给注册。因此,一切授勋人员填发授勋证书及注册事项都要经过铨叙部审核。1941年以后,授勋程序有所变化。无论特任、选任职还是其他人员,一律由铨叙部汇总初步审核。即,呈请授勋人员的机关,事先按照规定填具表式,连同证件递转与勋绩有关主管机关,核送汇办初步审拟机关——铨叙部,然后铨叙部经过初步汇总审拟,送考试院转国民政府稽勋委员会审核,铨叙机关不再是对部分授勋人员进行最后审核及填发证书和注册的机构,而变成对一切人员授勋进行初步审拟的机构了。①

清代退休或称休致、致仕。在京察、大计中就有此条,但无确切年龄断限。官员致仕,有的是自己提出,经皇帝批准后离职,也有的是诏令休致。休致后,虽然停给俸饷,但一般保留原来的品衔,有的还可得到晋秩、加衔或恩眷子孙的荣耀,也有特别赏给全俸、半俸、半俸之半。当然,如果官员不能胜任职务,或者遭受弹劾而勒令休致的则另当别论。②

按国民政府规定,凡是因公致疾或死亡,以及在职时间很长而勋劳卓著退职的官吏,都给予抚恤,领公职或遗族年恤金或一次恤金。恤金的申请,由请恤人呈各机关转铨叙部。经审查合格,再报考试院转国民政府核准,填发恤金证书,给原转机关颁给受领人。1942年以后,发放恤金的办法改为除县市(省辖市)政府及所属人员由省政府支拨外,其他则由财政部在国库中支拨,一律由铨叙部转发。因此,铨叙机关不仅

---

① 李进修:《中国近代政治制度史纲》,求实出版社1988年版,第384页。
② 白钢主编:《中国政治制度史》下卷,天津人民出版社2002年版,第863页。

对抚恤金进行审查，而且是国库支拨恤金的转发机构。

民国初年，临时大总统府下直辖有铨叙局，掌理赏恤等，已包含社会抚恤内容。1912年7月修正后的新官制，铨叙局职务规定第三项为"关于恩给及抚恤事项"，明确铨叙局为抚恤机构。1917至1920年期间，内务部民政司第一科管理地方行政长官之抚恤事项。尤其是战争时期，军人抚恤尤其重要，至于公务员与警察的抚恤一般仍由内政部及铨叙部负责，其他人员抚恤由所属职能部门掌管。

1927年9月，国民政府公布《官吏恤金条例》，合退休、抚恤于一体，为国民政府退休抚恤制度之滥觞，规定凡服务中华民国之文官、司法官、警察官吏给恤事项，皆为本条例适用对象。1934年3月，立法院修正《官吏恤金条例》，更名为《公务员恤金条例》，并公布施行细则。内容：(1)公务员年恤金及一次性恤金的给予标准；(2)公务员遗族年恤金及一次性恤金给付标准；(3)恤金领受权的效力。公务员褫夺公权无期，或褫夺公权尚未复权，或丧失国籍，或受恤金后再度任职，均停止或丧失其领受恤金之权利。领受公务员年恤金或遗族年恤金者，自该公务员退职之日起，二年或三年内部请求时，其权利消灭。1943年11月国民政府颁布《公务员退休法》和《公务员抚恤法》。退休法规定公务员退休分为声请退休和命令退休两种。声请退休条件：(1)任职15年以上，年龄60岁以上者；(2)任职25年成绩昭著者。命令退休条件：(1)年龄65岁以上者；(2)心神丧失或身体残废致不胜任者。1947年6月及1948年4月，国民政府对《公务员退休法》作了修订。根据《公务员抚恤法》，有下列情形之一者，给予遗族年抚恤金：因公死亡者；在职年15岁以上病故者；依法领受年退休金中而死亡者。

第五章 近代部门经济行政法

晚清以降,列强对华进行大规模商品输出与资本输出,中国传统的自然经济逐步遭到侵蚀,社会经济关系发生了显著变化。在沿海沿江的一些通商城市,近代工商业迅速发展。与此相应,当局日益认识到行政力量除直接垄断与控制经济领域以外,还可以用来间接调整或干预经济,国家的农业、工商、建设、财政、金融、外贸、邮电等方面管理的行政法规相继出现,相关行政管理机构陆续建立起来。尤其到20世纪30年代,近代经济与建设行政法律制度已经初步形成,并且建立与巩固了具有国家垄断资本主义特色的战时经济统制。总体上看,民国时期行政法对民族经济发展有鼓励与维护的作用,同时也进行了过多干预与压制,尤其到民国后期,持续战乱导致了民族工商业的衰败。

第一节 土地与农林水利法

一、土地管理法

土地是农业社会的聚焦点。中国历史上的社会震荡,大多由土地问题引起。清代中后期,农产品商品化增长,土地占有者的收益不断提高,这就刺激着统治阶层对土地的贪欲。贵族、官僚与豪强肆意掠夺兼并,土地集中严重,乾隆、嘉庆间权臣和珅(1750—1799)占地8 000余顷;道光间,直隶总督琦善(1786—1854)占地2.5万顷。至于占地几百、几千亩的地主更为普遍。大批农民失去土地,沦为佃农或流民。同时,官府与地主对农民的盘剥愈加沉重,当时的地租率高达50%以上。进入20世纪,农业商品化的发展,导致土地兼并愈演愈烈。大体上,占农村人口10%的地主与富农合计约占70—80%的土地,而占农业人口90%的雇农、贫农及其他人口只占20%—30%的土地。① 光绪三十年(1904年),清廷曾公开承认:"近年以来,民力已极凋敝,加以各省摊派赔款,益复不支,剜肉补疮,生计日蹙。"据宣统三年(1911年)调查,在主要农业省份,2/3以上的农民都是缺地少地的佃户和半佃户。②

  土地关系到社会的稳定,是中国近代历届政府格外重视,并且试图运用行政法制着力加以控制的问题。1914年12月,北京政府下令清理田亩,厘定经界,着内务、财政两部会同酌定办法。在中央设立全国经界局,以清理全国地亩,并编定《经界法规草案》。1915年10月大总统申令公布《土地收用法》5章38条。该法规定收用土地之主体为国家。凡收用之土地,分国有、公有、民有三种。国家或国家认许地方自治团体或人民之收用土地,须因谋公益而设事业之必要,包括关于国防与其他军备之业,关于建设铁路、公路、街市、电信等事业。

  早在创建同盟会时期,孙中山就强调预防资本主义贫富不均,提出"平均地权"、"核定天下地价"、"土地国有",使"四海之内,无一夫不获其所。敢有垄断以制国民之生命者,与众人弃之!"③针对土地的高度集中,孙中山1922年于广州颁布《土地税法》,1923年又颁布《土地登记征税法》。1924年孙中山拟订《农民协会组织章程》,明确提出"耕者有其田"。1926年10月国民党在广州召开的联席会议通过《中国国民

---

① 严中平:《中国近代经济史统计资料选辑》,中国社会科学出版社2012年版,第180页。
② 李侃等:《中国近代史》,中华书局1994年版,第2、318—319页。
③ 《军政府宣言》,载中国史学会主编:《辛亥革命》,上海人民出版社2000年版,第2册,第15页。

党政纲》,确定减轻田租25%,即实行二五减租。1927年5月国民政府公布《佃农保护法》,规定佃农向地主交租额不得超过收获量的40%。

1928年7月国民政府公布《土地征收法》,包括征收之准备、征收之程序、征收审查委员会、损失之弥补、监督强制等,7章49条。其规定将"收用"改为"征收",国家、省、市、县及其他地方政府、地方自治团体或人民,均得为土地征收之主体。地方自治团体或人民之征收土地,无须得国家之认许。值得注意的是,该法规定征收审查委员会得议定事项包括征收土地之范围、补偿金额、收买时期或租用之期限,从而保护农民之土地所有权。

《土地征收法》仅限于土地征收,较之国民党政纲所规定,不完备之处甚多,因此有编纂完整土地法典的必要。同年12月,国民党中央政治会议提出《土地法》立法原则,要旨在使土地尽其用,使人民有平等享受使用土地的权利。1930年6月国民政府公布《土地法》,共5编397条。该法根据孙中山平均地权精神,规定了如下内容。(1)土地之意义。土地谓水陆及天然富源,包括一切天空地下之空气、光热、矿产、水力。(2)地租缴纳额。地租不得超过收获量的375‰。(3)土地私有权之限制。土地属于国民全体,其经人民依法取得所有权者,为私有土地,但附着于土地之矿不受影响。水道、湖泽、道路、名胜古迹等均不得为私有。地方政府对于私有土地,可以斟酌地方需要与土地种类与性质,限制其面积最高额,以防止私有土地过度扩张。(4)土地权利之登记。无论共有土地或私有土地,各种权利均应登记。在登记程序中发生争议,则由土地裁判所裁判之。(5)《土地法》之执行。《土地法》由地政机关执行之,地方地政机关为省、县地政机关,中央地政机关仅有指挥监督之责。地方地政机关每年度应将全年行政经过编造报告书呈送中央地政机关,中央地政机关应编造全国土地行政报告书呈送国民政府。《土地法》的规定使当时处理土地问题有了比较全面、具体的依据,而且其中规定的地租比当时普遍实行的租率要低,有利于限制地主的剥削,减轻农民的负担。但是,《土地法》没有明确的实施日期,其总则第6条规定"本法各编之施行日期及区域,分别以命令定之",以致大多成为具文。

1932年5月,行政院令内政部起草《土地法施行法》24章142条,规定中央地政机关未成立以前,其事宜由内政部主办;省地政机关为土地厅,未成立以前,其事宜由民政厅设科或由省政府设土地局主办;县市地政机关为土地局,未成立以前,其事宜由县市政府或财政局设科举办。并且规定有土地测量、土地登记、土地使用、土地税等。1935年3月,国民政府修正通过《土地法施行法》5编91条。同年国民政府颁布《租佃暂行条例》,再度确认二五减租,缴租最高限度不得超过当年正产物收获额375‰,禁止包租、预租和押金的土地政策。

1942年6月,由内政部地政司和地价申报处合组成地政署,为中央土地行政机关,直隶于行政院,掌理全国土地测量、登记、地价和地权等土地行政事宜,有署长、副署长,设总务、地籍、地价和地权四处,秘书、参事、统计等七室。1947年5月扩组为地政部,设部长、次长,其下为地籍、地价、地权、地用、总务五司,秘书、技术、参事三厅,统计、人事、视察三室及会计处。1949年4月缩编为地政署,隶属于内政部。同年8月缩编为内政部地政司,附属有土地测量队、测量仪器制造厂等。

在各省,"地政机构的成立,以民国十五年(1926年)之广东土地厅为最早,其后各省所设办理土地行政的机构,有土地整理处、土地局、清丈处、地政筹备处等,或隶属于民政厅,或隶属于财政厅,名称不同,组织也很复杂。"1936年以后,"各省市已设立的专管地政机构一律改称省(市)地政局",截至1946年,"各省大多有地政局的设置"。① 县设地

---

① 董中生:《土地行政》,大东书局1948年版,第11页。

籍整理办事处或土地局,负责办理土地测量、登记、核价、使用、征收等行政事宜。以江苏省为例,其整理土地,"系测量登记,互相衔接。测量完竣之区,即开始办理登记,确定人民产权。故已开测县图根或清丈县分,均设县土地局筹备处,由县长兼任筹备员。迨图根清丈完竣,即须开办登记,以免清丈时期与登记时期隔离过远,致发生土地所有权及地形之变动,故每县测绘竣事,即设立县土地局开始登记,衔接进行,以免时久失效"。成立土地局的各县,"土地登记工作均在努力推进中"。①

1944年5月,行政院颁布《颁发土地管业执照办法》21条,规定在依法举办土地测量登记以前,管业执照与官印契纸合并为确定土地产权之完全凭证,土地管业执照由各省田赋(粮食)管理处印制,发由各县(市)田赋(粮食)管理处会同县政府填发其式样,由财政部订定。土地营业执照应按土地编查丘号,每号填发一张。土地产权移转办理推收时应即换发营业执照。

旧中国天灾人祸频仍,农村赋税与田租沉重。农民有田无法耕种,甚至被迫离村出走,造成农家负债剧增。据1933年全国20个省737个县调查,农家负债比例高达62%。抗战结束后农村土地兼并现象更为突出。由于通货膨胀,币值下跌,粮价上涨,一些地主、军政官吏、商人和高利贷者纷纷竞购土地;一些拥有少量土地的自耕农和半自耕农,为了应付接连不断的灾祸,也不得不出卖土地。据1948年估计,全国与耕地有关的总户口中,占66%的贫雇农,仅有22%的土地。② 土地兼并现象的加剧,导致农村社会关系的恶化和生产力的衰退。针对解放区的土改运动,国民政府行政院于1946年10月制定公布《绥靖区土

---

① 《各县土地局及筹备及设立之情形》,载江苏省地政局:《江苏省土地行政报告》,1936年印行。

② 张宪文等:《中华民国史》,南京大学出版社2006年版,第二卷,第179页;第四卷,第165页。

地处理办法》,对于已经实行土改的地区,在国民党军重新占领后,采取了折衷地主和农民利益的办法,"绥靖区内田租额,不得超过农产正产物三分之一,其约定以钱币交租者,不得超过农产正产物三分之一折价";"在变乱期间,农民欠缴之佃租,一概免于追缴"。国民政府方面于 1947 年 4 月成立土地改革协会,并于 1948 年 2 月通过《土地改革方案》。

但是国民党的社会基础本来就和地主阶级合为一体,并没有可供驱使的社会力量和经济力量实行改革,最多只能打着"平均地权"的幌子,通过行政手段对土地政策小修小补,实行一些测量、登记、限制租税等措施,土地行政法未能从根本上触动地主土地所有权。国民党政权统治大陆期间始终未能妥善解决土地问题。

二、农林渔业管理法

清代中期,商品粮食需求量增加,森林等经济作物面积扩大,新作物品种引进和推广,促进了对农业技术的研究。到近代,农业行政管理开始于农业人才培养:光绪、宣统之际,"实业学堂之数与年俱增,而留学海外专攻农学者亦不乏人。民国前十年间之从事农业行政办理农事教育之人才,殆无不在此期内养成者也"。[①]

宣统元年(1909 年),农工商部公布《推广农林简明章程》22 条,规定推广农林办法有官办、民办、官民合办三种。各地方官府应就所辖划定区域,编立字号,其荒地、荒丘、平坦之区则宜辟农田,其荒山、荒陇以及河岸、村角、沙漠、水滩、轨路两旁等处则宜兴林业。

1914 年 11 月,北京政府参政院公布《森林法》6 章 32 条,随后公布其施行细则,分别规定森林包括私有林、公有林、国有林三种。森林之

---

① 屠启宇:《近百年来中国农业之进步》,中央党部印刷所 1933 年印行,第 1 页。

监督有二：(1)对于公有或私有之荒山，该管地方官得酌定期限，强制造林；(2)对于公有、私有森林，该管地方官得禁止或限制其开垦，并得限制或警诫其滥伐或荒废。窃取森林之主副产物，盗伐保安林，运藏买卖相关赃物，以及放火烧毁他人或自己之森林，损坏、转移为森林而设之标识及森林之苗栽木植等，均依法科以相当之刑罚。1932年9月，国民政府公布《森林法》10章77条，规定经营林业者，有必要时，得限定区域，组织林业合作社，但应订定章程，受地方主管官署之许可及监督。森林所有人，经地方主管官署之许可，使用他人土地至三年以上，或变更土地之形质者，土地所有权人得请求征收其土地，其所有权需用土地人取得之，其他权利概归消灭。使用或征收他人之土地，均应给付补偿金。地方主管官署为保护森林，得为必要之命令或处分。森林保护区内，不得有引火之行为。本来《森林法》应为该领域的基本法，但实际上国民政府未规定该法之施行。

1914年9月，北京政府参政院公布《狩猎法》14条，规定对捕猎之种种限制。狩猎人须经警察官署核准，发给证书，狩猎器具亦由各地方警察官署定之。不得用炸药、毒药、剧药、陷阱等方法狩猎。狩猎期间为每年10月1日起，至翌年3月末止。狩猎鸟兽不得捕获受保护之鸟兽，及窃入他人园地或栅栏内猎得鸟兽。1932年12月，国民政府公布《狩猎法》19条，规定狩猎人应呈请狩猎地之市、县政府发给证书。猎具之种类、名称及限制，由内政、实业两部定之。古迹、名胜、公园、公路及公水道、人民聚居或群众聚集之地，未收获之耕种地，其他禁止狩猎之地，均不得狩猎。狩猎期间每年自11月1日起，至翌年2月末止。

1929年11月，国民政府公布《渔业法》6章49条。其中规定凡在中华民国领海或其他公用水面取得渔业之权利者，应呈请该管行政官署登记，并转报主管厅部备案。渔业权、入渔权，均视为物权，其存续期间不得逾20年。渔业权人得向入渔权人收以入渔费。凡欲经营采捕业或养殖业者,应呈请该管行政官署核准,但于必要时,得加以限制,或附以条件。政府为奖励渔业之改良发达,应于预算内特设渔业奖励金及渔业银行之基金。侵害渔业之权利,迁移或损毁渔场之标识,拒绝或妨害该管行政官署之检查簿据,或对于官吏之询问不答辩或为虚伪之陈述者分别处以罚金。1932年8月修正公布《渔业法》,其修正为在各条文"县"下加"或市"二字等。

以上分别是森林、狩猎、渔业等领域的基本行政法,不仅有关生产经营,而且兼有环境保护的作用。

民国时期设立了中央农业行政机关。1912年3月北京政府成立农林部,设总长、次长,内置农务、垦牧、山林、水产四司及总务厅。1913年12月农林部与工商部合组为农商部。国民政府成立有工商部与农矿部。1930年12月,两部合并为实业部,为管理全国工矿、农林渔牧及商业的中央行政机关,有部长、政务及常务次长,先后设有秘书、参事与技术厅,总务、农业、工业、商业、矿业、渔牧、劳工、合作等司,附属40余个单位。其中农业司负责管理农业蚕桑的试验、检查、改良、保护;农地的改良;病虫害的防除、检查;农具、种子的检查、改良及介绍奖励;农业团体的监督;农田水利的治理;农民银行及农民合作社组织的促进;农业、田租以及农村经济的调查、统计事项。实业部所属林垦署为掌理林垦行政的中央机关,负责管理宜林宜垦的荒山荒地的测勘、登记;林地垦地的编定整理及林区垦区的划分;全国造林的设计、奖励、指导;公有林的管理和私有林的提倡、保护、监督;保安林的编定及风景林、森林公园的设置,林产物的利用、奖励,公营垦务的计划、经营及民营垦务的指导、监督、保护事项。

1937年12月,实业部改为经济部,有工商、矿业、农林、水利等司。1940年7月,经济部农林司扩组成立农林部,直隶于行政院,掌全国农林渔牧与垦业行政,设部长、次长,先后置秘书、参事、技术、会计四处,总务、农事、农村经济、林业、垦殖、渔业、畜牧七司,以及统计、人事两室,农业推广、粮食增产等10多个委员会,以下有各种实验、示范、管理和推广机构。1949年先后缩编为农林署、经济部农林司。此外,1940年8月成立全国粮食管理局,直隶于行政院,统筹全国粮食产销、储运、调节及供求事项。1941年6月该局扩组为粮食部,为中央粮食行政机关,直隶于行政院,统筹全国军粮、民粮的储运、分配与管制,有部长、次长,以下先后设有总务、人事、民食、军粮、储运、财务、秘书、调查、会计等司、处或室,参事厅、田赋署和粮政计划等六个委员会,下属有粮食工厂管理处、仓库工程管理处。1949年4月改为财政部田粮署。

民国时期由于未能预防与解决土地过分集中问题,大部分农民无地少地,未能充分发挥农村生产力,农村处于衰破状况。虽然国统区的一些地方推行二五减租或称三七五减租,已经无力挽救国民党统治在大陆的衰败。

三、水利管理法

清承明制,水利管理职能属于工部。工部掌理全国工程水利与器用,下辖营缮、虞衡、都水、屯田四司,其中都水司掌水利工程,承办河渠舟航、道路关津、河海水工,其中以河工事务最为繁多,包括每年查访汛情、疏浚清淤,修筑堤坝涵闸、汛前抢修,查其工程、核其费用等。并设河道总督,综理各河堤围、塘堰、疏浚防险、守汛和治河水利,直接受命于朝廷,几乎与工部分庭抗礼。雍正二年(1724年)设副河道总督。清代并设漕运总督管漕运。乾隆以后,漕运已停,河道失修,不再设专职河道总督。清代水利法规散见于《大清会典》和《工部则例》,另有康熙《治河章程》、道光《防汛章程》等。防洪法规内容多样,规定详细;多途并用,首创经济追赔的处罚办法;互相监督,责任连带,执法较严。对于河工质量事故,实行行政处罚、经济追赔,并推行工程经费预算监管制度。

尽管清朝制定了一套经费管理的规章制度,河臣仍有很大的侵冒空间,导致贪腐渎职频发,水利失修。至晚清,19世纪60到80年代的30年间,永定河、黄河、淮河、长江、珠江等连续发生水灾,仅光绪八年(1882年)至光绪十六年(1890年)年间黄河就决口九次;淮河年年成灾,出现了"大雨大灾,小雨小灾,无雨旱灾"的景象。光绪三十一年(1905年)前后,全国每年受灾地区平均达三四百个州县。宣统二年(1910年)至宣统三年(1911年)年间,长江流域六省同遭水灾,"老弱流亡,络绎道路",有的地方,饥民卖女价仅2 000文。有的地方,数十里炊烟断绝。① 民国时期,由于长期战乱,天灾人祸,经费短绌,水利失修,一旦大江大河决堤泛滥,哀鸿遍野,民不聊生。1931年夏,长江流域发生严重水灾,受灾省份有苏、皖、赣、鄂、湘等八省290个县,被淹田亩2.55亿亩,被淹死亡人口26万余人。②

民国政府因此注意到水利问题。从20年代就开始酝酿制定《水利法》,首先由建设委员会主持,并组织人员翻译国外水利法资料以资借鉴。1942年7月,立法院审议通过,国民政府颁布《水利法》9章71条,包括总则、水利区及水利机关、水权、水权之登记、水利事业、水之蓄泄、水道防护、罚则等章。其中规定了从中央到地方的各级水利机关及其各自职权,并按全国水道自然形态划分水利区,设置相应的水利主管机关,对水权登记的程序、水权状的格式、免于登记的用水范围作了规定,还规定了对兴办水利事业的核准、审核,兴办水利事业与交通、航运等部门的协调,对因水利建设征用土地的补偿;规定一切蓄水、排水事宜

---

① 李侃等:《中国近代史》,中华书局1994年版,第124、321页。
② 张宪文等:《中华民国史》,南京大学出版社2006年版,第二卷,第177页;参见国民政府救济水灾委员会委托金陵大学农学院农业经济系调查编纂:《中华民国二十年:水灾区域之经济调查》,金陵大学农学院1932年印行,第9、16页。

以及所有防洪工程的使用,均由上级主管部门控制或经上级主管部门核准,并有关于水之蓄泄、水道防护、水土保持、抗洪、防洪经费等的条文。《水利法》是我国第一部以近代法学及水利科学理念为基础而制定的。此外,民国宪法文件有的涉及水利问题;其他有关水利的单行法规,是《水利法》的配套规定;民法、刑法、土地法、违警罚法、电业法等为相关法律中有关水利的条款。以上共同组成以行政法为主的民国时期水利法律体系。

相关行政法规主要围绕水利事业管理职能、防洪、航运等方面,例如有1941年《管理水利事业办法》、1943年《水利法施行细则》和《导淮委员会綦江闸坝管理规则》,1944年《灌溉事业管理养护规则》等。作为行政规章,1943年水利委员会公布《水权登记规则》,规定水权登记机关,在县为县政府,水源经流在两县以上者,向省政府登记;在两省以上者,向水利委员会登记。1943年以后还公布有《水权登记费征收办法》、《兴办水利事业奖励条例》、《奖励民营水利工业办法》等。1945年5月国民党中执委全会通过《水利建设纲领》,作为水利建设的指导方针。1946年2月水利委员会也公布有《水利建设纲领实施办法》。

民国水权制度大体沿袭明清。根据《水利法》及同年6月行政院水利委员会《水权登记规则》,水权的概念是"依法对于地面水或地下水取得使用或收益之权"。当时水权制度实施仍以地方管理为主,水权制度特别是黄河灌区的用水管理制度大多继承历史习惯,同时大量借用外国经验,乡规民约也起重要作用。

随着北伐战争的结束,统一全国水利行政问题被提上当局日程,总的原则是加强中央对水利的集权。其计划是:"中央设立水利总机关主办全国水利行政事宜";"各流域不设水利总机关,其原有各机关一律由中央水利总机关接收后统筹支配分别办理";"水利计画统由中央水利总机关集中办理";"原由国库负担之经费拨归中央水利总机关,支配大宗之款并由中央水利总机关筹画"。① 大体上说,"自中华民国成立之初,中央主管水利事宜者,在内务及农商两部。在内务部则属土木司,在农商部则属农林司。民国三年(1914年)设全国水利局,设总裁。关于水利事项,由内务、农商两部与全国水利局遇事协商办理。"②

中央水利机关经历以下阶段。(1)民国初期,水利分属内务部与农商部;1914年12月,北京政府以导淮局为基础成立全国水利局,农商总长张謇(1853—1926)兼全国水利局总裁,并通令全国成立水利分局。(2)国民政府成立后,水利事项划归不同部门管理,其中水灾防御属内政部,水利建设属建设委员会,农田水利属实业部,河道疏浚属交通部。1933年水利建设又从建设委员会改归内政部。(3)统一水权,权归中央。1934年国民政府先后颁布《统一水利行政及事业办法纲要》和《统一水利行政事业进行办法》,规定全国经济委员会为全国水利总机关,各部会有关水利事项之执掌,统归全国经济委员会办理。由其下属的水利委员会总理全国水利事业,由水利委员会制定或审议通过的水行政法规(包括组织条例)占民国时期水利行政法规的绝大多数。地方水利行政机关有省政府与作为主管水利机关的省建设厅。(4)抗战及其以后,机构屡更。1938年撤销全国经济委员会和水利委员会,在经济部内设立水利司,接管全国经济委员会水利处工作。1941年,成立行政院水利委员会接管全国水利,1947年扩大为水利部,行政院并通过《水利部组织法》,水利部掌理全国水利行政,有部长、次长,部内设水政、防洪、渠港、水文、器材、总务六司,直辖黄河、长江、淮海、珠江、华北、东北水利工程局等。1949年4月,水利部归并于经济部,恢复经济部水利司。

---

① 《统一水利行政及事业及办法纲要》,载《山东省政府公报》1934年第300期。
② 郑肇经:《中国水利史》,商务印书馆1939年版,第340页。

国民政府前期各流域水利行政机关如下。(1)淮河流域,民国初年江苏省设江淮水利测量局,后改导淮测量处,属于全国水利局。1929年设导淮委员会。(2)黄河流域,1931年黄河水利事业移交内政部。1933年9月成立黄河水利委员会。(3)长江流域,1922年成立扬子江水道讨论委员会,隶属内政部。1928年由交通部接收,改组为扬子江水道整理委员会。(4)太湖流域,1927年设太湖流域水利工程处,直属国民政府,1929年改为太湖流域水利委员会,属于建设委员会,1931年4月改属内政部。(5)海河流域,清末在天津成立海河工程局,1929年设立海河整理委员会,办理海河治标工程,1933年后成立整理海河善后工程处。当时各省内水利事业的管辖机关则有三种类型:(1)归建设厅,如浙江、江西、湖南等称水利局,均属建设厅;(2)隶属于省政府,如江苏有江北运河工程局,福建有闽江工程总局;(3)未设专局,由省厅办理,如河南河务局隶属于省政府,而建设厅下又有四个水利局。水利机关的设置在省内,随时局而变化。

针对水利行政的混乱局面,国民政府决定加以统一,1934年颁布《统一水利行政及事业办法纲要》,其中规定,各流域不设水利总机关,其原有各机关,一律由中央水利总机关接收,统筹支配,分别办理。全国经济委员会在接管各流域水利机关后,分别对各机关逐步调整或归并改组。经过水利行政统一,全国各大水利机构有所精简,总计有导淮委员会、黄河水利委员会、扬子江水利委员会、华北水利委员会、广东治河委员会五委员会,均直属于全国经济委员会。1947年水利部成立后,改组附属机关,先后将各流域机关名称改为淮河水利工程总局、黄河水利工程总局、扬子江水利工程总局、华北水利工程总局和珠江水利工程总局。当时有17个省设水利局,多数隶属于各省建设厅,有三个省直接隶属于省政府,另有三个省水利事业由建设厅主办。民间管理机构,有水利协会、协助行水人员,1944年行政院《灌溉事业管理养护规则》对此有规定。①

第二节 工矿、公用事业与知识产权法

一、矿业法

清代中后期农业和手工业的发展促进了工商经济的繁荣,当时粮食、棉花、棉布、蚕丝、铁器、瓷器、食盐以及烟、茶、糖等都是行销全国的重要商品,农业的专门化、手工业内部行业的分工与地域的分工,比过去有了明显发展,煤、铁、铜等矿普遍开采,国内商业运输相当发达。甲午战争后,面对外国资本在中国掀起的攫取矿权、投资办厂开矿的狂潮,洋务派和其他官吏纷纷上书要求革新变法。各地将军督抚,无不以设厂开矿相标榜。尽管这时清朝国库空虚、度日维艰,还是通过外借洋债等多种手段,集资办起了一批矿产企业。仅光绪二十一年(1895年)至宣统三年(1911年)间,清政府就办有矿山45处,大大超过甲午战争以前的发展速度。同时,许多省份相继设立了官办或者官商合办的矿局、矿政公司,勘查矿藏,筹款赎回被列强夺占的矿藏。②

清末矿法始于矿务铁路总局于光绪二十四年(1898年)十月所订《矿务铁路公共章程》22条,第二年修正。主要内容:(1)分路矿事业为官办、商办、官民合办三种,以奖励及保护商办为宗旨;(2)铁路公司可禀请开采沿线矿产,矿业公司也可筑自矿区至最近海口的运矿铁路;(3)明许路矿事业得召集洋股或举洋债,但本国资本至少需占3/10,矿山管理权应归华商。

---

① 饶明奇:《中国水利法制史研究》,法律出版社2013年版,第304—305页。
② 刘克祥等:《中国近代经济史简编》,浙江人民出版社1999年版,第370页。

为了明确权利,加强对矿业的行政管理,光绪三十年(1904年)十一月,商部奏定《矿务暂行章程》38条。其要点:分别勘探与开采权,探矿权仅限1年,采矿权期限30年,均可呈请延展;矿地须与地主议妥地价,或作地股,报明立案;矿区不得超过30平方里(合7.5平方公里);华洋合办的洋股不得超过华股之数。

《矿务暂行章程》虽然纲领具备,但过于简略。经英国矿师增订,并采取日本坑法参校修改后,农工商部于光绪三十三年(1907)八月颁布《大清矿务章程》,为我国第一部正式公布的矿业行政法,包括两个部分,即《矿务正章》,有总要、管理、旧商限制、新商限制、矿质分类、地权等共15章74款;《矿务附章》,共73条。章程要点为:(1)以农工商部为总理矿政之中央机关,各省设矿政调查局;(2)华洋合办之矿,洋股以5%为限度;(3)地下矿产为国家所有,允许地主分沾利益;(4)与华商合办之洋商,只能有矿权,不能有地权。《大清矿务章程》于宣统二年(1910年)八月由农工商部修改颁布,包括正章14章81条,附章9章46条。其特别明确了矿业行政管理体制,规定农工商部综理矿政之职,各省分理矿政之职掌;各省矿政归劝业道管理;凡关涉矿务事宜,其未载有明文者,应详由本省督抚咨明农工商部核夺;各省著名大矿并华、洋合办各矿暨矿务繁多各地方,均应设立矿务局,分别道里远近酌定管辖地界,分理矿务之职掌。局内酌派矿务委员,由劝业道或矿政调查局遴选妥员,详请督抚核准,咨明农工商部备案。

总体上,清末矿务开放大于禁采,办矿方式有官办、民办、中外合股等,矿业管理机构逐步建立,光绪、宣统两个矿业法规规范矿业开发,维护了中国主权。

民国时期,《矿业条例》和《矿业法》是两部重要的矿业法规。1913年7月大总统命令,沿用清朝"保护兴业各法令",对所有路矿、厂商等进行保护和维持。1914年3月北京政府农工商部仿照日本法律并由国务院公布《矿业条例》9章111条,其中提出矿业权概念,明确了矿业权的物权法律属性,并提出矿业纠纷的仲裁和行政诉讼制度。条例虽然没有明确矿产资源属于国家所有,但符合近代矿业权制度的特征,确定资本主义国家矿业法中的矿业权制度。有的内容从《大清矿务章程》里继承下来,并可以追溯到欧洲国家矿业权法律制度。其与《大清矿务章程》相比,《矿业条例》章节设置不同,概念释意有别,法律条文的科学性、系统性、条理性有一定提高。在此前后,还颁布有《矿业条例施行细则》、《审查矿商资格规则》、《小矿暂行条例》,以及《矿工待遇规则》、《煤矿爆发预防规则》等。

民国建立以后,"政治飘摇,经济衰落,社会紊乱,兵燹连年。虽第一次世界大战时矿业一度兴隆,乃如昙花一现,随战争之结束而消失"。政局动荡和战乱频仍,对矿业的发展带来一定冲击。1924年至"中国国民党统一中国前后,皆有经济政纲政策之提示;尤以抗战以前之国民经济建设为具体。""国民经济建设运动实施要项"之一为"开发矿产","但成就不多,尤在矿业方面"。①

1930年5月国民政府公布《矿业法》,包括总则、矿业权、国营矿业、小矿业、用地、矿税、矿业监督等,9章121条。其吸纳利用了《矿业条例》的大部分内容,同时在其基础上做了不少改动。作为矿业的基本行政法,《矿业法》首次明确矿藏为国家所有,地方政府有取得当地矿区矿业权的优先权,外国人在华入股办矿,其股份必须半数以上为中华民国人所有,非取得矿业权,不得探采;确立了国营矿业、国家保留区和小矿业概念,设置矿业监察员制度。该法取消裁决诉愿及诉讼一章,矿业纠纷由民事诉讼法和行政诉讼法管辖,从而建立起资本主义国家矿业权制度,以及矿产资源所有权,矿业的规划配置、用地、税费、环境保护、

---

① 曹立瀛:《工业化与中国矿业建设》,商务印书馆1945年版,第4页。

监督、法律责任等制度。该法一定程度上限制了外国资本对中国矿产业的控制。

国民政府于1928年2月设立农矿部,同年10月改隶行政院,掌理全国农村和矿业行政,有部长、次长,设立参事厅、技术官室、秘书处,农务、农民(1928年12月合并为农政司)、矿业、林政、总务等司,以及农矿委员会、农业推广委员会。直属机关有地质调查所、各农事试验场、种畜场、煤矿等。

南京临时政府与北京政府时期均设有实业部。为刷新政治,改善制度,提高行政效率,国民政府于1931年1月公布《实业部组织法》,将农矿部与工商部合并为实业部,为管理全国工业、矿产、农林渔牧及商业等实业行政事务机关,有部长及政务次长、常务次长,内设总务、农业、工业、商业、渔牧、矿业、劳工、合作八司,以及林垦署,并设有全国度量衡局、国际贸易局、工厂检查委员会、奖励工业技术审查委员会、地质研究所等机构。当时实业部"先后设立之国营矿业权,计有中兴六和沟等炼铁矿区十六处",包括"陕西延长之石油矿,云南永烈之铜矿,湖北秭归、江西萍乡之煤矿,及湖南安化之铁矿";"而其中有三处由商人承租,但未经设立国营铁矿权之矿区,亦往往有商人呈请永租。该部故已订定承租国营矿办法及契约校准,呈准施行。对于已承租之矿则切实整理,并调查其营业状况,以谋改良"。[①] 1938年1月撤销实业部,由经济部接办。在地方,则有各省建设厅(或实业厅)主管矿业行政。

国民政府资源委员会,前身为国民政府参谋本部国防设计委员会,1935年3月改称,隶属军事委员会,专司国防资源的调查研究与开发动员,并与外国合办军需工业厂矿。有委员长,下设秘书厅,秘书、设计、调查、统计四处,专员、矿务、冶金、电气四室。1938年3月改隶经

---

① 《实业部矿业行政之概况》,载《矿业周报》1933年,第247页。

济部,并负责战时工业内迁。至 1945 年,所辖企业有 120 多个,分布于川黔等省。1946 年 3 月改隶行政院,下设战时事业调整、敌伪事业接收、日本赔款及长期计划等职能部门及电力、煤业、石油、金属矿业等 12 个业务委员会,为掌控官僚资本企业的机构,1947 年所辖企业达 290 余个。1949 年复改隶经济部。

二、工商与公用事业管理

第一次鸦片战争以后,列强入侵,中国传统自然经济逐步陷于危机。19 世纪 60 至 70 年代,除了外国资本加紧在华扩张、洋务派官办企业外,一部分官僚、地主和商人投资新式工业,开始出现了采用机器生产的民族资本主义企业。国内市场扩大、自然经济加速解体。据统计,至甲午战争爆发时的光绪二十年(1894 年),民族资本创办的缫丝业、棉纺织业、面粉业、火柴工业和其他轻工企业共计 139 家,雇工 5.4 万余人。[①] 翌年(1895 年)至光绪三十四年(1908 年),全国新建纱厂 17 家,纺织厂 37 家;较大的面粉厂、火柴厂等也纷纷涌现。[②] 20 世纪初,尤其是第一次世界大战期间,民族资本的新式企业有了进一步发展。

随着资本主义经济在沿海一些城市的兴起,清末逐步建立起具有近代色彩的工商管理体制。光绪二十九年(1903 年)七月设立商部,统管全国农、工、路、矿等各项事务,置尚书、左右侍郎、左右丞、左右参议等,其下分设保惠、平均、通艺、会计四司和司务厅,以后又陆续附设律学馆、商务学堂、工艺局、注册局、京师劝工陈列所等机构,辖属铁路、矿务、农务、工艺等公司。各省随即设立商务局,负责本省工商事务。这是中国近代最早设立的中央工商行政机构。光绪三十二年(1906 年)

---

① 刘克祥等:《中国近代经济史简编》,浙江人民出版社 1999 年版,第 203 页。
② 张宪文等:《中华民国史》第一卷,南京大学出版社 2006 年版,第 32—33 页。

清朝预备立宪,将商部与农工部合并为农工商部,下设四个司,其中商务司主管国内外贸易。

商部成立后,颁布了一系列工商行政管理法。其中包括《公司注册章程》《奖给商勋章程》;并颁布了鼓励企业参加国际博览会的法令《出洋赛会章程》,以扩大对外贸易,规定凡有国际博览会,商部即咨行各省督抚,晓示商人劝谕参加;凡愿与会者呈报本省商务局、商会转报督抚,汇咨商部办理。商部在博览会会场设立事务所,经理华商与会事宜,向华商提供各种帮助。该章程旨在通过鼓励参加国际博览会,扩大中国土特产品的影响。

民国初年,确立了"利用外资,振兴实业"的方针,仿照西方国家经济体制,建立专门机构,保护和促进工商业。1912年3月成立工商部,管理工业、商业、矿务,设总长、次长,及工务、商务、矿务三司与总务厅。1913年12月修订官制,农林部、工商部合组为农商部,为国务院组成部分,设有总长、次长,部内先后置秘书处、参事厅、总务厅、矿政局、农林司、工商司、渔牧司等,1914年7月改隶大总统,1924年11月改隶临时执政。1927年7月撤销,分设农工部和实业部。

南京国民政府时期,1928年3月公布《工商部组织法》,成立工商部,初隶国民政府,旋改隶行政院,负责依据法令,综理全国工商行政事务。设部长、次长,有工业、商业、劳工三司和秘书、总务两处。附属单位有商标局等。实业部成立后,1938年改称经济部。1948年5月,经济部改称工商部,隶属行政院。1949年3月并入经济部。

30年代,我国的棉纺织、机器面粉、卷烟、机器缫丝、火柴,以及水泥、化工、电力、矿业等工业均有一定发展。其中全国棉纺织业纱锭由1927年的365.7万枚增加到1936年的510.3万枚。机器面粉1936年有工厂152家,日生产能力45万余包。从1928年至1937年抗战前,全国共设立75家火柴厂。至1939年,中国资本自办的水泥厂增至九家,年产量增至735万桶。1931年至1936年,华商电厂发电量的年平均增长率达13.21%。不过,经济的发展在很大程度上受到外国资本控制,并深受资本主义世界经济危机和部分地区战局的影响,经常呈现波动乃至衰退的局面。①

为保护国内产业,抵制洋货倾销,国民政府出台了一系列鼓励民族资本的行政法律法规,如《工业技术奖励条例》、《工业奖励法》、《特种工业奖励法》、《商业注册规则》等,并对一些重要商品实行出口退税及保税工厂制度,如面粉出口退洋麦进口税。同时鼓励国货出口。1928年9月国民政府颁布《中国国货暂定标准》,12月公布《海外中华国货陈列馆组织大纲》,决定在南洋设立中国国货陈列馆,开展中国商品长期海外展销活动。1936年开始,陆续向一些驻外使馆派遣商务官员,负责处理中国与该国的贸易往来。

"七七"事变爆发后,大片国土特别是东部沿海重要工商城市迅速沦陷。随着东部地区大量工厂内迁,以及后方工业投资的增加,原来经济十分薄弱的西南、西北地区,近代工业开始成长起来。但是由于严重的通货膨胀、囤积居奇现象,以及国家资本的掠夺和经济统制的政策,民营工商业遭受厄运。抗战结束后,在接收过程中当局的腐败与掠夺,导致官僚资本恶性扩大,通货膨胀加剧,工商经济下降,市场萧条。如1949年初,上海的资金大量外逃,工业出现大衰退。当时上海市棉纺、毛纺、卷烟等工厂实际开工数不过十之六七,水泥、火柴、造纸、化工等行业,工厂开工率更低。②

国民政府成立后,1928年2月,国民党中央政治会议决定设立国民政府建设委员会,主管一切建设事宜,并制定《建设委员会组织法》12

---

① 李新等:《中华民国史》第八卷(下),中华书局2011年版,第826—835页。
② 刘克祥等:《中国近代经济史简编》,浙江人民出版社1999年版,第671—672页。

条,规定由中央政治会议遴选若干人为委员,由委员互推一人为主席、7至11人为常务委员。其职掌为研究筹备及实行关于全国的建设计划;指导并监督各省区建设厅的工作,各省区建设厅长为当然委员。委员会设秘书厅。同年10月,国民政府改组,建设委员会改隶行政院,内设总务、水利、电气三处。接着,国民党中央政治会议通过《建设大纲草案》,规定凡关系全国之交通,与独占性质之公用事业,悉由国家经营之。国民政府对工矿企业的控制主要集中于重工业特别是矿冶、电力工业等。

为贯彻经济计划,1931年4月成立全国经济委员会,为经济计划与施行机关,统筹国营经济,直隶于行政院,为集顾问、审议、实施为一身的国营经济行政机关。由于内战连绵、自然灾害频仍和"九一八"事变,直到1933年10月,全国经济委员会才正式成立。初设委员长、副委员长各一人,后改设常务委员五人主持会务。内设秘书处,以及专门的审议与实施机构。审议机构包括公路、水利、卫生、教育、农村建设、棉业统制等委员会。工程实施系统机构有公路、水利、卫生实验、农业、信托等处。抗战爆发后,全国经济委员会致力于西南各省公路的统一管理。

1938年1月,国民政府对行政院进行调整,将实业部改组为经济部,为管理全国经济行政事务机关,原属国民政府的全国建设委员会、全国经济委员会的水利部分并入,原属军事委员会的与经济相关的若干机构,包括其第三、第四两部,资源、农业、工矿调整等委员会并入。设部长、次长、参事、秘书、技术三厅,先后置农林、水利、矿业、工业、电业、商业、企业、管制等委员会,其职权范围涉及战时主要生产领域和商业领域,代表了一种高度集中的战时经济体制。

在公用事业行政法规方面,1929年12月国民政府公布《民营公用事业监督条例》17条。其中规定民营公用事业可以有七类:(1)电灯、电话及其他电气事业;(2)自来水;(3)电车、公共汽车或长途汽车;(4)煤气;(5)航运;(6)航空;(7)其他依法得由民营之公用事业。民营公用事业分别由中央主管机关及省、市、县政府监督。民营公用事业经监督机关许可后,应声请登记;不得加入外股或抵借外债;如管理不善或设备不周,监督机关得限令改良。民营公用事业应于每营业年度终,造具关于职员、工务、营业及收支之表册,呈报监督机关。民营公用事业满20年后,监督机关得收归公营。民营公用事业违背本条例,监督机关得处以罚锾或令撤其负责人员,停止其营业权。1931年3月、1933年11月国民政府修正公布《民营公用事业监督条例》,其修正的宗旨仍然是加强中央政府垄断,包括民营公用事业之一切技术标准,并会计制度及其标准程式,均由中央主管机关订定;民营公用事业如于业务、工务或财务发生困难,得请求中央或地方监督机关协助。

1930年3月,国民政府公布《电气事业条例》12条,规定电气事业系应一般之需用,供给电光、电力、电热之营业,非经主管机关许可,不得经营。电气事业人如欲扩充设备,得呈经建设委员会及工商部许可,发行债券。1932年4月、1934年2月,国民政府先后修正公布《电气事业条例》,规定电气事业非经国民政府特许,不得借用外资;电气事业之取缔及其工作物之标准与装置方法,均由主管机关规定;电气事业之中央主管机关为建设委员会,地方监督机关为省建设厅及市县政府;电气事业无论公营民营,均须经中央主管机关登记,地方监督机关备案,方得开始营业。

1938年12月国民政府公布《建筑法》,1944年9月修正,包括总则、建筑许可、建筑界限、建筑管理等5章50条。规定主管建筑机关在中央为内政部,在省为建设厅,在市为工务局,未设工务局者为市政府,在县为县政府。建筑物之承造人称营造业,以依法登记之营造厂商为限。中央或省或院辖市公有建筑应由起造机关拟具建筑计划工程图样及说明书,连同造价预算送由内政部审查核定;县市以下之公有建筑物由建筑厅审查核定,但应汇报内政部备案;私有建筑未经申请核定并领得建筑执照以前擅自兴工建筑者,市县主管建筑机关对于起造人及承造人得以建筑物造价百分之一以下罚锾或于必要时将该建筑拆除之。

三、知识产权管理

(一)商标

清末五口通商、南北洋通商大臣和海关总税务司设立后,陆续开始对厂商使用商标,主要反映在清朝与列强签订的通商行船条约中。光绪二十八年(1902年)八月中英签订《续议通商行船条约》,由清朝代表吕海寰(1842—1927)、盛宣怀(1844—1916)与英国代表詹姆·马凯在上海签订,其中规定中国南北洋通商大臣,于其各自管辖范围内,设立牌号(即商标)。而对商标注册的日常管理,则由英国控制的海关负责。这是清朝最早与外国政府签订的有关保护商标的法律条款,以后中美、中日等国也签订了类似条约。

光绪二十九年(1903年)九月,清政府设立我国第一个专管商务活动的机构——商部,并计划在其内设立商标注册局。次年拟定了《商牌挂号章程》,13条,主要保护外国商标,并规定办理商标注册的工作人员,由英国人所控制的海关总税务司负责,带有浓厚的殖民地色彩。经过对其修改,商部于光绪三十年(1904年)五月公布《商标注册试办章程》28条。这是我国第一部正式颁布的商标法律,规定华、洋商欲专用商标者,须照此例注册。商标须以特别显著之图形、文字、记号或三者俱备,或制成一二,是为商标之要领。由于各国使节反对,商部准备进行修订。光绪三十三年(1907年),农工商部《商标法草案》进行第三次修订。

北京政府时期,原农工商部主管的商标事宜,归工商部工商司接管。1913年年底,在农商部内设商标登录筹备处。不久又开始修订商标法规。至1916年,商标登录筹备处被撤并。经各方呼吁与推动,1922年5月,农商部对外公布《农商部商业登录筹备处简章》,随后恢复商标登录筹备处。经过前后近20年的反复,至1923年5月,国会终于通过《商标法》,37条。这是我国第一部完整的商标法律。主要规定了商标注册范围和构成条款,商标的禁用条款和使用在先的原则,商标注册的审查和核准,注册商标的续展、转让,行政诉讼程序和规则,注册商标专用权的撤销,对假冒他人注册商标行为的查处。

1923年5月,北京政府公布《商标局组织章程》11条。经过修改,同月,农商部提出了《商标局暂行章程》12条,是我国第一部关于商标组织机构的专门法规定,其对商标局的隶属关系、管理权限、机构设置、工作职责、人员安排等都作了规定。1924年7月商标局修正发表《商标局组织条例》12条。

商标登录处,1923年5月改为商标局,直隶于农商部,办理商标的审查、评定、注册、公布、编辑调查、公报等,为我国第一个商标局。1927年7月改隶于实业部,设有局长、会办,并有第一至第五共五科。商标局组织及其人员多次变化,对《商标法》的实施带来不利影响。

1927年12月,国民政府成立称为全国注册局的商标注册机构。1928年12月,国民政府成立商标局,直隶于工商、农矿二局,1931年改隶实业部,1938年改隶经济部,掌全国商标审查、注册与评定,设局长、副局长、秘书、会计、人事3室,审核、注册、评定、编辑、总务各科。商标局成立后的第一年,审定商标3 200余件,新案商标注册2 300余件,查验注册者4 700余件,合计核准商标之案达1.02万件。[①]

[①] 温万庆:《一周年工作之回顾》,载《工商部商标局周年纪念特刊》,1930年印行,第1页。

1925年9月,广东国民政府颁布有《商标条例》40条及其施行细则,为国民政府第一部商标法规。1929年年初,工商部工商局组织成立商标法研究委员会,草拟商标法草案。1930年5月,国民政府公布《商标法》40条。该法对北京政府《商标法》作了较多修改,同时颁布了施行细则。对于故意侵犯商标专用权、恶意假冒注册商标等方面,与北京政府时期《商标法》的规定有所区别。1934年11月国民政府修改公布《商标法》。抗战时期,1940年10月修正公布《商标法》。抗战结束后,又颁布了一系列商标法规,包括对商标注册的各项行政收费持续调高,上涨幅度较大。

(二)专利

清末资本主义经济初步发展,清政府实行"惠商劝工"政策。戊戌变法时期,康有为在其新政中上《请励工艺创新折》。总理衙门拟订《振兴工艺给奖励章程》12款,其第一次从法律上承认了发明创造的进步作用。以专利给与奖励方式振兴工业,并注明进行专利奖励的部门正是总理衙门。它改变了洋务运动时期对新式工业的官僚垄断,同时继承了赏官职、赐匾额的奖励方式,核心却是鼓励发明创造。商部成立后,注意向西方学习科学技术和社会制度,外国则要求中国保护其专利。正是在当时中外签订的一些条约《中英续议通商行船条约》、《中美通商行船续订条约》中,规定要保护外国人专利权。商部下设保惠司,是专司专利的机构。光绪三十二年(1906年)商部变为农工商部,其中商务司管专利。当时对专利的审批,虽然尚未将新设立公司与准予专利权完全区分,但关注产品的创新性,已经有了专利申报和审批的事项。

南京临时政府时期,实业部内设有工政司负责专利。1912年8月,北京政府设立工商部,其中工务司负责专利。其后工商部与农林部合并,成立工商部,下有工商司负责专利。

1912年12月，北京政府公布《奖励工艺品暂行章程》13条，比晚清《振兴工艺给奖章程》有较大改变，其中首次引入先申请原则，确立了专利审查和说明书制度，引入权利转让、强制实施和违法责任原则，在加强保护专利权人利益的同时，赋予专利权人实施专利的义务，但只保护称得上发明的产品，不保护制造方法的发明和改良的工艺品，对专利权还是援引"专卖"的说法。① 1923年3月，工商部修订《奖励工艺品暂行章程》，将其更名为《暂行工艺品奖励章程》19条，其对奖励对象由产品扩大到制造方法，对奖励办法进行区分，明文禁止外国人在我国申请专利，首次规定呈请专利者应缴的费用，进一步明确先申请原则，取消了对仿造他人专利进行刑事处罚和罚款的相关规定，明确了专利权取消的六种情形。同时颁布《暂行工艺品奖励章程施行细则》9章22条，基本奠定了我国近现代专利制度实施的法律基础。1927年6月，北京政府工商部颁布《外国人专利品暂行挂号办法》5条，南京政府工商部对此进行了修订，但对外国人申请专利，一直以未颁布专利法为由不予办理。

为促进经济技术发展，国民政府先后颁布《特种工业奖励法》、《小工业及手工艺奖励规则》、《奖励工业技术暂行条例》以及《奖励实业规程》。抗战中有《非常时期工矿业奖励暂行条例》、《奖励工业技术暂行条例》等。国民政府工商部为统理全国工商的最高机构，下设工业司负责专利。1928年6月，工商部对《暂行工艺品奖励章程》进行修订，颁布了《奖励工业品暂行条例》，同年7月修订施行细则。1930年12月，工商部与农矿部合并为实业部，并由实业部成立专门审查专利的奖励工业技术审查委员会。

1931年，颁布《专利法》被提上议程。1932年9月工商部颁布《奖

---

① 徐海燕：《中国近现代专利制度研究》，知识产权出版社2010年版，第93页。

励工业技术暂行条例(草案)》36条。同年11月实业部公布《奖励技术审查委员会规则》14条,为近代第一部有关专利审查机关的组织规定。1938年1月,实业部改为经济部,其中工业司专管专利事务。因此,其后与专利相关的政府管理机构都由工业和商业部门兼管,并没有专门机构。

1944年5月国民政府公布《专利法》,133条,其立法思路包括呈请人之限制、可予专利的发明、发明的新颖性、不予专利的发明、有关军事或公众利益的发明、专利权之审查、对不服审查的救济。专利年限规定为5年或10年可以延展一次,以及纳费、实施、新型、新式样等事宜。其内容包括:(1)明确了授予专利的范围,完善了授予专利的种类与授予条件;(2)确立专利申请中先申请原则,肯定了专利申请中单一性原则;(3)强调专利权人的权利与保护措施,规范了专利权人义务;(4)建立了专利审查以及提起异议的程序;(5)执行强制许可制度;(6)首次出现专利代理人概念;(7)首次许可外国人在中国申请专利。1947年11月国民政府颁布施行细则。

(三)著作权

清末,地方官府出现一些告示,保护西方传教士在华出版机构或者民间出版机构版权。宣统二年(1910年)12月,由民政部拟定的《大清著作权律》公布,5章55条,为中国第一部著作权法,其规定"凡称著作物而专有重制之利益者,曰著作权。称著作物者,文艺图画、帖本、照片、雕刻、模型,皆是。凡著作物,归民政部注册给照"。采用注册登记才具有著作权,著作权保护期30年,在著作权保护方面具有溯及力。民政部依据该律,设立了著作权注册局,并规定呈报注册著作物,各省呈报各省管辖衙门(省巡警道或民政司),各省再按季呈报民政部,由民政部著作权注册局统一登记管理。当时社会上对著作权也有了初步认识:"著作一端,东西各国均设专律,确立范围,保障权利。故学问艺术日新月异。现在豫备立宪国民程度,正期继长增高,欲谋思想之交通,必得推行之无弊";"著作权之专律,自当及时拟订"。①

民国初年短期沿用《大清著作权律》,当时版权案件纠纷较多。1915年,北京政府公布《著作权法》5章45条,与清末变化不大。该法强调必须注册,与国际通行规则不一致,落后于时代,引起上海出版界的不满。

1928年5月,国民政府修订公布《著作权法》5章40条,及其施行细则,并无大的变化,并规定"显违党义"者拒绝注册,显示出其专制性。在1929年11月公布的《民法》第二编中,也对著作权作了规定。"著作物著作人个人之真实名姓,官署法人或团体等呈请注册为该著作权之所有人者,究与著作物单纯用官署名义者不同。其著作权享有之年限,应依著作人就该著作物于注册后,是否仍有何种利益定之";"而《著作权法》第3条,既规定著作权得以转让,则其著作人或其继承人,若将未取得著作权以前之著作物转于他人,倘无其他意思表示,当然应视为该著作物上所可得之著作权,亦以一并移转"。② 1944年4月,国民政府修正公布《著作权法》5章27条,将"显违党义"的规定删除。同年9月公布了施行细则。1949年1月国民政府再次修订《著作权法》。

第三节　邮电交通行政法

一、邮政管理体制

中国旧时有驿站。由于租界的建立,由外国人把持的海关首先在

---

① ［清］民政部奏拟订著作权律摺,载《政治官报》1910年第1069号。
② 《警政近闻:内政部解释出版著作权》,载《警察月刊》1935年第3卷第12期。

上海试办邮政，以后又推广到其他各地租界，被称作"客邮"。随着清朝朝野要求开办邮政的呼声日益强烈，光绪二十二年（1896年），南洋大臣张之洞奏请开办国家邮政。总理衙门根据张之洞奏折和海关赫德所拟邮政章程，奏请朝廷批准，随即委令赫德为"总邮政司"，"专司其事"。从此"大清邮政"正式开办。当时全国通信机构复杂混乱，除了海关邮局，还有驿站、官办文报局、民营信局、侨批局等。大清邮政建立后，开始与客邮的竞争和对民营信局的控制与排挤。

光绪三十二年（1906年）九月官制改革中，成立邮传部。但是直到翌年八月，才确立了邮传部的编制，专管轮船、铁路、电报、邮政等。设有尚书、侍郎，在部以下设承政、参议两厅，分置船政、路政、电政、邮政、庶务五司。从此海关总税务司主管的邮政移交邮传部。民国成立后大清邮政改称中华邮政。

中华邮政在管理上的特征是集中统一。在管理体制上实行垂直领导，在人、财、物及指挥调度上，权力高度集中于邮政总局。中华邮政的管理机构比较精干。1931年邮政总局只有五个处，局长、副局长各一人，除处长、副处长外，只有处员100至130人。当时邮政名义上是中国机构，实际上各省管理局以上负责人几乎仍然全是外国人。中华邮政建立了经常的监察制度，主要是由总局或各邮区选派巡员定期或"出其不意随时分赴各支局亲自巡查"。邮件部门也设有专职监理员，局长负有监察责任。以后，邮政总局还专门设立了视察室，其权限很大，有统一的规章制度。1919年印发的《邮政纲要》，是历年总局的通令汇编，对人事管理、邮件处理、公物管理、表报的格式与使用都有详尽的规定，作为邮政内部一切工作的依据。1921年首次公布《邮政条例》，规定了邮政的性质、业务范围、法定地位和与民众的关系等。各邮区管理局职权很小，1935年4月以后才有改变。

中华邮政在财务收支上力求保本自给，因此建立了一套严密的财务管理制度,从1915年开始扭亏为盈。1930年因储金汇兑与邮政分开,又出现亏损,1935年合并后又转为盈利。中华邮政的财权高度集中于邮政总局,支付款项必须按照邮政总局的命令或规定办理。邮区管理局只有支付零用款的权力。各个邮区管理局虽是一个核算单位,但不是独立核算盈亏的单位,有盈余须上缴,遇亏损则由邮政总局拨付,支出在收入项下座扣。而支局和内地局则仅仅是报账单位,只有现金账及日记账,收入款坐扣支出后上缴管理局,如有亏损则请领协款。中华邮政这种垂直领导的财务体制,比较适合邮政通信联合作业的特点,有利于把收大于支的上缴盈余,用于调剂弥补支大于收的局。出售邮票及手续费收入常常占总收入的90%以上,所以中华邮政特别注重用邮票控制管理,对邮政票券如邮票、明信片、汇兑印纸都由邮政总局统一印发,由各管理局填申请表每季请领。

　　大清邮政开办之初,为了适应业务竞争的需要,于光绪二十四年(1898年)在一些大城市开办了汇兑业务。中华邮政于1919年7月开办邮政储金业务。主管全国邮政储金的机构是邮政总局的储金股,名义上叫邮政储金总局,凡办理邮政储金的邮局门口都增挂邮政储金局的牌子,与邮局仍为同一个整体。邮政储金的收支虽另立账目,但其亏损仍由邮政盈余项下解决,还是名分实不分。中华邮政开办邮政储金根据"人嫌细微,我宁繁琐;不争大利,但求稳妥"的方针,主要吸收公教人员的小额存款。1930年3月,邮政储金汇业总局在上海成立,以后又在上海、南京、汉口等地开设储汇分局。除办理原中华邮政的邮政储金、汇兑、保险(后改称保价邮件及包裹)、代收贷价等业务外,还大量经营买卖股票、抵押放款等银行业务,成为一个邮政银行。储汇总局成立后,利用中华邮局信誉,广泛吸收存款。以后储汇局虽然在名义上与邮政合并,暗中仍与邮政分设。

　　中华邮政的人事制度来源于海关税务人员制度,"而海关人员制度又多仿于英国,故我国邮政人事制度,可谓因袭英国文官制度"。其主要有:(1)核定名额,划清职责。每一工作台所需人员名额核定后,由局令公布,局令副份由会计存查,若想任意添人,工资无处报销。(2)考试与训练。中华邮政注意从社会上和局内广泛搜罗人才,特别注重文化程度、外语水平和技能。因此,除邮务官考试只限于局内邮务员一级参加、不对外招致外,其他职工都根据所需名额,在局内外公开招考。如招考邮务员,需考算学、普通地理等,由各区邮务长或其佐理人员主试,呈邮政总办审定。国民政府时期,沿袭了这套考试办法,将邮政人员考试分为高级邮务员考试、初级邮务员考试、邮务佐考试及信差考试。对经考试入局的新职工,中华邮政注重对他们的实习训练。此外有考绩、升调、任用及保证、纪律和奖惩、年奖假期、养老抚恤等制度,但大多流于形式。①

当时邮政总局隶属于交通部,设局长一人、副局长二人,以及主任秘书、秘书、视察、副视察等,置总务、考绩、业务、计核、联邮、供应六处,处下设科,此外并置设计委员会。"邮政储金汇业局局长系邮政总局副局长,在行政上言虽为邮政总局下属机关,在实质上言,储汇局亦可算邮政总局之储金处、汇总处。"②

邮电检查在清末和北洋政府时期已经开始,不过规模较小,大多由邮电部门自己执行。国民党时期对邮电与通信的检查更加严密频繁,且大多由特务组织执行。起初是派人进驻邮电局,以后发展为在大中城市的邮电企业内设新闻及邮电检查所,所有报刊、短信和电报都要拆封检查,发现有进步书报和信件立即扣留。

抗战期间,为使各战区邮政能够互相畅通,成立了军邮。但是中华

---

① 邮电史编辑室:《中国近代邮电史》,人民邮电出版社1984年版,第105—107页。
② 顾锡章:《邮政问题详解》,中华邮大函授班1936年印行,第17、25页。

邮政整体财务每况愈下,亏损严重。而储金汇业局的业务在抗战期间却有畸形发展,因为储汇局具有利用邮局机构普遍的特点,可以广泛吸收游资。因此,1940年4月,中中交农四行批准储汇局加入四行的核心组织。储金局局长成为四行二局系统的一部分,成为垄断金融体系的一部分。抗战结束后,国民党大举接收。由于中华邮政亏损严重,1946年年底开始发动"改良邮政"运动,要求加快邮件运转速度,改良服务态度,但并无结果。在严重通货膨胀的局面下,邮政业务越来越亏损,民国邮局走向了末路。

随着解放区的扩大,为了国共两区通邮,1949年4月在北平进行了南北通邮谈判,就在南北通邮协定签字时,因国民党政府拒绝和谈协定签字,并指示通邮谈判不可签署协议,使通邮谈判成为一纸空文。

二、电报电话管理

晚清,西方国家在中国办理电报业务。在李鸿章倡议下,光绪六年(1880年)以后,先后设立津沽与津沪电报总局。光绪八年(1882年),津沪电报总局改官办为官督商办(简称商电局)。光绪十年(1884年)春迁上海,年底改称中国电报总局。宣统二年(1910年)九月,邮传部颁布《各省设立电话暂行章程》16条,规定"各省电话归电局兼办","凡各省衙署局所为地方交通起见,由地方官筹备资本,设立电话者,名曰官办,应由本省督抚咨部核准";"各处绅商及自治团体或召集股份,或独立创办设立电话,名曰商办,应将筹集股数,拟办电话区域开办章程及一切详细情形,绘图贴说,禀明各省督抚咨部核准后,方许开办"。

有学者论及我国早期电报事业体制变迁:"从光绪六年北洋大臣李鸿章奏请建设南北洋电报时起,首先是官办"。其后官督商办,"光绪二十七年(1901年)三月起复撤销官督商办,将商局一律改称官办,是为商股官办。当时宗旨实系夺利,然后进入国有时代,光绪三十二年

(1906年)邮传部设立后,渐收管理之权";"更查取各国管理成法,于光绪三十四年(1908年)奏请收赎商股,改为国有,电报由国家直接管理。至民国后此项组织更为确定,四年(1915年)四月所颁之《电信条例》第二条即规定电报应由国家经营"。①

北京政府设交通部,内置电政司掌管包括有线电报和无线电报在内的电政事宜。在电信人事制度上,名义上继承清末官督商办时的与学堂相表里的制度,对投考电局的人员资格却有所降低。在电信管理上,机构混乱、朝令夕改,先是裁撤电政局,由交通部电政司长行使电政局长的职权,1913年在部内设邮传局;一年后又将电政分别划归邮传、会计两司管辖。地方上,1913年先将全国划为13个电政区,各设电政管理局和监督;1915年4月,北京政府公布《电信条例》,为中国历史上第一个涉及无线电的法令。按照当时中国政府的规定,无线电器材属于军用品,非经陆军部特别许可不得自由输入我国;未经中国政府有关当局批准,也不允许外国在中国境内私自设立无线电台,擅自收发无线电报。但是,列强私自输入无线电器材和私建无线电台之事有增无减。1916年又将电政管理局取消,电政监督一职由一等电报局长兼任;1922年裁撤电政监督,1925年则恢复电政监督。在电信业务经营上,由部颁布各种章程条例,开办各种业务,逐步完善了电报挂号和电报随到随送制度,加强了报底管理和眼同检查,但营业状况不佳,而且长期陷于四分五裂、号令不出都门的状况。北京政府为了巩固统治,加强了电报检查制度,限制民众发通电。②

为加强电信事业的集中统一,抗战初期在各省电政管理局之外添设了各区电政特派员,以指挥调度,配合军事行动。1943年4月,决定

---

① 汪启堃:《电报事业之中国化》,电流学社1925年印行,第59—60页。
② 邮电史编辑室:《中国近代邮电史》,人民邮电出版社1984年版,第110页。

重设电信总局,直属交通部,撤销省管局、长途电话工务局等机构,全国暂分五个电信局,每区设一个电信管理局,下属电信局等。抗战结束以后,交通部电信总局利用接收来的电信设备,以及美军剩余物资,在大城市恢复电信业务并有一定发展。

三、公路法

清末已经出现公路。民国时期,由于欧美筑路法与汽车的传入,中国的道路建设相应发生变化,可以分为三个阶段:(1)发轫时期(1913—1920年)。1913年,湖南首次引入国外筑路法,修筑了长沙至湘潭的公路,为我国公路之始。1917年,有商人组建汽车公司,在张家口与库伦之间开始汽车运营,为我国汽车运输业的发端。1918年6月,北京政府交通部颁布《长途汽车公司条例》17条;8月公布《发给执照规定》13条,并于京绥铁路局内设立官办西北汽车公司,为官办公路运输之始。(2)兴筑时期(1921—1927年)。1921年,国民政府于上海成立中华全国道路建设协会。1922年1月颁布大总统令,对修筑道路给予奖励。1925年至1926年期间,各省相继设立省道局(或路工局),以专门负责省道建筑。民间亦兴起筑路之风。(3)发展与停滞时期(1928—1949年)。1928年10月成立铁道部,国道的修治工作归该部主持。1929年10月铁道部公布国道干线网、工程建设标准及运输建设大纲。1930年6月,行政院公布《长途汽车公司条例》,9月铁道部公布《长途汽车公司营业规则》与《长途汽车公司法给执照规则》。1932年全国经济委员会成立后,即商请苏、浙、皖修筑三省联合公路。

1928年,全国已有公路2.91万公里。国民政府将公路列为国家经济建设的要政,交通部于当年拟订全国公路计划,总长4万余公路,计划10年完成。建设标准方面,1934年7月,全国经济委员会秘书处拟定《公路工程准则》,规定公路路基宽度为下列三等:甲等路,宽12公尺,用于干线;乙等路,宽 9 公尺,用于干线或支线;丙等路,宽 7.5 公尺,用于支线。以上各等宽度必要时均得酌减 1 公尺。同时颁发的《各省联络公路运输设备及管理通则》,规定公路工竣通车后,应于两旁种植树木,在专营路线由专营机关设置并保护;公路应有警备及卫生设备。交通标志方面,规定公路均须设置交通标志及号志,包括禁令标志、警告标志、指示标志。车辆方面,规定公路汽车暂列轻便汽车、公共汽车、运货汽车、挂车、脚踏汽车、拖重车、特种车辆七种,其构造设备及检验标准均应有划一之规定。到抗战前夕,全国公路约达 11 万公里。①

国道,是骨干公路,国家交通命脉。1919 年 11 月,内务部公布《修治道路章程》,规定国道由内务部核定,省道由各该地方最高长官酌拟,咨陈内务部核定。1931 年 6 月,国民政府公布《国道条例》,规定全国国道路线由铁道部规定,并权衡其缓急轻重,指定兴筑程序。各省区境外国道之建筑,应由各省区建设厅或主管机关负责,受铁道部之监督指挥限期完成。

清末公路由邮政部兼管。1912 年 1 月南京临时政府成立交通部;同年 7 月北京政府成立交通部,设立总长、次长,内设路政、邮政、电政、航政四司及总务厅。交通部成为公路行政主管机关。1927 年 5 月国民政府成立交通部,1928 年 10 月改隶行政院,其职掌扩大为规划、建设、管理和经营全国铁道、公路、邮电、航空及民营交通事业。交通部机构特点是权力的集中,"于路、电、邮、航四大政之专管机构及一般幕僚机构之外,另置人事司、材料司与总务司,统筹管理交通事业范围内之人力、物力与财力,以期三者之运用,产生较大之效果"。② 1928 年铁道

---

① 马洪根:《中国交通管理史》,中国人民公安大学出版社 2013 年版,第 437 页;李新等:《中华民国史》第九卷(下),中华书局 2011 年版,第 529 页。
② 薛光前:《交通行政研究》,商务印书馆 1944 年版,第 12 页。

部成立后,国道划归该部管理。1932年全国经济委员会设有公路处和公路委员会。公路处主持一切公路督造及规划研究事宜,为督察各省公路建设工程的质量,在八省设立了七个督察区。1933年10月,呈奉国府备案的《全国经济委员会公路处暂行组织条例》,规定公路处置处长、副处长,下设工务、交通、计划科。公路委员会则由各省专家及相关代表组成,负责计划的咨询、审议。

地方上,大多数省设道路局或公路局,市设立公路管理局、公路局或公路处,公路建设由各局、处具体实施,对省建设厅负责。也有若干省份由建设厅直接设立各路工程处,主持一切修筑工程事务;对已建公路的交通管理及养路事宜,则另设管理处或省道局办理,即将建筑与管理职能分开。县一级,多由县长兼管公路。如广东省筑路,"实始于民国初元。其时为利便行军计,首议兴筑近郊军路,设军路处以司其事。嗣以时局紧张,开办未久,旋即停顿。"1920年春,"当局复倡修筑军路之议,将军路处从新组设,因军路处只便军事运输,不若公路可谋全省交通之普及。是年10月遂改军路处为公路处,并设各公路分处以佐之"。1925年7月,省公路处改组为广东公路局。翌年3月,复改为建设厅公路处,并令各县长兼任公路局长,"就近商承该管分处,筹办县属路政"。后因经费困难,先后裁撤,1929年议决将公路处裁撤,另由建设厅设第四科协理,"以收直接指挥监督之效"。1931年6月,"又以路务纷繁,非设一科所能办理,提出省务会议,议决将第四科裁撤,恢复公路处"。1932年6月又裁撤,"复由厅设第四科办理"。①

全面抗战时期,为适应战时需要,在西北、西南地区艰苦条件下劈山炸岭,遇水架桥,进行了公路建设,其中修筑或者整修的公路包括甘新公路,全长1 179公里;湘桂公路,全长1 107公里;滇缅公路,全长

---

① 朱志龢:《广东省公路行政实施状况》,载《工程季刊》1932年第1期。

959 公里;保密公路(即"史迪威公路"),全长 389 公里等。随着战局的进展,各省市原有的汽车总队陆续撤销,设立了地区性的公路运输管理机构,如西南公路运输管理局、西北公路运输管理局、川滇公路管理处等。至 1940 年又设立军事委员会运输统制局,并入原交通部公路总管理处和公路运输总局,以统一指挥后方公路运输。

四、航运与航空法

晚清颁布有《华洋轮船驶赴中国内港章程》、《长江通商章程》等。而新式轮船水上航行的发端,当属李鸿章(1823—1901)、盛宣怀(1844—1916)等组织的招商局,为第一家官督商办企业。清政府以防止外洋轮船驶入内河水域,保护内河船民生计为由,多次申令商置小火轮只准行驶通商口岸,"不准擅入内河"。甲午战争后,外国在华航运势力扩张,并获得进入中国内河的权利。20 世纪初期,外国纷纷来华开办轮船公司。

清末水上交通由总税务司兼理,实际上由外籍商人操纵。光绪三十二年(1906 年)厘定官制,邮传部下设有船政等司,明确"船政掌议船律,兼司营辟厂坞,测量沙线",设有筹度科与核计科。[①] 从此,邮传部船政司成为中央政府最早专职管理水上交通的机关。宣统元年(1909 年)邮传部《各省大小轮船公司注册给照暂行章程》规定:"各省大小轮船公司,无论合资公司、合资有限公司、股份公司、股份有限公司,均应先将创立情形妥拟办法,禀告该管海关道,或商务总会及商股公会详报本部,经本部核定后,准予注册发给执照。凡公司经本部注册给照后,本部始认该公司成立。"

北京政府交通部成立后,航政事业由其所属航政司管理。航政司

---

① 赵尔巽等:《清史稿》卷一二六《职官六·新官制》。

初分总务、航务、航业、港务四科,后合并为总务、航业两科。1913年12月缩编为邮船局航务科,1914年7月再改邮传司航务科。

国民政府方面,1926年11月颁布《交通部组织法》,设立交通部,掌管全国路政、电政、邮政、航政及监督一切交通电气事业,有部长及秘书,设路政、邮电、航运、材料、财务、总务六司。不久铁道部成立,交通部职掌缩减为管理并筹办全国电政、邮政及监督民办航运。1933年12月,设总务、电政、邮政、航政等四司,并颁布《交通部各司分科执掌规则》,明确了航政司的职责。1938年1月,铁道部并入交通部,掌理一切交通事宜,设部长、政务次长、常任次长,下设秘书、参事、技术等厅及总务、人事、财务、材料、路政、电政、航政等司,邮政总局,会计、统计等处。附属机构有邮电储金汇业局。

1912至1927年,全国设立资本1万元以上的本国轮船公司195家。以查清的企业资本言,北京政府16年期间为1860至1911年52年间的1.56倍。1927至1936年10年间,新成立的航业公司有25家。1936年3月统计,全国各地注册的帆船1.44万艘,吨位665万吨,约为轮船吨数的10倍。30年代,民营轮船航运业仍有一定发展。① 同时出台了一些相关法规。国民政府先后公布《船舶法》、《商港条例》,涉及航行安全事故防范包括危险品和爆炸物品的管理,以及危急救助。这一时期还颁布有《海员管理暂行章程》、《船舶检查章程》、《船舶无线电台条例》、《内河航行章程》等行政法规与规章。

抗战初期,连接前线的内河航运的重要性凸显。航政当局曾饬成立长江、上海、镇江、芜湖、九江等内河航业联合办事处,各埠航商均需加入,所有轮船均由联合办事处统一调度,为战争最初阶段抢运军民物

---

① 张宪文等:《中华民国史》,南京大学出版社2006年版,第一卷,第443页;第二卷,第170页。

资发挥了重要作用。随着战局演变,以迁重庆的汉口航政局为基础,成立长江区航政局、珠江区航政局等。1939年1月,在行政院辖设立水陆运输联合委员会,以统一调度水路运输,并在大后方川、湘、黔等省经营航运。当地水道大多流急滩险,航运对战时运输提供了很大帮助。

民国建立前后,有多名外国飞行家先后带着飞机来到中国作飞行表演,也有冯如等一些中国人进行飞机的设计、制造与飞行。我国航空事业的发展是从买外国飞机、请外国飞行教官、与本国飞行教官一起训练本国飞行人员开始的。1913年开始军事飞行训练。同年9月在京郊南苑创建了国内第一个正规的航空学校。1919年底该校改隶于国务院下属的航空事务处,改名航空教练所。北京政府航空事务处同时成立,直隶于国务总理,管辖全国航空事务。1921年2月扩编为航空署,直辖于军政部,设署长、翻译、技术两个委员会,经理、航运、机械、军事、总务五个厅。在此前后,奉系成立东三省航空处。1926年夏,奉军进驻北京,改组并控制航空署。奉系退出北京后,东北航空处撤销。

国民政府成立后,为扩充实力,以广东、云南等地的空军人员为骨干,以所接收北京政府空军人员、航空器材为基础,组建了最初的航空队。1927年5月,在南京成立国民革命军总司令部航空处,至9月,改隶于军事委员会。1928年11月,军事委员会航空处改组为航空署,直属于行政院军政部,主持全国航空事务。不久设立航空队,逐步统一了航空队编制。航空队参加过几次大的战役。1932年8月航空署划归中央军事委员会指挥,建制上仍为军政部的一个署。1934年5月,为积极扩充空军,航空署扩大为军事委员会航空委员会,下设办公厅,以及参谋、教育、总务、技术、经理、建筑五处。

1929年1月,交通部设立航空筹备委员会。1930年2月,民国政府修正《交通部组织法》,规定邮政司执掌管理经营国营邮政航空事业,监督民营航空承运邮件航空事项。可见当时的航空以邮运为主。随着航空业发展,国民政府开始设立航空署,主要谋划、管理军事航空事务。民航由航空公司经营,交通部主管。1930年8月,成立了中美合营的中国航空公司。1931年2月,成立中德合营的欧亚航空公司。至抗战前,中国已拥有四家航空公司,开辟航线17条,通航里程1.78万公里。抗战初期,中国空军在上海、南昌、武汉等地上空与日机进行了激战,并且在武汉、南昌等地的空战中得到苏联志愿航空队的助战。期间,沿海口岸被敌封锁,国际运输只能依靠航空业。太平洋战争爆发后,新开辟了中印等航线,民用航空飞机架数由10多架增加到30多架,飞行里程明显增加。空军则得到美国志愿航空队的助战。

立法方面,1929年1月立法院通过《监督商办航空事业条例》,规定了飞行员资格与检验制度等。1930年9月交通部公布、1935年修改的《邮运航空器乘客取缔规则》规定了乘载规定。1941年5月国民政府公布《航空法》8章67条,其中阐述了航空器、飞行场站、航空人员定义,航空器的检查与登记,航空场站及设备、应用及收费,航空人员航空许可状之申令及交还,航空器飞航时应具之条件及应遵守之规则等,是我国第一部比较完整的航空法规。

抗战胜利后,国民政府利用美国的运输力量,以及中国航空、中央航空两家民用航空公司的力量空运政府要员、接收官员和大批国民党军队抢占地盘,"两航"军事运输紧张,得到畸形发展。国民政府迁台湾后,撤退到香港的"两航"于1949年11月宣布起义,有12架飞机飞往京津,接受中央人民政府领导。

五、铁路法

光绪二年(1876年),英商擅自修建吴淞铁路,被赎回与拆除。光绪七年(1881年)修建唐胥(唐山至胥各庄)铁路,为中国自办第一条铁路。中法战争后,扩建海军成为"自强新政"的主要内容之一。光绪十一年(1885年)清朝成立总理海军事务衙门,李鸿章奏准让这个衙门兼管铁路事宜,于是铁路和海防联系在一起。甲午战争期间,各国纷纷攫取中国铁路权益,路政主要办理对外交涉。战后,总理海军事务衙门撤销,铁路改归总理各国事务衙门兼管,清朝无力修路,只能听从列强摆布,先后派了几名铁路督办大臣主持其事。

光绪二十二年(1896年)九月,清朝设立铁路总公司,专司铁道设计与修筑事宜,但行政管辖权仍属于总理海军衙门。光绪二十四年(1898年)六月,清廷下令设立矿务铁路总局,这是第一个管理全国铁路行政的专门机构,成为独立的路政主管机关。同年十月公布的《矿务铁路公共章程》的基本精神即铁路须在国家主持下由华商借洋债或招洋股兴办。但此时慈禧(1835—1908)废除光绪新政,下令否定上述开办路、矿办法,等于宣布停办新的铁路。①

我国早期铁路行政机构"实创于矿务铁路总局,盖总理海军衙门原属兼辖,而有所谓督办铁路大臣及铁路总公司者,或仅理一路,或包办多路,与中央行政皆莫不相关。自该局设立而后路政颇具统一之观,办路者亦有遵循之所矣"。该局倡议于光绪二十四年(1898年)三月;"旋总理衙门会同户部具奏,请饬各省将军督抚保荐大员总理路矿,于是设局之议始定。"同年六月,"上谕设立矿务铁路总局,派总理各国事务大臣王文韶、张荫桓专理其事"。②

与此同时,各省官绅纷纷呈请承办铁路,以"挽回利权",于是出现创设铁路公司高潮。各省大都以保护本省路权,自筹资金开办省境内铁路,杜绝列强觊觎。各省铁路公司主持人,即所谓总理、协理,除广东潮汕、新宁、粤汉三路由公司股东选举外,其余都是由各省官绅推荐报

---

① 金士宣等:《中国铁路发展史》,中国铁道出版社1988年版,第185—186页。
② 曾鲲化:《中国铁路史》,燕京印书局1913年印行,第54页。

由商部奏派,实际与官衙无异。各省铁路建筑资金来源不一,广东、福建大多由商人和华侨投资,江浙由城市工商业者认购股份居多,其他省则多各种捐税。但各省自办铁路很少成绩。商部曾奏准饬各督办铁路大臣将历年经办情形造具图册报部,又请饬各该管路大臣逐年按季填造表谱图册,企图集中各路实权。光绪三十一年(1905年),以收回粤汉铁路为发端的收回路矿利矿运动开展起来。翌年二月,商部奏定全国铁路轨距一律以1.435米为标准。宣统三年(1911年)五月,清政府颁布铁路干线收归国有的上谕,接着清朝与英法德美四国银行签订湖广铁路借款合同,引发保路运动。至清亡,共计修建9 100公里铁路。

光绪二十七年(1901年),清改总理衙门为外务部,同时裁撤矿务铁路总局,将路矿事务划归外务部考工司掌管。次年,任命瞿鸿禨、王文韶为督办矿务铁路大臣,重设矿务铁路总局。商部设立后,清廷复裁撤矿务铁路总局,以其事属商部通艺司。实际上借款筑路权仍在各路督办大臣,商部不过是个监督承转的机关。光绪三十二年(1906年)九月,商部改农工商部,另设邮传部,专管铁路、航运、邮政、电报四政。邮传部成立后,首置路政司,将各铁路督办大臣的关防和案卷接收过来,攫取了全国铁路行政主管权。不久,邮传部设五路提调处,职掌京汉、沪宁等路事务。旋加裁撤,改设铁路总局,专管借款各路行政,以一事权。光绪三十三年(1907年)十一月,铁路总局划归邮传部,参照日本铁道作业局的制度,将相关立法、司法权划归路政司,行政及外交事务仍归铁路总局。在地方,铁路机构称铁路公司,或铁路局、铁路监督局、铁路总局、铁路总管理处、铁路总工所等。官员或称铁路督办、铁路监督、铁路总办、会办、铁路局长、副局长等。宣统三年(1911年)初铁路总局裁撤,由路政司长兼任全国铁路督办。

1912年1月南京临时政府将邮传部改为交通部,路政司长仍兼全国铁路督办。北京政府于1913年12月,改路政司为路政局。1914年

7月,撤销路政局,改设路政、路工、铁道会计三司。1926年11月,交通部下设铁路处。1927年7月又划归路政司。

国民政府时期,1928年10月,铁道部正式成立,直隶行政院,职掌规划、建设、管理全国国有铁道、国道及监督省有民有铁道。设部长一人,政务次长及常务次长各一人,下设参事厅、秘书厅2厅,总务、理财、管理、建设四司及联运处等(后来有一些变化),并设有驻沪办事处、各铁路管理局、交通大学。1938年1月撤销。

抗战开始后,国民党军事委员会下设立铁道军事运输司令部,在每个铁路管理局设立线区司令部,每个车务段所在车站成立车站司令部,都派军人任职,实行军事管理。在郑州和株洲两站,成立长江以北和以南两个运输总调度所,将各路机车和货车编写固定车底数百列,作为军用,不准拆散,每个铁路管理局只准保留少数机车车辆用于客货运输,并成立几个工务工程队和电务工程队。国民党军撤退后关于线路、桥梁、设备等的破坏工作只有在线区司令部下达命令并亲自监督下才能进行。①

在铁路法规方面,光绪二十九年(1903年)十月商部奏定《重订铁路简明章程》24条,规定该部将矿务、铁路归并管理,无论华洋官商,禀请开办铁路,经商部批准后,悉照商部奏定的《公司律》办理,集股总以华股获占多数为主,不得以而附搭洋股,则以不逾华股之数为限;无论华洋公司或华公司附搭洋股者,"地方官均应一体保护"。与《矿务铁路公共章程》相比,《铁路简明章程》较多体现了对民族资本的保护,且偏重于集股。

中国铁路有英、法、德、俄、日、美等各种设计标准和设备型式。客货运输规章里出现了各国不同的制度。同是国有铁路,会计制度不同,

---

① 金士宣等:《中国铁路发展史》,中国铁道出版社1988年版,第413页。

账目分类不同,度量衡也不同。曾经有人讽刺中国铁路是"国际铁路展览会"。因此有必要通过行政措施统一中国铁路技术标准和管理规章制度。首先是统一国有铁路会计统计制度,1913年3月交通部成立统一铁路会计委员会,指派部内和各路局会计专家为委员,并聘请美国铁路会计统计专家为顾问,统一会计制度。统一铁路会计委员会作为一个常设机构,监督执行统一会计制度的实施,并负责编制《中国国有条路会计统计年报》。其次是统一国有铁路技术标准。1917年交通部成立铁路技术标准委员会,负责制订和统一铁路建筑和设备标准以及行车规章制度。再次是国有各铁路办理客货联运及统一客货运输规章和货物分等表。1920年2月通过了《国有铁路客车运输规则》《国有铁路货车运输通则》《国有铁路普通货物分等表》,确定采用国际度量衡制,制订统一的车站重要单据格式。同年10月,我国收回东省铁路行政权。1924年5月与苏联签订《暂行管理中东铁路协定》。

在军阀统治下,路务黑幕重重,腐败不堪。国民政府时期曾经力加整顿,1928年10月,铁道部公布《国内联运规则》,1931年10月修改,对联运制作出具体规定。1933年,国民政府统治稍趋稳定,为了借新债、筑新路,开始整顿路务与偿还外国债务。此外有1928年10月《国内联运委员会章程》;1932年8月修正、1936年9月再度修正《铁道部分掌事务章程》;1936年10月《铁道部工程局组织规程》;1935年11月《专用铁道条例》;1936年6月《国营铁路建筑标准及规则》。1936年1月国民政府公布《第二期铁路建设公债条例》,规定自次月起发行该公债,年息6厘,自发行之日起算,每年6月底及12月底各付息一次。到七七事变为止,整顿路务包括改进铁路经营管理,如实行全国铁路货物负责运输,办理负责联运,发行提货单。这些措施施行后,国有铁路营业收入有所增加,营业支出相应减少。同时,改善和充实铁路设备,如抽换钢轨与枕木,加固钢桥,从而使旅客和货物列车速度有所提高。

《铁道法》22条,国民政府1932年7月公布。这是中国第一部铁路行政基本法。其中规定了铁路经营与管理原则:凡关系全国交通之铁道,以中央政府经营为原则;以地方交通为目的者,地方政府得经营之。如未能兴工时,人民更得依民营铁路条例经营之。国营铁道于不损主权及利权的范围内,得借用外资,但应经立法院之议决。国营铁道由铁道部管辖,公营铁道或民营铁道由铁道部监督。国民政府对于民营铁道自开始营业之日起,满30年后,得依法定程序揭示日期收买之。对公营铁道亦同。

同时颁布其他一系列铁路管理法律法规,有《国民政府铁道部组织法》、《铁道部处务规程》、《国有铁路行道规章》、《铁路客车运输规则》以及《民用铁路条例》等。1935年11月国民政府公布《专用铁道条例》20条,规定凡建筑铁道专供所营事业运输之用者,称为专用铁道;拟筑之专用铁道,如有一端与国营或公营铁道联接,应先商请其主管机关建筑之。

旧中国铁路线网偏于东北和沿海地区,布局不合理,全国共2.6万多公里(包括"七七"抗战中被拆除的3 600公里),其中东北有1.18万公里,占45.1%。铁路资金和技术仰赖国外,铁路机车车辆和机务设备陈旧落后,分线设局、分散管理,运输无计划,生产和贸易处于无政府状态,对于铁路货运量和货流只按照过去的运输统计及其增长趋势,结合有无水运竞争的情况,约略估算测定,不能实行有计划的运输,也不可能有计划地配备机车车辆数量。中外合办和外国直接经营的铁路行车和客货运输规章以及运价制度,中国政府无权过问。国有各铁路客货运输规章都采用各贷款国的制度,各国都有不同,都须通过会议商订出大致统一的规章。运输货物分为六等,但对第六等基本运价率以及各等间的比差,由于各路货物运输的构成不同,则由各路自订,相差悬殊。大体上凡有水运竞争的,如北宁、津浦、沪宁等运价较低,而地处内陆、运输独占的铁路,则运价较高。

第四节 财政与金融法

一、统一财政体制

财政,是国家为实现其职能,在参与社会产品分配过程中与各方发生的行政关系,表现为政府的收支活动。中国传统上以户部为中央主要财政管理机构。"户部者,管辖全国财政者也。其实特文书报告而已,无机关与地方财政之实权。海关、盐政、漕运诸项,往年皆由中央特派大吏以理之"。在地方,省级有布政使司,"布政使职务则巡视土田、征课租税,掌钱谷之出入。杂税则除盐茶海开各有专员经理外,皆为其所征收"。① 清代户部掌国家军政收支、钱法鼓铸、田土户籍、赋役杂税、盐课关钞、漕运仓场等,下辖14司,各以省份命名,并有钱法堂、仓场、三库、户关等所属机构。清朝的田赋以地丁、漕粮为主,田赋之外又有盐课、关税、茶税、渔税、牙税等各种名目繁多的杂赋。在征收赋税的过程中,贪官污吏的额外勒索更加重了民众负担。

晚清甲午战争的爆发和《马关条约》的签订,使中国财政发生巨大变化,巨额的战争赔款和军费开支,使清朝政府陷入空前的财政危机,并波及后来的北京政府。而列强通过勒索战争赔款、进行政治贷款以及其他各种侵略手段,完全操纵了中国的财政经济命脉。同时,由于对外贸易的扩大和城乡经济的发展,传统经济和资本主义经济的二元经济结构已经形成,传统的税收结构随之发生变化,当局通过制定各种行政法律法规,将经济活动纳入法制的轨道。但是这并没有能够改变财

---

① 周棠:《中国财政论纲》,民国图书集成公司1912年发行,第6—7页。

政经济危机不断加深的趋势。

近代财税制度,很大程度上是围绕中央与地方财权的分配推进的。随着中央权威下降,地方权力膨胀,财权逐渐为地方分割,晚清中央财政不得不仰仗地方供给。光绪三十二年(1906年)清朝将户部改为度支部,为中央财政机关,以尚书、侍郎为主官,下设承政、参议两厅,田赋、漕仓、税课、筦榷、通阜、库藏、廉俸、军饷、制用、会计10个司。以及金银库等,并辖有制币局、大清银行、造币总厂。各省都设立了财务公所。光绪三十四年(1908年)预备立宪期间,宪政编查馆和资政院曾合奏过一个九年筹备事项,其中一条是准备在第三、四、五年仿学西方税制改订国家税、地方税章程。这是中国有近代税项划分的始点,不过当时并未实现。同年十二月宪政编查馆颁布《清理财政章程》8章35条,规定清理财政,以截清旧案、编定新章、调查出入确数,为全国预算决算之预备。度支部设立清理财政处,各省设立清理财政局。各省入款,统由财政部撮举纲要,开列条款,发交各省清理财政局,将光绪三十四年各项收支存储银粮确数,按款调查,编造详细报告册并盈亏比较表,呈由督抚陆续咨送到部。

北京政府时期,政局更替频繁,财政制度混乱。初期,在清末度支部的基础上,设立了财政部筹备处,下设会计、赋税、财务三个司。1912年11月,财政部正式成立,设有总长、次长,又将原来的三个司扩大为泉币、会计、赋税、公债、库藏五个司,以及盐务、税务两署,初步确立了中央理财机构。1913年12月改革官制,改设赋税、会计二司和制用局、总务厅。同时,北京政府公布《国家税与地方税法草案》和《国家费目与地方费目暂行标准案》,将当时已存在和将来准备举办的各种税列表,分别汇入国家、地方两大体系。为保证中央集权,主要和经常的税源一律划归中央,地方税收入多为附加税和临时的摊捐。由于中央缺少实力,各地各自为政,这个方案难以贯彻。

在地方，1913年，各省相继成立国税司，不久改名财政厅，确立了地方财政管理机构。至1914年6月，更明定各省财政厅长由大总统任命，以加强中央控制，实际上地方上仍为军阀所控制。"考近年租税之增加，其远因则以国家支出日益浩繁，往昔量入为出主义，已不适用于今日；其近因则厉行量出为入主义，勉求预算上收支之适合、收数之多寡，往往不能为政府之预期。"①

袁世凯时期恢复旧制，仍以各省解款为中央政府维持财政开支的依托，采取派款办法，即严格核定各省收支，派定各省的解款数额，同时制定了一系列的考核条例，厉行奖惩。为确保中央能获得一定的财政收入，袁世凯在1915年又设立一种"中央专款"制，即由各省代收专属中央的验契等税款。征收中央专款的办法是由各省认定解额，实行承包，按期解缴，有溢额或不足均归省留省补。当时各省军政首脑多系袁世凯旧部，他们勉力凑解，使解款制得以部分恢复。但因军费剧增而财源困窘，地方不断向中央讨价还价，迫使中央减少派款。到20年代，解款制已经荡然无存。1926年前后，政府每月收入仅100万元左右，且其中一半来自借债。政府各部的薪俸开支，除了电信、铁路等，大多长期拖欠。中央政府支配的收入甚至不足以支付到期的外债本息。②

国民政府成立后，鉴于前此既以财政部总揽全国度支，又有税务处等特种官署存在，以致机构重叠、互不统属的局面，于1927年5月成立财政部，直属于国民政府，明确由财政部负责"管理全国库藏、税收、公债、钱币、会计、政府专卖金银及一切财政收支事项，并监督所辖各机关及公共团体之财政"。1928年10月改隶行政院，为管理和监督全国财务行政的最高机关。随着职权范围的不断扩大，财政部下设的组织机

---

① 晏才杰：《中国财政问题》第二编《租税论上》，新华学社1922年版，第4页。
② 张宪文等：《中华民国史》第二卷，南京大学出版社2006年版，第125—126页。

构也多次改组变化,最后设置为参事厅,秘书处,关务、盐务、税务三署,总务、赋税、公债、钱币、国库、会计六司。其中关务、盐务、税务三署具有相对独立性,可以用本署名义发布命令。1943年3月开始对财政部组织系统进行一次较大的修正,在部下设国库、直接税、关务、税务、缉私五署,另有钱币、公债、盐政、专卖事业、地方财政、总务等六个司,还有人事、秘书、会计、统计四个处,以及视察、技正两个室。

地方财务机构方面,省设财政厅主管该省各县财务行政。在县政府,起初是由行政科主管和监督本县各政府机关的财政收支,后改设财政科,实行行政、出纳、会计、审计分立联综的制度,杜绝收付不入公库之弊。由省至县、乡,凡有关税务的征收、公库出入、会计、审计事务都保持上下相应的对口关系。

当时,国民政府真正能够控制的只有江浙皖赣四省,其他各省财政收入多为地方军阀把持。为了加强中央财力和统一全国财政,首先必须抓住划分国地收支系统,统一财务行政,逐步建立与政府行政组织相一致的中央财政、省(市)财政与县财政的三级财政体制,一方面抽掉地方军阀税源,另方面使中央获得足够税源。1927年7月公布了划分全国收支和地方收支的暂行标准,1928年在上海召开全国经济会议。出席会议的有全国银行界和工商界头面人物及财政问题专家学者约70人,实际上被江浙资本集团包括虞洽卿(1867—1945)、王晓籁(1887—1967)、荣宗敬(1873—1938)等所控制,财政部长宋子文在会上提出了解决财政困难的方案,一是限制军费开支,二是编制全国预算,这就是要求全国财政统一。到同年11月,国民党二届五中全会就通过了《划分国家收入地方收入标准案》和《划分国家支出地方支出标准案》,具体规定了国家和地方两级财政收支体制的内容。

财政部税务署掌管统税、印花烟酒及矿产税三大类税收,成为总管全国税收的决策和经理机关。中央派出处理国家收支事务的机构和特派专员,如财政特派员、关监督、盐运使、统税局、印花烟酒税局等,负责督导工作、保管国税税款、支拨及汇解国库款项等,以加强中央财政管理意图的贯彻。各省均设财政厅,综理各该省财政收支、预决算编制、监督各县财政。县设财政科。

针对各省滥施税政、税卡林立、税务机构重叠、截留中央税款等弊端,国民政府采取一系列措施,在保留一部分旧式财政征课的基础上,更多参用西方资本主义的财政课敛方式,如开征直接税、间接税等,从而形成一种混杂两种成分的财政收支体制。1931年,国民政府颁布《预算章程及办理预算收支分类标准》,通过国、地收支标准的划分,理顺过去财务体制和管理中的混乱关系,奠定了统一财政的基础。值得注意的是,在上述国、地收支体系的划分中,地方财政以省为主体,由省控制了所有划归地方的税源,而没有县的独立赋税收入。至于省、县的收入如何划分,仍旧没有具体标准,要由各省独立决定。县筹款的办法不外是:(1)附加;(2)杂课;(3)摊派。为解决这一问题,必须使省和县市各有固定的收入。为此,国民政府于1932年规定财政系统由过去的地方二级制改为中央、省、县市三级制,县市级财政收支包括县所属区、乡,并将营业税和契税划为省财政收入的主要税源,将田赋划为县市的主要税源,其他的地方财税也实行省和县市分成。

国民政府财政监理委员会,根据1927年10月国民政府公布的《财政监理委员会组织条例》设立,负责监理财政支出。其职权包括审定中央及各省的军政经费预算,报政府核定;核定财政部支出款项;审核财政部每星期呈送的支出款项概算报告等。委员会由国民政府委员、军事委员会委员及财政部长等组成,设秘书处。中央财政委员会,1929年1月设立,国民政府直辖机构,所有军政各费均由其核定,设委员若干人。1930年9月裁撤,1931年又设,负责整理财政、审查军政费概算,稽核公债发行、考核收支等。中央财政整理委员会,1928年9月成立,直隶于国民政府,职权为执行中央及地方税收之划分,裁厘及废除苛杂,计划及施行新税等。1931年4月,中央政治会议提请设立全国经济委员会,并拟具该会组织条例修改通过,全文10条,规定该委员会直隶行政院,以该院正副院长及内政、财政、铁道、实业、交通、教育各部部长及其他有关经济建设之中央各机关主管长官为当然委员,并由当然委员推选其余委员不超过11人,均由国府任命。①

财政的审核机关为监察院的审计部。政府各机关编造预算、动用经费、报告决算等均须送呈审计部审核。财政部的各项支付款也须经审计部审核后签发支付命令,再由国库司核对无讹和办理应履行的手续后,才可由中央银行国库局发行。

至此,各项税收逐渐集中于中央。除边远省区和少数仍残留有由地方军阀割据而自行其事的一套财政运行组织但已不占主导地位外,国民政府大体上建立了一套比较完整的近代财政管理体系。

当时颁布了许多财政法规。财政体制方面如1934年《财政收支系统法》、《省县收支标准》和《县各级组织纲要》;财政管理和监督方面如《办理预算收支分类标准》、《公债条例》;税收方面如1933年《国定进口税则》等,数量甚多。此外还有各地地方财政法规。

田赋自古以来都是中央主要税收,清代康熙间曾规定"滋生人丁,永不加赋",雍正时实行摊丁入亩,但是不久后各种附加税相继出现。晚清作为财政收入的重要手段,田赋征收日益加重。道光二十一年(1841年)田赋征收额2 900余万两,光绪十一年(1885年)以后,每年都在3 000万两以上。北京政府时期,田赋沿袭清代旧制而稍加变更,其名目包括地丁、漕粮、借课、附加四大类。由于税目繁多,征收制度不一,弊端百出。不过,当时在中央财政实际收入中,田赋的重要性已经

---

① 谢振民:《中华民国立法史》,正中书局1937年版,第488—492页。

不如过去。1913年全国田赋收入8 240万余元,占岁入14.7%,可见其为数并不大。①

国民政府成立后,于1928年7月颁布国地税系统时,将田赋首次划为地方税,作为省级财政的主要收入来源。1928年召开第一次全国财政会议,"复就原案重加审查,确定中央收入与地方收入标准,于是久议未决之田赋画归地方,乃得正式见诸实施矣";1936年各省田赋收入占财政收入总额的58.68%,国民政府曾准备加以整顿,收效不大。至1941年4月,国民党五届八中全会通过《为适应战时需要,将各省田赋暂归中央接管,以便统筹而资整理》的决议,并附具体办法三项15款。财政部遵照决议,"设立田赋筹备委员会,接管各省田赋,九月底接管完竣。此一最大税源,遂又由地方而画归中央矣"。从1928年至此,"田赋属地方收入者,为时共十三年"。② 各省田赋基本按照土地肥瘠划等定税,按亩征收,作为地方财政主要收入的捐税。

关税,宣统末年(1911年)已增至3 067万两,又一统计为3 513万余两,成为晚清政府最大收入项目。1927年以后10年,国民政府关税收入增加了2.5倍。③ 而自晚清为筹措军饷而开征的类似捐输的厘金,名目繁多,厘卡林立,税率不一,民族工业因无法与洋货竞争而受到危害,直接影响政府财政收入。为此,国民政府决定裁撤厘金,简化税制,力争在货物来源地对产品统一征税,实行近代财政的一物一税原则,经多方筹策,自1931年1月起,将所有全国厘金及由厘金变名之统税,一律廓清,完成了清末以来多次议论的裁厘,并且举办了由卷烟开

---

① 关吉玉等:《田赋会要》,正中书局1944年版,下册,第三篇《国民政府田赋实况》,第426—427页;吴兆莘:《中国税制史》,商务印书馆1937年,第138页。分别转引自左治生:《中国近代财政史丛稿》,西南财经大学出版社1987年版,第23,87页。

② 关吉玉等:《田赋会要》,正中书局1944年版,下册,第三篇《国民政府田赋实况》,第1—3页。

③ 董孟雄:《中国近代财政史》上卷,云南大学出版社2000年版,第111页。

始而后逐步推广扩充征收的货物统税。

晚清,随着自然经济的加速解体,对外贸易和国内商业的发展,赋税结构从单一的农业税(土地税)向农、工、商税并重的多元化税制演变。进入20世纪,清朝政府加紧财政搜刮,盐课数额和比重明显上升,甚至超过田赋;同时,实物税向货币税转化。民国初期,盐税超过全国财政收入的20%。[①] 光绪三十一年(1905年)五月户部议覆兵部尚书奏明两淮盐务情形,拟订办法数端。宣统二年(1910年)正月颁布《督办盐政暂行章程》,包括总则、划分权限、盐官职务、任用官吏、各官考成、各官交代、各项奏销、拨解款项、附则等9章35条,规定督办盐政大臣管辖全国盐务官吏,总理全国盐务事宜。清末筹议盐政改革,未及施行。1913年12月,北京政府财政部颁行《盐税条例》。1914年3月,袁世凯公布《制盐特许条例》17条,规定凡为盐制造者,均须经政府之许可。国民政府成立,以盐务关系国计民生,谋求革除积弊。北京政府时期,中央设立盐务署,负责全国盐务行政,其下设盐务稽核所,包括总所及各地分所,总所有中国总办、洋会办各一员,与列强共同掌理中国盐务。

1931年3月,国民政府公布《盐法》7章39条。规定废除引岸制度,就场征税,自由买卖,无论何人不得垄断,场价由场长召集全体制盐人代表,按盐之等次,及供求状况,议定公告之;确定盐税税率,就场征税,食盐每百斤国币五元,海盐每百斤国币三角,工业用盐、农业用盐,一律免税;提高食盐品质;统制盐产,规定盐非政府之许可,不得采制,产盐区域及每年产盐总额,政府得限定之;凡产少、质劣,成本过重或过于零星散漫之盐场,政府得加以裁并;整顿盐务机关,设立盐政改革委员会;中央设盐政署及稽核总所,各区设盐场公署及稽核分所;其他盐

---

① 刘克祥等:《中国近代经济史简编》,浙江人民出版社1999年版,第293页。

政机关、稽核机关及缉私机关,均一律裁撤。

1932年5月国民政府公布《盐政改革委员会组织法》15条,规定盐政改革委员会直隶于行政院,委员长由行政院长兼任,财政部长为当然委员。会内设总务设计两处,各置处长,并置科长、科员、秘书、视察、技术专员。但是该会未经政府筹设成立。[①] 1937年,盐务稽核所改组成盐务总局,为国民政府盐务行政机构,管理全国盐业生产、运销和课税业务,总局设南京,全国划分22个区,各区设管理局或办事处,各产地和销售地设分局、分处、管理处,盐场则有场公署、场务所、据点仓、查验所,另有缉私盐警队,机构臃肿。1942年5月,国民政府为施行盐专卖而颁布《盐专卖暂行条例》7章55条,规定盐之专卖权属于国民政府,专卖事业由财政部盐务总局办理,非政府或经政府许可,不得采制。产量、制法、盐质等均由政府统制管理。民用食盐实行凭证计口售盐,盐价概由财政部核定。不久又颁其施行细则。一般来说,盐税在国民政府的财政收入总额中占20%的比重,成为中央财政收入的第二大支柱。

统税,仿效欧美国家征收货物出厂税的成例而开征,目的是弥补裁厘后的财政损失。征收办法是工业品就厂、农业品就场,在产地一次征收。由于这种税统一征收后,相应商品就可以通行全国而不再征收,所以称统税,但实际上各地并未完全取消苛捐杂税。统税在国民政府财政收入中的比重,从7.5%到15%之间左右,弹性较大,是第三大支柱。

整顿期间,国民政府收回了关、盐二税的管理权。海关原被外国人把持,现在由财政部的关务署专门管理海关行政事务。盐税自1913年"善后大借款"后便列为列强把持,经整顿后属于财政部的盐务署直接管理。这是自关税、盐税管理权丧失后,第一次将关税、盐税的管理主

---

① 谢振民:《中华民国立法史》,正中书局1937年版,第680页。

权重新收归中国自管,从而改变了过去由外国人把持总税务司、洋会办控制关税和盐税的局面。关、盐、统三税,在1937年财政收入总额中占77.3%,在税收总额中占92.1%,从而确立了在中央财政的统治地位。

国民政府成立后,将牙税、当税、屠宰税合并为营业税,使其占地方财政收入的第二位。1931年6月,行政院颁布了《营业税法》,税率迅速上升,对民族工商业发展起了阻碍作用。契税,各地多自行其是,税率普遍超过规定。杂税,或称"各项税捐"、"其他税捐"或"特种营业税",各地还有更为混乱的苛捐杂税。国民政府于1934年7月采取过"废除苛捐杂税"的措施,效果不大。至抗战前夕,全国苛捐杂税有7 000种,税款6 000余万元。[①]

"七七"事变以后,80%的沿海地区迅速沦陷,国家财政收入迅速下降。为解决财政危机,国民政府必须进行体制和政策的调整,改进财政系统,推行战时税制。1937年8月,最高国防会议成立,原中央所属各部委统由该会节制,其在抗战初期即成为实际上的最高财政决策和指挥机构,但在体制上暴露出许多弊端。1938年又对中央经济行政机构进行了精简,将财政行政职能机构完全从军事机构中分出去,统归于行政院机构,以强化战时财经事权的统一。1940年12月,行政院设立了经济会议,由行政院长和军事委员会有关部委负责人组成,审定政府战时财经一切措施,其议决案由行政院命令施行。1942年4月,经济会议改为国家总动员会议,成为综理和推动国家总动员事宜的最高统制机构。从此,战时财经最高决策机构基本定型。

1941年6月,财政部制定《战时财政改革决策案》,是国民政府推行战时财政政策的依据。其主要内容有中央接管土地陈报,改革赋税征收制度,田赋改征实物,实行土地征值税,开征增收荒地税,举办战时

---

① 董孟雄:《中国近代财政史》上卷,云南大学出版社2000年版,第113—114、119页。

消费税、增加公债用途、统一征收机关、改进税务行政等。关于中央与地方财政收支系统的划分，也进行了重大调整。同年 11 月，国民政府公布《改订财政收支系统实施纲要》，又将全国财政改为国家财政和自治财政两大系统，以中央和省两部分的财政统一为国家财政系统，以县市和县以下的各级地方自治组织统一为自治财政系统。改订后的财政收支系统取消了省级财政的独立地位，各省的预算成为中央二级机关单位的预算，各省省政府的收支改由国库统一处理，各省发行的公债也由中央派人至各省按省公债接收及管理办法处理。这样，便确立了以县为单位的自治财政系统。但实际上县的收入增加不多而支出却增大，地方财政仍很难纳入正常管理体制。

抗战胜利后，为抗日而实施的战时财政体制理应结束，国民政府却迟迟未作变动，仅在体制上于 1946 年 7 月有过恢复中央、省、县三级财政的调整，提高了县级财政和中央税的分成比例。在大规模内战失利的背景下，国民政府于 1949 年 2 月颁布《财政金融改革案》，规定关税改用关元征收，货物税改为征收实物，盐税改征实物，必要时恢复专卖等，标志着其财政的崩溃。

二、预算与会计制度

宣统二年(1910 年)正月度支部《试办预算例言》，包括总则、在京各衙门预算、编订预算方法、附则等 22 条。并附以表册，通行京内外各衙门依式填报。是年秋，该部编定《宣统三年总预算书》，提交资政院议决颁行。宣统三年(1911 年)正月度支部《试办全国预算暂行章程》28 条，规定自当年起试办全国预算，并有《试办特别预算暂行章程》9 条，另定《主管预算衙门所管京外预算经费事项》，包括岁入门、岁出门等；《各省试办预算报告总册式》，包括岁入经常门（部拨各款、受协各款、盐茶课税、关税、正杂各税、厘捐、官业收入、杂收入）、岁入临时门、地方行政经费经常门、地方行政经费临时门等类。是为我国办理预算之始。

清末预备立宪时期,清政府宣布要整理财政,仿效西方筹办预算。光绪三十三年(1907年)颁布《清理财政章程》,准备由清理财政局主持编制预算。编制方法是先由各省汇报,然后汇总交度支部核定,奏请施行。宣统二年(1910年)正月颁布《预算册式及例言》,以每年正月初一日至十二月底止为预算年度。当年度支部开始试办次年的预算,以建立近代财政收支体系。同时,开始准备试行代理公库制度,资政院提议统一国库,会同度支部制定了《统一国库章程》,规定国库分为总库、分库、支库三种,分设于京师、各省和地方。"是年秋,汇编三年总预算册,送交资政院议决颁行,是为办理预算之始。"①

鉴于清末民初都尝试过编制预算,却因缺少决算以致后来连预算也不能实行而产生的种种弊端,北京政府决定实施预决算制度。至1914年10月《会计法》公布,其第二章即为预算,规定国家岁入岁出均应编入总预算,于上年度提交立法院,此为预算法之嚆矢。1927年《会计则例》和1928年《审计法》,以及期间制定《预算例言及预算书式》,都为实施预算制度的重要步骤。

1930年2月,国民政府公布《十九年试办预算章程》4章50条。1931年,主计处成立,开始编制并由立法院通过总预算案,但由于入不敷出,未能成立。国民政府颁布的1931年11月《预算章程》及《办理预算收支分类标准》等条例,成为1932年以后办理预算的依据。但是在《预算章程》中,地方预算只包括省和直隶于行政院的市,对于直属于省的县市并无明文规定。直到1934年5月第二次全国财政会议,才有了地方预算规章的要点。国民政府在颁布年度预算的同时,也颁布了决算章程,主计处成立后又进行修订。1932年改名《暂行决算章程》,明

---

① 黄同铨:《预算概论》,京华印书局1931年版,第58页。

确了决算的编制方法、编审程序和时间。但总决算案始终没有正式成立过,只有会计年度财政报告书。

1927年8月,成立国民政府预算委员会,为国民政府核定全国各机关财政预算的机构,由中央政治会议、国民政府、军事委员会等各派代表以及财政部长等组成,规定各机关应将年度会计、预算计划书等送交财政部审查,由财政部附加意见后,再转交该委员会审定核准。1928年10月修正《预算委员会组织法》,增设秘书处。

1932年9月,国民政府公布《预算法》9章96条。其规定,各级政府预算,每一会计年度办理一次;预算年度每年七月一日开始,至次年六月三十日终止。属于中央政府者,称国家预算;属于省以下各级政府者,称各级地方预算。国家及地方预算分为:(1)总预算;(2)机关别之分预算;(3)基金别之分预算。预算各按其性质,分为经常、临时两门。国家预算,由国民政府编定公布之。机关别及基金别之分概算、分预算,均由驻其机关办理岁计事务人员依法受该机关主管长官之指挥办理之。政府之总概算、总预算,由主计处岁计局办理。各机关依照中央政治会议核定之概算数,编拟各类分预算,送交主计处汇编拟定总预算案,呈请国民政府交行政院提出立法院审议。

由于军费等开支浩繁,国民政府比北京政府更多地发行公债弥补赤字。1927—1936年的10年间,公债发行总额达50亿元。同时举借外债。但是清政府和北京政府所借巨额外债尚未偿清,列强在未获得国民政府如何解决的保证前,不肯贸然继续借款。因此,国民政府曾对历届政府所欠的外债着手进行清理。清理方式为将所有的欠债分为两类,分别处理,即对有确实担保的外债,仍继续按期清偿本息;对没有确实担保的外债,则分别予以承认,但采取"预存资金、协商整理"的方式整理。由此使国民政府取得了对外举债的债信。抗战及内战时期的中央财政,军费与债务费在财政支出中占了大部分。军费每年都占

40%—50%的比重,债务费一般占38%以上,此外还有政务费和其他支出。地方财政支出主要是政务费和事业费。①

北京政府时期,引进西方会计原理。1914年6月,袁世凯公布《会计法》9章37条。规定政府会计年度以每年7月1日起,次年6月30日止。国家岁入岁出,均应编入总预算,于上年度提交立法院。国家之租税及其他收入,依法令征收或收纳之。每会计年度内政府应支经费之定额,以该年度岁入充之。预算定额之使用,由财政部发支付饬书,其违背法令者,国库不得支付。

1918年9月,北京政府颁布《会计师暂行章程》11条,是中国颁布的第一个会计师法规,从会计师资格、申请会计师执业手续、会计师执业范围及取酬、会计师执业纪律等方面,规范了会计师制度。以后,北京政府时期的会计师队伍从无到有,开始壮大。1918—1921年,核准注册的会计师13人;1922—1924年,核准注册的会计师101人,1925—1927年,核准注册的会计师170人,至此全国核准注册的会计师总人数284人,仅上海一地已有会计师事务所42家。1925年3月成立了上海会计师公会,为全国成立最早的会计师公会组织。②

1927年,国民政府财政部开始行政管理会计师事务所。8月,财政部颁发《会计师注册章程》28条,其中规定会计师必须是中国国民党党员,遭到各界反对。在社会舆论压力下,1929年3月,工商部《会计师章程》废除了原章程中的党籍一款。1930年1月,国民政府颁布《会计师条例》25条,主要对会计师业务的范围、会计师应具备的资格及其限制、会计师不得行使的职权、禁止的行为以及违反条例应受的惩处等作了具体规定。会计师的执业(或职责)范围被规定为会计组织与会计制

---

① 董孟雄:《中国近代财政史》上卷,云南大学出版社2000年版,第124—128页。
② 李金华:《中国审计史》,中国时代经济出版社2004年版,第二卷,第41页。

度设计、审查会计账目、证明与鉴定会计事项、破产清算及其财产管理以及其他信托事务、代办纳税申报、代撰有关会计及商事文书及其他会计管理的咨询服务。1931年6月，考试院修正公布《会计师考试条例》，对会计师考试的程序与科目、录取办法做出明确规定，标志着会计师考试已纳入法制轨道。至1937年，各省登记在册的会计师人数达到1 488人，不少经济发达的沿江沿海城市建立了会计师事务所，主要从事会计的组织、设计、咨询、管理、审查稽核、综合调查、破产清算、证明、鉴定等事项。它们接收当地公司、商号、钱庄或个人委托，承担会计顾问工作，帮助处理账务，审核一些疑难账案，办理经济诉讼以及决算报告的审定签证等事宜。① 1928年起，审计院拟订《会计法草案》，1933年移送立法院讨论。1935年8月，国民政府公布《会计法》10章27条，规定各级政府及所属机关对以下事项，应依机关别与基金别为详确之会计：(1)预算之成立、分配、执行；(2)岁入之征课或收入；(3)债权债务之发生、处理、清偿；(4)现金票据证券之出纳、保管、移转等。1938年8月修正。《会计法》是比较全面规范了会计制度，是当时会计领域的基本行政法规。

国民政府时期虽然颁布了不少相关法律法规，但在预算与会计制度的执行中，仍然存在许多漏洞。战时，收支两方面的数字都不能准确统计，由于税收达不到预定数目，支出又容易超过预定数目，故收支两方面很难平衡罗列，但又不愿编得相差太远，因此在编制预算时，往往故意多列收入、少列支出，使总预算数目能够接近平衡，既可以假装门面，又可以在会议中容易通过。②

---

① 李金华：《中国审计史》，中国时代经济出版社2004年版，第二卷，第120页。
② 李傥：《国民党统治时期中央财政的紊乱》，全国政协文史资料委员会：《文史资料存稿选编》经济(上)，中国文史出版社2002年版，第18—19页。

三、银行与货币管理

作为中国第一家新式银行,通商银行于光绪二十三年(1897年)成立,总行设在上海。该行在买办官僚严信厚开设的私人银号基础上,经改组和增资而成立。为整理货币发行纸币,解决财政困难,光绪三十一年(1905年)户部颁《试办银行章程》32款,规定户部银行系试办,拟先备资本银四百万两,分为四万股,每股库平足银一百两,由户部筹款认购二万股,其余二万股无论官民人等均准购买,俟贸易扩充之时,再行酌量添招若干股,随时由办事人等禀请。官办的户部银行由此成立。光绪三十四年(1908年)正月度支部奏《厘定各银行则例》24条,规定大清银行就户部银行改设,原有资本银四百万两拟再添招六百万两,合共一千万两,分为十万股,股票概用记名方式,由国家认购五万股,其余限定本国人承买。大清银行为股份有限公司,是清末最大的一家本国新式银行。同年成立交通银行,采用股份有限公司方式集款官商合办。私营商业银行也开始出现,如信义银行、四明商业储蓄银行等。而钱庄则继续存在。票号在光绪年间达到鼎盛,为时不久则盛极而衰。[①]

民国初年,"国人自办银行为数虽然不少,然缺点甚多";"其一为资本之薄弱。以民国元年为例,合全国所有银行之资金(共四千万元),犹不及英国汇丰银行一家之资本(约一亿八千万元)";"第二是中国的银行信用度不如外国银行,一般人认为外国银行较为可靠,多与之往来";第三,则是中国银行往往滥发纸币。[②] 1912年,成立中国银行,实际上充当中央银行;交通银行于1914年修改章程,是北京政府的另一个中央银行。1924年8月,孙中山在广州领导广东国民政府时创办了中央

---

① 董孟雄:《中国近代财政史》下册,云南大学出版社2000年版,第70—76页。
② 秦孝仪等:《中华民国经济发展史》,[台北]近代中国出版社1983年版,第142—143页。

银行,以后在汉口另设中央银行。"中央银行制度是于普通商业银行之上,设立一个或几个中央银行,其职务大约为发行银行兑换券,保管全国现金准备金,控制全国信用之运用及经理政府国库等事,故中央银行不啻一国许多商业银行之银行";"中央银行以所居地位之重要,故对于全国金融,必须统筹全局,实施一种政策,方能应付裕如"。①

1927年10月,国民政府颁布《中央银行条例》19条,规定"中央银行为特许国家银行,在国内为最高之金融机关,由国家集资经营之"。随即成立当时的中央银行,总行设立于上海。1933年在汉口成立"豫鄂皖赣四省农民银行"即中国农民银行。国民政府的国家金融独占体系是以四行两局(中央、中国、交通、农民银行,邮政储金汇业局,中央信托局)为核心,通过加速资金信用的集中而奠定其在全国金融中的优势地位。1935年5月国民政府公布《中央银行法》7章36条,规定中央银行为国家银行,由国库拨付1亿元作为资本,以三权分立原则设正副总裁、理事会和监事会,中央银行有发行本位币及辅币之兑换券、经理政府所铸本位币辅币及人民请求代铸本位币之发行、经理国库及承募内外债并经理还本付息的权力。每年营业情况需报国民政府。同时,根据中国、交通二行系仿照日本银行、横滨正金银行及日本兴业银行三行鼎立的制度,对中国、交通二行改造为属于政府的国家银行,而以中央银行为三行之冠,强化国家垄断资本。同时,私营银行也已具有一定实力。

为加强对银行与钱庄的管制,财政部又于1942年7月增设专管主管机构,制定和公布了《财政部银行监理官办公处组织规程》和《财政部派驻银行监理官规程》。中央银行还受财政部委托,颁行《改善地方金融机构办法纲要》等,在大后方设立"县乡银行业务督导处"推进后方各

---

① 吴其祥:《中国银行制度》,大东书局1933年版,第4、6页。

地县银行的建立,以控制各县的金融活动。总体看,战时金融统制体制和措施适应于抗战的要求,建立起强有力的金融管理体制,扶植了战时经济,增强了抗战的经济实力;另一方面,加重了民众负担,限制了商业行庄和私营工商业,给权贵和投机者造成可乘之机。

光绪三十一年(1905年)七月财政部、户部会奏《整顿圜法酌定章程》10款,规定将银币一项俟定准分量成色,专由总厂铸造;每批铸出银币,抽出数圆汇解财政处户部,派精通化学人熔化考验成色之参差、分两之轻重,均不得逾1%。如有不符,即将所铸银币重行熔化改铸,仍将经手之员分别参半。宣统二年(1910年)四月度支部《厘定币制酌拟则例》,包括正文及附则共24条,规定大清国币单位定名曰圆,圆币包括银币、镍币、铜币。

1927至1931年,因银行开设日多,迫切要求举办票据交换,出现了信托公司与保险公司,钱庄与典当业衰落。同时实行币值改革。1933年3月,财政部发布《废两改元令》,规定交易往来一律用银元计算,不再用银两。接着又公布《银本位币铸造条例》,中央造币厂开始铸造新银元。1935年,国民政府再次开展货币改革,放弃银本位,采取管理信用货币制度,发行一种以汇价来稳定币值的补兑现纸币,即法币。1937年9月国民政府公布《金类兑换法币办法》,规定黄金必须到指定地点按中央银行牌价收兑,禁止自由买卖,以后又制定了《实施收兑金银办法》、《取缔收受金类办法》等,以管制外汇和黄金为稳定币值。

抗战时期通货膨胀,国统区纸币贬值越来越超过纸币发行指数。1942年7月,财政部决定大量发行关金券。所谓关金券(简称关金),原是1931年为专供缴纳关税时作为支付手段而发行的兑换券,以后改为一般货币与法币同时流通,很快又与法币一样贬值了。抗战期间,国民政府以直接控制物价上涨为目的而实行的反通货膨胀的经济政策措施,有田赋征实,以及管制外汇和出售黄金,举办美金储蓄等。为了减少资金外逃,稳定法币币值,国民政府变无限制供应外汇政策为实行战时外汇管制。1938年3月制定和公布了《购买外汇请核办法》和《购买外汇请核规则》,规定由中央银行办理出售外汇事宜。由于外汇供应不足,加以日伪在沦陷区大量发行伪钞强制兑换沦陷区内的法币,来套取我国外汇,国统区中开始出现外汇黑市。以后,国民政府又采取有限制供汇措施,相继公布《非常时期禁止进口物品办法》、《进口物品购买外汇加纳平衡费规则》及《出口货物结汇领取汇价差额办法》等规章,实际上助长了黑市和官倒。

抗战胜利后,开展收复区的接收工作有一系列文件规定。在接收过程中,四行两局的金融垄断势力大为膨胀。到内战后期,国民政府的金融危机日益加剧。1948年8月以总统发布紧急命令方式宣布推进币制改革,以《财政经济紧急处分令》宣布废除法币,发行金圆券为本位币。又公布了《金圆券发行办法》、《人民所有金银外币处理办法》等,规定金圆券由中央银行发行、金圆券采取十足准备制,折合率为金圆券一元兑法币300万元,各银行、钱庄、企业单位和个人持有的黄金、白银或国外币券,禁止买卖、流通和持有,应向中央银行等兑换为金圆券或购买美金公债存储于中央银行,冻结物价和工资,实施限价政策。同时立即在上海、天津、广州和西南、西北等地派出经济管制督导员监督,用行政强制推行币制改革。限价政策实施不过半个月,物价又纷纷上涨。10月,行政院被迫公布《改善经济管制补充办法》,决定物价解冻,取消限价。自此,物价更猛涨。其后广州国民政府策划币值改革,以维持其军费开支,也最终失败。比较抗战期间与抗战后的外汇管制政策,可知其体制虽然一脉相承,并且都适用强制性行政手段,但抗战时期实行维持固定汇率,抗战胜利后变为放弃维持固定汇率,实行不定期地相应调高汇率,都以失败而告终,说明金融货币由其性质所决定,是不能单纯依靠行政强制操作的。

当时私营金融业衰败,私营行庄陷入困境,四行两局在加强金融管制的旗号下,采取措施对私营行庄加以摧残;同时,侨汇锐减,资金外流,外资金融势力撤退。

四、证券交易管理

我国的证券交易首先由外国人开办。光绪十七年(1891年),一些外商在上海开设"上海股份公所",专门从事外国股票的交易业务,这是在我国出现的最早的股票交易市场。光绪三十一年(1905年),清政府将其改造为上海众业公所,也称上海证券交易所。1914年秋,经农商部批准,中国第一所公开的证券市场在上海开张,取名股票商业公会,当时有13家会员,主要经营招商局、商务印书馆、铁路、矿冶等几家大公司的股票、债券,以及北京政府公债。北京政府曾设立交易所监理官公署作为监督机构。同年12月,北京政府公布我国第一部《证券交易所法》;同时拟定《证券交易所课税条例》和《交易所交易税条例》。前者按每次结账后的纯利,征税3%;后者按债券交易(国债交易免税)、有价证券交易、金银交易和商品交易分别拟订比例税率,从价征收,税负很轻,最高征2%。[①]

1918年7月,经农商部批准,北京证券交易所成立,有资本20万元,股份金额100万元,设号头(即经纪人)60人,并设有同北京各银号的直通电话,以通行情,为我国第一家交易所。1920年7月,上海证券物品交易所成立,资本定额500万元,交易物品为有价证券、棉花、棉纱、布匹、金银、粮食、油类、皮毛8种。1921年,在上海先后成立了华商证券、面粉、杂粮油饼、华商棉业等多家交易所。其他城市如汉口、天

[①] 项怀诚等:《中国财政通史·中华民国卷》,中国财政经济出版社2006年版,第113页。

津、广州、南京、苏州、宁波等也相继成立交易所。交易所呈现蓬勃发展局面。①

证券交易税的前身是证券交易所税和交易所交易税。前者是对经营证券交易所征收的收益税,后者是对在交易所内进行买卖证券的单位和个人征收的交易税。1928年3月,国民政府颁布《交易所税条例》8条,1935年修订。规定凡在交易所内买卖有价证券或物品,均征收交易税,税率按有价证券和物品订定,有价证券按从价比例税率征收,物品按黄金、棉花、杂粮等不同物品,以一定数量为单位定额征收。交易税于买卖成交时,由交易所内的经纪人向买卖双方各扣一半,然后由交易所汇总代缴。

为加强对交易所的管理与监督,1929年10月,国民政府颁布《证券交易所法》8章58条。规定每个地区只准设立一家证券交易所,每个交易所只能进行有价证券或者某一种物品交易。这是针对1921年因交易所设置过多而导致风潮提出的,客观上有利于证券业的统一。商业繁盛区域,得由商人呈请实业部核准设立买卖有价证券,或买卖一种或同类数种物品之交易所,其存立期限原则上为10年。交易所实行会员制,交易所之经纪人或会员须为中国国籍人。经纪人或会员对于交易所应负由其买卖所生之一切责任,并应缴存保证金于交易所。交易所设理事长一人,理事两人以上,监察人若干人,并设评议会。交易所之行为有违背法令、或妨害公益、扰乱公安时,实业部得执行解散、停业等处分。该法在旧中国同类法中较为完善。其后,上海证券物品交易所依法将物品中的棉纱交易业务并入纱布交易所,标金交易划给金业交易所。1933年上海证券物品交易所奉命与上海华商证券交易所合并,主要从事公债买卖。此时上海的证券市场日益兴旺。在宁波、青

---

① 朱彤芳:《旧中国交易所介绍》,中国商业出版社1989年版,第40—42页。

岛、汉口、重庆等地也设有证券交易所。但抗战爆发后相继停业。抗战后期,伪政权曾设立证券交易所。

抗战结束后,1946年9月上海证券交易所开张。是当时全国唯一的证券交易所,资本总额为国币10亿元,有经纪人234名,上市股票20种,起初仅作现货交易,后办理"递延交割"即变相的期货交易。1948年2月,天津证券交易所开业。当时交易所营业较旺盛。同年3月,国民政府公布《交易所税条例》9条。政府对交易所的管理主要有:(1)对其设置地点有一定限制,便于监督;(2)对交易所的经营期限有一定规定,一般规定申请一次,允许营业10年,但可以酌情调整;(3)对交易所的交易种类及交易期限有一定限制,严格交易所职员资格;(4)对交易所经纪人的资格有一定限制,严格交易所志愿资格;(5)对交易所违法行为的处分,包括撤销交易所,命令交易所停业,部分停止或禁止交易等;(6)对政府派遣交易所视察员的规定;(7)可以强制交易所修改章程,或者停止、取消交易所的决议。同年8月,国民党政府改革币制,推行金圆券,证券交易停止。

第五节　海关行政法

一、外贸管理法

清代前中期多数时期实行闭关锁国,对外贸易量十分有限。户部为管理对外贸易机关。第一次鸦片战争后,国门被列强用大炮轰开,外国商品大量倾销,中国的对外贸易额迅速增长。从光绪十二年(1886年)到民国初的1913年,"我国对外贸易总额由33.36万余千关两增至97.34万余千关两,增长约两倍,其原因在于该时期外国投资增加,民族工业渐入草创时期,尤其铁路修筑更甚。从1914年到1931年,我国对外贸易又有扶摇直上之上趋势,增加到了234.29万余千关两。而1932年起,外贸额明显下降"。①

1928年,国民政府设立工商部和农矿部分管全国经济工作,1930年两部合并为实业部,该部设立工商访问局,负责向国内工商界提供国内外经济贸易信息;又成立中国国际贸易协会。1932年工商访问局改组为国际贸易局,负责增进国际贸易,职责包括国内外商业信息调查研究及搜集有关统计资料,每周出版《国际贸易情报》,向国内工商界传递国内外市场行情、主要国家关税和国内捐税的调整情况等信息,指导其对外贸易活动。同年南京政府颁布《商品出口检验暂行规则》,宣布将由中国自主办理进出口商品的检验工作。次年设立上海商品检验局,对进出口商品由政府机构统一检验。1932年2月,颁布中国第一部商品检验法规——《商品检验法》,并有同年12月颁布《商品检验暂行条例》及《商品检验局暂行组织条例》。除上海以外,在汉口、青岛、天津、广州等地均设商品检验局,在其他地方设检验分处。

全国抗战爆发后,国民政府设立了专门外贸统制机构,对外贸实行严格政府管制的行政政策。1937年8月,国防最高委员会在《总动员计划大纲》中,规定对外贸易由国民政府统一管理。9月,财政部提出《增进生产,调整贸易办法大纲》,随即在军事委员会下设工矿调整委员会、农产调整委员会,10月设立国际贸易调整委员会,明确规定对外贸易实行国家统制,利用有限渠道出口盟国需要的中国农矿产品等战略物资,进口中国急需的军用和民用物资,外贸统制政策由此形成。战时外贸统制政策的基本内容包括:设立对外贸易统制政策的基本内容,如创办国营对外贸易公司,负责主要农副产品的购销及军需物资的进口,协助私营商人开展出口贸易,抢购战区出口物资,实行外汇及商品管制等。

---

① 何炳贤:《中国的国际贸易》上册,商务印书馆1937年版,第9—11页。

1938年1月国民政府颁布《国民经济绝交办法》,规定凡"八一三"后购进的日货,一律没收充公,以后再由进口日货或改冲他国货物者,以通敌论罪。同年3月,为防敌套汇,国民政府颁布《购买外汇请核办法》,以及《进口物品申请酌买外汇规则》。同年10月,颁布《禁运资敌物品条例》,完全禁止中国商品运往日本及德国,同时对出口商品进行分类。国统区随着面积缩小,很多重要物资匮乏,国民政府不得不放宽禁令。1939年6月财政部颁布《非常时期禁止进口物品办法》,规定5类168种物品禁止进口。1940年9月,国民政府再次颁布鼓励进口的法令《进出口物品禁运准运项目及办法清表》。太平洋战争爆发后,为克服经济困难,1942年5月,财政部颁布《进出口物品条例》,进一步放宽限制,主要限制奢侈品与半奢侈品进口。①

二、海关管理法

清朝关税原来自主。户部所辖户关即税关,专征百货之税,全国共30余处,如京师之崇文门、直隶之通州、津海关、江苏之江海关等。各关之长或特简部臣并差遣司官监督,或由八旗、绿营驻防兼管,或由地方道员、织造兼掌。清末户关、工关并称为常关,聘用洋员为税务司者称海关。

咸丰三年(1853年)上海小刀会起义后,上海地方官逃往租界,英国人负责中国海关管理。咸丰九年(1859年)清朝重新在上海成立税务管理机关总税务司署,其主要官员总税务司由总理各国事务衙门聘请外国人担任。同治二年(1863年),英国人赫德担任海关总税务司,为时达半世纪之久。赫德在任内创建了税收、统计、浚港、检疫等一整

---

① 商务部国际贸易经济合作研究院:《中国对外贸易史》,中国商务出版社2015年版,中册,第202—210页。

套严格的海关管理制度,其下每一个海关均设置一名由外国人担任的税务司负责管理,并设有税务、港务、教育、邮政四部。各关税务司及其下的副税务司、帮办等高级职员,全由总税务司任命,这些职员只对总税务司负责而不受清朝政府指挥。清朝虽然表面上仍在各关设有海关监督,并有海关道等官职隶属于南洋、北洋通商大臣之下,实则形同虚设。晚清总税务司署体制具有殖民地海关制度性质,其掌管的事务非常广泛,远远超过海关税务的范围。

《辛丑条约》以后,常关(海关50里范围内的内地关口)收入也划为赔款担保并由税务司监管。于是海关税务司的管辖范围更扩大到常关。光绪二十七年(1901年)总理衙门改称外务部,海关也随之由外务部管辖。到光绪三十二年(1906年),清朝设立税务处管理全国海关。税务处设督办、会办,为海关行政长官,掌管关税,督率海关人员,规定自总税务司以下各海关官吏均受其节制,并将原工关和户关并合的常关并入,但仍无实权。改良派从反对外籍税务司制度出发,坚持海关改用国人管理,以保国权。光绪三十四年(1908年),赫德迫于健康,请假告退。最后由英国人安格联继任。辛亥革命时期,清朝把全国海关税款交给总税务司保管。

赫德任总税务司48年,利用其英国背景,主要任用英国专业技术人员,模仿运用英国制度。(1)引进西方港务经验与技术,指定航船停泊地点,维持海船航行秩序,制定指示行船章程等港务工作;制定《引水章程》,管理引水业务;灯塔、浮标的设置与保养;气象观测;疏浚航道;港口检疫,并且制定和发布了各种船舶管理、助航设备和海难营救等的管理办法与章程。(2)引进英国制度,实行严格的人事与财务管理。1869年总税务司制定《中国海关管理章程》,是该领域最早的比较完备、比较科学和系统的制度规定。当时建立的海关财务制度包括税款完纳和汇报制度、会计审计制度十分严格,到70年代还颁布了"十条禁令",到 1877 年归并于《续理账诚程》。因此总税务司领导下很少发生舞弊现象。(3)模仿英国制度,建立了严格的海关人事制度。①

民国前期,总税务司署不断扩大,包括总务、机要、汉文、会计、铨叙五科和造册处、驻外(伦敦)办事处。1928 年,全国有 47 个海关、19 处海关常关。各口海关设有海关监督署。上海设有江海关。当时全国的关税制度十分混乱。"然于此支离错乱之中,有不支离错乱者在,而其害乃转甚于支离错乱,不易挽救者,海关是矣";"现在财政部对于海关,大体上仅有任免监督及出口货免税减税之权。海关监督对于海关,每年仅于四季按照税务司之报告,稽核支出款项及每日查核征收款项之报告,此外一无所事"。②

第一次鸦片战争后,中国丧失关税自主权,列强利用协定的低税率向中国倾销商品。中国曾经屡次提出修改税则。1919 年巴黎和会上,中国代表第一次提出收回关税主权的强烈要求,并在华盛顿会议上继续抗争。会议最后通过《九国间关于中国关税税则之条约》,中国关税仍然基本不动。1922 年 3 月在上海成立了修改税则委员会。同年收回了青岛海关。1925 年 10 月在北京召开关税特别会议,13 个国家代表出席。会议通过《关于中国关税自主条文》。不久由于北伐军进攻,会议瓦解。1927 年 4 月,国民政府宣布自该年 9 月起实行关税自主,随后又公布了《国定关税暂行条例》。由于遭到列强反对,国民政府宣布增征关税等措施另订日期实施。此时全国要求收回关税自主权的呼声日益高涨。1928 年,国民政府与英、美等国磋商缔结了新的关税条约,唯有日本不同意,激起中国人民抵制日货运动,日本不得不同意中日另订协定。同年 12 月国民政府第一次公布的《海关进口税则》,规定

---

① 陈诗启:《中国近代海关史》,人民出版社 2002 年版,第 204—209、281—299 页。
② 金葆光:《海关权与民国前途》,商务印书馆 1928 年版,第 83、89—90 页。

实行7级等差税率,最低为7.5%,最高为27.5%,并规定接收海关管理权,由中国人自己管理海关。但这时仍然具有协定关税的成分,不能算已经获得关税自主权。直到1930年5月,国民政府与日本另订《中日关税协定》,并且颁布第二次国定税则,决定从1931年1月起实行12级税率,从5%至50%不等,关税自主权才基本得以实现。

在收回关税的同时,国民政府对海关行政制度进行了改革。海关征税业务中,最困难的是对货物价格的估计。1920年,上海开始指派一个副税务司负责主持新成立的验估课。这个试验成功,总税务司在两年半之后,就利用它作为一个保证一切口岸划一华洋货物关税待遇的机构了。海关管理的特种业务,包括贸易统计、关产管理、港务管理、港口检疫、协助商品检验工作等。财政部为考核、整顿全国关税,于1928年3月设置视察员制度。《关务署视察员简章》规定,视察员"视察全国各海、常关及内地税局一切行政征收事宜";"视察员额设二人,按照荐任待遇,由关务署长遴选,呈请财政部长派充"。视察首先是普通视察,由关务署长核定日期,派视察员分往各关局,轮流视察。举凡各关局现行税则、简则和单行法规的利弊,各关局报、解、征、存的税款及各种杂款,各关局每月税收盈绌的原因,各关局填用之税标单照存根等,均在视察范围;同时有特派查案,凡有各种案由,认为有派员专往查办的必要时,得派视察员前往查办。为培养海关高级华员人才,关务署于1929年设置行政考察员出国考察制度。

海关会计制度创立于1861年。到1934年,经费账分为关务及海务两种。总税务司署的会计制度分为:(1)关务账与海务账之收入;(2)关务与海务账之支出;(3)预决算。但是,中国近代的海关税则和国定税则的修改摆脱不了列强的掣肘。在关税税款的保管和偿还外债的手续方面,也实行了整顿和改革,最后确定为用1930年2月宣布代替海关两为进口关税计征单位的"关金"直接向外国银行清理债务,关金则由中央银行发行关金券作为纳税人缴纳关税之用。这一改革加强了国民政府的中央银行作为国家银行的权力,实现了海关关税收入的保管权与支配权的自主,同时实现了财政管理的西方模式化。

当时各地关局横征暴敛,机构庞杂凌乱,腐败丛生。国民政府成立初期,迅速开展关务行政的改革。关务行政改革,从统一领导开始。南京政府于1927年5月成立财政部,下设关税处,不久改关务署,财政部公布《财政部关税署总则》与《财政部关务署临时办事细则》。其中规定的关政科职掌,反映了关务署对海关的统辖。这个规定一实施,总税务司便被架空。为了加强监督,1928年4月公布《关务署主管各关局组织章程》,规定各海、常关设监督一员。这次变革,遭到新任财政部长宋子文的否定,宋子文对海关改革做了许多工作,但保留了海关现行制度即英籍总税务司统治海关的制度。1929年关务署组织改善关制审查委员会,并作出决议,在停招洋员、华洋人员职权平等、待遇平等方面进行了改革。其方针是裁撤机构,裁汰人员,把主要关税行政归海关统辖,包括裁撤内地税局,归并海关统辖;1930年裁撤常关,1931年裁撤厘金。当时总税务司组织作出调整扩充,包括设立税则科,专设缉私科、财务科,工程局改为工务科,改典职科为铨叙科,造册处改为统计科,设立审计科。

到1932年,全国关税行政的改革全部结束。通过这一系列改革,国民政府的关税收入有明显增加,从1927至1937年大约增长2.5倍。但是我国关税的半殖民地性质并未彻底改变,表现在自定税则仍受限制,以民众生活必需品为对象的进口税提高较大,但对高档洋货尤其奢侈品的税率变化不大,因此仍然有利于列强的倾销。①

由于走私猖狂,1931年2月总税务司向关务署呈请设立缉私科

---

① 董孟雄:《中国近代财政史》上卷,云南大学出版社2000年版,第103、111页。

(后改查私科),海关从此正式设立缉私机构,专门负责统筹规划,部署落实全国海关的缉私工作,协调各关缉私事务,统一政令、统一指挥。自 1932 年起先后于重要缉私关区设立缉私课。此后五六年,海关缉私工作逐步走上正规。凡华洋船只,驶赴各通商口岸贸易者,均应由海关派员执行检查,以防偷漏,并规定自中国海岸线潮落 12 里以内,海关有施行缉私之权。1934 年 6 月国民政府公布《海关缉私条例》53 条,根据当时缉私需要和情形,对海关关员执行缉私时,搜查空间、对象和时间范围,以及扣押货物程序等作了明确规定。但是对于武装走私的处置,并无制裁的明文规定。各关关警由总税务司署统筹编练分配,始于1935 年。是年初,国民政府为简化机构,将缉私署撤销,所有货物查缉工作,由海关专职办理,并组成关警。至 1941 年末,警察派驻各关区的关警 130 队,每队 12 人。关警队的任务,一是协助关员执行查缉;二是防备走私、捣毁关所、截击关员等事。30 年代前期,为制止内地严重的走私,国民政府督促海关制定了《海关管理进口货物运销国内各处办法》,加强内地缉私。①

1937 年,国民政府为解决物资短缺,有管制贸易的措施,包括:(1)统制进出口贸易;(2)贸易国营。为加强对各国税机关督察,设置了税务督察专员制度,其秉承财政部长之命办理中央直辖全国税务机关征榷事务之指导督促事项,国税税款收入状况之调查考核事项等。当时适应战时环境,实行统一缉私办法,行政院颁布了《统一缉私办法》及《全国水陆交通统一检查条例》。同年 10 月起施行《整理海关转口税征收办法大纲》。1939 年 7 月国民政府颁布《非常时期禁止进口物品办法》,1941 年冬另颁《战时管理进口出口物品条例》,1942 年 5 月海关总税务司颁布《公库法》。据此,各海关征收的税款并所有以前结存款项,

---

① 陈诗启:《中国近代海关史》,人民出版社 2002 年版,第 755 页。

一律扫解国库核收；各关征收款项，不得擅自动用。辛亥革命以后海关税款归总税务司保管的权力，至此完全收回库存。太平洋战争爆发后，日伪接管上海总税务司署，国民政府在重庆另立总税务司。

三、海关人事制度

海关人事特色明显，从西方引进，是海关行政制度的重要环节。其职务分类以人的职务作为主要依据，即先将所有职位按工作种类、业务性质的不同，横向划分为若干职门、职组和职系，然后再根据工作性质的繁简难易、责任轻重、所需资格条件等划分职级，并纳入适当的职等。这种分类法是以事为出发点，强调行政的性质和要求，要求专职专才，适才适用，因事设人而不因人设事。[①]

1912年，继任总税务司的安格联[②]对于人员管理做了较大改变，就是于原有的征税和海务之外，又增加了工程局。海关人员虽划分为三个部分，但以税课司人员最多，占总数4/5以上。各口海关的首领是税务司，而有关海政业务，税务司必须得海政局首长巡工司专门知识的增援；有关技术方面事务，必须得工程局首长总营造司的技术援助，由税务司总其成。

海关人员的等级十分复杂。(1)税课司人员，分为征税(内班)、察验(外班)和巡缉(海班)三个部分，内班是管理部，外班和海班属于监视部。(2)海政局人员，包括巡工、理船、灯塔、运输等科。(3)工程局人员，有营造、图画、督工等科。从庞杂的人员中可以看到：(1)华洋界限分明；(2)华属占84.32%；(3)洋员均任领导或要职，华员大部分为低级人员。同时，内班人员主要分布在总税务司署和各口海关的要害部

[①] 陈诗启：《中国近代海关史》，人民出版社2002年版，第495页。
[②] 安格联(1869—1932)，英国人，1888年进入中国海关，历任帮办、副税务司等，1911年任总税务司，1927年免职。

门,集中在海关总部办公室办理审核、征税、发证等业务。外班人员主要分布在验估、稽查、巡缉部门。一切重大业务,均由各关总务课掌握,因此由内班指挥外班。内班大多由伦敦办事处推荐或招聘而来,文化层次较高。对外班人员则有身体素质、品行的要求,教育程度较低。在外籍总税务司管治下,内外班制度重洋轻华,以华员为多的外班居于低下职位。"中国海关由税务司管理,其所用各国人皆备,计分内外两部。"晚清海关中,英国人190人,法国人48人,德国人37人,美国人22人,日本人16人,等等。其薪俸,总税务司2.4万两,副税务司1.8万两,各关税务司9 200两至1.5万两不等。①

经过一些行政改革,海关关员等级与过去已有不同,职称名称难以理解的,改用新名;前中后班一律改为一二三四级,包括税务职员(内班人员、外班和巡辑人员);海务(原海政局)职员(工程、巡工、管理灯塔、运输人员)。海关人事管理制度的基本要点如下。(1)考试与录用章程。海关用人通常要进行考试,内外班不同。(2)关员晋级章程。内外班职员如资、劳卓著,每两年得晋级一次。(3)典职科迁调人员手续。各关税务司于每年6月及12月终,编制职员统计表,呈送总税务司署。凡各关税务职员有增减必要时,得于表内呈明,使典职科于分配人员时有所依据。(4)关员请假章程。分为华籍职员与外籍职员两种。(5)关员迁调人员手续。海关内外班人员,分为迁调与不迁调两种。不迁调职员为本口录用税务员、稽查员及其他杂役。其余均为随时可以迁调人员,其待遇较优。(6)关员退职发给慰劳金和抚恤章程。关员服务满35年的,强迫退职,并得享全数养老金的利益;年满60岁的,也强迫退职,养老金按服务年限比例发给。(7)关员奖励章程。关员勤劳卓著或有特殊功绩者,总税务司得呈请关务署转呈财务部发给奖章奖状,或颁

---

① [清]《最近中国海关之西人数》,见《万国公报》1906年(213)《时事》。

给海关奖章,或由总税务司传令嘉奖,海关并酌予特别晋级。(8)关员惩罚章程。凡关员品行不端或犯有过失者,税务司得口头或以文字,单独或于全体关员前申诫之,或呈报总税务司,或予以停职处分等。海关人员概不准经商,或直接间接办理进出口贸易;非经海关核准,不得兼任。总之,海关所有各关人事管理事宜,均由总税务司署依照订定章则办理;职位分类比较细密;考试任用严格;升陟均须从基层做起;考绩确实细致;专业化训练;职业有保障;待遇优厚;养老退休制度完善。①

至此,在已变成国家行政机构的海关中中国职员的数量有所增加,并选派了一批人员出国受训,于归国后担任关务要职,到1937年,各口岸的税务司中已有1/3是中国人了。

第六节 战时经济统制

一、战时经济统制机构

战时经济统制,就是政府运用行政力量,集中控制和调配全国各类资源,为争取抗战胜利提供经济条件。

全国抗战爆发后,随着战火的蔓延,包括集中了中国主要工商业和金融业的上海、天津、武汉、广州等城市在内的越来越多的国土沦陷,国统区面积一再缩小,国民政府面临的经济环境日益严峻。为了坚持正面战场抗战,国民政府在调整经济行政机构的同时,颁布一系列经济行政法律法规,不断加强对战时经济的管制,逐步实现国民经济体制由平时向战时的转轨,国统区的战时经济统制逐步建立起来。这种措施,从坚持抗战大局来看是必要的。

---

① 陈诗启:《中国近代海关史》,人民出版社2002年版,第716页。

抗战时期，中央经济行政机构进行的调整包括下列措施。(1)改实业部为经济部。1937年12月，经国防最高委员会决议将实业部改组为经济部，直隶于行政院，掌理全国工商、矿业、农林、水利行政事务，设部长、次长，参事、秘书、技术3厅，总务、农林、矿业、工业、商业、水利六司，及会计室、统计室。以后有一些变化。(2)扩大资源委员会。1938年3月资源委员会改隶经济部，其职掌改为创办、开发、管理、经营基本工业、重要矿业、动力事业及办理政府指定的其他事业。(3)改组军事委员会工矿调整委员会为工矿调整处。经过1938年5月的调整，工矿调整处是抗战时期协助民营工厂内迁、复工和促进生产的机构，设有处长、副处长，总务、业务、财务三组，秘书、会计两室，购料、工业材料审议和协助工矿资金审核等委员会。1945年3月并入战时生产局。(4)军事委员会贸易调整委员会改组为贸易委员会。调整后改隶财政部。(5)改组交通部等。调整后，中央经济行政机构大为精简，经济行政职能完全从军事机构中划分出来，统归行政院系统，减轻了军事机构的非军事负担，也加强了战时经济事权的集中统一。

武汉战役后，随着国民党最高领导体制的变化，经济最高决策机构屡经变动。1939年2月，国民党中央执行委员会设置国防最高委员会，成为战时决策机关，国民政府五院等均受其领导。1940年10月，又成立中央设计局，隶属于国防最高委员会，掌管全国政治、经济建设计划和预算之设计与审议。设总裁（由国防最高委员会委员长兼任）、秘书长，并置秘书处、审议会、设计委员会、政治计划委员会、经济计划委员会、预算委员会、调查研究处、计划平衡组、外籍顾问办公室等机构。随着统制经济的全面实施，为统一决策和集中管理，并对战时经济进行调节管制，同年12月在行政院内设立经济会议，由行政院长和军委会有关部委负责人组成，每周开会一次，讨论经济政策事宜。内设秘书处，为经济会议的办事处，隶属行政院。经济会议下设政务、粮食、物资、运输、金融等组。

太平洋战争爆发后,国民党通过《加强国家总动员实施纲领》。1942年3月颁布《国家总动员法》32条,对整个国家实施战时全面统制,规定总动员物资包括兵器、弹药及其他军事器材,粮食、饲料及被服器材,药品、医药及卫生器材,船舶、车马及运输器材,土木、电力及通信器材等九类。同年4月经济会议改为国家总动员会议。从此,战时经济最高决策机构基本稳定下来。

同时,国民政府在重庆建立物资局,为统制物资(主要是棉花、纱布)的机构,隶属经济部,下设总务、财务、督导及管制四处。其接办原农本局平价购销处有关管制纱布的业务,对棉纱、棉布实行统购统销,不准商号擅自出售。由于人事派系矛盾,同年底撤销,另组花纱布管制局接办业务。

随着世界反法西斯统一战线的建立,1944年8月,赫尔利作为美国总统罗斯福私人代表,携美国战时生产局主席纳尔逊访华,纳尔逊向蒋介石陈述了关于战时生产局的意见,目的在于增加生产、指挥监督及联系公私生产机构。蒋表示完全同意。同年11月,作为美国支援蒋介石政权的具有战略意义的举措,纳尔逊开始组建战时生产局,为与经济部协调起见,中方由经济部长翁文灏兼任局长,隶属行政院并受军事委员会指挥监督。战时生产局主要掌理军用及民用物资的生产计划、进出口和运输,生产所需原料、器材、设备的购储、分配和限制,工业人才的支配,军用和主要民用原料、成品的标准化和技术改进等。局内设审议委员会、中美联合生产委员会、技术委员会、秘书、优先、制造、军用器材、运输、采办、财务、会计八处及六个顾问委员会。

二、战时经济统制法令

抗战时期,为应付战争需要,国民政府加强对经济的国家垄断,陆续颁布一系列战时经济统制的法令,依靠行政法手段,对后方的生产与经济生活实行经济统制。

抗战期间,国民政府财政支出的主要项目为军费、债务费、政务费、建设费四大项,军费通常占60%左右。当时关、盐、统三税大幅减少,被敌伪劫夺的关税总计在226亿元以上。因此国民政府采取了一些创办新税的措施,如举办直接税、货物税和用扩充税目、改订课税标准,调整税率等办法来增加收入。到1943年,国家税赋大体变成以下几个项目:土地税、直接税、货物税、关税、专卖及资统制系统。直接税是仿效西方建立近代化税务体系的表现。直接税包括所得税、非常时期过分利得税、遗产税、印花税、营业税五类。在通货膨胀的严重影响下,财政税收的货币数量虽在猛增,实际值却不大,而且逐年减少。于是国民政府的税收不得不开始由征收货币变为征收实物。首先是1941年起将田赋划归中央,并征收谷、麦等实物。从1942年起,对盐、糖、火柴、烟类实行专卖,以专卖利得代税。1943年,又对棉纱、面粉由统购进一步改为征实。在对重要民生物品的统制中,以对田赋的征实、征购、征借为主,统称田赋的"三征"。①

1938年6月,经济部公布《抗战建国经济建设实施方案》,逐步将和平时期经济转向战时经济。同年10月,国民政府颁布《非常时期农矿工商管理条例》,规定战时必需之工矿业、制造军用品之工业和电气工业,收归政府办理或由政府投资合办,其他生活日用必需品经济部可直接经营。资源委员会据此开展经济活动,兴办了大量基础工业、重工业的国营工厂。国民政府还颁布有《非常时期工业奖励暂行条例》、《经济部小型工业贷款暂行办法》,鼓励民间投资工矿业。此外,采取措施发展农业,加紧修筑西南铁路与公路,采取措施抑制通货膨胀。

---

① 董孟雄:《中国近代财政史》上卷,云南大学出版社2000年版,第145页。

战时颁布大量经济统制法令。1937年8月,财政部发布《非常时期安定金融办法》,限制存户提存,防止资金外逃。同年12月,国民政府公布《战时农矿工商管理条例》,1938年11月修改为《非常时期农矿工商管理条例》。依据该条例,经济部对以下四类企业和物品进行统制:(1)棉丝麻羊毛等;(2)金银钢铁等金属;(3)食粮、植物油、茶、糖、皮革、木材、火柴、药品等;(4)其他由经济部呈准行政院指定者。1939年2月,经济部颁布《非常时期评定物价及取缔投机操纵办法》,同年12月,又颁布《日用必须品平价购销办法》。通过这两个法令,实施了物价的管制。由于抗战进入艰苦相持阶段,物资奇缺,1941年2月,国民政府颁布《非常时期取缔日用重要物品囤积居奇办法》,所取缔的囤积居奇重要物品有:粮食类、服用类、燃料类、日用品、其他经济部呈准指定者。1942年9月,制定《加强管制物价方案》,规定以1943年1月为限期,对物价、运价、工资实施限价政策。同年3月,行政院颁布《限价议价物品补充办法》,规定除限价物品外,其余必需品采取议价。1944年5月,国民党中央全会通过《加强管制物价紧急措施方案》。同年8月,国家总动员会议通过《各省管制物价物资及实施纲要》。1945年2月,国民政府又颁布《取缔违反限价议价条例》,对违反限价议价者的取缔处分作了规定。上述法令法规,提供了统制战时物资的法律依据。

抗战初期,对自产工业器材的统制,主要掌握在工矿调整处手中,成为它所统制的重要物资;对自产工业器材的统制,主要限于钢铁与水泥。1939年5月和1940年1月,政府先后颁布管理规则,分别设立钢铁和水泥管理委员会,以实施统制。太平洋战争爆发后,进口物资减少。1942年1月,经济部核准公布《管理工业材料规则》、《钢铁材料登记办法》;4月颁布《管理钢铁材料实施办法》、《发给钢铁材料运输执照办法》。6月,再颁布《管理工业机器规则》,并公告管理燃料等化工材料。水泥和钢铁管理委员会也归并到工矿调整处。这样,政府实施了对战时工业原材料与器材的全面统制,并统归经济部工矿调整处以专司其职。工矿调整处先后指定统制的工业器材达200余种。其统治措施包括:(1)存量总登记,掌握货源;(2)发放准购证,掌握物资去向和数量;(3)发放运输护照,掌握物资流向;(4)核定价格。个别原料则另设专门机构统制,如铜由经济部资源委员会川康铜业管理处负责。1939年1月,经济部公布《川康铜业管理规则》,建立了对川康铜业统制的体制。1942年4月,工矿调整处扩大管理范围,将后方划分为五区,并各设办事处,分别进行管理。工矿调整处于1945年1月并入战时生产局,随即裁撤,工业原材料与器材的统制全部归战时生产局负责。①

田赋原以货币纳税,随着物价猛涨,税利暴减。1940年7月,行政院颁布《本年度秋收后军粮民食统筹办法》,首次在文件中规定了改征实物。1941年3月,行政院颁布《田赋改征实物办法暂行通则》。接着,国民党中央全会通过各省田赋暂归中央接管,以便统筹而资整理案。国民政府财政会议决定自当年下半年起,各省田赋一律征收实物。经济部据此拟订《战时各省田赋征收实物暂行通则》16条。同年8月,国民政府颁布《民国三十年(1941年)粮食库券条例》8条。通过田赋征实、征购和征借制度,国民政府以低廉的代价获得大量粮食。1942年7月,行政院通过《战时田赋征实通则》25条,对暂行通则进行修改,田赋征实制度稳定下来。同年,田管机关设征收处,统一办理征收事宜。1943年,又将省县田管机关和粮政机关合并。1945年3月,财政部田赋管理委员会改隶粮食部,并易名田赋署,于是田赋征实工作统归粮食部指挥监督,事权归于统一。与田赋征实相辅而成的,还有随赋征购和征借的办法。

---

① 陆仰渊等主编:《民国社会经济史》,中国经济出版社1991年版,第530—532、540—541页。

1938年6月,经济部农本局在重庆建立福生庄总庄,并在各省采购及供应中心分别设立分庄,以负责棉花纱布的管制。农本局又在川陕鄂豫等省设收花处,又于川黔等省设立手纺办事处。起初,当局还没有能建立起花纱布进行强有力统制的体制。1939年12月,经济部成立平价购销处,其业务包括对服用品的供销、平价、管制。1940年8月平价收购处公布《放纱收布办法》,以定量的棉纱,供给重庆市及近郊织布机户,加工成布匹,推向市场,增加布匹供应,以遏制市价涨风。1942年2月,经济部物资局成立,更加强了对花纱布的统制,制定了"以花控纱,以纱控布,以布控价"的政策,采取了严格手续,对厂商的存货进行登记,对厂商棉纱进行统购和分配供应,对布匹实施了平价定量分配制度。当年,物资局撤销,农本局改隶财政部,改组为花纱布管制局。其拟具《奖励限期收购三十一年(1942年)陕棉原则》,加紧收购陕棉,并采取多种办法争取掌握棉纱向织厂换布匹,发放棉贷,扶持棉花生产。经过这些措施,棉产量有所增加,并增加了布匹生产。国民政府还对若干重要物资实行统购统销的战时统制政策。如对棉花和纱、布,起初是"放纱收布",1942年起又实行"以花控纱,以纱控布、以布控价"政策,即对棉花、纱、布进行存货登记,统收厂纱,分配供应等。1944年,该局制定《管理小型动力纱厂花纱交换办法》,对工厂实施棉花配给,由工厂按数缴还棉纱;对西北各厂机纱,则规定其所产全部棉纱必须由该局统购,再行核配。对纺户织户,则规定必须一律领花交纱,领纱交布,以彻底掌握他们手中的原料来源和产品出路。除棉田征棉外,还采取购买的办法大量买进棉花。

在战时其他物资统制与税收方面,政府控制了茶叶、猪鬃、桐油、生丝、羊毛及钨砂等矿物的收购、运销、出口。例如战时外销物资统制。战时外销物资,基本上属于易货偿债性质,分为两大类:(1)特种矿产如钨、锑、汞、钼,由经济部资源委员会统制;(2)统销特产品桐油、猪鬃、生丝、羊毛等,由财政部贸易委员会统制。特种矿产的统制,在战前已经开始,主要由资源委员会下属机构钨、锑等业的管理处专司其职。国民政府以出口特种矿产作为易货偿债的主要方式。管理处在矿区设立事务所,直接管理生产,抗战爆发后又采取措施扶持生产,提高质量。统制前,特矿产品出口多控制在洋行手中,统制后,资源委员会在上海设立国外贸易事务所,收回这一权利。为防止日军截夺,利用英日尚未宣战的形势,资源委员会与英商福公司签订了《专销钨砂合同》。除特种矿产外,抗战时期出口的大宗物资还有桐油、茶叶、猪鬃、生丝、羊毛等。这些出口物资的统制,全部由财政部贸易委员会专司其事。1941年3月,财政部公布《全国桐油统购统销办法》,5月公布《全国猪鬃统购统销办法》。统制的基本方式是统购统销,政府并且鼓励生产。①

1937年8月,四大银行在上海成立"四行联合办事处",1939年9月迁到重庆后,根据《巩固战时金融法令》,明确了它就是战时金融的最高决策机关和统制机构。四联总处是实行全国金融统制的最高权力机关。当时又公布《非常时期安定金融办法》、《巩固金融办法纲要》和《战时健全中央金融机构办法纲要》等法令,以行政命令施行管制。抗战期间,财政银行均兼任中央银行总裁。抗战期间的管制法令,因缺少具体执行的常设主管机构督导检查,未收到具体效果。为此,财政部汇集有关法令并修改补充后制定了《非常时期管理银行暂行办法》,并于1941年12月公布。同时,国民政府对四大银行进行了专业划分,实行财政部制定的银行监理官制度,加强金融统制。1942年以后,为强化中央银行职能,国民政府首先着手改变发行权仍较分散的体制,明确将货币发行权收归中央银行,四大银行进行了专业划分,中国、交通、中国农民

---

① 陆仰渊等主编:《民国社会经济史》,中国经济出版社1991年版,第534—536、542页。

三行在业务上受中央银行制约,实际上它们各自在业务领域中都凌驾于其他银行之上。

战时经济统制对人民生活造成了困难,同时面临实施的障碍。第一,"中国的中央政权还没有完成彻底的统一",中央难于支配地方政府。这是无可讳言的事实"。第二,"中国依然是农业经济占主要的成分,工业既不发达,社会各部门产业缺乏组织集中的形态,农业散漫不集中"。第三,"中国经济现有许多特殊势力存在,例如帝国主义经济势力,敌人在战区的经济势力等。第四,中国各种统计资料,如耕地面积、粮食生产数量,矿产多少以及各主要经济统计均付阙如,缺少事实根据。[1]

---

[1] 高叔康:《战时经济统制问题》,载《学生之友》,1940年第1期。

第六章 近代教育文化卫生行政法

从两汉开始,中国的传统教育与文化是在专制制度下,向学子与平民灌输宣传儒家伦常道德的教育文化,并且先后建立了太常、礼部等兼掌文化、教育的行政机构。中国传统社会,一般地说,存在"缺乏周详的教育制度"等问题,"政府所重在选举,所谓官立学校,多是有名无实。关于教法教材组织,均听习惯之支配,从无周密的计划。"[①]清末改革,认识到培养人才对于国家与社会进步的重要意义,开始引进西方制度,建立学部等专门教育机构。到民国时期,创设了近代科学理论指导的比较完整的相关行政法制度,教育文化的面貌有了根本改变。

第一节 教育行政法

一、中央教育行政机构

清代与历史上一样,教育由礼部兼掌。礼部并掌全国的礼仪、科举,下辖典制、祠祭、主客、精膳四司。其中前两司事务较繁,典制司掌科举事务,职掌包括查核京师与各省官学、府州县学、书院、义学等事务。又有国子监,又名太学,兼具教育行政与最高学府的性质,隶属于礼部,雍正后独立门户,成为专管全国教育的机关,设管理监事大臣,下

---

① 王凤喈:《中国教育史大纲》,商务印书馆1932年版,第298页。

设绳愆、博士、典簿等厅,有祭酒、司业、监丞、典籍等官吏。

直到晚清,仍然没有专门的教育行政机关,"例如同文馆由总理衙门管辖,湖北自强学堂由湖广总督管辖"。光绪二十二年(1896年)正月,礼部开始设立管理官书局一人临时负责教育行政。戊戌变法期间,光绪二十四年(1898年)颁布《京师大学堂章程》,共8章,规定京师大学堂管理全国教育,"为全国教育行政机关"。① 管理官书局改称管理京师大学堂事务,两人;以京师大学堂管辖各省学堂,"是为我国新教育行政制度之嚆矢。嗣因学务日繁,乃于光绪二十七年专设管学大臣,兼掌京师大学堂及全国学校事务。光绪二十九年张之洞奏请特设总理学务大臣,统辖全国学务。"②管学大臣一人。由于癸卯学制(1903年)中的一个文件《学务纲要》进行了设置总理学务大臣和学务处的制度设计,光绪二十九年(1903年)改称学务大臣,三人。下设总理学务处,其下又设专门、普通、实业、审定、游学、会计六处,每处置总办一员、帮办一员,指导和管理全国教育行政。

清末新政期间,光绪三十一年(1905年)十一月,清廷批准建立学部,设尚书、左右侍郎、左右丞、左右参议,并将国子监并入,该部以日本文部省机构设置和官制为蓝本,下设总务、专门、普通、实业、会计五司,司务厅,并有京师督学、编译图书、学制调查等局,以及教育研究所,机构十分庞大。学部创建后,建系统、立宗旨、停科举,设女学。中国历史上第一个专司全国教育行政事务的中央机构诞生,教育行政机构取得与其他行政机构相同的地位,是教育行政开始走向近代化的标志。

南京临时政府废除学部,设立教育部。北京政府成立后,改组教育部。1912年8月,公布了《教育部官制》19条,1914年7月修正,其中

---

① 陈翊林:《最近三十年中国教育史》,上海太平洋书店1930年版,第43—44页。
② 雷国鼎:《中国近代教育行政制度史》,台北教育文物出版社有限公司1983年版,第1页。

规定教育部直隶于大总统,管理教育事务,置总长、次长、参事等,下设总务厅及普通教育、专门教育、社会教育司,另设总务厅,并设视学处,为调查全国学务供教育部决策的咨询机关。首任教育部长蔡元培(1861—1940)曾在欧洲目睹社会教育的发达,深信教育的责任不仅在教育青年,须兼顾多数年长失学的成人,所以草拟官制时,于普通、专门二司外,坚持设立社会教育一司,这是民初教育部机构设置的创新。改订后的教育部《分科规程》将社会教育司分为两科,第一科掌博物馆、图书馆、动植物园、美术馆、文艺音乐,第二科掌礼仪、通俗教育、讲演会、通俗戏剧词曲。

针对北京政府时期教育部官僚气息浓厚,1927年,国民政府开始推行大学院制度,确定"三民主义教育"为教育宗旨。大学院即教育部,推行大学院制,是为了使教育官僚制转变为教育学术化。同年6月,国民政府任命蔡元培(1868—1940)为大学院院长,随即公布《大学院组织法》,规定大学院为全国最高学术机关,管理全国学校及教育行政事宜,有院长、秘书长、教育行政处等,下设大学委员会、中央研究院、图书馆、博物馆等行政机构与学术机构。中央研究院下设若干研究所。大学院与以前教育部的重要不同在于设置大学委员会,是大学院权力机关,组成部分包括全国各国立大学校长、大学院教育行政处主任,以及5至7人国内专门学者,大学院院长兼任委员长,实行院长制与委员制并重。

1928年1月,国民政府模仿法国教育制度,修正公布《大学区组织条例》10条,规定全国按照教育经济及交通状况不同,划定若干大学区,每大学区设大学一所,除中山大学外,均以所在地名命名。大学区下属机构有:评议会、秘书处、研究院、高等教育部、普通教育部、扩充教育部等,人员编制甚为简单。区内各类教育都由大学校长管理。先在江、浙两省试办。

随着时间推移,大学院制度遭到非议,有的省份拒绝推行。由于在北平设立大学区问题上意见不一,蔡元培被迫辞职,不久停止实行大学院制与大学区制。其原因在于:(1)教育去行政化操之过急;(2)教育行政学术化混淆了教育事业与行政管理的界限;(3)各级教育联络困难,未便统筹;(4)行政区域太广,大学区制失去应有的作用;(5)大学区制将区内各大学捆绑到一起,行政效率低下;(6)大学区严重"党化",成为教育党化的牺牲品。①

1928年12月国民政府公布《教育部组织法》21条,规定仍由教育部管理全国学术及教育行政事务,有部长、政务次长、常务次长各一人,秘书、参事;设总务、高等教育、普通教育、社会教育、蒙藏教育等司,编审处、大学教育委员会。此外还有一些半行政的襄助机构,包括医学教育、教育统计、国民体育、中小学教科书编审等委员会。有督学4至6人。另设大学委员会,委员7至13人。教育部成立后,确定"根据三民主义,以充实人民的生活,扶植社会生存,发展国民生计,延续民族生命为目的,务期民族独立、民权普遍、民生发展,以促进世界大同"为教育方针。在此过程中,鉴于此前教育制度的混乱,对教育进行了积极整顿。

全国抗战爆发后,教育部西迁重庆。部分高校从中东部迁至大后方。在日本侵略的严峻环境下,教育艰难发展。1938年3月行政院核定《教育部训育研究委员会规程》。同年4月,国民党临时全国代表大会通过《战时各级教育实施方案纲要》,是抗战时期发展教育的法规准绳和教育部的施政纲领;同时订立《战时各级教育实施方案纲要》,提出实施方针。抗战期间,教育部对组织法屡次进行修订,其重点有:(1)将普通教育司分为中等教育司和国民教育司;(2)增加秘书;(3)科长为荐任,其余科员为委任;(4)扩大编制。以上重在体现政府对教育的重视,

---

① 熊贤君:《中国近代教育行政史》,人民教育出版社2014年版,第356页。

加强对中小学教育的管理与规则。

抗战胜利后,1947年2月国民政府第10次修正《教育部组织法》,规定教育部下设高等教育、中等教育、国民教育、社会教育、边疆教育、总务等司,国际教育文化事业、会计等处。在人数上有所压缩。1948年5月修正公布《教育部处务规程》,规定各司下只分四科或三科。

二、地方教育行政机构

晚清,朝廷作出省级地方教育行政改革的决定:裁撤旧时学政衙门,各省改设提学使司,掌管全省教育行政事宜,稽核学校规程,征考艺文、师范。设提置提学使一人,为总督、巡抚的属官,归其节制考核,下设总务、专门、普通、实业、图书、会计六科。分曹治事,并于省会地方置学务公所,为提学使司下的赞襄议事部门。光绪三十二年(1906年)前后,先后颁布了《各省学务官制折》、《各省提学使办事权限章程》。学部另颁《奏定各省学务官制章程》,规定了各省学务官制及其职掌。

1913年1月,大总统公布《划一现行各省地方行政官厅组织令》,规定设教育司管理教育事宜,为一省最高教育行政机构。因经费困难,不久国务院通电各省,除少数省外,均将教育、实业两司归并到内务司。这个规定遭到反对,各省要求独立设置教育行政机构省教育厅。1917年9月,代理总统冯国璋颁布《教育厅暂行条例》,规定各省设教育厅,直属于教育部,设厅长一人,设科视事务多寡而定,至多三科,并设视学四至六人,由厅长委任,掌管视察全省教育事宜。又颁布《教育厅属组织大纲》,规定教育厅公署下设三科,分管印信收发机要、普通教育与社会教育、专门教育与外国留学。于是各省纷纷设置教育厅。1918年4月教育部颁布《省视学规程》,省视学制度趋于统一。省教育行政主要推进义务教育、实施社会教育,开展职业、边疆与蒙藏教育。

国民政府停止大学区制度后,各省政府下设教育厅,综理全省教育行政。1931年3月,国民政府公布《修正省政府组织法》,规定了教育厅职掌。为保证督学制能发挥作用,各省纷纷建立督学规章制度。同年6月教育部公布《省市督学规程》17条,规定各省教育厅设督学4至8人,行政院直辖市教育局设督学2至4人,承主管长官之命,视察及指导各该管区域内教育事宜。"我国现制,各省设有教育厅,为地方专管教育机关,直隶教育部。但省长负有全省教育、实业、财政、治安等职,故教育厅一方对省长负一省教育之责,而受其指挥。"①

晚清在府州县级也进行了教育行政改革。光绪三十二年(1906年)学部奏定《劝学所章程》10条,规定劝学所为县级教育管理机构,以本地方官为监督,设总董一员,由县视学1员兼任。以下就辖境划分学区,以三四千家划为一区,每区设劝学员一人。宣统年间推行地方自治,地方学务列入府州县及城镇乡自治范围。宣统二年(1910年)十二月学部《改订劝学所章程》。包括设置及委任、职权、经费、待遇及功过4章及附则,共22条。规定府厅州县城治设劝学所,佐其长官办理学务,经费由该管长官负责。这样,劝学所成为地方长官的附属机构。学部并颁《地方学务章程》,规定各府厅州县城镇乡为办理学务应设置学务专员。很快,"教育会、劝学所遂便设于全国"。② 正由于"地方自治的潮流激起,地方教育管理不得不适应地方自治的规程,于是改订《劝学所章程》,同时并颁布《地方学务章程》及施行细则"。③

民国初期,县教育机构混乱。1912年2月临时大总统公布《划一现行各县地方行政官厅组织令》,规定县公署设科包括教育管理,或设四科,以第三科掌教育行政,若设三科、二科者则兼管教育。民国初年县视学制度始于江苏省,以后各地不统一。1915年12月,教育部公布

---

① 程湘帆:《中国教育行政》,商务印书馆1930年版,第32页。
② 王凤喈:《中国教育史大纲》,商务印书馆1932年版,第320页。
③ 夏承枫:《地方教育行政》,正中书局1946年版,第24—25页。

《劝学所规程》，规定各县设劝学所，辅助县知事办理县教育行政事宜。由于社会动荡，兴起教育独立思潮。1922年2月，全国教育独立运动会在北京高等师范学校召开成立大会，此后教育行政独立的呼吁十分高涨，同时鼓吹教育经费独立。

劝学所的设立，原为暂时代理行政之职，属于"不得已之救济办法"，存在弊端。如果各地方自治一旦成立，"则劝学所之制度非重新改变不足以适应地方自治之新精神"；"且劝学所之设，本为在自治职未立之处，暂负代行之责。自治职既立，则毫无实权，虚设此机关，在行政上直等赘疣"。① 1923年4月，北京政府大总统公布《县教育局规程》15条，《特别市教育局规程》11条。至此，县劝学所改为教育局，为县教育行政机构，设局长一人，视学及事务员若干人。县教育局得将全县市乡酌创若干学区，每学区设教育委员一人，受教育局长管辖。特别市之教育行政，得视县教育行政酌量定之。县所属特别市乡划定学区，每区设学董一人，任本区之调查及设施事项。1929年6月，国民政府公布《县组织法》，规定县政府下设公安、财政、建设、教育四局，如有缩小范围的必要时，得呈请省政府改教育局为科，附设于县政府内。县教育局职掌管理学校、图书馆、博物馆、公共体育场、公园等事项及其他社会事业，下设三课。

由于教育经费支绌，当时很多县教育局改名教育科，以后多有反复，人员编制大多从严，一般只设局长一人，不设副局长，另设督学、科员各一至三人，办事员一至三人，地方县市教育视察辅导工作先后开展起来。1931年5月，教育部公布《县长市长（行政院直辖市除外）办理教育行政暂行考试规程》14条，规定县长、市长在任内必须重视并切实推行教育，每年对县长、市长办理教育行政考核一次。1937年6月，行

---

① 薛人仰：《中国教育行政制度史略》，中华书局1939年版，第131页。

政院修正公布《县政府裁局改科暂行规程》,规定在人口较少、事务较简之县份,得由省政府酌量改设专科办理。

全国抗战期间,1939年国民政府《县各级组织纲要》,规定县政府设科。在经费不充裕的区,得仅设干事一人,集管、教、卫三事于一人。就县教育行政组织而言,其与以前相比有三点变化:(1)将教育行政纳入普通行政系统;(2)一人兼理三事,进一步减少教育行政人员编制;(3)以政治力量使教育与地方建设相配合。1940年7月,教育部颁布《办理县各级教育行政注意事端》16条,规定原为建设、教育合科的,应尽可能分科;原设教育局的,在《县各级组织纲要》未普遍施行时,应予保留。教育局改科,可以集中行政,避免人浮于事,但教育地位降了一级,教育行政失去独立,行政力量大为削弱。1945年5月国民党六大议决恢复县市教育局。抗战结束后,1947年1月教育部训令各省从速恢复设置教育局。同年10月行政院颁布《县市教育局编制及局长选用标准》4条,意味着县市教育行政亦恢复教育局之制。同时市县教育督导机构也作了小幅调整。

三、教育改革与管理

晚清学童接受教育的途径有私塾、书院、县学州学等,规模一般都很小。在教学内容上,教授初步的儒学文句、道德准则到八股文,带有传统性、封闭性的特点。教学的主要目的是为今后学习较为艰深的儒家经典,并准备参加科举考试、走上功名利禄之途做准备。在中央,设有国子监,学生包括贡生与监生两种。学生毕业后,成绩优秀者可以保荐吏部录用,成绩一般者候补录用。因此清代学校与科举、任官有密切关系。其学习内容狭隘迂腐;加上清朝中叶以后,大开荫袭与捐纳之门,学生素质下降。

在维新思潮勃发的年代,学习西方文化、改革旧教育体制的新教育思想与方案开始出现。戊戌变法期间,谕示各省将府州县之大小书院,一律改建高等学堂、中等学堂与小学堂。这是变科举的先声。光绪二十七年(1901年),复命各省所有书院,于省城改设大学堂,府厅及直隶州改设中学堂,州县改设小学堂,学生毕业后也可以取得功名。同时决定选派学生出国留学,鼓励自费留学。翌年七月,清朝颁布第一个新型的学制系统——《钦定学堂章程》,称壬寅学制,包括蒙学、小学、中学、高等、京师大学六个文件,但未能实施。光绪二十九年(1903年)十一月颁布《奏定学堂章程》,称癸卯学制,为近代第一部在全国范围内实际推行的学制系统,分为初等、中学、高等三段七级。接着,制定了一套以日本教育为模式的学堂行政管理规章,规定学堂分为初等和高等小学堂、中学堂、高等学堂三级。光绪三十一年(1905年)九月,下令从翌年起停止一切科举考试,随后命各省学政专管学堂事务。据学部统计,光绪三十年(1904年)全国学堂总数4 222所,学生9.2万余名,宣统元年(1909年)猛增到5.2万余所、学生156万人。当然,许多新式学堂只不过是旧式书院或村塾挂上一块新招牌而已,特别是由于许多地方没有那么多合格教师,新式学堂只好照旧授课。①

在学堂制度与管理方面,宣统元年(1909年)十二月,学部颁布《增订各学堂管理通则》,"就原定通则悉心厘订,核以京外各学堂现时情形,并采取东西各国管理良法,逐章增补",分为学堂各员职分、学生品行功课考验、讲堂规条、操场规条、礼节规条、放假规条、建造学堂法式13章以及附条。

南京临时政府教育部成立后,公布《普通教育暂行办法》,对清末教育制度进行了多方面的改革,规定学堂改称学校,监督、堂长改称校长;每年仍分两学期;初等小学男女同校;可以设立女子中学和女子职业学

---

① 李侃:《中国近代史》,中华书局1994年版,第316—318页。

校,小学废止读经课,各种教科书必须合乎民主共和国的宗旨等,并公布了《普通教育暂行课程标准》11条。1912年9月,北京政府公布《拟议学校系统草案》(即壬子学制),并陆续公布了《小学校令》、《中学校令》、《师范教育令》、《专门学校令》及和中学校规程。1919年教育部拟订全国教育计划书,提出社会教育分为建图书馆与博物馆、扩充及补助通俗讲演所、筹设美术馆、提倡公共体育等九项。这一时期还创办了一批高等学校。

国民政府大学院与教育部成立后,在不长时间的行政工作分别有:(1)颁定三项教育方针(教育科学化、劳动化、艺术化);(2)大力推进美育;(3)召开全国教育会议(1928年5月);(4)厉行义务教育,1930年4月教育部制定《改进全国教育方案》,拟就义务教育实施计划,将义务教育普及期限定为20年;(5)保障教育经费独立。1929年2月,行政院发布《各省教育经费须保障其独立》训令。1931年5月,行政院公布《地方教育经费保障办法》,规定各级政府对于现有的教育经费总额,应切实保障,不得任其短少;各项新增地方捐税,由省市政府酌定提留若干成,作为地方教育经费;(6)整饬全国学风;(7)实行毕业会考制度。包括1932年5月教育部《中小学学生毕业会考暂行规程》,后来又颁《中学生毕业会考规程》、《师范学校学生毕业会考规程》;各类各级毕业生,只有通过毕业会考,才能获得毕业证书,并具备报考高一级学校的证书;(8)推行乡村教育;(9)制定教育法规。

晚清出现女子教育,又屡经波折起伏。民国一建立,首任教育总长蔡元培就发布《普通教育暂行办法通令》,规定"初等小学可以男女同校"。1922年11月,教育部公布"壬戌学制",全面取消各类学校限制女子入学的规定。1938年4月,国民党临时代表大会制定《战时各级教育实施方案纲要》,规定"中小学中之女生,应使之注重女子家事教育,并设法使学校教育与家庭教育相辅推行"。当时一方面开放女子教育,另一方面又模仿日本,对女生注重"家事教育",与男生有明显区别。

抗战期间着力推进战时地方社会教育。1938年2月教育部通令《清理战区各省市教育存款办法》12条。而《战时各级教育实施方案纲要》则提出战时教育"九大方针"及"十七要点";在《各级学校兼办社会教育办法》中,规定各校(不含六级以下小学)应于校内成立社会教育推行委员会。新县制颁行后,1938年9月颁布《县各级组织纲要》,对县以下各级组织机构采用所谓"管、教、养、卫四者合一"的办法。1939年4月,教育部重新颁布《民众教育馆规程》和《民众教育馆工作大纲》,规定民众教育馆的宗旨是"实施各种社会教育事业,并辅导各该地区社会教育的发展。各省应划分若干民众教育辅导区,每区设省立民众教育馆一所,辅导或协助各该区内社会教育机关,联系公私立小学并兼办社会教育事宜"。教育部还创办了一些社会教育机构,如中央民众教育馆、西北图书馆等。

四、各级(类)学校教育管理

宣统元年(1909年)十一月颁布《简易识字学塾章程》16条,规定简易识字学塾专为年长失学及贫寒子弟无力就学者而设,专教部颁简易识字课本、国民必读课本,并酌授浅易算术(珠算或笔算),二年完毕,即准作为毕业。至其毕业年限定为三年以下、一年以上,均可听便。此项学塾三年毕业者,如愿升学,得升入初等小学第四年。学塾视经费所自出,分为官立、公立、私立三种。翌年六月,学部颁行《改良私塾章程》,共六章加附则22条。宣统三年(1911年)正月,学部《改订简明识字学塾章程》分为设立及维持、教科及设备两章11条,并有附则。

宣统元年三月学部奏请变通初等小学堂章程折,拟将初等小学教育分为初等小学堂、小学简易科两类。1928年2月,大学院公布《小学暂行条例》8章29条,规定小学教育应根据三民主义,"按照儿童身心发展之程序,培养国民之基本知识技能"。1932年12月,国民政府公布《小学法》18条,规定小学以发展儿童身心、培养国民道德基础及生活所必需之基本知识技能为宗旨。小学修业六年,前四年为初级,后两年为高级。小学由市县或区坊乡镇设立,私人或团体亦得设立。小学科目及课程标准,并小学规程,均由教育部定之。

1912年9月教育部公布《中学校令》16条,规定中学校以完成普通教育、造成健全国民为宗旨,分为省立、县立与私立中学校。1932年11月立法院通过《中学法》14条,规定中学以发展青年身心、培养健全国民,并为研究高深学术及从事各种职业之预备。中学科目及课程标准,并中学规程,均由教育部定之。中学设初级中学与高级中学,并得混合设立之,修业年限各3年,又分为省立中学、市立、县立,县联立及私立等。

1927年以后的10年间,各类教育取得较快发展。1937年,全国小学校增加到31.87万余所,中学校增加到1900余所,专科以上学校91所。这个时期被称为"民国以来教育学术的黄金时代"。抗战期间,国民政府为调整地方组织,强化地方自治基础,而有国民学校体制的设立。该体制将义务教育与失学民众之补习教育熔于一炉,为普及教育与扫除文盲的工作奠定基础。1939年9月,国民政府《县各级组织纲要》规定"每保必设一国民学校;每一乡镇必设一中心学校,均包括儿童、成人、妇女三部分,务期民众教育与义务教育打成一片,以期完成建国必须之国民教育"。从1940年8月至1945年7月的五年中,分三期实行,先在后方的云南、四川、贵州等19省市推动国民教育。截至1946年年底,三省共设国民学校、中心国民学校及其他小学23.7万所,平均每四保设三校。受教育儿童2916万名,占学龄儿童76%强。历年共扫除文盲5300余万名,占文盲总数57%强。

近代颁布了一些关于师范教育与各类职业教育的行政法规。宣统元年(1909年)学部颁《检定小学教员章程》27条。规定检定小学教员各项事宜,在京师由督学局办理,在各省由提学使司办理,其府、厅、州、县距省会较远者,由提学使司酌量情形派员办理。与此同时,颁布了《优待小学教员章程》12条,规定"现充小学堂教员者,地方官即应待以职绅之礼。现充小学堂教员者,得比照附学生员给予顶戴,本身得免徭役"。1932年12月国民政府公布《师范学校法》17条,规定师范学校在以严格之身心训练,养成小学之健全师资,得附设特别师范科、幼稚师范科,修业期限分为三年、二年或一年三种。师范学校由省市或县设立,不收学费。学生修业期满,学习完竣,成绩及格,由学校给予毕业证书。师范学校科目、课程标准、实习规程,校长教员之任用规程,师范毕业生服务规程,均由教育部定之。1936年全国师范学校达814所,学生8700余名。① 抗战期间,师范、简易师范及简易乡村师范又有迅速的发展。

宣统元年(1909年)年度支部《财政学堂酌拟章程》,包括设学要义、学额及入学资格、学课程度等7章50条。规定本学堂宗旨,在养成财政通材,务使研究学理,明体达用,足备任使为第一义,分设中等科、高等科、别科。而《税务学堂章程》,包括总纲、课程、入学及退学、考试及毕业、放假及告假、职员6章,规定税务学堂学生分本科与补习科。

晚清法政学堂带有贵族色彩。宣统元年闰二月宪政编查馆《贵胄法政学堂章程》,规定本学堂以造就贵胄法政通才为宗旨,分设正、简两科。入本学堂者为宗室王公世爵、蒙古王公世爵、满汉世爵及其子弟曾习汉文者。宣统二年(1910年)十月民政部《高等巡警学堂章程》,12章95条,规定本学堂分正科、专科两项,并为京师巡警总厅任用巡警起

---

① 以上数据见朱庆葆等:《中华民国专题史》第十卷《教育的变革与发展》,南京大学出版社2015年版,第225、234、230页。

见,附设巡警教练所。

1932年12月国民政府公布《职业学校法》60条,规定职业学校培养青年生活知识与生产技能,分为初级、高级,以设立单科为原则,但有特别情形得设立数科。职业学校由省市设立,但县市私人或团体亦得设立。学生修业期满,实习完竣,成绩及第,由学校给予毕业证书。《专门职业及技术人员考试法》,1942年9月国民政府颁布,1944年12月修正,共14条,规定专门职业及技术人员包括律师、会计师、技师、医师等,考试方法为试验、检核两种,必要时可举行面试。

光绪三十三年(1907年)十一月颁布《大学堂章程》,包括立法总义、各分科大学科目、考升入学、屋场图书器具、教员管理员等七章。1912年10月教育部公布《大学令》22条,规定大学以教授高深学术、养成硕学闳材,应国家需要为宗旨,以文理二科为主,附设预科,并设大学院。1913年1月教育部公布《大学规程》4章28条,规定设文理法商医农工七科。1929年7月国民政府公布《大学组织法》26条,规定具备三学院以上的称为大学,否则为独立学院。国立大学,由教育部设立。"大学设校长一人,综理校务。大学各学院各设院长一人,综理院务,由校长聘任之。大学各学系各设主任一人,办理各该系教务,由院长商请校长聘任之。"同年8月教育部公布《大学令》6章30条,规定只有具备理、工、农、医学院之一者才能称为大学,对各大学中院系科目之设立作了硬性规定。

从1928至1936年,全国专科以上学校从74所增加到108所,在校学生从2.5万余人增加到4.1万余人。抗战期间,各类学校受到日本侵略的严重破坏,许多大学不得不辗转西迁,损失严重。[①]

[①] 朱庆葆等:《中华民国专题史》第十卷《教育的变革与发展》,南京大学出版社2015年版,第7页。

晚清开始派遣留学生，并且鼓励自费留学。甲午战争与日俄战争以后，中国出现了游学(即留学)日本的热潮，同时也向欧美派遣公费留学生。光绪三十三年(1907年)十一月外务部有《贵胄游学章程》12条。宣统元年(1909年)六月学部颁布《考试毕业游学生章程》8条，规定东西洋游学生，应由出使大臣或游学生监督将该生等履历、入学年月、所习专科及预定毕业年限并有无旷课各节，预行列表，报部立案。其赴部报考时，应由出使大臣或各省督抚，或各部院堂官备文咨送，出具切实考语，方准予考。宣统二年(1910年)三月学部《管理欧洲游学生监督处章程》，规定于英、德、法、俄、比五国各设一管理游学生监督处。

北京政府教育部公布有《经理欧洲留学生事务暂行规程》、《留欧官费生规约》、《经理留学日本学生事务暂行规程》、《管理自费留学生规程》等。国民政府时期，1929至1932年的4年间，中国留学生中派往欧洲的1 125人，派往北美的649人，派往日本和其他国家的1 938人，总计3 713人。[①] 1933年4月，教育部颁布《国外留学规程》46条，以各省市留学教育为重心，分别就公费、自费生的资格、考选、管理、留学证书、边疆生优待、服务义务等作出规定，是此前中国留学教育管理的总结与发展，将清末以来处于无序状态的留学教育纳入有序管理体系中，形成了一个中央抓总则、重心在省市的留学教育管理行政体制。

第二节　文化管理法

一、图书馆、博物馆管理

晚清，私人藏书楼、书院图书馆等衰落。戊戌变法涉及改革科举制

---

① 李华兴主编：《民国教育史》，上海教育出版社1997年版，第745页。

度,废除八股文,设立学堂,准许自由创立报馆和学会等,间接促进了图书馆事业的发展。光绪三十年(1904年),国内第一所官办图书馆湖南省图书馆建立。从光绪三十二年(1906年)到宣统元年(1909年),有15个省建立了图书馆,多数为公共图书馆。[①]"光绪三十四年四月,江苏巡抚端方于南京筹设图书馆,后于宣统元年九月竣工(建筑费34 700余两),定名为江南图书馆",民国时称江苏省图书馆。[②]

图书馆的出现,需要有相应的管理制度。宣统元年(1909年)十二月学部颁布《图书馆通行章程》20条。规定"图书馆之设,多以保存国粹,造就通才,以备硕学专家研究学艺,学生士人检阅考证之用,以广征博采供人浏览为宗旨";"京师及各直省省治应先设图书馆一所,各府、厅、州、县治应各依筹备年限以次设立";"图书馆地址以远市避嚣为合宜,建筑则取朴实谨严不得务为美观,室内受光通气尤当考究合度,豫防潮湿霉蚀之弊"。这是第一次把藏书机构称作图书馆。对图书馆选址、建筑规格、馆内布局、人员编制等,均有明确要求,并将图书馆馆藏分为保存的图书和供阅览的图书。保存的图书为"内府秘籍、海内孤本、宋元旧椠、精抄之本",专门使用;"凡中国官私通行图书、海外各国图书",都是供观赏的,不得携出馆外。采集收藏图书务求完备,但"近时私家著述有奉旨禁行及宗旨悖谬者,一概不得采入"。搜集各国图书也要完备,但"宗旨学说偏驳不纯者,不得采入"。京师及各省图书馆要附设排印所、刊印所,以便翻印。京师图书馆经费由学部筹拨,各省由提学使司筹拨,各府、厅、州、县由地方公款内筹拨。该章程是中国近代颁布最早的关于图书馆的行政法规。

1915年10月,教育部颁布《通俗图书馆规程》11条,规定"各省治、

---

① 王西梅:《中国图书馆发展史》,吉林教育出版社1991年版,第234页。
② 吕绍虞等:《中国图书馆大事记》,浙江省立图书馆《浙江图通讯》第1卷第1期,1941年印行。

县治应设通俗图书馆,储集各种通俗图书,供公众之阅览。各自治区得视地方情形设置之。私人或公共团体,公私学校及工场,得设立面向社会的通俗图书馆,定名称为公立通俗图书馆。规定通俗图书馆得设主任一人,馆员若干人。这些人的任职、服务、薪给等事项,"准各公署委任橡属之规定"。通俗图书馆经费预算报政府拨给,不征收阅览费。还规定通俗图书馆得附设公共体操场。同年11月,教育部颁《图书馆规程》11条,规定各省各特别区域应设图书馆,储集图书,供公众阅览。各县得视地方情形设置之。根据规程,其名称为公立图书馆或某团体、某学校附设图书馆。图书馆设馆长一人,馆员若干人,由主办单位任用并报主管公署和教育部,享受教育职员待遇。根据这两个规程,民国初年的图书馆分为两类:通俗图书馆偏重民众使用,普通图书馆注重学术文献的保存和使用,前者多免费,后者多收费。无论哪一种,图书馆的宗旨都已经与民主共和的时代相适应。

民国初年,图书馆建设蔚然成风。到1918年,全国共有通俗图书馆286所,其他图书馆170所。北京通俗图书馆有书2 100多册。江苏松江通俗图书馆,有书5万多册,广西普通图书馆藏书6万多册。京师图书馆,清政府于宣统二年创建于北京。北伐战争后,由国民政府大学院接管,改名国立北平图书馆,后与北海图书馆合并,拥藏书115万余册,其中西文图书15万册,日文图书40万册,并有敦煌石窟唐人写经与《四库全书》等珍品,为旧中国最大图书馆。图书馆事业,特别是在20至30年代取得显著进步。1926年,全国除西康省外,各省都已有省立图书馆一所。大学图书馆,随着大学数量的增加而显著增长,1927年全国大学图书馆供70所。机关企业团体图书馆也有发展。1924年落成的上海东方图书馆,由涵芬楼扩大而成,计有中文书16万册,日文书1.5万册。西文书2.4万册。1932年"一·二八"事变中被日机炸毁。由于时局动荡,财政拮据,"政府对图书馆事业,既无远大整个政策,又复缺少扶植之能。苟遇图书馆事,则求敷衍而已,岂越意培植图书馆哉?今政府机关则视图书馆为一机关之装饰品,岂不谬哉?"①

洋务运动期间,在中国学界引入和介绍西方博物馆范式和学术的背景下,博物馆一词出现在中国学术词汇中,中国近代博物馆开始萌生。这是开启民智、保护民族古物的需要。

1868年建成的上海徐家汇博物院,被视为中国境内博物馆之始,其后上海博物院、济南广智院、北疆博物院等均为西人所建。同时国人开始自主建馆,1866年开始筹办京师古物陈列所,光绪三十一年(1905年)张謇设南通博物苑。在此前后各地陈列工商物品的陈列所兴起,光绪二十八年(1902年)有天津考工厂陈列馆、光绪三十年(1904年)有河南劝工陈列所等。由于科举废止,社会急需一批普及新式教育知识的场所,工商部颁布《工商部国货陈列馆规程》《省区特别市国货陈列馆组织大纲》等,规定国货陈列馆每年必须定期征品陈列,并举办展览一次,并负责国内外展览会的有关联络与征集展品参赛的工作。②

近代早期博物馆相关管理部门几经变化。因博物馆教育功能显著,当时除内务部外,学部还专设庶务科管理博物馆、图书馆、天文台等,但当时古物保护与博物馆建设均处于初始阶段,相关规范少。

宣统元年五月农工商部《京师劝工陈列所章程总纲》9条,规定本所宗旨在调取全国工艺品及天产物分类庋设,比较参观,以期工业之改良而图商业之进步。本所自管理、总理、帮办以下,分设庶务、文牍、试验、调查、会计、庋设六课,每课设课长一员,并视其事之繁简,酌设课员。本所陈列品包括农业附园艺、林业、水产、矿产及冶金、化学工业、染织工业、制造工业、机器及器具、图绘写真及印刷、专利品及参考品

---

① 李小缘:《中国图书馆十年来之进步》,《图书季刊》第十卷第四期,1936年7月。
② 徐玲:《博物馆与近代中国公共文化》,科学出版社2015年版,第80页。

10 部。

"自北平古物陈列所及南京古物保存所先后设立后,国人对于博物馆事业始稍加注意。当时南通博物馆的成绩,亦已渐著,益使知识分子对于博物馆事业的感到重要"。进入民国,博物馆事业方兴未艾,"于是直隶省公署教育科、天津劝学所联合各级学校,发起设立博物院";"该馆成立于七年(1918年)六月,初名天津博物院,至十七年(1928年)改名为河北第一博物院"。[①] 1921年全国已有13所博物馆,1925年故宫博物院成立。1933年蔡元培倡议建立国立博物院。教育部拟《中央博物院设立意见书》有关在其下分设人文、工艺、自然三馆的意见书。1935年11月在南京奠基,因抗战而终止。

二、档案馆管理

关于档案室行政管理与运作的记录与衰辑。清代各机关基本上是以档房和清档房作为管理档案的机构。随着官制的变化,晚清中央和地方的文书档案机构相应变化。内阁设承宣厅专掌文书档案工作,内阁下属各部的文书机构也有所变更,前设的档房、督催所等机构名称取消,代之以承政厅(司)或总务厅(司),其下分科治事,如学部总务司下设机要和案牍两科。地方文书档案机构也进行了改动,如光绪三十四年(1908年)年黑龙江行省公署在文案处下设机要、文牍等科。清廷在变法、立宪等口号下进行的国家机构改革采用分科任事的办法,中央和地方机关中设置了诸如机要、案牍等科专掌或兼掌文书档案的机构。

同时,清朝还要求各机关加强档案管理。一些在新政中建立起来的机构以及和洋务有关的机构对现行档案进行过一番整顿与改革。会议政务处是光绪二十七年(1901年)新政中设立的机构,在档案管理上

---

① 陈端志:《博物馆学通论》,上海市博物馆1936年印行,第26—27页。

实行较为科学的区分门类的办法。会议政务处在开办条议中规定,档案区分为官制、学校、科举等若干门,每门下又分若干类。在档案管理上实行三级分类,采用按问题性质分类的科学办法。对陆军部档案,也加强了检查、监督和控制。

南京临时政府时期,对文书进行改革,颁布新的公文程式。1912年年初,颁布了第一个《公文程式条例》,废除专制时代体现严格等级的繁缛文种,并统一公元纪年,明确公文处理程式。根据《临时政府组织大纲》,在临时总统府下设有秘书处,该处下设总务、文牍、军事、财政、民政、英文、收发七科。其中文牍科可以说是临时总统府的专职机关档案室,主要任务是负责整理和保管总统府在日常工作中形成的档案。政府各部都设政务厅,其下有的设文牍科,有的设文牍员,既负责文书工作,也掌握档案管理。

北京政府时期,中央文档主管机构主要集中在总统府和国务院。在总统府及与之相当的执政府、大元帅府下,一般设有秘书厅负责文书档案,秘书厅官员有秘书长、秘书、参议、佥事、主事若干人,职掌包括文书图籍等,下分科(课)办事,但各时期设科数量不一样。1913年11月《国务院秘书厅分课办事规则》,规定秘书厅分三课。1914年5月,废除国务院,改设总统府政事堂,在总统府直辖五局一所(机要、法制、铨叙、印铸、主计局和司务所),由机要局负责文书工作,裁撤秘书厅。在《大总统府政事堂机要局官制》中,规定了机要局权限包括处理文件,编辑档案等。袁世凯死后,国务院恢复,机要局被撤销,权力复归秘书厅。1926年3月《国务院秘书厅办事规则》规定,秘书厅设五课。在国务院下设各部中都设有总务厅,总务厅设文书、统计、会计、庶务四科,其中文书科主要负责文书档案。大理院设总务处,其下文书科分理文书、档案事务。总检察厅内,设有书记处,下设文牍、统计等四科,负责文书档案工作。

当时专职档案机构的数量有所增长,如外交部总务厅下设立专门清理、保存档案文件的档案房;内务部设立保管档案的档案科,司法部设立文件保管室等。在开展业务时,有的已有类似全宗整理档案的做法,如外交部的档案部门在整理保存该部档案过程中,将外交部成立以后形成的档案称为"新档",把清代总理衙门和外务部档案称旧档,将不同历史时期的不同机关作为档案整理的基本单位。有的则开展了档案的鉴定工作,并根据档案的重要程度编制档案检索簿,建立起档案的借阅制度。[①] 北京政府时期档案工作的进步表现在关于档案按来源整理、文书处理部门立卷、编制检索工具、划分档案保管期限、健全调阅档案等制度方面。

地方政府中省级行政机构的名称不断变化,档案机构随之变化。民政公署时期,省政府下设总务处负责文书档案工作;以后为巡按使公署,新设政务厅成为省枢纽,下设总务等四科,以总务科负责文书档案。1917年9月,省机构改省长公署,文书档案归政务厅下总务科负责。省以下的道,文书档案由内务科兼管。县级,知事公署下第一科总务,职掌包括档案。

近代国家档案馆在溥仪小朝廷被逐出皇宫后逐步建立。1925年1月故宫博物院成立后,其下有图书馆,下设文献部和图书部。文献部负责明清档案和历史物品的整理和保管,是最早的国家档案馆。1927年11月,文献部改掌故部,1929年改文献馆,整理了明清档案。文献馆根据历年整理工作的经验,于1936年制定《文献馆整理档案规程》,其中说档案整理要注意利用原有基础,要注意历史档案的完整性等较科学的档案整理原则和做法。

国民政府时期,1928至1932年,中央各部陆续建立了一大批专门

[①] 杨小红:《中国档案史》,辽宁大学出版社2002年版,第112、203、210—212页。

档案机构,大多设于机关的总务司下,也有隶属于秘书科、文书科的。内政部在总务司第二科下设总档案室,外交部设档案处,实业、交通、教育、财政等各部建立了掌卷室、管卷室、管卷股等名称不一、规模不同的机构。除政府机关外,党务和军队系统也相继建立专职档案管理机构,如国民党中央党部秘书处直属的中央档案整理处,国民党军队内部的临时档案室、中心档案室、一般档案室等。不同系统机关内档案室的普遍建立,使一个机关档案集中的趋势增强。大部分档案机构都制订了较为系统的档案管理制度,如内政部1928年《档案室办事规则》,考试院1930年《文卷管理规则》。同年行政院发布《保存机关旧有档案令》,交通部有《档案管理办法》。当时档案室的工作程序或档案管理程序,主要有点收、登记、分类、编卷、编目、装订、排列、庋藏与调阅环节。

但问题也比较多,包括仍采取分散管理,很多机关没有实现集中制:"除少数已渐知改善之外,大都仍无进步";"细考其缺点有五":(1)组织不健全,各机关在组织规程或办事细则上均未明定主管档案部分为行政机关之一单位;(2)管理人员能力太差;(3)档案分类不合理;(4)索引工具不完备;(5)保藏案卷不得法。"[①]

1933年,国民政府开展档案管理改革运动,其内容主要是健全档案法规与运作程序。6月,行政院召集改革公文档案会议。由内政部次长甘乃光主持其事,各部会均有具体改革方案。1934年7月,在行政院之下,组设行政效率委员会,聘请专门委员负责研究,并由内政部作文书档案连锁办法之试验,中心是实行文书档案连锁法,统一分类、统一登记和统一编号。文书档案改革运动期间,1934年1月,内政等部向行政院提出设立国立档案库,但是档案总库迟迟未能建立。此后有《外交部管卷规则》、《财政部整理档卷及保管规则》、《各机关保存档

[①] 周连宽:《档案管理法》,正中书局1947年版,第3—5页。

案暂行办法》等,只是较低层次的行政法规。1935年3月,行政院设档案整理处,其任务包括拟具院部会处理档案划一办法呈请行政院院长核准施行,并监督指挥院部会办理档案人员依照办法规定处理档案。在地方,县政府由于实行改制,废局设科,档案大增,于是制定相关管理与整理办法。

30年代以后,档案工作不断改善,包括结合传统管理办法与现代情况,图书管理人员参加档案管理;搬用国外档案管理或图书管理方式。各种管理办法包括文书档案连锁办法、公用局档案管理办法、教育部档案管理法、图书管理办法,以及不分类、不立卷的档案管理法。1940年2月,在重庆成立国史馆筹备委员会,1947年1月正式成立国史馆。国史馆筹备委员会与国史馆的工作有:(1)撰拟全国档案馆组织条例和有关档案保管的章则,包括《全国各机关档案保管暂行办法》、《全国档案监理会组织条例》、《全国档案馆组织条例》、《档案保存办法》及《处理档案实施细则》等;(2)收集和保管了一批民国和清代档案;(3)审核各机关拟毁档案目录。[①]

三、礼制与文物管理

中国传统礼乐,体现等级地位,涵盖典章制度领域,相当部分具有行政法性质。宣统三年(1911年)六月颁布清廷《典礼院官制》24条。规定典礼院掌朝廷、坛、庙、陵寝礼乐之制与典守事宜,并修明礼乐更订章制。典礼院设置掌院大学士一人,总理本院事务监督厅署,置学士、厅长、署长、佥事,并设总务厅,以及礼制、祠祭、奉常、精膳四署。

北京政府时期,1912年8月,参议院公布《礼制》7条,10月公布《服制》12条。礼制规定寻常相见,男子用脱帽礼,女子用一鞠躬礼。

---

① 杨小红:《中国档案史》,辽宁大学出版社2002年版,第119、375页。

公宴、公礼式,及寻常庆吊、交际宴会,用一鞠躬礼,庆典、祀典、婚礼、丧礼、聘问,用三鞠躬礼,唯男子脱帽,女子不脱帽。《服制》规定男子礼服分为大礼服、常礼服,礼帽分为大礼帽、常礼帽,料均用本国丝织品,或棉织品,或麻织品,色用黑。常礼服与礼靴各分甲乙二种。女子礼服周身得加绣饰。另定礼服、礼帽、礼靴各式。

随着袁世凯企图复辟帝制,一度出现文化复古运动。袁世凯声称"中华立国以孝悌忠信礼义廉耻为人道之大经";"唯虑全国人民恪守礼法,共济时艰"。1914年3月,当局颁布《褒扬条例》,表彰孝行节妇。[①] 同年12月,成立礼制馆,直属大总统政事堂,至1916年5月停办。1920年国务院内附设礼制处,由国务院和内务部共同组织。1927年9月,北京军政府仍设礼制馆,直属国务院,并颁布《礼制馆官制》。礼制馆负责制定民国礼制,编定吉、凶、军、宾、嘉五礼,初设馆长,后改设总裁一人,由国务总理兼领;副总裁一人,由内务部长兼领;馆长一人、总纂二人、编纂24人。馆内置五股,分掌各项礼制的撰拟,另置评议会、事务厅、乐律所。与礼制馆同时,设礼制处,设处长、副处长、总纂、编纂。礼制馆与礼制处主要掌办、修订民国礼制,即所谓五礼的编订工作。直到南京国民政府成立并北伐以后,才废除了中央的礼制机构和官方修礼活动。

文物保护方面,光绪三十二年(1906年)十一月,清政府改巡警部为民政部,下设营缮司负责古物、古迹保护事宜。宣统元年(1909年)八月民政部奏折要求调查保护古迹古物,其曰:"我中国文化之开先于列国,古昔圣哲,联肩接踵,所遗之迹,亦应倍蓰于他邦,乃至今而求数千年之遗迹,反不如泰西之多者,则以调查不勤,保存不力故也。因而海外洋商不惜巨资,赴我内地购买古代碑版、石刻、图画、造像之类,运

---

① 李新:《中华民国史》第二卷,第483—489页。

至本国庋藏宝贵,著书摹印,以为夸耀者,络绎不绝,夫我自有之而不自宝之,视同瓦砾任其外流,不唯于古代精神之不能浃洽,而于国体之观瞻,实多违碍。臣等公同商酌于陵寝祠墓以外,推广调查保存两项办法,谨拟章程缮单,恭呈御览。"此即《保存古迹推广办法》11项,规定"周秦以来碑碣、石幢、石磬、造像及石刻、古画、摩崖字迹之类,现存何县、何地,及某县某种物共有若干,某物字迹现存若干,有无短折残缺情形,拟令督抚敕属详查咨部存案备核";"古代帝王陵寝,先贤祠墓等,拟由督抚就湮者,务建设标志,俾垂永久;其著名祠庙之完固者,则设法保护;其倾圮者,由地方择要修葺"。

1914年发布《大总统发布限制古物出口令》,着令内务部职掌古物搜集保存工作,"以防扩散而广为流传"。不久,内务部颁布《保存古物暂行办法》,明文规定古物不许私售。1923年5月成立北京大学古迹古物调查会,不久更名北京大学考古学学会,一度为全国最大专业考古学术团体。1927年3月大总统令《内务处妥定禁止古物出口办法令》,提出古物保存关系重大,应"以副政府范古模今,力维国粹之至意"。

国民政府成立后,1928年,蔡元培出面组织大学院古物保管委员会。1930年6月国民政府公布《古物保存法》14条,规定古物指与考古学、历史学、古生物学及其他文化有关之一切古物而言。古物除私有者外,应由中央古物保管委员会责成保存处所保存之,保存者并应制成可垂久远之照片。私有之重要古物,应向地方主官行政官署登记,不得转移于外人,违者没收或追缴其价额。埋藏地下及暴露地面之古物,概归国有。采掘古物,应由学术机关为之,并由中央古物保管委员会派员监察。1931年7月颁布《古物保护法实施细则》19条。1934年7月成立中央古物保管委员会,直隶于行政院,计划全国古物古迹的保管、研究及发掘事宜,并负责"厘定法规",以便国家就古物特性成立专管机构实施维护古物之责。1935年7月起改隶内政部,由行政院聘请的古物专家,教育、内政两部和国立各研究院、博物院的代表组成。委员中指定常务委员五人,以一人为主席,下置文书、审核、登记科。①

1935年3月行政院公布《采掘古物规则》,规定采掘文物以中央或省市直辖之学术机关为限。凡上述学术机关欲采掘古物以供学术上之研究时,须填具《采掘古物声请事项表》向中央古物保管委员会声请核准备案,转请内政教育两部会同发给采取执照后行之。根据当局1935年5月行政院《古物之范围及种类草案说明书》、《古物奖励规则》,内政部规定合于下列事项之一者得声请奖励:(1)报告国有古物之发现者;(2)捐赠私有古物归公者;(3)寄存私有古物于中央或省市政府直辖学术机关研究,及长期陈列上项古物(以对于历史艺术或科学有特殊价值者为限)。奖励分奖金、奖状二项。这些规定为文物的搜集、保存与展示的规范化提供了法律依据。

上述关于古迹文物保护的行政法规,对于动荡战乱时期文物保护工作具有重要意义。1945年4月,战时古物保存委员会成立,不久改称清理战时古物损失委员会。1946年9月,行政院议决,将北平古物陈列所及留平古物15万件并入故宫博物院;其南迁古物则并入中央博物院。

第三节 新闻、出版与广播法

一、报刊业管理

中国历史上,没有传播媒体,遑论民众的发表言论权。光绪三十年(1904年)政务处《开办官报章程》,包括定名、宗旨、办法、体类、发行5

---

① 徐玲:《博物馆与近代中国公共文化》,科学出版社2015年版,第146、152页。

条。其中规定《政治官报》专载国家政治文牍,由考察政治馆办理,每日发行。光绪三十二年(1906年)五月,清廷颁布《大清印刷物专律》6章,对报刊的注册、审批、处罚等都作了严格的规定,包括:京师特设一印刷总局,隶商部、巡警部、学部。所有关涉一切印刷及新闻记载,均须在本局注册。凡未经注册之印刷人,不论承印何种文书图画,均以犯法论。印刷物中有"令人阅之有怨恨或侮谩,或加暴行于皇帝、皇族或政府,或煽动愚民违背典章国制者",即构成"讪谤"罪,科以10年以下监禁或5 000元以下罚款。该律还赋予地方官吏对指控印刷物、逮捕报人和查封报馆的权力。同年稍后,巡警部颁布《报章应守规则》,作为前一法律的补充。其中规定,凡新开报馆必须经过巡警部批准,严禁报刊刊登"诋毁宫廷"、"妄议朝政"、"妨害治安"、"败坏风俗"和涉及"内政外交秘密"的文字。[①]

光绪三十二年(1906年)九月,清朝起草了报律草案。光绪三十四年(1908年)二月宪政编查馆《核定报律》45条,其对报律草案的修改,主要规定对新闻的钳制,另一方面也起保护言论的作用。其中规定凡开设报馆发行报纸者,应开具下列各款,于发行二十日以前呈由该管地方官衙申报本省督抚,咨明民政部存案:(1)名称;(2)体例;(3)发行人、编辑人及印刷人之姓名、履历及住址;(4)发行所及印刷所之名称、地址。凡充发行人、编辑人及印刷人者,须具备下列要件:(1)年满二十岁以上之本国人;(2)无精神病者;(3)未经处监禁以上之刑者。报纸在创刊前除了向警察机关注册外,还必须缴纳保证金,每期报纸发行前必须将样品呈送行政或警察机关审查;禁止报刊刊登诋毁宫廷、淆乱政体、扰乱治安的言论,违者永远禁止发行;禁止刊登未经官报、阁抄发布的谕旨和奏章。在国外出版的报刊违反以上规定者,由海关没收销毁。

---

① 丁淦林等:《中国新闻事业史》,高等教育出版社2007年版,第99页。

宣统二年(1910年)十二月,民政部公布《钦定报律》38条,附条4条。规定凡开设报馆发行报纸者,应由发行人开具名称、体例、发行时期,发行人、编辑人及印刷人之姓名、履历及住址、发行所及印刷所之名称及地址等项,于发行二十日前呈由该管官署,申报民政部或本省督抚咨部存案。规定下列各款报纸不得登载:(1)冒渎乘舆之语;(2)淆乱政体之语;(3)妨害治安之语;(4)败坏风俗之语。外交、陆海军事件及其他政务,经该管官署禁止登载者,报纸不得登载。诉讼或会议事件,按照法令禁止旁听者,报纸不得登载。

辛亥革命后,民权勃兴。1912年3月《中华民国临时约法》规定:"人民有言论、著作刊行及集会结社之自由,非依法律不得停止或限制之。"同时,南京临时政府废除了《钦定报律》等有碍言论出版自由的旧法。3月4日,内务部通电全国新闻界知照:"查满清行用之报律,军兴以来,未经民国政府明白宣示,自无继续之效力。"同时,内务部制定《暂行报律》,与报界约法三章,基本内容为:(1)出版报刊必须履行登记手续;(2)"流言煽惑,关于共和国体有破坏弊害者",应受处罚;(3)"调查失实、污毁个人名誉者",应受处罚。该《暂行报律》由于带有控制舆论色彩,受到新闻界批评,3月9日,孙中山明令内务部给予撤销。[①]

袁世凯时期,先后颁布《戒严法》、《治安警察法》、《报纸条例》和《出版法》,对报刊的登记、出版、发行、言论、采访、编辑等予以规范。《报纸条例》共35条,其中规定禁止军人、官吏、学生和25岁以下者办报,报纸出版须到警察机关登记并交纳保证金,禁止报纸刊登"淆乱政体"、"妨害治安"和各级官署禁止刊载的一切文字,每天的报纸在发行前须呈送报样给警察机关备案。

[①] 《中国新闻史文集》,第88页,转引自马光仁:《中国近代新闻法制史》,上海社会科学院出版社2007年版,第93页。

据 1921 统计，全国的报纸 1 134 种，其中日报 500 多种。五年以后，据中外报章类纂社调查，日报已有 628 种。1933 年内政部第二次登记新闻纸杂志，该年 1 月至 8 月，依照《出版法》到内政部登记的新闻纸与杂志，26 省市共 1 430 种，已领登记证的通讯社，有中央通讯社、日日新闻社等 48 家。①

二、新闻出版检查

新闻出版检查是近代当局行政管理的手段。

1914 年 12 月，北京政府参议院通过《出版法》23 条，其中规定出版物内容之限制凡八：淆乱政体者，妨害治安者，败坏风俗者，煽动曲庇犯罪人、刑事被告人或陷害刑事被告人者，轻罪重罪之预审案件未经公判者，诉讼或会议事件之禁止旁听者，揭载军事、外交及其他官署机密之文书图画者，攻评他人阴私、损害其名誉者；不法处分有三：禁止发行，没收其印本及印版；处以有期徒刑或拘役；罚金。对包括报纸在内的一切文字、图画印刷物都作了类似规定。尽管法律已属苛刻，各地官府在执行中又层层加码，如报纸发行前的送报备案，有的地方在执行中发展成了预审制度，保证金原来规定 100 至 350 元，一些地方提高到 700 元，无力缴纳者即勒令停刊；本来规定 25 岁以上的人能办报，有的地方改为 35 岁以上等。1916 年 2 月颁布有《检阅报纸现行办法》7 条，规定在内务部警政司设专员二人，逐日检查报纸。段祺瑞执政后，于 1917 年 5 月实行报刊邮电检查。1918 年 10 月，又颁布《报纸法》，以加强对新闻的控制。五四运动前四年中，全国至少有 29 家报纸被封，17 名记者遭到枪杀或者判刑。②

---

① 郭步陶：《本国新闻事业》，版本不详，第 57—65 页。
② 丁淦林等：《中国新闻事业史》，高等教育出版社 2007 年版，第 109—110 页。

国民政府时期,"政治局面由军阀割据转换到以党治国。这种政治上划时代的重大变革,影响到出版检查制度上的,当然不外'党治'的精神,就是以一党主义和政策支配一切,不容有第二种政治组织存在。在这个原则之下,出版检查制度自必完全置于党的主义和政策的支配之下"。① 为此,当时综合运用"党义"、行政法与刑法延续报刊检查制度。

1929年8月,国民党中央政治会议通过《出版条例原则》。1930年12月国民政府公布《出版法》4章44条,规定出版品有三:新闻纸;杂志;书籍及其他出版品。出版品之发行,应以二份寄送内政部,其内容涉及党义及党务者,并以一份寄送中央党部宣传部。出版品不得为下列之记载:(1)意图破坏中国国民党或三民主义者;(2)意图颠覆国民政府或损害中华民国之利益者;(3)意图破坏公共秩序者;(4)妨害良善风俗者。不法出版之处分为:(1)禁止发行;(2)扣押出版品及其底片;(3)处以罚金、拘役或徒刑。

当时设置了一整套新闻监察机构。中央图书杂志审查委员会,1934年6月国民党中央宣传部在上海设立,对各书店、杂志社有关文艺和社会科学的书刊原稿进行审查,凡被认为宣传共产主义或与国民党奉行的主张相违背者,均被禁止发表、刊行。1935年5月《新生》事件②后撤销。1938年10月又在重庆成立,设审查委员若干人。1940年7月该会直隶属于行政院。1945年10月结束。此外还有中央新闻检查处、首都新闻检查所及各省新闻检查所。

1931年的《危害民国紧急治罪法》特别规定"扰乱治安者"判处死

---

① 陶涤亚:《出版检查制度研究》,独立出版社1939年版,第45页。
② 《新生》事件:《新生》为时事政治性周刊,1934年2月在上海创刊,发行人杜重远,艾寒松负责编辑。其继承邹韬奋的《生活》周刊立场,宣传抗日救国。1935年5月,日本驻沪总领事借口该刊第二卷第15期发表《闲话皇帝》一文提出抗议,国民政府屈于压力查封该刊,杜重远被判刑。时称"《新生》事件"。

刑,"宣传与三民主义不相容之主义者,处 5 年以上 15 年以下有期徒刑"。国民政府还制定一系列的新闻政策与法规。1934 年 6 月国民党中央宣传委员会颁布《图书杂志审查办法》14 条,规定一切图书杂志应在付印前将稿本送中央宣传委员会图书杂志审查委员会审查。凡与当地军政机关有关或出版一年以上,"思想正确",无违背《宣传品审查办法》及《出版法》之图书杂志,可免予审查。如未经准予免审又不送审者,"予以处分"。此外还有《省及特别市党部宣传工作实施方案》、《宣传品审查条例》、《查禁反动刊物令》、《取缔销售共产书籍办法令》、《宣传品审查标准》等。这些法律条文规定了严格的处置办法,从罚款、查禁到判刑甚至杀头。1944 年 6 月,国民政府颁布《战时出版品审查办法及禁载标准》14 条,规定对报纸、影片、剧本,施行事前审查(即原稿审查),对图书、杂志施行事后审查(印成品审查),规定禁载标准有违背立国最高原则,危害国家利益,泄露外交、军事、国防机密,妨碍与同盟国间团结等 12 项。同时公布施行《战时书刊审查规则》17 条,规定战时书刊包括图书杂志及戏剧、电影剧本,依国民政府公布的《战时出版品审查办法及禁载标准》审查。凡发行人或著作人印行图书杂志,概送所在地图书杂志审查处审查,印行剧本或摄制、发行影片,概送中央图书杂志审查委员会审查。如有抵触禁载标准或违背审查机关决定者,一律禁止发行或依法取缔。国民党特务与军警甚至可以不顾任何法律约束,随意逮捕进步记者和文化人士,查禁各种报刊。

抗战胜利后,国民党继续强化新闻统制,制定相关法规。在广大收复区,国民党以"除奸"为名,实行新闻统制。1945 年 8、9 月间发生拒检运动。重庆国讯书店在其他进步出版机构的支持下,不送当局审查而自行出版《延安归来》一书。该书是黄炎培访问延安的记录。出版后,16 家杂志社发表自 9 月 1 日起不再送检的联合声明,并将决定正式函告国民党中宣部、宪政实施协会和国民参政会。拒检声明得到整个文化界的支持和相应,在声明上签字的杂志社增加到33家,并得到中国共产党支持。9月后又扩大到成都、昆明等地。国民党被迫作出让步,宣布自10月起(在西南、西北、国统区)废止战时新闻检查制度,但收复区在军事行动尚未完成前除外。1946年1月政协会议通过的和平建国纲领进一步明确废止战时新闻出版检查办法、修正出版法、扶助报刊通讯社发展。①

内战时期,国民党经常以中宣部名义,向报刊发出有关宣传工作的指示,对于重大事件的报道、言论的处理方法与尺度作出具体规定。凡是有关国际、国内重大问题的社论,由国民党中宣部组织撰写、交中央通讯社用密码统一播发。有时由中宣部单独发稿给某一特定地区或报社。各地党部也经常召集当地新闻机构负责人开会,统一各报言论。重庆、上海等地还专门建立新闻党团聚餐会制度,由国民党宣传要员主持,解决宣传上的问题。国民党还制造种种借口,查封进步报刊。

1947年5月,国民政府公布了修正后的《戒严法》,规定在戒严地区停止集会结社,"取缔言论、讲学、新闻杂志、图画、告白、标语暨其他出版物之认为与军事有妨害者"。紧接着,行政院成立新闻局,接替国民党中宣部主管全国新闻事业,规定各地报社、通讯社、杂志社原应送寄中宣部的出版品一律改寄行政院新闻局。有关新闻统制的法律法令也开始全部由国民政府或其他职能部门出面颁布。国民政府出版法修正草案规定:"出版品不得妨害本国或友邦之元首名誉之记载","出版品不得为意图颠覆政府或危害中华民国"的"言论或宣传之记载",草案并删除了罚则,规定出版物违法一律按刑事法规的规定予以处罚。9月,行政院通过《新闻杂志及书籍用纸节约办法》,以节约纸张为名,限制报刊的出版发行。10月,国防部下令恢复戒严地区的邮电检查,凡

---

① 丁淦林等:《中国新闻事业史》,高等教育出版社2007年版,第241页。

认为与审查标准相抵触的书报刊,一律在邮局秘密查扣没收,不准发行。1948年6月,内政部、国防部共同制定《军事新闻采访发布实施暂行办法》,后经行政院核准,改名为《动员戡乱期间军事新闻采访发布办法》通令施行。其中规定,各报社、通讯社及杂志社刊登军事新闻以采用国防部政工局军事新闻发布组的稿件为原则,凡各报社、通讯社及杂志社自行采访的军事新闻未得证实者,非经事先询明当地军事新闻发布机构后不得发布。

三、广播管理

无线电广播作为一种新的宣传媒体形式传入中国不久,北京政府就开始制定相关行政法规。1924年8月,北京政府交通部公布《专用广播无线电接收机暂行规则》23条,这是中国历史上第一个关于无线电广播的法令,其规定:(1)装用接收机(即收音机)者,须先呈请交通部核准,发给执照。(2)接收机之限装设在通都大邑及繁盛市镇,不得装设在军事边防、海防及政府示禁之区域。(3)凡中国人安装接收机者,应由其同乡委任以上职官一人或六等以上殷实商号一家出具证书。凡外国人安装接收机者,应由其本国公使或领事或同国籍之殷实商号两家为之证明。(4)接收机只准供接收音乐、新闻与气象、时刻、汇兑之报告以及演说、试验之用,不得借以牟利,并不得将所收任何电信私自泄露。据此,北京政府的无线电法令已经从取缔改为有条件限制。①

1927年春,北平政府交通部着手建筑天津、北平二广播电台。当时上海方面已有美商开洛公司播音台一座,电力为250瓦特,专播商情歌剧、教堂礼乐及该公司商业广告等节目。是年5月,天津广播电台成立,电力为500瓦特。同年9月,北平广播电台亦以100瓦特之电力开

---

① 赵玉明等:《中国广播电视通史》,中国传媒大学出版社2006年版,第13页。

始播音,"于是华北方面之空间,除被日本电台所发之音波激荡外,始有我国自播之国乐音浪之弥漫其间"。1928年1月,"东北方面之听众,始能畅聆我国自发之音讯"。至同年春,"益感主义之急于灌输,于是""成立中央广播电台于首都,电力为500瓦特。8月开始播音。节目方面,以宣传报告、中央新闻为主,而佐之以名人科学、特种等演讲","以后又有浙江省、广州市及其他一些省设立电台"。"总之,我国广播事业二三年之经营已渐著成绩。"①

民国以来,无线电事业一直由交通部管辖。国民党中央宣传部广播无线电台(简称中央台)正式开播后,中央政治会议临时会议决议,把投资少、获利快的无线电台全部转归新成立的建设委员会办理。于是形成不同部门争夺无线电管理权的局面。建设委员会主管无线电期间,设立了无线电管理处,着手接收全国军政机关的各种电台,广设新式电台,厘定规章,制造机件。无线电管理处设处长一人,下辖秘书处及管理、营业、会计、稽察四科,每科下设三股。管理处直辖各地无线电报局、国际电台筹备处等一系列机构。从1928年6月起,经过8个月时间,在各地安装了27个短波无线电台。② 同年12月,建设委员会公布《广播无线电台条例》,接着又公布《无线电收音机登记暂行规则》,规定中国境内设置收音机者须随时向无线电管理处指定的地点按照《暂行规则》登记领取执照。1929年8月,无线电管理归还交通部。同时国民政府公布《电信条例》,规定凡装设电信事业(包括有线电、无线电通信在内)皆须经交通部或其委托的机关核准。1930年7月,交通部公布《装设广播无线电收音机登记暂行规则》。1936年2月,成立国民党中央执行委员会广播事业指导委员会,该会由中央广播事业管理处、

---

① 《中国国民党中央执行委员会广播无线电台年刊》,1929年印行。
② 邮电史编辑室:《中国近代邮电史》,人民邮电出版社1984年版,第176页。

宣传部、交通部、教育部、内政部等国民党党政部门组成,由陈果夫任主任委员,为国民党管理全国广播事业的决策机构。

1936年10月,交通部公布中央广播事业指导委员会通过的《指导全国广播电台播送节目办法》,规定各电台播音节目改由该会接管审查;不久又颁布《民营广播电台违背(指导播送节目办法)之处分简则》和《播音节目内容审查标准》。主要规定如下。(1)各广播电台须事先预编节目时间表,写明播音节目种类及播音时间送该会审查核准。(2)各广播电台要逐日预先编妥节目内容预报表,包括节目标题和担任人员姓名,送该会审阅。(3)各广播电台必须按交通部的规定转播中央台播音。(4)各广播电台不得播送有关禁例或偏激之言论、诲淫诲盗、迷信荒诞之故事及歌曲唱词。凡违反国民党三民主义、违背政府法令的广播内容,皆须修正或全部禁止。①

抗战结束后,中央广播事业管理处拟定《广播复员紧急措施办法》,准备一手独占日伪遗留广播事业。行政院公布《管理收复区报纸通讯社杂志电影广播事业暂行办法》,规定"敌伪机关或私人经营之报纸、通讯社、杂志及电影制片厂、广播事业一律查封,其财产由宣传部会同当地政府接受管理。但其中原属未附逆之私人及非敌国人民财产而由敌伪占用者,经查明确实,并经中央核准后得予归还"。随后,行政院收复区全国性事业接收委员会又拟定广播事业接收三原则:(1)凡广播电台原系国营或敌伪设立者,由中央广播事业管理处接管运用;(2)凡广播电台原系省(市)经营者,由各该省(市)政府接管运用;(3)凡广播电台原系民营者,暂由中央广播事业管理处会同原主接收。

1946年2月,交通部对其颁发的《广播无线电台设置规则》作第五次修订,规定广播电台分为三类:交通部所办的广播电台为国营台,其

---

① 赵玉明等:《中国广播电视通史》,中国传媒大学出版社2006年版,第38—39页。

他政府机关所办者为公营台,中国公民及完全华人组织、公司、厂矿、学校和团体设立者为民营台。凡欲设立广播电台者均应提出申请,由交通部核准并发给许可证,"凡外籍机关人民、非完全华人组织设置之公司、厂商、学校、团体,依律不准在中国境内设立广播电台";"广播电台之分布,每省不得超过十座,并以散布各市县为原则;特别市除上海市不得超过十座外,其余每市不得超过六座。民营广播电台在上列各项数目中不得超过半数"。同年9月,国防部会同其他部门拟订《取缔外国在华设立广播电台决议案》,仅准许美军的广播电台仍可继续播音。交通部电信总局也颁布《取缔外国在华设立广播电台决议案》。1948年,国防部、交通部先后颁布《军用广播无线电台设置与管理暂行办法》、《广播无线电收音机登记规则》等。据此,中国公民及完全华人组织、公司、厂矿、学校和团体虽经批准可创办广播电台,但严格控制在规定的数额内;外国人及其机关、公司等一律不准在中国境内设立广播电台;每晚9时至9时30分,所有电台均须转播国民党中央台的新闻节目。在内容上,广播电台播音节目以新闻与教育内容为主,上述内容不得少于日播音时间的4/10,商业报告不得超过日播音时间的2/10。广播节目的内容必须经有关部门事先审查。①

此外,中国电影事业起步于20世纪初期。1930年11月国民政府公布《电影检查法》14条,规定电影检查,由教育部派四人,内政部派三人,组织电影检查委员会办理之,并应请中央宣传部派员参加指导。凡本国制或外国制之电影片,应由持有人声请检查电影片,凡是(1)有损中华民族之尊严者;(2)违反三民主义者;(3)妨害善良风俗或公共秩序者;(4)提倡迷信邪说者,均不得核准。如无上列情形之一,电影检查委员会应发给准演执照,以3年为有效期。1934年5月国民政府修正

---

① 丁淦林等:《中国新闻事业史》,高等教育出版社2007年版,第252页。

《电影检查法》,规定电影检查委员会之组织,由行政院定之。

第四节 卫生、检疫与体育法

一、医政体制

清代医政机构,中央是太医院,既是为宫廷服务的医疗业务机构,也是管理全国医政的行政机关,设管理院事王大臣、院使、院判,其属有御医、医生等。新政期间,光绪三十一年(1905年)清政府于巡警部警保司内设卫生科,职能为考核医学堂之设置,考验医生给照,管理清道、防疫、计划并审定卫生、保健章程。这是我国政府机关的名称内第一次出现卫生一词,即第一次出现专管公共卫生的机构。在医学教育方面,开始试办西医的教育。光绪三十四年(1908年),光绪、慈禧相继去世,清朝民政部颁布《取缔医生规则》,太医院作为旧时代医政组织而结束使命,卫生科成为唯一中央医政组织。

1912年南京临时政府时期,内务部内设卫生局,为国家卫生行政机构。同年8月,北京政府内务部设卫生司,主要负责全国公共卫生防疫等事宜。因无下设地方机构,地方中西医业行医均直接由地方警察厅管理。地方警察厅自定管理章程。1913年12月卫生司被撤销,在内务部警保司下设卫生科,仍领导卫生行政。黎元洪任大总统,仍于内务部内设卫生司,由内务部卫生司一并行使卫生、检疫、医疗行政管理权,改变了清末以来卫生、检疫、医疗多头管理的状况,卫生行政管理体制基本形成。

地方卫生行政,"在大都市方面,清末北京巡警总厅内曾设卫生处,可说是我国地方行政机关内部设置卫生行政管理机构的嚆矢"。地方上,"最高级为省公署,其余警察官厅、县知事、地方自治团体,亦均为卫生行政机关"。① 有的警察局内设卫生科。青岛市自 1922 年由我国政府接收后,"在胶澳商埠督办公署保安处之下,设立卫生科";上海市于 1926 年 8 月成立淞沪商埠卫生局,1927 年 4 月改称淞沪卫生局,"可以说是我国第一个市卫生行政专管机关"。在各省,则至国民政府建立前"尚无卫生行政专管机关之设置"。②

国民政府起初在内政部下设卫生司,掌管卫生行政事宜。1928 年 11 月,建卫生部。国民政府公布《卫生部组织法》22 条,模仿西方建立起官僚制中央卫生行政机关,直隶于行政院,设部长一人、次长二人及秘书、参事二室,总务、医政、保健、防疫、统计五个司。为"讨论全国卫生设施",又在卫生部内设置中央卫生委员会,为设计审议机关。委员 17 人,卫生部部长、次长等为当然委员。其成员背景均为西医。其后又陆续增设中央医院、中央卫生试验所、西北防疫处、麻醉药品管理处、公共卫生人员训练所及各海关检疫所等机构,中央卫生行政体制逐渐完备。

1928 年,留学德国专攻公共卫生、获得博士学位后回国为医的胡定安在《中国卫生行政设施计划》中提出,由于财政困难、地方割据等原因,全国卫生行政不统一,应该有步骤地加以统一:(1)各省区之卫生行政粗具规范者,当以此为根据,促其他各省谋一致之扩充;(2)凡通商口岸与国际上有关系之区域,当尽先实施新定之计划,在短时间内力图建设,依次推广于交通不便之各省区;(3)从速调查开化略后之省区、关于卫生行政尚未粗具规范之省区,迅定建设计划,在短期内根据中央颁布条例从速进行。同时提出视国家财政情形,依次成立、扩充卫生行政机关,包括中央卫生局与中央防疫处,"在中央方面,尤非提前设立不可";

---

① 周成:《卫生行政讲义》,泰东书局 1923 年版,第 204 页。
② 俞松筠:《卫生行政概要》,正中书局 1947 年版,第 28 页。

"至中央卫生局亦可将其他相似机关从事改组,或另筹增设,但实际上当尽先提案,拟订增设,俾行政上有所适从"。① 在军阀割据的形势下,胡的方案不啻一纸空文。直到北伐完成,全国形式上统一,才得以逐步落实。

1931年4月政府机构整顿,公布《卫生署组织法》12条,卫生部改为卫生署,隶属内政部,将原来五个科改为总务、医政、保健三科,有署长、秘书、科长等。1936年卫生署改由行政院领导,以后或由内政部,或由行政院领导。抗战后,1947年4月卫生署再改卫生部,有总务、医政、防疫、保健、卫生、药政六司,视察、统计、人事三室。1949年4月又改称署,原各司改为处。同年9月,缩编为内政部卫生司。

在地方,1928年12月,国民政府公布《全国卫生行政系统大纲》,确立了省设卫生处、市县设卫生局的卫生行政组织体系,"对于各级卫生行政组织开始有明确的规定"。② 卫生处和卫生局陆续建立。1937年3月卫生部颁布《县级卫生行政实施办法纲要》,规定县卫生院掌管全县卫生行政及技术工作,如医药管理、医疗工作、传染病管理、环境卫生、妇婴卫生、学校卫生、卫生教育、生命统计等。1940年行政院公布《省卫生处组织大纲》,明确省卫生处领导下应设省医院、卫生材料厂、卫生实验所,以及培养初级卫生人员的训练所。各省和直辖市卫生厅(处、局)卫生业务工作包括防疫检疫、卫生试(实)验、医疗研究三个方面均由卫生部领导。1947年年底调查,全国有卫生处26个,直辖市卫生局6个。卫生行政体系到这时基本完善。1946年宪法规定:"国家为增进民族健康,应普遍推行卫生保健业务及公益制度。"民国还建立了医疗卫生服务体系,即在各大城市建立中央医院,在县建立县医院,

---

① 胡定安:《中国卫生行政设施计划》,商务印书馆1928年版,第8页。
② 俞松筠:《卫生行政概要》,正中书局1947年版,第29页。

在乡以下建立卫生院、卫生所、卫生室等。通过卫生行政组织和医疗卫生服务两大体系,民国政府初步实现了医疗卫生服务的行政与专门化、专业化管理的功能。

二、医疗管理

北京政府时期,颁布了一些医疗卫生与防疫方面的行政法规。1916年3月公布《传染病预防条例》,规定报告的病种有霍乱、天花、痢疾、白喉、猩红热、伤寒、百日咳、麻疹8种。1940年5月,全国防疫会议建议组建战时防疫联合办事处,规定霍乱、伤寒等11类为应报告之法定传染病。

1929年11月,国民政府公布《麻醉药品管理条例》22条,规定麻醉药品之输入及分销,由内政、卫生两部指定总经理机关负责办理。各省市需用麻醉药品,由各该省市政府指定药房经管分销事宜。以后又加以修正,并公布《管理药商规则》、《修成管理成药规定》等。1930年5月卫生部颁布《中华药典》,收载药物708种。

医疗卫生人员资格管理方面,1920年11月,卫生部公布《高等考试卫生行政人员考试条例》3条。1922年3月,内务部公布《管理医师暂行规则》28条,规定医师须年在20岁以上,并应具有四种资格之一:(1)在国内官立、私立医科大学,或医学专门学校医科毕业,经教育部核准注册,或给与证书者;(2)在国外官立、私立医科大学,或医学专门学校医科毕业,经教育部核准注册,或给与证书者;(3)在外国人私立之医学堂三年以上毕业,领有文凭者;(4)外国人曾在各该国政府领有医术开业证书,经外交部证明者。凡具有医师资格者应由内务部发给医师执照,其未经核准给照者,不得执行医师之业务。

国民政府时期,先后公布《药师暂行条例》、《药师法》等。1930年5月,国民政府公布《西医条例》20条,规定凡年在25岁以上,在国立或经教育部立案或认可之国内外医学专门学校以上毕业,或经外交部之证明,外国人在各该国政府得有医生证书,经考试或检定合格给与证书后,得执行西医业务。其有此种资格,现已执行业务之西医,在未举行考试或检定前,得继续执行业务。西医之开业、歇业、复业、移转、死亡等事,应于10日内由本人或其关系人报告该管官署。西医执行业务,应备医疗记录,并应亲自诊察检验,分别填具诊断书、检案书或证明书。西医关于公安上审判上及预防疾病等事,有协助该管法院、公安局或行政官署之义务。西医违反本条例强制之规定者,得由该管官署处以罚金,或送法院办理。1943年9月,国民政府公布《医师法》,此后又颁布了《助产士法》、《医士暂行条例》等。

　　清末,在疾病的预防和治疗方面出现中医和西医两种体系不同的治疗方法。1913年1月,教育部公布《大学规程》,中国医药学被排除在国家正规教育系统之外,由此引发中医药界争取教育合法化的抗争。1922年3月,内务部颁布《管理医士暂行规则》,涉及中医开业资格,许多内容对中医不利,如开业资格不列世医、师传两项,必然导致多数中医失业,因而引起上海等地中医界反对。由于战乱,内务部只得规定暂缓施行。1924年在上海设立中药注册管理局。其注册费极高,被视为敛财遭抗议而撤销。1929年2月,国民政府卫生部召开第一届中央卫生委员会议。会议决议就是要在数年内逐步消灭中医,通常称之为废除中医案。

　　当局以西制排斥中医,反而促进了中医界的团结。至30年代,中医界认识到设立自己医政组织的必要性。1931年3月在南京成立中央国医馆。其组织章程规定,中央国医馆"以采用科学方式整理中国医药,改善疗病及制药方法"为宗旨,下设秘书、医学、药学、推行四个处,并设学术整理委员会、编审委员会等多种委员会。随后,各省市纷纷设立国医分馆或支馆近百处。但是1932年10月行政院训令所有中医药学校一律改为学社,不准立案,不得列为学校系统。经过中医界抗争,以及支持中医药的国民党一批要员的努力,1933年由中央国医馆发起草拟,1936年1月立法院公布《中医条例》,共10条,内容包括中医师资格认定、中医执业管理、法律责任与义务、惩处等。条例规定了中医资格审查的4点要求,规定兼具四者方得向中央国医馆申请登记审查,在考试院举行中医考试以前,凡年满25岁具有规定资格者,经内政部审查合格,给与证书,得执行中医职务,未经持证者不得执行业务。该条例给予中医一定合法地位,并规定中医归内政部管理。卫生署当即向行政院提议修改《中医条例》,由卫生署管理中医。条例肯定中医的合法权益,加强中医的规范化管理,确立中医的合法地位。从而扭转了不利于中医发展的局面。但是,对中医歧视、排挤的各种现象仍然存在。

1937年3月,卫生署中医委员会成立,掌管中医事务。抗战期间国民政府相继颁布了《非常时期中医领证暂行办法》、《教育部医学教育委员会中医教育委员会章程》、《中医师担任后方征属及患病官兵医疗服务办法》等法规。6月,卫生署公布中医审查规则,规定审查给照事项由地方政府办理,"地方政府指省政府市政府或管理公署,其在已设有卫生行政主管机关之省市则为其所属之卫生行政主管机关"。12月,全国中医药界代表赴立法院请愿,要求增加中医副署长,被否决。1943年9月,国民政府公布《医师法》6章39条,中西医同在一法之内,共称医师,《中医条例》和《西医条例》同时废除。

因此,20世纪上半期,是我国的医药卫生事业由传统体制向现代体制的转变时期,建立了基本的卫生行政构架,也制定过一些医药卫生法规,设立了一些医疗保健机构。据统计,国民政府至1947年,先后颁布有关医疗卫生法规和条例近百个,卫生行政框架形成。全国各类医疗卫生机构2 575个,全国医药卫生人员3万余人。当时全国人口的死亡率 25‰,婴儿死亡率 200‰,产妇死亡率 15‰,平均期望寿命 35 岁。①

三、红十字会与港口检疫法

我国于光绪三十年(1904 年)加入万国红十字会,光绪三十二年(1906 年)十二月外务部奏《红十字会新约》、《红十字会救护战时受伤患病兵士条约》、《陆战时救护病伤条约》等。光绪三十三年(1907 年)称大清红十字会。大清红十字会在辛亥革命后称中国红十字会。1914 年 9 月,袁世凯公布《中国红十字会条例》,1920 年 5 月修正。《中国红十字会条例》共 11 条,规定中国红十字会总会设于北京,设分会于各省。该会依陆军部、海军部之指定,辅助陆海军战时后方卫生勤务,并依内务部之指定,分任赈灾施疗,及其他救护事宜。1932 年 12 月,国民政府公布《红十字会管理条例》14 条,规定红十字会设总会及分会,总会以内政部为主管官署,并受外交、军政、海军三部之监督;分会隶属于总会,以所在地地方行政官署为主管官署。1934 年 9 月召开中国红十字会第一届全国代表大会。

1917 年绥远发生鼠疫并蔓延,死亡 1.6 万余人。疫情平息后,1919 年 3 月在北京成立了中央防疫处,隶于内务部,任务是制订预防传染病计划,研究传染病病源,内设三科。分别负责各种急性传染病的调查与研究、各种生物制品的鉴定研究以及制造供应等。1928 年国民政府接管了中央防疫处,并迁往南京。1934 年中央防疫处在兰州设立西北防疫处。地方卫生防疫机构在大城市中逐步建立,如广州市设立卫生局,开设防疫课。农村防疫主要通过建立卫生试验区进行。

同治十一年(1873 年),上海、厦门两港同月立章实施海港检疫,为

---

① 汪智等:《20 世纪的中国(体育卫生卷)》,甘肃人民出版社 2000 年版,第 533 页。

中国卫生检疫的创始年。但长期没有专门机构。上海于同年初拟《检疫章程》4条,次年修改为8条。1925年上海又修订新的《检疫章程》。厦门、汕头、广州等口岸也相继制定了防疫章程。1912年,上海在吴淞口建立临时卫生处(或称海关检疫处),由海关聘任英国医官主理所务,吴淞口浦江两岸设施就成为上海港办理检疫事务的主要场所。中国海港检疫比西方晚了400多年,从创建至海港检疫全面兴起,历时50多年,此时国际检疫已进入法制时代,所以中国早期海港检疫无一例外地受西方普遍建章施检的影响,都以各港颁布章程为开端,依章实施海港检疫。

其他各地的地方法规如,光绪二十年(1894年)六月汕头公布《检疫法规》,1928年5月颁布《汕头市海港检疫所暂行条例》。光绪二十一年(1895年)天津出现海港检疫所,属天津海关税务司管辖。宣统元年(1909年)天津卫生局在秦皇岛设立防疫医院,1913年改海港检疫所。宣统三年(1911年)二月清政府与各国领事馆会商签订《天津秦皇岛口暂用防护病症章程》,1919年8月修订。光绪二十六年(1900年)五月公布、翌年六月修改《牛庄口岸卫生总章程》,并制定《牛庄港检疫规则》,1914年6月签订《牛庄口防护染疫章程》。光绪二十七年(1901年)六月,福州颁布《福州卫生章程》,开始实施海港检疫。光绪二十八年(1902年)七月,汉口颁布防护章程并开始海港检疫。

清末以后,卫生检疫行政有所发展。宣统三年(1911年)三月步军统领衙门奏:"上年十二月间,东三省鼠疫猝起,到处蔓延。迭奉谕旨,严加防范。臣衙门遵即设立防疫总局,并在四郊地方酌设检验局,所以防隐患而免传播,并请拨部款等因一折,于本年正月十二日具奏";"如今情形平定"。① 同时,地方当局颁布《安东大东沟口岸预防传染病章程》,自此丹东开办检疫事务。广州制定《广州口防卫船只染症永远章

---

① [清]《畿辅近事》,载《北洋官报》1911年(总第2763期)。

程》。1926年9月,受反帝思想影响的广州市政府在中央部门支持下颁布新章程,成立广州市海港检疫所,设于市卫生局办公室内,收回了洋人把持的卫生检疫权。1929年检疫所迁入新建的办公楼——这是中国第一次自办检疫。1922年12月,北京政府在青岛建立检疫所,属胶澳商部港政局,1924年划归该局港务科,改称检疫股。1926年颁布修订《胶州(青岛)港口检疫章程》。①

  1930年7月在上海成立卫生署海港检疫管理处,伍连德(1879—1960)为处长;同时从上海海关接收上海卫生处,成立上海海港检疫所,伍连德兼所长。这样,海港检疫管理处和上海海港检疫所、上海(中央)防止霍乱临时事务所三块牌子,一套管理班子,合署办公,直到1937年年底。下设医务、熏船、检疫和总务四科。卫生署海港检疫管理处组建后,着手接收全国各海港检疫事务,先后接受了厦门、汕头、安东、汉口等处的检疫所,总体上结束了中国海港检疫由海关洋医官或其他港务、警务承办兼办、系统不正、条规不一、各自为政、业务混乱的局面,中国海港检疫走上迅速发展之路。海港检疫管理处于1930年公布全国第一个《海港检疫章程》。

  在海港检疫管理处正式成立之前,卫生部就颁布了《海港检疫所组织章程》、《传染病预防条例》等一系列法规。其中,《传染病预防条例》是防疫工作和公共卫生的母法,条例规定由政府管理的传染病为伤寒或类伤寒等九种。《海港检疫章程》9章72条,则是海港检疫的母法,其参照1926年《国际卫生公约》制定,是收回检疫权后政府自主立法、颁布法律的重要标志,统一全国各港检疫方针、方法、措施的重要步骤,

---

① 上海出入境检验检疫局:《中国卫生检疫发展史》,上海古籍出版社2013年版,第20—21页。

包括名字定义、区域指定、检疫总则、各种传染病处理方法、检疫程序、蒸熏船只、尸体物品限制、移民附则等。1932 年 3 月公布的《海港检疫管理处组织条例》7 条,规定了海港检疫管理处的领导体制及其职责任务,即该处直属内政部卫生署领导并对其负责。《海港检疫管理处章程》3 章 23 条,明确规定了管理处的工作目标、任务宗旨。《海港检疫所组织章程》12 条,是关于检疫所设立及其职责任务和内部机构设置、岗位配置等管理的组织规章。此章公布时正值接收各海港检疫事务前夕,是为接收做准备,有统一全国海港检疫所建制的功效。内容有各海港检疫所的领导体制和职责的任务,包括各海港检疫所直属卫生部(后为卫生署)领导。以上各法律法规,充分运用近代医学科学的理论和成熟技术,在当时亚洲地区是比较先进、完善的检疫法律法规制度,而且海港检疫法律法规基本上按照当时的法统和立法程序进行,内容体现了政府自主立法和独立执法的主权特征;检疫法规颁行全国,统一了全国的检疫方针、对象、方法和技术措施;检疫法规,主要是《海港检疫章程》基本与《国际卫生公约》接轨,体现了检疫的国际性特征。[①]

抗战时期,因四川等地霍乱流行,1942 年 4 月颁布《非常时期交通检疫实施办法》15 条。抗战胜利后,第一个接收的是上海海港检疫所。卫生署(部)接收全国海港检疫所后,要求各所尽快开展工作。各检疫所依照修改后的 1946 年 3 月《交通检疫实施办法》,先后恢复了检疫工作。卫生部为统领全国海港检疫工作,在筹划接收全国海港检疫机构的同时,增订、修订了一些规章及办法,如 1946 年 1 月颁布《出国旅客健康检查规则》,同年 3 月颁布《交通检疫实施办法》,7 月颁布《检疫标

---

① 上海出入境检验检疫局:《中国卫生检疫发展史》,上海古籍出版社 2013 年版,第 44 页。

帜及制服规则》等。

四、体育法

体育不仅关系国民体格,而且影响人的精神面貌。旧时中国人体质羸弱,疾病流行,被称为"东亚病夫"。"甲午战争后,全国上下始悟非废科举,改兴新学倡导尚武,不足以御侮自强。于是设立学校,并办武备学堂。"光绪三十一年(1905年)以后,"一方面体操较过去未普及;另一方面,美国体育同时随各教会学校之设立而输入我国,球类田径运动之风遂开"。①

光绪二十九年(1903年)《奏定学堂章程》规定,各级各类学校体育课程的设置均有一定标准,并对体育课的内容、目的作了一些简要说明。以后,体育课程的设立开始在各级各类学校中固定下来。但是当时章程中对体育课的要求是大中小学的体操均以"兵式体操为主",导致军国民主义对学校体育产生的不良影响。早期体育师资教育主要靠一部分留日学生回国创办。② 宣统三年(1911年),由青年会倡导在南京举办了第一届全国运动会。1913年我国派员参加了在马尼拉举行的第一届远东运动会。同年1913年颁《壬子癸丑学制》,把学堂改称学校,规定男女受教育机会平等,规定了各级学校体操,课程包含体操课。上述规定反映出民国成立后的学校体育仍然仿效清末,其内容仍以兵式体操为主,政府的教育宗旨仍然重视军国民教育。

国民政府成立后,加强了对教育事务的行政监督。在1927年1月颁布的教育部各司分科规程中,将公共体育划归社会教育司执掌。同年12月,国民政府大学院在南京成立全国体育指导委员会,拟定《各省

---

① 王学政:《体育概论》,商务印书馆1947年版,第104页。
② 汪智等:《20世纪的中国(体育卫生卷)》,甘肃人民出版社2000年版,第34—36页。

体育会组织条例》和《省会及通商大埠城市公共体育场办法》。这个组织的出现,改变了以往只重视学校体育而忽视社会体育的状况,标志着体育已被视为一项完整、独立的国家事业而由专门机构和组织领导与管理。在此基础上,1932年10月正式成立了教育部体育委员会,由褚民谊(1884—1946)、王正廷(1882—1961)、张伯苓(1876—1951)等18人组成。该委员会仍是教育体制下的一组行政机构。按照章程规定,体育委员会的行政管理工作主要有:(1)计划全国体育设施事项;(2)指导全国体育研究及行政事项;(3)督促各级行政机关实行体育计划;(4)审核各级学校体育课程及成绩,审核各种体育机关之组织及计划或报告,审核体育工作人员之资格;(5)议复教育部长交议事项。其主要负责起草并拟定有关体育课程,起着咨询作用。

教育部体育委员会设立后,相继制定有关体育法令法规,又于1933年设置体育督学。1935年设立国民党中央党部民训部体育科,1936年设立教育部体育组。1927年设立训练总监部体育科(1937年撤销)。

为全面管理体育运动,国民政府体育指导委员会在大学院通过的以三民主义为根本宗旨和教育方针的基础上,草拟了《国民体育法》13条,1929年4月国民政府公布,是中国历史上第一部针对体育而专门制定的法规。其中规定,民国青年男女,有受体育之义务,父母或监护人应督促之。高中或与高中相当以上之学校,均须以体育为必修科。国民体育活动的实施,应由训练总监部会同教育部办理,改变了教育部统管一切体育活动的局面,也反映了国民党以军训为主、控制社会体育的目的。各自治之村、乡、镇、市,必须设备公共体育场。各县市、镇、乡、村所组织之体育会,应受该管地方政府之监督。还规定民间体育团体不得以团体资格参与政治活动。表明国民政府利用该法约束民众。1932年8月,国民政府又公布了《国民体育实施方案》,该方案包括目标、行政与措施、推行方法、考核方式与分年实施计划五个部分,是中国近代体育史上较完备的一个体育方案。

《国民体育法》和《国民体育实施方案》的颁布,在一定程度上反映了体育专家希望通过体育立法和实施方案等措施,使国民体育以后作为宏大事业去取得发展,但是其中许多条款并未得以实施。当时还颁布了一系列政令和法规。1932年颁布有《教育部体育委员会规程》,是教育部为统一全国体育行政及促进全国体育发展,根据教育部组织法第5条制定,主要规定了教育部体育委员会的机构组成、职责等。同年11月公布《教育部体育委员会各级学校体育课程讨论委员会章程》,反映了国民政府把对体育的统制从学校扩大到社会的过程。

1938年4月国民党颁布《战时各级教育实施方案纲要》,规定实行体育与军事管理、军训、童子军训练相结合的所谓战时体育体制。接着又颁布《各级学校体育实施方案》,规定抗战期间各级学校体育要培养"国家观念及民族意识",训练"后方服务上应用技能"和"生活上及国防上之基本技能"。这一实施方案包括了目标、实施纲要、行政组织、经费设备、体育时间、体育课、早操、课外活动、运动比赛及表演、野外集体活动、健康检查和成绩考核等方面,是国民党对学校体育控制管理的集中反映。1940年10月,"国民体育会议通过教育部为全国体育最高执行机关之法定地位,然而实主其事者,乃为最近由教育部体育委员会改组之国民体育委员会,内设研究、编审、学校体育及社会体育三组。"①

同时,对有关体育专业人员进行了培训:第一,增加培训机构,从1939年起陆续兴办一些国立的体育专科学校。第二,减少修业年限,师范学院体育系的五年制改为四年制,专修科三年改为二年。第三,扩

---

① 王学政:《体育概论》,商务印书馆1947年版,第96页。

大招生来源。1940年公布《各省、市、县运动会举行办法大纲》,1944年3月又制定了《体育场工作实施办法》。①

---

① 汪智等:《20世纪的中国(体育卫生卷)》,甘肃人民出版社2000年版,第129—132页。

第七章　近代社会管理法

近代中国,社会形态十分复杂,各种新旧力量斗争激烈,社会转型不到位,制度的许多方面存在缺漏。历届政府通过行政立法,规范社会的正常运作。尤其在国民政府时期,颁布了许多社会管理方面的法律法规,大体实现了社会管理行政法制的近代化。

第一节　国籍、户籍与统计法

一、国籍制度

中国过去没有国籍的专门规定,仅有中国人之亲属即为中国人的不成文法。近代,随着中外交往的增多,不可避免地出现国籍问题。宣统元年(1909年)闰二月清朝颁布《大清国籍条例》5章24条,其中采取血统主义,规定凡下列人等,不论是否出生于中国地方,均属中国国籍:(1)生而父为中国人者;(2)生于父殁以后,而父殁时为中国人者;(3)母为中国人而父无可考或无国籍者。若父母均无可考或均无国籍而生于中国地方者,亦属中国国籍。其生地并无可考而在中国地方发见之弃儿,同。凡外国人具备一定条件,愿入中国国籍者,准其呈请入籍。凡中国人愿入外国国籍者,应先呈请出籍。同时公布其《施行细则》10条。

《大清国籍条例》的规定,有具体的历史背景。20世纪初,中国在荷属东印度(即印度尼西亚)的侨民日益增多,中荷之间对于侨民的国籍政策存在明显分歧。"前者持血统法,后者侧重'出生地法',因此出生于荷属东印度之华侨,究应属于何国国籍,中荷各执己见,莫衷一是";"中国政府在与荷兰争议中深感无成文国籍法规之不便,乃应事实需要",于宣统元年闰二月颁布《大清国籍条例》及其《施行细则》,明确规定"凡中国人,不论是否生于中国,均为中国国籍"。[①] 宪政编查馆在呈上条例的奏折中称,该条例"以固有籍入籍出籍为纲,而独采折衷主义中注重血脉系之办法,条理分明,取裁允当"。当然,条例也体现出父母在血统地位上的不平等。

1912年11月,大总统令公布《国籍法》5章22条,规定我国国籍,继续采取血统主义。1913年11月公布该法施行细则。1914年12月修正国籍法。

1929年2月,国民政府公布《国籍法》5章20条,规定国籍为固有与取得,大体沿袭旧时规定。凡(1)生时父为中国人者;(2)生于父死后,其父殁时为中国人者;(3)父无可考或无国籍,其母为中国人者;(4)生于中国地,父母均无可考或均无国籍者;均有中华民国之固有国籍。至于外国人或无国籍人,须具备一定之条件,始取得中华民国国籍,或许可得归化,但不得任中华民国政务官及全权大使、公使、海陆空军将官与各级地方自治职员。中国人如发生法定事实,即丧失中华民国国籍,并丧失非中国人不能享有之权利,但得经内政部许可,恢复中华民国国籍。同时公布其《施行条例》。换言之,中国人妻为外国人欲入中国国籍者,得声请住居地方之该管官署核明,报内政部备案,并由内政部于国民政府公告公布之。其住居于外国者,得声请最近中国使馆转报;欲归化中国者,手续相似。据此,内政部是中国国籍事宜的行

[①] 董霖:《中国国籍法》,(重庆)国民图书出版社1943年版,第1—2页。

政主管机关。

二、户籍与人口管理

中国传统为小农经济基础上的家长制宗族社会。清初制度编审户籍制度，以确定户数口数。以后每五年进行一次。康熙时主要为查明隐匿户口，实行"滋生人丁，永不加赋"及摊丁入地政策。雍正时期，被打入贱籍的人逐渐削除贱籍，取得良民身份。匠籍也得以废除，官府役使工匠，普遍采用雇募的方式。

近代户籍立法淡化宗族本位，注重个人本位，既可以以户为单位，也可以以个人为单位。凡具有中国国籍者都属于编户范围。而且近代立户不以资产为前提而以住所为要件。由于推行民主宪政，户籍不再是国家赋役工具，而是人口统计和个人私权保障的依据。近代户籍法所确立的各户，法律地位平等，没有职业与身份的歧视。

光绪二十八年(1902年)，直隶总督袁世凯在保定等地，采用西式试办巡警，以取代被义和团冲垮的保甲组织。确立近代户籍制度，首先要调查户口。光绪三十一年(1905年)朝廷成立巡警部，次年更名为民政部，负责调查户口。清末推行新政，在考察欧美各国后，认识到"宪政之进行无不以户籍为依据，而户籍法编定又必于民政与习俗而成"。[①] 光绪三十四年(1908年)十二月民政部公布《调查户口章程》11章40条，规定调查全国户口，务得确数。京师内、外城以巡警总厅厅丞，顺天府各属以府尹、各省以巡警道为总监督，其未设巡警道各省暂以政司委总监督。调查户口事务，归下级地方自治董事会或乡长办理，以总董或乡长为调查长，董事或乡董为调查员。调查户数应由调查员就区分地

[①] 《民政部编订户籍法奏折》，见公安部户政管理局：《清末至中华民国户籍管理法规》，群众出版社1996年版，第3页。

段以内,按照部定门牌格式按户依号编定。

宣统元年(1909年)正月民政部发布《暂定京师调查户口规则》6章26条,规定户口调查者,就本区内各户调查居民人数、身份及异动,并访察其行为及现状,以图警察之利便。关于调查户口事务,以总厅为监督,以分厅区负管理之专责,以现在划定区域为界线,以该管区长督率,巡官长警办理。调查户口,分定时、临时二种。定时谓定期调查其全部(如甲种六月一次之类);临时谓因特别事故调查其全部或一部。并有《户口管理规则》、《调查户口执行法》、《调查户口员官长警遵守规则》等配套法规。同年宪政编查馆《禁革买卖人口条款》10条,规定契买之例宜一律删除、买卖罪名宜酌定、奴婢罪名宜酌改、贫民子女准作佣工、旗下家奴之例宜变通、买良为倡优之禁宜切实执行。

宣统三年(1911年),在参考东西各国基础上制定了第一部《户籍法》8章184条,规定人籍登记的事项有出生、成婚、离婚、撤销嫡庶、认领私生子等;户籍登记事项有移籍、入籍、就籍、除籍等;同时应记载户主及家属之姓名、职业,成为户主与家属之原因及年月日。该《户籍法》的特点,首先是突出了户籍管理机构的地位,反映出政府在观念上仍视户籍为人口统制的手段,强化户籍统制功能。其次,法规区分人籍与户籍,将表现欧美的个人身份证书和体现中国家族主义的传统户籍相结合,户籍开始成为传递个人信息、个人私权保障的工具,而不再仅是国家管制人口的工具。再次,规定了民众有呈报户籍之义务,也规定了民众对户籍吏处置不当行为有提起诉讼抗告的权利,将权利与义务统一起来,规定监督与抗告制度。该法规摒弃传统户籍的国家主义和身份标志,确立了户籍管理形式的统一、平等和保障私权的近代户籍管理原则,并使户籍法从诸法合体的法律体系中独立出来,成为单一的行政法规。但未及颁布。

晚清在保甲废除后将警察机关引入户政管理,在乡镇自治基础上确立警察对户口编审的监督权。其户口编审形式是乡镇自治制户口编审与警察监督制相结合的方式。晚清《调查户口章程》规定各省官府监督,各地方巡警官长协助,改变了传统由乡官统领的单一户政管理模式,奠定了近代户警合一的管理制度基础。另一方面,晚清认为地方自治为立宪根本,其调查户口事项,归地方自治董事会或乡长办理,地方官掌监督。户口调查区域按地方自治区域划分。清末民初户籍制度变革促进了城市化和近代化,户籍在城市行政管理中具有重要作用,户籍成为保障人们私权的载体,而不再是束缚人身的绳索。户籍制度为近代市民群体的产生提供了条件。

北京政府时期,颁布有《警察厅户口调查规则》、《县治户口编查规则》以及《京兆各属户口编查单行细则》。同时继承晚清《户籍法》所确立的个人主义与家族主义相结合的原则。由于战乱,注意对壮丁、形迹可疑者等的编查。与晚清相比,当时户籍制度强调警察的监控作用。无论调查还是监督均由警察机关负责。北京政府时期户口编审形式是警察制与牌甲制并行。经内务部认定者,户口编审适用《警察厅户口调查规则》,实行警察制;其他地方仍准照县治户口编查规则,实行牌甲制。北京政府时期警察制户口编审可以说名副其实,不仅以警察总监或警察厅长为调查监督,具体负责调查事务的户口调查长,巡查员分别由警察署长、警区署员充任,办公处附设于警区署内。户口调查区域以警察厅管辖区域为限;调查不分户数调查与口数调查,只依清查与复查之次序进行。对未设警察厅的县乡,户口编审适用《县治户口编查规则》,施行牌甲制,十户为牌,十牌为甲。实行以警察为主体,由乡镇自治人员充任户政人员"户警合一",强调户籍的治安功能。①

参照各国户籍及人事登记制度,1931年12月国民政府颁布《户籍

---

① 姚秀兰:《户籍、身份与社会变迁》,法律出版社2004年版,第82、159页。

法》8 章 132 条。规定户籍与人事登记之事项,以县之乡、镇及市之坊为其管辖区域,设户籍主任,户籍员掌理之,以县市政府为直接监督官署。凡登记之声请、变更或更正,均应以书面为之。同时规定了相关责任制度。如认为户籍主任之处分不当,或违法,得提起诉愿、再诉愿,并得提出行政诉讼。凡户籍或人事,于法定期内,应声请登记而不声请,经催告而仍不声请,声请不实或诈伪者,与户籍主任不受理声请,怠于登记,不为呈报或转送,不按期编送统计季报或年报,拒绝阅览登记簿,不交付登记誊本或证明书者,均应分别处以罚锾或徒刑。国民政府《户籍法》废除了晚清人籍与户籍的区分,将人事登记与户籍登记合二为一,改为身份登记,简化手续;将个人身份登记单列成章,强调个人主义,并推行身份证制度;确立了"以户立户"的编户原则,户的概念突破家族血缘关系,分为共同生活户与共同事业户;注重本籍,强调夫权,"妻以夫之本籍为本籍";适应自治,理顺户政关系,规定户籍行政主管机关在中央为内政部,地方为省政府、县政府,警察只协助自治机关户政人员办理户籍查记事宜。同年 7 月公布施行细则。

当时各地警察局"皆设有户籍股办理户口调查及异动查报及登记。调查人员由警察充任,故中高调查实具有独立的系统,其登记法规与表式多参照十七年(1928 年)户口调查统计报告规则与十八年人事登记暂行条例,二十年户籍法,并参酌地方实际情形而制定,办理的办法极不一致"。[①] 到此时,"关于户籍的法令基础,可谓大体完备";我国户籍制度,本来"早应依照法令办理户籍和人事登记,可是因为法令颁布以后,因国内天灾人祸,财政拮据和人才缺乏等缘故,各省多未实行,仅有二三实验县举办人事登记,其办理事项页不相同,与《户籍法》规定都有出入,大都是学理的实验,而不是为实验的推广,在一角落研究,全国各

---

① 黄伦:《户籍法与户籍行政》,中国文化服务社 1944 年版,第 56—57 页。

县页没有发生许多感应,都是'人存政举,人亡政息'的作用,不能继续永久。所以户籍至今仍未普遍实行。老实说,在事实上户籍法已经等于具文。"①

国民政府内政部曾经进行全国各省市户口统计,"此项统计数字,虽不失其本身原有之价值,然在时点上已不是为目前行政实施上正确之依据"。1936年因筹办国民大会代表选举,需要最近人口数字,内政部"于同年一月通电各省市政府汇报所属各县市最近编查保甲之户口实数(其未举办保甲地方,亦限期将户口数目编查列报)";并且"依据此次查报结果,并采用以前所报及估计数字加以补充",编成"全国各选举区户口统计",于1936年10月在《内政统计季刊》创刊号披露。② 这实际上揭示了民国时期户籍法未能贯彻的原因。1946年,再次修正公布《户籍法》。

三、保甲制度

通过编制户籍,使人民互相监视、连坐的保甲制度源远流长。经过清代康、雍二朝,保甲制度日臻完备,到乾隆初期,全国普遍设立保甲。清朝以保甲系统清查全国人口实数,突出了治安功能。晚清户籍沿袭清中后期的保甲制度的一些做法,将人户"编牌入甲",表现在光绪三十四年(1908年)《清查户口章程》。

国民政府时期户口编审是形式上的乡村制户口编审而实质上的保甲制户口编审。1931年《户籍法》规定,户籍及人事之登记,以乡村自治区域为户口编审区域,户籍主任由乡长、镇长或坊长兼任,户籍员由其指定所属自治人员兼任。实际上,在乡里社会实施的是保甲制,警察

---

① 李柳溪:《户籍行政》上编《户籍概要》,江西省地方行政干部训练团1941年编印,第8页。

② 内政部统计处:《户口统计》,1938年印行,第1页。

保留部分办理治安之特种调查事宜的职权。

针对当时各地出现的武装暴动和红色区域的扩大,1928年10月,国民党中央常务委员会通过《下层工作纲领案》,将保甲运动列为全国性运动之一。1932年8月,"鄂豫皖三省剿匪总司令部"颁布《施行保甲训令》和《剿匪区内各县编查保甲户口条例》,保甲制度当年扩展到河南、湖北、安徽三省。1933年2月"鄂豫皖三省剿匪总司令部"公布《编查保甲户口总动员办法》7条,规定编查保甲户口时,应征集各机关职员、公安长警、团队官兵、各民众团体成员、学校教职员等分组分段担任编查,并解释保甲制度之"益处"。该办法公布后,其余各省"相继仿行,或全省一律照办,或就特殊地方首先举办"。① 保甲制度全面推行。

1937年2月国民政府颁布《保甲条例》,并通令各省限期实行。其中规定,各县划分为若干区,限期编组保甲,以户为单位,设户长;10户为甲,设甲长;10户为保,设保长;相邻各保设保长联合办公室(联保),设主任与书记。保甲组织依照"管"(清查户口,实行联保连坐法)、"教"(进行"党化教育")、"养"(向保甲居民摊派保甲经费)、"卫"(抽选壮丁,编练民团,修筑工事,搜查缉捕)的原则进行活动。1941年颁布有《县保甲户口编查办法》,这些条例虽然以《户籍法》为基础,实际上破坏了户籍管理形式统一、平等、保障私权的原则。1946年修订的《户籍法施行细则》也明文规定户口调查前应先编组保甲,户籍实际上成为当局抓壮丁、清剿进步人士的依据。

近代户政管理人员中,警察长有户口查察及监督权,乡董、总董等自治人员负责户籍登记事务,保长、甲长清查本甲内户口、编定门牌,并负责警戒、防御、壮丁、课役摊派等。具体来说,北京政府时期户口编审是牌甲与警察相结合的方式,警察为主,牌甲为辅。其牌长和甲长的选

---

① 程懋型:《现行保甲制度》,中华书局1936年版,第6页。

任实行推举制,编查长推荐,知县任命。国民政府时期表面实行乡村自治,由乡镇长兼任户籍主任,实际上推行保甲制度,保甲长兼任户籍编查事务。抗战期间,保甲长或雇佣,或按户、按田亩由人户轮流充任。

四、统计制度

清代以中央六部兼管统计。预备立宪期间,受西方影响,清朝于光绪三十二年(1906年)在宪政编查馆下设立统计局,办理全国统计事宜,是我国统计史上第一次成立的全国性最高统计机构。光绪三十四年(1908年),清政府在民政、度支、陆军、邮传、农、工、商等中央各部及大理院,先后设立统计处,主管各部门统计业务。如度支部《设立统计处章程》包括总纲、职员及其权限、办事细则及附则,规定本部统计处以统计全国财政为主,按照本部职掌,分别门类,详列各表,纂辑全国财政统计年鉴。民政部《统计处章程》包括总纲、职掌、权限等11条,规定本部统计处专司统计民政事宜,按照本部职掌综辑全国民政,分别列表,以备刊成统计年鉴之用。邮传部《统计处办事章程》12条规定该部统计处专司统计交通事宜,综核船、路、电、邮四政及其余所管一切事务,分别列表,以资比较而臻完密。各部统计处内部组织各异,如民政部统计处分调查、编制两科;邮传部统计处分总务、路政、航政、电政、邮政五科,业务上皆受统计局的指导。

关于地方统计机构,光绪三十三年(1907年)九月宪政编查馆奏《各省调查局办事章程》13条,规定各省设调查局一所,专任一切调查事件,归本省督抚管理主持。次年各省先后成立调查局,局内分设法制、统计两科。其统计科置有三股,分掌:(1)外交、民政、财政;(2)教育、军政、司法;(3)实业、交通等统计。各省调查局在业务上亦受统计局指导,在行政上则隶属于各该省督抚。各司、道,及府、厅、州、县,均规定设统计处,并在业务上受各该省调查局的指导,形成一个全国性的统计系统。至于全国统计工作的联络,在统计局内除有关员司外,另设有咨议员,由京内外官员及各省调查局总办担任,借以讨论问题,交换意见。当时宪政编查馆为筹备立宪而设,故其所属统计局以为筹备立宪提供统计资料为主要任务,认为"如要决定各地推选议员的人数,必先明了各地居民的人数"。①

民国初,北京政府承袭清末制度,在各部门设有规模不大的统计机构。除财政部的统计由他科举办外,其他各部均设有统计科。主计局,成立于1914年5月,直隶于政事堂,任务是筹议财政、稽核预算,财政文件的拟定、编制、保存,办理统计事项,为袁世凯直接控制财权,将财政部、审计院两方面的职权集中办理的特殊机关,设局长,下设第一至第三科。1915年5月,将主计局改为统计局,改隶于国务院,成为专门办理统计工作的机关。1916年撤销政事堂、恢复国务院后,设全国最高统计机构——统计局。其职掌包括:管理各部院共同进行的统计事务;承担不属于各部院的统计事项;编纂统计报告;召开各官署统计报告;召开各官署统计会议。由于统计局的成立,各部统计科一度撤销,不久,教育、交通等部又恢复了统计科编制。当时虽有统计组织,但未统筹统计计划,各部门统计机构各自为政。在地方政府的省公署及所属厅处,1913年设置统计处或统计科、股。"统计工作经各方努力,亦进展甚速",如"盐务稽核所逐年刊布食盐消费数及盐税收入统计。江苏于民国元年刊行《内政实业教育报告》3册,山西统计处刊布统计报告多次,财政部附设的驻沪货价调查处从民国八年九月开始编制《上海批发及输出入物价指数》,为我国自编物价指数的发轫。该处并刊有上海物价月报及上海货价季刊。广东省调查统计局于民国十四年编制自

---

① 李惠村等:《中国统计史》,中国统计出版社1993年版,第218页。

民国元年以来的《零售物价指数》"。①

1931年4月成立主计处,直隶于国民政府,掌管全国岁计、会计、统计事务,职掌为:各机关统计人员及其所办统计事务之指挥与监督;各机关统计报表格式的制订、颁行及统计方法之统一;各机关统计范围的划分及统计工作的分配;进行基本国势调查;调查编制不属于任何机关范围及各机关未及编制的统计资料;编制全国统计总报告;其他有关统计事项。设主计长、主计官,内设秘书、人事二室,岁计、会计、统计3局,统计事业设计委员会和主计法制研究委员会。其中统计局内设五个科,1947年增加两个科。

当时统计机构的特点:为超然组织,不属于任何机关之下,秉承国民政府指令办理全国一切统计事宜,"如此则所编统计不致偏枯,而各种治权机关均可能得到所需之统计材料";统计局主管全国统计总报告,并办理全国基本国势调查,与各机关所不能或未办理之统计,"如此则全国统计材料均能集中,而不整齐之材料亦可补充完全";各机关统计人员之任免、迁调、训练、考核均归中央主办统计机关办理,"故统计人员在该机关中既有超然之地位,不与一般职员同其进退,其工作自可继续不断";统计机关有指导监督各机关统计事务、划定统计范围、统一统计方法与图表格式之权,事权极为集中,而工作亦最为一致。②

主计处为全国的统计体制奠定了基础,而统计法规也逐步出台。主计处成立以后的统计法规大致可以分为5种。(1)规划统计制度之骨干法令,为统一全国政府统计,1932年10月公布《统计法》,分通则、统计之编制及报告、地方统计、附则4章32条。其制定目的为了统计全国政府统计之步调,仅适用于政府之统计。该法明确了统计人员之

---

① 中国农民银行行员训练班:《调查统计实务》,1941年编印。
② 吴大钧:《主计处统计局之组织及其事业》,载《统计季报》1935年第1期。

间的监督、指导关系,规定:"各下级政府之主计机关,或主计人员关于统计事务,应受该管上级政府主计机关之直接监督与指导。"明确了统计范围之划分。为统筹全国统计事业之进行,规定国民政府主计处,"应拟订每一年、每五年、每十年或其他一定期间之统计计划",等。1934年公布有该法施行细则。(2)调查统计之方案。搜集统计资料的方法,一为登记,有《公务统计方案之意义及其拟订程序》;二为调查,有《拟订地方政府公务统计方案应注意之事项》。(3)调查统计之规则,如《警政统计规则》、《各省重要市县公务员生活费查编方法》、《户口普查条例》、《户口普查法》和《抗战损失调查办法》。(4)关于统计机构的设置和工作规程,如《国民政府主计处处务规程》、《地方行政机关统计组织暂行规则》等。(5)关于统计人员的考试、任用条例,如《高等考试统计人员考试条例》等。

当时各机关纷纷建立统计机构。根据"行政三联制"的设想,政治的推行必须经过设计、执行与考核三个阶段,而三者皆要求统计机构提供相应的统计资料。因此,1940年《统计法》规定政府统计工作的职责应为下列五种:(1)基本国势调查;(2)各机关职务上应用之统计;(3)各机关所办公务之统计;(4)公务人员及其工作之统计;(5)各机关认为应办之其他统计。行政三联制中,设计阶段所需资料由(1)(2)两项统计提供,执行阶段所需资料由(2)(5)两项统计资料提供;考核阶段所需资料由(3)(4)两项统计提供。

1933年,主计处对中央各机关的统计机构进行调整,将统计人员分成三等:(1)统计长,简任,或统计处长简任或荐任,其办公机构为统计处;(2)统计主任,荐任,办公机构为统计室;(3)统计员,委任,办事机构亦称统计室。其隶属关系为,统计长承主计长之命,并受所在机关长官的指挥,主办所在机关及其所属机关的统计事务,出席所在机关的院务或部务机关。统计主任、统计员承主计长之命,受主计处统计局长之指导，并受所在机关长官的指挥监督，主办所在机关的统计事务，出席所在机关有关其职责的各项会议。至1947年5月底，中央各机关及所属机关主办统计人员中，有统计长8人，统计主任及统计员669人，助理人员930人。根据同年国民政府《各省市统计组织办法》，各省及特别市的统计处分甲乙两等，甲级分四科，乙级分三科。是年全国统计机构共1 904个，统计人员4 945人。统计人员一方面对主计机关负责，另一方面又受所在机关长官的领导。这种双重的隶属关系，前者表示其地位超然，后者表示其联综关系。国民政府的统计组织形式集中，但仍然各自为政。①

民国时期进行的统计工作，有人口统计、农业统计、工业统计、商业统计、物价调查和物价统计、运输统计、教育、社会及卫生统计、地质统计、统计报告的编制等。此外还有其他部门的统计工作，如高等学校和学术研究机构进行的统计。1935、1939年分别完成第一次、第二次全国统计总报告。各地方政府也要求所属统计机构编制各该地区统计总报告。抗战结束以后，战后行政工作次第恢复，全国统计机构基本设置，统计局于1947年编辑出版《中华民国统计年鉴》。1948年5月主计处改组为主计部，隶属于行政院。1949年3月主计部改组为行政院主计处。

第二节 度量衡与气象法

一、度量衡管理

度量衡的统一，对经济文化的发展至关重要，从一个侧面体现国家

---

① 李惠村等：《中国统计史》，中国统计出版社1993年版，第239、240页。

行政管理的力度。

针对晚清度量衡混乱的局面,光绪二十九年(1903年),根据《中日通商行船续约》第七款规定,应制定划一程式,先从通商口岸开始,然后逐渐向内地通行。光绪三十三年(1907年)清政府又命农工商部及度支部会同订出程式及其推行办法,限6个月内完成。翌年三月农工商部出台《推行划一度量权衡制度暂行章程》40条。其主要方针:"恪遵祖制,以营造尺漕斛库平为制度之准则";"兼采西制,以实行划一各种度量衡之制度"。其拟定的具体标准为:度,仍以营造尺为标准;量,仍以漕斛为标准。衡;仍以库平为标准。重定度量衡制度在完善营造库平制的同时,明确规定了度量衡的主单位,度以尺为主单位,量以升为主单位,衡以两为主单位。为了便于推行,对度量衡器具的种类也有所增加和改进,规定有制造原器及用器,改用新器的推行办法,"凡官民从前所用之度量权衡,有与营造尺、漕斛、库平相参差出入之旧器,按照本章程规定之年限,届满一律禁止行用"。并附《度量权衡划一制度总表》、《划一度量权衡图说》。宣统元年(1909年)农工商部设立度量衡局,随即开始建度量衡制造工厂,因辛亥革命爆发而未能完成。

民国初年度量衡仍混乱。工商部召集各部代表讨论新制。会议拟采用十进位制(米制),考虑到我国习惯,决定甲制(营造库平制)与乙制(米制)并行,对米制的中文名称作了规定,即在我国度量衡旧制名称前,冠以"公"字,用公尺、公升等。1915年1月大总统公布《权度法》25条,规定权度以万国权度公会所制定的铂铱公尺、公斤原器为标准。权度分为两种,即营造尺库平制、万国权度通制。《权度法》公布后,农商部将原来的度量衡制造所改名为权度制造所,开始制造标准器具,设立权度检定所,并选北京工业专门学校第一期毕业生40多人,进行度量衡专科培训,作为推行事务的专职人员。当时选北京为推行试点,于1917年1月实行。《权度法》的实施若有若无,但为日后划一的度量衡奠定了良好的基础。特别是《权度法》制定的甲乙两制并行，以乙制（米制）为方向，以甲制为过渡辅制的大政方针值得肯定。

北京政府未能实现统一全国度量衡。国民政府成立后需要划一度量衡，于是工商部召集各界讨论推行米制的具体方案。一种意见主张抛开万国公制，建立独立的中国度量衡；另一是采用万国公制，制定暂行的辅制。最后由工商部负责委员讨论，认定若以万国公制为我国度量衡标准制，公尺过长、公斤过大，在过渡期间需另订辅制。《权度法》虽提出两制并行，但因甲乙两制并无简单易算关系，以致未能通行全国。辅制应如何，各家又提出多种方案，结果徐善祥、吴承洛提出的"公尺三分之一为市尺、公升即一市升、公斤二分之一为一市斤"提案最佳，得到多数支持。这种辅制与民国初的甲乙两制互不相关，而是由公制演绎而来，且与公制有简单换算关系。

1928年国民政府拟定《中华民国权度标准方案》，于7月公布。其主要内容是：定万国公制（即米制）为权度之标准制，长度以1公尺为标准尺，容量以1公升为标准升为标准升，重量以1公斤为标准斤。市用制，以与标准制有最简单之比率而与民间习惯相近者为市用制，长度以标准尺1/3为市尺，计算地积以6 000平方尺为亩，容量以1标准升为升，重量以标准斤两1/2（即500克）为市斤，1斤为16两（每两等于31克又1/4）。按照工商部原拟定的市用制，把1斤分为10两，以贯彻十进制；而民国政府认为，市制既是过渡中的辅制，不如迁就习惯，仍用16两为1斤。

以上权度标准方案只规定了度量衡单位制度。1929年2月，国民政府又颁布《度量衡法》26条，使权度标准方案法律化。其中对度量衡各单位的名称与定位作了详细规定。在此后推行的过程中，又根据进展需要，陆续公布了涉及推行、组织、制造、检定、检查、营业各方面的40多种附属法规，其中有《全国度量衡局组织条例》《度量衡制造所规程》、《全国度量衡划一程序》、《废除旧器暂行办法》等,为度量衡法的实施作了行政准备。1930年1月《度量衡法》正式生效,国民政府视各地交通与经济发展情况,将全国各区域完成划一度量衡的先后分为三期,规定最后于1933年终以前完成划一。

与北京政府时期一样,在标准确立之后,当务之急是制造颁发标准器具及培训检定人员。此前,工商部已将原北平权度制造所改为度量衡制造所,监督赶制标准器具,送各部陆续颁发。工商部并于1930年1月通知各省市政府保送高初两级检定人员来京,在度量衡检定人员养成所培训,待第一期学员毕业后,所有列入第一推行期的各省市度量衡检定所先后正式成立。1930年10月成立全国度量衡局(后改中央标准局),统一掌管全国度量衡。

为确保度量衡新制的推行,1929年9月,工商部邀集中央各部代表组成度量衡推行委员会,决定于1930年底前,施行公用度量衡划一,由工商部行文给各部及地方各行政机关照章办理,得到全国各机关响应。1930年11月,工商部在南京召开了全国度量衡会议。参加会议的有各地代表90余人,并有旁听人员,工商部长孔祥熙到会致辞。会议一共召开过三次大会,并有分组讨论,对100多项有关度量衡的议案进行了讨论,多数获得通过。① 度量衡制造所将所造铜质标准器和木质标本器,颁发全国各市县,每地至少一套,分别作为法律上公证及制造上的样本。同时还制造了调查器、检定用器,用于各地方调查旧器、折合物价及检定民间制造度量衡器。各省及直辖市均设立省市度量衡检定所,各县也设一分所。凡民间制造的器具,一律送请有关部门依法检定,加盖戳印,才许买卖及使用。海关贸易也由实业部及全国度量衡局根据各项理由,与财政部及关务署反复磋商,决定于1934年2

---

① 实业部工业司:《工商部全国度量衡会议汇编》,1931年印行。

月起,一律改用新制,从而遏制混乱状况,为度量衡最终走向公制奠定了基础。①

1947年3月成立中央标准局,隶属于经济部,负责制定国家标准,推行发定度量衡及训练度量衡检定人员,附设度量衡制造所和度量衡检定人员训练所。

二、气象行政

1912年,在北京设立我国自办的气象台——中央观象台,隶属于教育部。1914年,农商部由于农林方面的要求,通令各省农业机关设立气象测候所共26处,这是全国设立农业气象站的开始,不久大多停办。1920年中央观象台为发展国内气象,拟定"扩充全国测候所意见书",1921年由北京政府通过。

1927年11月,在南京的大学院召开第一次院务会议,推定了观象台筹备委员会。不久分筹备处为天文研究所与气象研究所。气象研究所遂择定南朝及其以后观象台旧址所在的钦天山为所址,重建气象台,自1928年5月动工,至12月完成,先后凡七阅月。②

1941年8月,行政院通过《中央气象局暂行组织规程》,同年10月,中央气象局成立,隶属行政院。从此,中国气象事业始有专门管辖机构。根据1944年4月行政院批准颁布施行《中央气象局组织条例》,中央气象局隶属于行政院,掌理全国气象行政,为全国民用气象最高机关。设局长一人。局内设两科及秘书、会计两室。各科设科长一人及科员五至十人。以后又屡次修订条例。1947年第6次修正,规定设三处四室。同年11月,行政院批准公布修正《中央气象局组织条例》,规

---

① 丘光明等:《中国科学技术史·度量衡卷》,科学出版社2001年版,第446页。
② 国立中央研究院:《国立中央研究院气象研究所概况》,1931年印行,第2页。

定中央气象局设技术、测政、总务三处,气象总台,以及资料、会计、人事、统计四室。

根据《中央气象局所属气象台站测候所及雨量站组织规程》,各地气象台直属中央气象局,分甲乙丙三等,气象站隶属于气象台,按各航线分别设立,也分甲乙丙。测候所分隶于气象台,在航线外区设立。雨量站分隶于气象台,按各地需要设置。气象台分区设置,办理地面及高空气象记录及测报,供给航行水利农林渔捞需要之气象情报,并管理区台气象行政事项。气象台按各航线分别设立,掌理各航站逐时天气情况与定时高空气流之测报,经特别指定可兼办机场港口天气预报、警报信号及航线临时天气咨询。测候所在全国航线以外分区设置,负责观测并报告地面天气记录,供农林水利建设及航线参考之用。雨量站根据各地需要设立,供农林水利参考之用。《各省气象所组织规程及各省县市测候所组织规程》,也是中央气象局成立后完善立法程序的一部分,由各省政府呈报行政院,转经中央气象局提出审核修改意见,再由行政院核复各省政府施行。

抗战结束后,接收了沦陷区各级测候所站,分别制定和公布了东北区气象机构、上海徐家汇天文台测报业务、青岛观象台等机构的组织条例。当时气象行政机构虽然比较重视气象立法,但要取得国民政府批准与公布非常艰难,工作人员人少职繁,勉强维持。至1947年12月,共有9个区台,57个气象站,49个测候所,40个雨量站。①

在业务管理方面。中央气象局成立后采取了五项措施:一是为统一职权,发挥气象效能起见,于1941年12月呈请行政院,各所属气象机关,除受直属上司管辖外,概受本局业务上之指导;二是制定《战时气象资料管理规则》,规定各项气象情报及资料,各级测候站不得发表或

---

① 温克刚等:《中国气象史》,气象出版社2004年版,第334、337—339页。

抄印,有关机关索取者亦须负保密责任;三是修订全国气象观测实施办法,规定全国气象测候所视设备之繁简、观测之详细分为四等;四是为增进工作效率,将直属台站划分为特、甲、乙、丙四种并设置督导;五是1947年2月改隶交通部以后,着手制订了航线气象网计划。

民国时航空系统中的航空委员会、中国航空公司和欧亚航空公司在上海、南京、四川等地先后建立了气象站和测候所,进行航空气象观测、预报等业务。

第三节 社团与社会合作法

一、社团管理规章

清代民间社团发展,如哥老会、青红帮等秘密组织蔓延,农村中有家族结盟和民间团练。第一次鸦片战争后通商口岸出现在华外国人社团,如外商商会、外国在华教会社团。此外有政治性和公益性社团。戊戌变法时期,有强学会等维新团体、华侨团体(会馆),许多新知识界社团、近代商会,还有反清秘密社团,以及地方自治社团,如上海城厢内外总工程局与自治公所。

针对清末立宪与革命团体此起彼伏的出现,光绪三十四年(1908年)二月宪政编查馆与民政部颁布《结社集会律》35条。其内容涉及关于结社、集会的定义、条件、程序,其中规定,本律称结社者,凡以一定之宗旨,合众联结公会、经久存立者皆是。对于政事结社有严格限制:"应由首事人于该社成立前开具下列各款,呈报该管巡警官署或地方官署,在京申呈民政部核准,在外由巡警道、局申呈本省督抚核准,咨部存案";"政论集会,须先定倡始人,由倡始人于开会前一日开具下列各款,呈现报会场所在地方该管巡警或地方官署:宗旨或事由;会场;开会之年、月、日、时；倡始人姓名、履历、住址；现有入会人数"；"凡关系公事之结社、集会"，"人数以一百人为限；政论集会，人数以二百人为限"。宣统元年（1909 年）八月宪政编查馆《通咨各省查察集会结社文》继续对民众结社集会加以严格限制："绅民结社集会议论政事，前经奏定专章，除由地方官警官核准申详督抚转咨民政部核办外，仍应咨报本馆查核。至会议事宜，应归该地方警官随时查核，照奏定表内宗旨名称会章办事处首事佐理办事，及名誉各员暨分会各事及迭次开会是否与政治结社集会律符合。"

《中华民国临时约法》规定人民有结社权，政府并给与指导。北京政府时期，开始规定一些重要的社团专项法规，以制约社团组织。如 1912 年 9 月《农会规程》及其实施细则，同年 11 月公布《中央学会法》，1914 年 9 月《商会法》。1914 年 3 月颁布《治安警察法》41 条，企图限制人民权利自由，规定对结社、集会、屋外集合及公众运动游戏或众人之群集、公共场所粘贴文书图画，或散布朗读、劳动工人之聚集等行使治安警察权；严禁未成年人、妇女、军人等参与政治结社，非政治结社也应该实现报告，严格限制集会。屋外集合即游行，应该事先呈报，严禁劳工集会、同盟罢工。凡"结社宗旨有扰乱安宁秩序之虞者"，"有妨害善良风俗之虞者"及"其他秘密结社者"，得"命其解散"。

国民政府时期，确立了"以党治国"方针，体现在民众运动方面，首先必须把民众运动纳入"党治"的范畴。因此，国民党二届五中全会上通过《民众运动案》，规定"人民在法律范围内，有组织团体之自由，但必须受党部之指导与政府之监督；政府应从速制定各种法律，以便实行"，将整理社团、完善社会管理机构一事提到日程上来。① 据此，1929 年 6 月国民党三届二次全会通过《人民团体组织方案》。1934 年 5 月又通

---

① 吴祺：《中国国民党史》，中央陆军军官学校政治训练处 1929 年印行，第 173 页。

过《全国人民团体总检查办法》。通过整顿社团,使中间色彩的组织得以发展,而忽略了工会、农会、商会的发展。1934年5月,行政院转饬《人民团体整理办法》11条,规定依法成立的人民团体不健全或发生纠纷,其程度尚未达到依法解散的规定时,由各地高级党部依本办法整理。

1931年设立的中央训练委员会至1938年5月改组为中央社会部,职权包括管理社团,设民众组训处、社会运动处、编审处、总务处。1940年11月中央社会部改隶行政院,成立社会部,掌管协助民众团体组织训练、社会运动、党团的组织和运用、控制劳资冲突,设部长、副部长,组织训练、社会福利、总务三司,以及合作事业管理局,参事、秘书二厅,视导、合作、统计三室。抗战后期,增设社会救济司、合作事业管理局、劳动局、中央合作金库等部门。1949年年初并入内政部,改设社会、合作、劳工三司,在社会团体方面既是管理组织,又是监督系统,拥有审批权和监督权。

全面抗战时期,国民党以非常时期为由,颁布一系列政策法律法规,管理、控制社团。1940年6月立法院公布《非常时期人民团体组织纲要》,规定社团共同的目的在"抗战建国",存在的前提是拥护三民主义和国防政府,服从最高领袖;团体案例,应先取得政府的同意。同年8月,国民党制定《非常时期党政机关指导人民团体办法》,正式将人民团体由国民党直接控制改为由政府管理。1942年2月《非常时期人民团体组织法》20条。规定:"人民团体主管官署在中央为社会部,在省为社会处,未设社会处之省为民政厅,在院辖市为社会局,在县市为县市政府"。"这个系统,非常明确。"同时,组织的区域以行政区域为主,并规定在同一区域同一性质同级的团体以一个为限;人民团体发起人数额,县一级应有15人以上发起;中央直辖、省或院辖市的人民团体,应有30人以上发起,并规定了社团主管部门、有关职业团体的规定,团体发起至成立的具体行政手续,对违法或怠忽的团体的处分办法。"各种职业之从业人,均应依法组织职业团体,并应依法加入各该团体为会员。"社会团体的主管官署,在社会部未改隶前,各种法规多未明白规定;各种团体组织系由所在地党部指导成立备案后,再按其团体性质自行呈请主管业务之行政机关备案,甚至一个团体有两个以上之主管官署"(例如,边疆文化团体由教育部、蒙藏委员会主管),"不特行政难以统一指挥,且各团体对主管机关亦无所适从。社会部改隶后,以职司全国人民团体组训,曾经呈奉行政院明令规定各种人民团体之主管官署为各级社会行政机关"。①

1942年3月社会部公布《全国人民团体总登记办法》,规定凡1942年2月底以前成立的人民团体均须履行登记,过期不履行登记者除由特殊原因外,一律加以整理或者解散,而登记的团体经审核认为不合法的亦一律解散。至1943年年底,各省陆续登记完毕,参加各种登记的各种团体共2.23万余个,经过社会部审核认为合法并准予备案的1.72万余个,占履行登记总数的77%。其余的,或令其补报再核,或撤销组织,或令改组或分组合并,或不许登记。② 在当局鼓励下,社团在非沦陷区有了一定发展。此外还颁布有《非常时期职业团体会员强制入会与限制退会办法》、《全国人民团体总登记办法》等。

抗战胜利后,国民党社团政策紧缩,提出"以党透政"口号,就是改抗战时期国民政府与国民党等多元领导社团的政策为一元领导,以将社团和民众运动处于其严密监视之下。为此制定法律法规。1948年5月《戒严法》规定,在戒严地域,最高司令有权停止集会、结社及游行、请愿,"必要时得解散之"。

---

① 社会部组织训练司:《社会团体组织须知》,1942年编印,第13页。
② 中国社团研究会:《中国社团发展史》,当代中国出版社2001年版,第491—492页。

二、各类社会团体管理

工商团体管理方面,清末,光绪二十九年(1903年)十一月商部奏定《商会简明章程》26条,规定"凡各省、各埠,如前经各行众商公立有商业公所及商务公会等名目者,应即遵照现定部章一律改为商会,以归划一",并有《商会章程附则》6条、《接见商会董事章程》、《议派各省商务议员章程》等配套规范、农工商部奏京师设立商会总会折等。民国初期,1914年9月,北京政府颁布《商会法》3章60条,是中国近代第一个以"商会法"命名的商会立法。该法将商会分为商会和商会联合会两种,确认商会的法律性质为法人,对商会的会员资格与权利、重大事项的议决,商会的解散、清算等作了明确规定。1929年8月,国民政府公布《商会法》9章44条。其内容比1914年《商会法》有所变化,规定商会设立"以图谋工商业及对外贸易之发展,增进工商业公共之福利为宗旨";商会的性质为法人,增加了商会"关于国际贸易之介绍及指导事项"的职能;明确会员大会为商会最高权力机构,执行委员会和监察委员会是大会的执行机构。商会以市县为单位,繁盛的区镇亦可单独或联合设立商会。商会必须由该域内5个以上之同业公会发起。同业公会为商会的基本构成单位;按照1930年颁布的该法实施细则,最基层为县、区镇商会,上由市商会、全省商会联合会和中华民国商会联合会逐级组成,分别由县政府、市政府、社会局,省商会由实业厅,全国联合会由实业部派员监督并指导。

1929年10月国民政府公布《工会法》8节53条,并经6次修改。规定工会的主要目的是为了劳动条例及生活的维持与改善,其次为增进知识技能、发达生产。主要旨趣,在维护产业之发展。"立法纯采干涉主义,故于工会之创立不采特许制,而规定一定呈报手续。""工会之团体缔约权及罢工权,虽予承认,但须得主管管官厅之认可或调停。"国民政府的劳动立法,既根源于本党劳动政策,"故始终以劳动协调为原则,政府在劳资两方面,实立于仲裁之地位"。根据1929年规定,工会的目的在于增进知识技能,发展生产,维持劳动条件和生活。其特点一是规定工会任务不在夺取政治权利而在经济上的改善,二是充满了调和劳资关系的精神;三是纯粹采取干涉主义,必须向政府呈报、申请;四是对工会组织本身的范围进行了限制,工会会员限制在同一产业和同一职业,防止其他行业混入。以后数次修改。

1928年7月国民党中央常会通过的《商民协会组织条例》37条,将商民范围规定为专指商人、店员及摊贩而言,其各类法律法规作为整理和重新组织各地商人团体的依据,规定原有商会在6个月内改组为新商会,各地商民协会命令撤销,理由是商民协会的设立原为符合军政时期的需要,训政时期旧有团体不再适用。为配合《商会法》的实施,1929年8月,国民政府颁布有《工商同业工会法》16条,商会内部的组织制度与规章趋于规范化。

1938年1月国民政府颁布《工业同业公会法》11章60条,以及《商业同业公会法》、《输出业同业公会法》,将工业由商会中凸显出来,自组团体,但仍要加入商会为公会会员。这三个法案,体现了国民党中央实行经济统制政策的倾向。1947年10月国民政府公布《工业会法》10章60条,规定工业会以谋划工业的改良发展,增进同业的公共利益为宗旨,为法人,组织分类为省、县、市、区工业会及工业同业公会联合会、全国工业总会等。1948年公布其细则,规定工业会与商会相分离,由全国工业总会统辖全国各地工业同业公会联合会、省工业会和院辖市工业会。

1928年以后,商会作为一种最普遍的工商界团体组织一直存在,具有积极作用,但原先那种活跃的参政活动受到抑制。①

---

① 中国社团研究会:《中国社团发展史》,当代中国出版社2001年版,第520页。

在农会与妇女团体管理方面。光绪三十三年(1907年)底农工商部奏准《农会简明章程》，23条，规定各省应于省城所在地设立农务总会，于府厅州县设立分会，于乡镇、村落等地酌设分所。总会设总理一员，协理一员，分会只设总理，不设协理，任期一年。协理以下设董事，总会设20至50人，分会设10至30人，分所董事不超过五人。凡一切蚕桑、纺织、森林、畜牧、渔业等事宜，农会均可酌量地方情形，随时条陈农工商部次第兴办，其受官府监督。

关于农民团体的法规，基本上围绕农会。大革命时期湖南等地的农民运动，给乡村土豪劣绅和基层政权极大的震撼。1930年12月国民政府公布《农会法》，共9章36条，规定农会宗旨以发展农民经济、增进农民知识、改善农民生活而图农业发达；凡中华民国人民住居该区域内、年满20岁并具资格之一者可称为乡农会或市区农会会员；农会职员的产生由各级会员大会选举，其职务为名誉职；农会会员大会分定期和临时两种；农会的具体任务是协助政府或自治机关从事于指导农民，将农会引入保障社会经济发展的境地，避免农会带有政治色彩。1937年5月修改《农会法》，补充了农会系统各级设立的具体规范。同时修正《农会法施行法》，规定农会的监督机关为"省农会之监督机关为省政府，县市以下农会之监督机关为县政府或市政府"，并规定了各级农会会议代表产生的办法。

抗战时期，国民政府十分重视将农会组织引导至可控的范围内，发挥支持抗战的作用并加以领导监督。"社会部成立后，对于组训农民、发扬民力，积极地予以注意，而于农会之策动倡导，尤表现其热忱。这是关心农会事业人士所一致引为欣慰的事。他如最高国防委员会通令各省加紧农会、行政院议决补助农会事业费、农产促进委员会规定农会如农业推广基层机构以及农业改进与农贷机关实际的协助，使农会逐渐成长活跃。而抗战以来，农会对食粮增产、劝勉农民参加抗战、改良农业等确多贡献,足资提倡。"①1948年《农会法》39条,将农会的任务规定为23条,如农会有调解农事纠纷、证明租佃契约、协助有关土地改良的责任,并监督农贷及土地金融贷款的承办转放。

妇女团体方面,1932年11月国民党通过《妇女会组织大纲施行细则》《妇女会组织大纲》。妇女会以自动组织为原则,每个年满20岁以上的妇女都可称为妇女会会员,除非其有违反三民主义的言论和行动,或被剥夺公民权。县市一级的妇女会,必须有妇女15人以上发起组织,省级妇女必须由9个以上县市妇女会发起。中央政府在民众运动委员会下设妇女科,1935年新生活运动②设新运促进会妇女指导委员会。

在科学教育文化团体管理方面。宣统三年(1911年)五月学部《中央教育会章程》14条,规定中央教育会由学务必大臣监督之。1912年9月,教育部公布《教育会章程》,5章13条,规定教育会以研究教育事项、力图教育发达为目的,分省教育会、县教育会、城镇乡教育会三种。1919年11月修订。1915年《全国教育会联合会章程》9章20条,规定联合会由各省教育会及特别行政区教育会组织而成,以体察国内教育状况,并应世界趋势,讨论全国教育事宜,共同进行为宗旨。1918年12月教育部拟订《教育调查会规程》14条,规定教育调查会隶属于教育总长,以调查审议教育上之重要事项为目的。1931年1月,国民政府公布《教育会法》7章38条,规定教育会以研究教育事业发展地方教育为目的,分区、县市、省三级,受同级政府教育部门监督。除一般教师外,

---

① 乔启明:《农会会务与业务》,正中书局1946年版,第1页。
② 新生活运动:1934年2月在南昌发起。蒋介石任该运动促进总会会长。1935年11月总会迁南京,并在各地设分会。该运动以国民生活"军事化、生产化、艺术化"为口号,强调用传统伦理纲常的礼义廉耻改造民众思想与旧俗,包括推行新式集体婚礼等。1937年全面抗战爆发后逐渐停顿。

曾为公立或立案的高中以上学校毕业生,或在立案的旧制学校毕业并在教育界服务一年以上者,都可以为会员。

对于学生自治会,国民政府颁布有1930年1月《学生团体组织原则》、《学生自治会组织大纲》及其细则,1931年10月《学生自治会章程准则》等,规定学生自治会的成立和其他社团一样必须得到当局认可,举行重大活动或出版刊物必须呈请当地高级党部及学校派员指导或核准,学生自治会还必须将它们的工作状况每学期向当地高级党部和学校呈报。

1930年1月,国民党中常会通过《文化团体组织大纲》,1931年2月通过其细则。据此,文化团体范围是:凡具有增进学术教育或改良风俗习惯等性质的团体;目的是增进中国文化,发扬民族精神以促进社会的进步;活动范围是不得从事违背三民主义和法律规定的范围外的政治活动;文化团体可自定章程,但必须得到当地高级党部的同意核准。高级党部在省为省党部,在县为县党部或特别市党部,然后呈报主管官署立案。教育部系统主管具有增进学术教育性质的团体,内政部民政厅系统管理具有改良风俗习惯性质的团体。文化团体的会员,不得有违背三民主义的言论或行动。

全面抗战期间,社会部实行文化社团的整理和调整。1939年7月颁布《抗战时期文化团体指导工作纲要》,分为文化团体组织之调整、现有文化团体的整理原则两部分。规定所有团体均须配合政府实行登记,经当地主管官署呈准后立案,才能正式活动。登记必须在规定时间内完成,未经呈准主管官署立案而在限期内又不补行立案手续的,严厉取缔之。因所在地沦陷而迁入他处的,应向迁移地主管官署呈请备案。1947年6月,社会部统计有文化团体1 137个,会员47万余人。①

---

① 中国社团研究会:《中国社团发展史》,当代中国出版社2001年版,第525页。

三、合作社法

清末民初,合作主义思想传入中国。中国近代合作事业与传统民间自发性互助组织的根本区别在于其法律化和制度化。中国合作运动萌芽于1919年,当时开始出现少量合作社。1921年11月一些外国驻华公使及外国人士在北京成立"中国华洋义赈救灾会"。1923年6月,该会拨款在河北香河成立了中国第一个农村信用合作社。北京政府时期,社会合作由民间自发组成,无法定合作社。合作事业只是民间社会改革运动者自发性的倡导,当时出现了一些合作社内部的管理规章。

国民政府成立后,合作社发展较快,各地政府颁布了一些合作社条例。1931年9月,立法院请中央政治会议修正通过《合作社法原则》10款,规定了合作社的社会救济与福利性质,规定了合作社的原则、业务分类。同时,1932至1935年"鄂豫皖三省剿匪总司令部"等军政单位以"剿匪区内各省"为开头的战区合作行政法令,包括各种条例、章程、通则、规程等有12种,如《农村信用、利用、供给、运销四种合作社模范章程》等。1929年1月,工商部参酌国内,借鉴国外,拟定《消费合作社条例草案》。1930年行政院颁布《县各级合作社组织大纲》,为配合新县制的施行,要求各乡镇保均有一个合作社为原则。1931年4月,实业部颁布《农村合作社暂行规程》9章58条,将农村合作社分为信用、供给、生产、运销、利用、储藏、保险、消费八种以上。该规程在合作社法出台以前最为具体,也适用于非农村合作社,但其无法律地位。同年,实业部颁布《消费合作实施方案》和《消费合作社章程》,将消费合作社的组织和管理纳入规范化轨道。

"我国经济状况尚在幼稚阶段,自由竞争之弊害似尚未如欧美各国之剧烈";"我等正宜于此时速设一相当方法,确保经济上之基础,救济最大多数人民之危亡,此诚今日急不可缓之要图也。此种方法固有各方面,而由同此利益关系者,即经济上之弱者——互相团结,合力协作,以排除共同之不利,而获得其利益。是为最重要者。合作社即适应此时会之组织也。"①"宣传合作的最大目的,在使民众了解合作意义,引起组织兴趣。但是民众知能薄弱,保守性深,经济思想尤感缺乏。若以空泛的理论对民众宣传,必不能唤起同情,有所成就";"所以合作事业发动之初,应先审度社会环境、民众生活、生产状况、教育情形,决定何种合作社最觉需要,而以各自的地位确定宣传的原则。"②

1934年2月,国民政府公布《合作社法》9章76条。该法为合作社运动的基本法,其中规定,"本法所称合作社,谓依平等原则在互助组织基础上,以共同经营方式,谋社员经济之利益与生活之改善,而其社员人数及资本额均可变动之团体"。合作社之业务,包括:(1)为谋农业发展,置办社员生产上公共或各个之需要设备,或社员生产品之联合推销;(2)为谋工业之发展,置办社员制造上公共或各个之需要设备,或社员制造品之联合推销;(3)为谋社员消费、金融之便利、相互扶助之需要的措施,等等。合作社非有七人以上不得设立,合作社应于一月内向所在地主管机关为成立之登记。合作社机构包括社员大会、社务会、理事会、监事会四种,理事会、监事会至少各三人组成。经过三次修改。其施行细则1935年由实业部公布,共44条。

1936年12月,实业部颁行《合作金库规程》,规定合作金库采取由下而上的三级制,各负盈亏之责,合作金库逐渐由"剿匪"区逐渐推向整个国统区。1942年由社会部、财政部等组成中央合作金库筹备委员会,1943年和1944年立法院相继通过《合作金库条例》及其施行细则,将原来的三级制改为二级制。为使合作事业与新县制相配合,1939年

---

① 于树德:《合作社之理论与经营》,中华书局1929年版,第16页。
② 钮长耀:《合作社》,商务印书馆1937年版,第3页。

行政院颁布《县各级合作社组织大纲》,要求各乡镇都有一个合作组织,以达"每保一社"、"每户一社员"。①

30年代,实业部合作司是全国最高合作行政机构,期间还设有全国经济委员会合作事业委员会掌管全国合作事业的技术推广。1936年6月该委员会结束,其事项移交实业部合作司。全面抗战初期,实业部改经济部,合作司撤销,由农林司兼办;后另立合作事业管理局,仍隶经济部。1940年12月,社会部合作事业局成立,掌管全国合作事业。

第四节 社会生活管理法

一、禁毒制度

晚清鸦片泛滥。同治十一年(1872年)上海有大小烟馆1 700余家,光绪三十二年(1906年)重庆有烟馆860家。清廷当时面临的问题,一是无法禁止外国鸦片输入,二是很难筹措大宗款项补偿鸦片税厘。20世纪初,越来越多的人呼吁禁烟。在华万国传教士的《万国公报》基于人道主义,也反对毒品贸易。各地传教士举办了各类戒烟所。在国际国内压力下,英国政府的鸦片贸易政策也有松动。

光绪三十二年十一月,清政府颁行《禁烟章程》10款,通令各州县调查罂粟种植面积,造册逐级上报,由官府发给统一牌照,令其每年减种1/9,九年减尽;凡吸食成瘾者,必须到附近衙署登记,领取吸食牌照,60岁以上者发给甲牌,以下者发给乙牌,没有牌照不许购吸;持甲号牌者其禁稍宽,乙号者限期一律禁断,逾期不戒,注名烟籍,以示不齿于齐民;城乡烟馆半年内一律停歇;烟膏店必须注册登记,每年停歇一

---

① 岳宗福:《近代中国社会保障立法研究》,齐鲁书社2006年版,第274页。

批,10年内禁绝;提倡各地绅士成立禁烟会,劝导人们戒烟;严禁官吏吸食鸦片,逾期不戒一律参革。光绪三十四年(1908年)四月民政部制定《稽核禁烟章程》9章23条。规定各省应饬地方将境内现种植罂粟地亩确切调查亩数,地主姓名及收获多寡于六个月内分造清册,申由各该督抚汇报度支部并分报民政部各存一分备查。禁烟定限10年,系自光绪三十二年(1906年)起。各省应印制鸦片栽种凭照,由各地方官发给各户收执。各省烟馆现勒六个月内一律停歇改业。在此前后,因河南道御史赵启霖奏请,清廷在京师设禁烟总局,上海设禁烟总会,负责调查各省禁烟事宜。清廷并且任命禁烟大臣,随即成立中央禁烟所。

民国成立,孙中山颁布禁烟法令,规定凡不戒烟者,"不可为共和之民",剥夺其选举、被选举一切公权。1912年10月,北京政府颁布《重申鸦片禁令》,令民政机关严切晓谕国民,立除痼习。翌年4月,北京政府召开全国禁烟会议,成立全国禁烟联合会。1914年3月,内务部公布《督查禁烟处章程》14条,决定于内务部警政司附设禁烟督察处,主管全国禁烟督察事宜,设处长、评议员、审查员、调查员和事务员等官职。处长以警政司司长兼任,调查员负责实地调查各省禁烟状况。同年北京政府公布《禁种罂粟条例》10条,规定各地今后不得再行栽种,县知事于所辖内发现栽种罂粟时,应强行铲除;又颁《吗啡治罪条例》12条,规定制造或意图贩卖而收藏吗啡者,处罚与鸦片罪相同。

袁世凯以后,军阀割据局面出现,各地军阀鼓励、强迫农民种植罂粟,并且巧立名目,收取各种鸦片税,甚至实行武装贩运、护运鸦片,导致罂粟遍地,严重影响粮食生产,各地吸食成风,鸦片泛滥成灾。

国民政府成立后,重新实行禁烟。

第一阶段,"寓禁于征",由财政部出面,诉诸行政措施禁烟,将隐蔽变为公开,收取更多鸦片税。1927年9月与11月,财政部分别公布《禁烟暂行章程》并修正《禁烟条例》,开始禁烟。1928年4月再次修订

《禁烟条例》,规定财政部设禁烟处专任全国禁烟事宜,各省设禁烟总局,紧要区域设立禁烟分局,财政部于相当区域设专运所,办理征收特税及专运事宜。经过禁烟机关特许者允许栽种罂粟。可见仍然是把隐蔽变为公开,最大限度收取鸦片税,并且暗示农民只要交税就能大种罂粟。为了保证对毒品收取特税,各项具体章程实际上在公开纵毒。1928年3月,财政部分别公布《戒烟药料特税章程》,规定专运所负责运送戒烟药料,该药料除在该省缴纳原定个税以外,需转运者要纳特税,并有《特税章程》、《印花章程》、《护运章程》等。为保证税收,要求严格检查烟苗和审理烟案。在国民政府所颁《中华民国刑法》中定有鸦片罪。另有《各省检查烟苗局章程》,规定烟苗局职责为办理检查烟苗及征费及收买药料。

第二阶段,以"寓禁于征"为主向禁烟为主的转变。1927年7月国民政府颁布《全国禁烟会议组织条例》,规定国民政府出面组织全国禁烟会议。同年8月成立全国禁烟委员会,规定设置委员长,以内政、军政、外交、交通、财政、铁道、卫生各部部长,及司法行政部部长为当然委员,内设总务、查验二处。9月颁布《禁烟法施行条例》,要求各地禁烟局限于12月前一律结束,设全国禁烟会议建议及审议一切禁烟事宜,设全国禁烟委员会督理全国禁烟事宜,各地政府分别督理和执行所辖区县市禁烟,并规定禁种、禁售、禁吸等。以上表明国民政府禁烟诚意的增加。1929年7月国民政府制定并颁布《禁烟法》4章22条,是禁烟领域的根本法,除原有禁烟机关名称和职责更为明确外,将水陆公安机关也列为禁烟机关,科刑比《刑法》鸦片罪有增有减,并增加了有关公务员犯罪科刑的规定。同年9月修订颁布《公务员禁烟考成条例》,对于公务员,在境内已禁种罂粟和禁运方面屡破大案者,或境内烟民安全戒绝者,给予奖励。当时之所以能"寓禁于征"向以禁烟为主过渡,原因在民众推动、国际形势压力、经济建设需要及改善社会环境的迫切性。

按照《禁烟法》和《禁烟法施行规则》的规定,在国民政府的控制区内,应当取缔一切毒品,杜绝鸦片的产、运、销,撤销一切鸦片税收机关。事实上鸦片税收机关不仅在各地依然存在,而且还有新的发展。1934年,蒋介石提出"两年禁毒,六年禁烟"口号,取消了在汉口的特税处,建立禁烟督察处,直隶于军事委员会,设处长、副处长,下设监察处、会计处等。其目的是控制鸦片特税,筹措军费。同时,禁烟督察处设有专门缉私主任办公室,经办一切缉私事务。各省在重要地点设缉私专员事务所,次要地点设督缉员,每一专员事务所辖派出所一两处。1934年4月成立汉口缉巡团,有缉私兵员3 800余人,各省市还组织宪兵部队缉私。①

中央禁烟委员会是非实权机关,1935年6月裁撤,另设禁烟总会,蒋介石兼任禁烟总监,办理全国禁烟事宜。而后陆续公布《禁烟治罪暂行条例》、《禁毒治罪暂行条例》、《禁烟禁毒考成规则》等,禁烟运动在蒋介石的控制下开展起来。从1935年起,蒋介石以军事委员会委员长兼禁烟总监身份,督令各省军政长官实施禁令,并派出特派员到各地督查,派出特务到各地侦探。缉私团、查缉队、保安团等各种组织活动在蒋介石势力范围,大批毒贩被枪毙,大批走私案件被查获,造成一种恐怖气氛。据不完全统计,从1935年到1937年共查获烟毒案件9.49万起,牵涉案犯12万余人,判处死刑2 378人。每年登记领照吸烟的达数百万,戒烟者数十万。

由于全面抗战爆发,禁烟只在较小范围进行。1938年2月蒋介石通电不再兼任禁烟总监职后,"即将原隶军事委员会之禁烟总会改隶内政部,改组内政部禁烟委员会";"禁烟行政之机构虽改,而禁烟禁毒之政策不变。关于谋毒案件,仍适用军法审判";"其余各种法规仍一律适

---

① 王金香:《中国禁毒史》,上海人民出版社2005年版,第143—145、196页。

用,以利禁政推行"。① 到 1940 年草草宣布完成六年禁烟毒任务,声称剩下的工作是扫除余毒,所以在 1941 年颁布了《肃清烟毒善后办法》。

实际上,直到抗战结束,仍未能完成禁烟。鉴于收复区禁烟事务繁杂和禁烟的重要,内政部公布《修正肃清烟毒善后办法》,继续禁止烟毒。办法规定,肃清烟毒以各级地方政府为主办机关,各地驻军及交通、财务、教育、卫生等机关未协办机关,并督促各级地方政府会商协办机关,详订协办事项及进行方式。同时公布《收复地区肃清烟毒办法》,规定收复区吸食烟民得酌予期限禁绝,并将收复区划分为 14 个督导区,每区设简派禁烟特派员一人、督导专员三人,并在各省成立禁烟协会,县市设分会,重点地区的乡镇设支会。同时颁布《查缉毒品给奖及处理办法》,规定各机关军警团队缉获毒品按其价值提取奖金。1946 年以后,行政院公布《举发烟毒案件给奖办法》、修正公布《禁烟考核奖惩规则》,适用于各主办(省市政府、行政督察专员公署、省辖市县政府、区乡镇公所、保甲办公处)、协办和辅助禁烟机关。上述各机关办理禁政,应依据其工作计划,预定进度及经费预算,由上级禁烟机关或本机关分别考核,予以奖惩。

二、禁赌管理

宣统元年(1909 年)八月《民政部通咨各省严禁义麻雀文》:查得义麻雀赌博一项,近来各处盛行,官绅士商莫不沾染此项习气,误事废时,莫斯为甚。"当兹预备宪政讲求自治之际,岂容虚掷岁月,日事荒嬉,亟应认真整顿,各省均应一体严禁。"

南京临时政府成立后,内务部呈文要求禁赌。文中说,赌博恶习,

---

① 《一年来禁烟推进详细情形》,载内政部禁烟委员会《禁烟纪念特刊》,1939 年 6 月印行。

巧取民财,妨害民生,为害社会。规定凡人民宴会、邀饮各场所,一律禁赌,并销毁各种赌具。倘有违者,一律按现行律严办。① 临时大总统孙中山根据内务部呈文,下《严禁赌博令》,其中首先阐明赌博的危害:"赌博之风,小则废业失事,大则荡产倾家,损人精神,短人志气,其浇风所被,能使廉者陷入贪污,原(诚实)者化为诈伪,而奸盗戕杀之案,亦往往因而发生"。其次指明赌博发生原因:"前清之季,牌赌盛行,固有司之教导无方,亦因朝贵官曹恣情赌博,上行下效,相习为常,积习既深,难以挽救"。最后要求"由内务部责成京师警察厅暨步军统领衙门,随时查禁侦捕";"在京各衙门长官,均应督察所属,犯者严于褫究。各省民政长官,亦一律如令办理。自此次严令之后,须知赌博犯罪,律有明文,禁令森严,不容尝试,务当束身圭璧,力戒前非,既以免逾闲荡检之讥,即以策易俗移风之效。今申所布,其各凛遵"。但未及实施。

为了协调行政与司法部门关于赌案没收钱财的奖金分配,北京政府时期,袁世凯除了《暂行新刑律》以外,多次发令禁赌,强调京师为首善之区,尤为全国官系所系,若不重申禁令,何以整肃纪纲。著内务部通饬内外两厅,随时严密稽查。"自经此次告诫之后,倘有不知警悟,仍蹈前辙者,一经查出,或被人举发,定当治以上沾官箴下害风俗之罪",并关照"京外文武长官,有表率之责者,务各切实申儆所属,如尚沿前弊,除将该官吏等依法惩戒外,仍惟该管长官是问"。②

北京政府内务部会同财政、司法两部协商后,于1914年5月公布《烟案罚金及赌案没收钱财充赏办法》。禁赌行政命令与刑律,有某些成功之处;当时提出赌博之罪应以性质论定,而不以赌注大小作标准,把赌博与娱乐区分开来并且再次对没收赌案钱财充作赏金,作了具体

---

① 《辛亥革命资料》,中华书局1961年版,第235页。
② 戈春源:《中国近代赌博史》,福建人民出版社2005年版,第203页。

规定。但缺少对赌具制造、贩运的惩处,留下了很大漏洞。

民国时期,各种形式的赌博层出不穷,如跑狗、回力球、花会、彩票、有奖储蓄等。流氓痞棍土匪赌博猖狂。当时各省也开展禁赌,如1928年2月颁《浙江禁赌暂行条例》,1936年8月颁布《广东省禁赌暂行条例》。1934年新生活运动包括禁赌戒赌。蒋介石在《严格的禁绝赌博》的训词中说:"中央已抱定最大决心,不管财政困难情形如何,决不在这种害国害民的恶习上谋一文税收,一定要严格的禁绝。因为烟赌不除,不但社会有害,弄得萎靡游惰,败德丧身,而且军风纪没法整顿。"①1928年7月,国民政府公布有《违警罚法》9章53条,以后屡经修改。1943年9月修正版第三章"妨害风俗之违警"中规定,凡"于道路公共场所或公众得出入之场所为类似赌博之行为者",以及"于非公共场所或非公众得出入之场所赌博财物者","处七日以下拘留,或五十元以下罚金或罚役"。国民政府比北京政府的禁赌法律更具体,处罚较恰当,而且强调官吏从重处罚的原则,明确追诉时效。1947年5月《司法机关赌博案件及没收钱财充奖办法》中,对于罚金与没收钱财的处理,协调了告发者、执法者与司法者之间的关系,使之有章可循,但在利益分配上,侧重于国体的总收入,这与国民政府重罚金,轻以刑处,更轻教化的思想一致。②

三、公共秩序管理

光绪三十四年(1908年)四月公布宪政编查馆制定的《违警律》10章45条,其中规定了对包括政务、公共危害、交通、通信、秩序、风俗、身体及卫生、财产等领域的违警行为等各种违反公共安全行为的行政处

---

① 广东省禁赌委员会:《禁赌概览》,1936年印行,《施政之前奏》,第1页。
② 戈春源:《中国近代赌博史》,福建人民出版社2005年版,第336页。

罚,其所定罚例包括拘留、罚金、充公停业、勒令歇业等。

关于危险品管理,《违警律》规定违背章程搬运、储藏火药及一切能炸裂之物者,未经官准制造烟火或贩卖者;于人家稠密之处点放烟火及一切火器者,与人家近傍或山林田野滥行焚火者,处15日以下19以上之拘留,或15元以下10元以上之罚金。同年民政部颁布《违警律施行办法》,规定于私有地界内当通行之处有沟井及坎穴等不设覆盖及防围者,于多人聚集之处及弯曲小巷驰骤车马或争道开车不听阻止者,未经官准于路傍、河岸等处开设店棚者,处5日以下1日以上之拘留,或5元以下1角以上之罚金。宣统元年(1909年)十二月巡警总厅《管理危险物规则》,分为管理煤油、干草、花爆、火柴营业规则等部分,共50条。

南京临时政府成立后,发布的主要政令包括:(1)保障人权,如《大总统通令开放疍户惰民等许其一体享有公权私权文》、《大总统令外交部妥筹禁绝贩卖猪仔及保护华侨办法文》和《大总统内务部禁止买卖人口文》。(2)禁止刑讯。《大总统令内务、司法两部通饬所属禁止刑讯文》,《大总统令内务、司法两部通饬所属禁止体罚文》。(3)革除社会恶习。大总统有限期剪辫、劝禁缠足等令,并废除"大人老爷"的称呼。

1912年2月,江宁巡警总局发布《取缔客栈旅馆告示》:"宁垣甫经光复,中央政府方建始基,辐辏冠裳,日臻繁盛,即盗贼奸宄亦不免混迹其间,所以呈祥旅馆栈房实为极应注意之地,若不设法严加查察,将奸人匿迹,匪类潜踪,为害实甚。"为此,刊布《管理旅馆规则》18条,要求各栈主"倘遇形迹可疑之人",即应向该管警局报告,"庶奸徒无从潜匿,栈主免受拖累。而地方得保安全。"4月,颁布《南京旅店营业取缔规则》,规定南京客店、货栈之宿有旅客者和饭店之宿有旅客者,均应事先呈报该管巡警总局核准才能营业。旅店伙计及使用人雇人或解雇时,店主应将其姓名、籍贯及保人之姓名、籍贯呈报该管巡警署。各旅店必须具备循环号簿两册,记载旅客的姓名、年龄、籍贯、职业,并注明携带仆从、行李物品数目,及其往来之踪迹,于每晚十时前轮流呈送该管巡警署查验,循环号簿不得损毁或遗失。巡警有权随时入店稽查,店主不得拒绝或留难,但巡警事先应把稽查目的通知店主。旅店对于有下列行为的旅客应预为劝阻:夜间歌唱或喧哗而有碍他客之安眠者,暗娼引诱旅客或留客同宿者,招致倡优弹唱或同宿者,赌博或私引鸦片者。旅店对于有下列行为的旅客须及时报告该管巡警署:带有军械或违禁物品者(军人携带军械不在此限),带有妇女或幼童迹近诱拐者,语言、举动形迹可疑者,妇女孤身投宿者,留有行李物品不辞而去、逾五日不知所往者,以行李物品抵偿房饭金者,为未发觉之犯人或犯人之逃逸者,患有重病或传染病者。违反以上规定的旅店,店主应处一日以上六日以下的拘留,并科一定数量的罚金。①

"旅馆系社会之缩影,与社会同样有着复杂之因素。旅客中虽有多数善良守法者,但亦不乏性情乖张、为非作歹、神经错乱、生活变态之畸形者。彼等之行动,将足以影响旅馆之财产与管理或公众之安全"。故服务生凡遇有易酿成此种损害之嫌疑包括违反法纪者,"应立刻报告主管人员",并由主管人员报告公安机关。②

根据1928年《违警罚法》,违反公共秩序的行为还有:(1)妨害安宁。如未经公署(即政府部门)准许,制造或贩卖烟火;于人烟稠密之处,燃放烟火及一切火器;发现火药及一切能炸裂之物,不告之于公安局所;未经公署准许,携带凶器;于人家近傍或山林田野,滥行焚火;纵容疯人、狂犬或一切危险之兽类奔突道路或入人第宅及其他建筑物。(2)妨害秩序。如违背法令章程,经营工商业,开设戏园及各种游览处所;婚姻出生及死亡迁移,不依法令章程,报告公安局所;不依法令章程

---

① 韩延龙等:《中国近代警察史》上册,社会科学文献出版社2000年版,第299页。
② 叶苹生:《旅馆实务》,中国旅行社旅馆科1946年版,第9页。

呈报公安局所准许，擅兴土木或违背公署所定图样；于学校、博物馆、图书馆及一切展览会所其他供人居住之处所，聚众喧哗，不听禁止；于道路或公共处所，酗酒喧噪或醉卧。(3)妨害风俗。如游荡无赖行迹不检；僧道恶化及江湖流丐强索钱物；召暗娼止宿；演唱淫词淫戏，于道路叫骂不听禁止；赌博；于道路或公共处所，赤身露体及为放荡之姿势；奇装异服有碍风化。此外还有妨害公务，妨害交通，妨害卫生等。对违警的处罚包括主罚与从罚。主罚包括拘留（十五日以下、一日以上）；罚金（十五元以下，一角以上）；训诫。从罚包括没收、停止营业、勒令歇业。

第五节　民族与宗教行政法

一、民族事务管理

清朝治理边疆少数民族法制的主要特点是：实行民族压迫，同时笼络少数民族上层。对蒙古、西藏等少数民族聚居区实行封禁，让该少数民族世袭王公，因俗自行治理，清朝政府只在其周边驻扎军队进行监督控制。到晚清，朝廷迫于内忧外患日益加剧，边疆民族危机日渐加深的重重压力，决定改弦易辙，宣布在民族地区推行新政，由严禁转变为时禁时弛和借地养民政策。光绪二十四年（1898年），内蒙古扎赉特等三旗招民开垦，不久设立垦务局，招民开垦。光绪二十八年（1902年），清政府正式确定移民实边政策，先是分地区撤销垦禁、商禁、矿禁，继之全面开放。光绪三十二年（1906年），"改理藩院为理藩部，与六部同，但虽改院为部，而内容依旧"；光绪三十四年（1908年），东三省正式成立蒙务局、继续办理丈放蒙荒事项。宣统二年（1910年）八月，清政府正式撤除对蒙古地区的封禁令。主要内容一是"招民放垦"，撤销对整个蒙古地区的封禁令。移民实边政策促进了蒙古地区经济发展，改变其经济制度和社会制度，促进了民族交流，但是大面积放垦对畜牧业经济的破坏和冲击非常显著。二是建省置县，陆续废除新疆、台湾、东北三省原来的政治制度，设立与内地一样的行省制度，在川康藏区实行改土归流，设置郡县，同时对驻藏大臣制度作相应变革。①

光绪三十二年（1906年），清朝派张荫棠（1866—1937）为查办大臣，前往西藏查办案件。他向清朝提出《治藏大纲二十四条》，对西藏的社会制度和人民思想意识进行广泛改革的方案，旨在巩固清朝中央统治和对西藏的主权。翌年，清朝派联豫暂行兼署驻藏帮办大臣进藏。光绪三十四年（1908年），达赖到达北京。联豫在西藏进行了改革，一是改革驻藏大臣制度，得以独揽治藏大权，举办各种新政。同时，张荫棠与英印代表签订了《修订藏印通商章程》。宣统三年（1911年），赵尔丰（1845—1911）署理四川总督，办理土司改流，亲订《改土归流章程》43款，积极举办新政，包括修路修桥、敷设电线、开办邮政、修建招待所与旅店，以及统一度量衡、筹办工矿、改进制盐、整顿茶务、兴办学堂等。这些立法，作为清末"新政"成果，为民国初年所继承。

1912年3月袁世凯就任临时大总统，即宣布裁撤清朝于光绪三十二年（1906年）将理藩院改设的理藩部。5月，在内务部下设蒙藏事务处，直隶于国务院，下设四科办事。同年7月，经参议院决定，又将蒙藏事务处改为蒙藏事务局，并公布官制，规定蒙藏事务局直隶于国务总理，管理蒙藏事务，下设五科、室。当时建立和实施了一系列管理边疆民族事务的机构和制度，并筹划制定对待少数民族的政策。1912年8月，临时大总统公布《蒙古待遇条例》，对民族上层给予羁縻。在民族地区部署军政设施，以实施对民族地区的直接统治。"中央对蒙古，不以

---

① 李鸣：《中国近代民族自治法制研究》，中央民族大学出版社2008年版，第11页。

藩属待遇,而与内地一律对待。对蒙古行政机关,避用理藩、殖民、拓殖等字样,改设蒙藏事务局"。1914年5月,"以大总统令改蒙藏事务局为蒙藏院,直隶于大总统,管理蒙藏事务,其组织分参事室、秘书室、总务厅,及第一第二两司等"。①

在管理制度方面,1914年5月,又改蒙藏事务局为蒙藏院。作为专门管理边疆民族事务的中央机构,规定蒙藏院直隶于大总统,设总裁、副总裁各一人,院内设总务厅、秘书厅及各司,分科职掌。但蒙藏院之权限,必须承大总统之命。其职权是主管蒙藏地方和回部土司事务。1922年裁撤,蒙藏事务改归蒙藏善后委员会。

1914年1月设立绥远特别行政区,2月设热河特别行政区,6月设察哈尔特别行政区。三区各设都统一员,是地方最高行政长官。这样,将内蒙古地方一分为三,使其各盟旗分别置于各省地方军阀统治之下,是当时对蒙古族实行直接统治的重要步骤。1915年,北京政府内务、农商、财政三部与蒙藏院联合制定《禁止私放蒙荒通则》和《垦辟蒙荒奖励办法》,严禁蒙汉各族之间土地自由买卖。

在新疆,民国成立后,中央政府加强了对新疆的控制,"将布政司改称民政司。旋以军民分治,各省添设民政长,复将民政司依照定制改为内务司,而一切用人行政之大权,均操之诸民政长。内务司仅于行文时副署而已"。1914年,"各省行政长改称巡按使,又将内务司改为政务厅,附设于巡按使署";"以后巡按使又改称省长"。在阿尔泰地区,"原称办事长官,制度特殊,一切用人行政,收支各款,均直隶于中央,而历任长官,不念边民疾苦,任意搜刮",导致1919年当地驻军发生哗变,中央命新疆当局派兵镇压,随后进行地方政府改革,"旋即改区为道,设置

---

① 黄奋生:《蒙藏新志》,广州中华书局1938年版,第208页。

道尹,添设县治"。①

国民政府成立后,将孙中山的民族自决、民族解放原则转化为国内各民族要同化为一个"国族"的原则,并在此基础上提出"三民主义边疆政策"。国民党通过制定宪法,巩固民主共和政体,推行民族平等原则,摸索民族地区治理模式,扶持边疆少数民族地区发展。

国民政府在边疆民族地区加强行政建制,包括在蒙古族地区设省置县,尽管遭受蒙古各界反对,中央政治会议仍于1928年9月决议将热、察、绥三特别区,以及青海、西康均改为省。五省政府之组织,委员暂定五至七人,设民政、财政两厅,并得酌设教育厅、建设厅。国民政府还颁布一系列条例,加强对喇嘛寺庙管理。1929年2月,蒙藏委员会成立。该委员会直隶国民政府,是管理蒙、藏民族事务的行政机关。内设秘书、蒙事、藏事三处,委员七至九人,由国民政府任命,并在委员中指定三人为常务委员,每两星期开会一次,并有秘书长、秘书等。国民党中央组织部则设有边疆党务处,并派出各蒙旗党务特派员。在军政部、军令部和参谋本部也均设立有专管边疆事务的机构或派驻蒙旗的专员。参谋本部内设有边务组。但是国民党的势力并未进入蒙藏,上述管理制度与机构,没有起到实质作用。

1931年11月,国民党四大通过《确定边区建设方针并切实进行案》,确定了边区实业与文化建设方针。1932年12月,国民党四届三中全会通过《开发西北案》,决定在行政院下,设立西北拓殖委员会,其下又设国道、劝业、采矿、垦殖四局,主持西北的经济开发。同时,扶植少数民族自治。维持民族地区旧制度,笼络少数民族上层。1933年7月,内蒙古第一次自治会议在百灵庙召开,10月举行第二次会议。会

---

① 笑倩:《民元以来新疆行政机构之沿革及政治变迁之概略》,载《瀚海潮》1947年第1期。

议通过了《内蒙古自治政府组织法》,德王任政务厅长,会议要求自治政府有独立的治权和完整的管辖权。1934年2月,南京政府通过《蒙古地方自治委员会暂行组织大纲》和《蒙古地方自治指导长官署暂行条例》,国民政府对"高度自治"作了一些让步,但是拒绝建立蒙古自治政府的要求。

1947年宪法规定"中华民国各族一律平等"。同年公布的《国民代表大会选举罢免法》规定,蒙古各盟旗选代表57名,西藏选代表47名;"选举票及选举公告,在边疆各地得兼载各该地通用文字"。1947年1月制定了《西藏建设计划纲要》。国民党的"三民主义边疆政策"包含有民族自治的主张。但国民政府时期长期处于训政时期,不可能过多下放权力。加之民族问题往往作为边疆问题考虑,国家主权观念浓郁,少数民族自治权利必然受到限制。进入"宪政"时期,这种情况也未能得到根本改变。

二、宗教事务管理

晚清由于教育经费缺乏,提出庙产兴学,将庙产辟为学校,实际上是侵害了宗庙利益。

民国时期,设立了管理宗教的专门机构。北京政府时期主要是蒙藏事务局,1912年7月成立,设总裁、副总裁。局内设总务处和民治、边卫、劝业、封赉、宗教五科,附设蒙藏研究会等。1914年5月裁撤,另组蒙藏院,1916年6月恢复。

1912年2月,南京临时政府内务部发出指示,称寺院"所住僧道,良莠不齐,务须严行约束,随时留心查察"。责成江宁巡警总局具体负责稽查工作,规定一切僧道,必须按照旧例,以度牒、戒牒或钵盂为其身份的凭证。"凡勾结外匪,通同作奸,抑或身怀暗器,恃横强霸等情,准予立刻报警拘捕,不得扶同徇庇容隐,致于咎戾。"凡来寺院借宿的僧侣,应当验明其牒证,才能容留。"倘遇身无牒证而又形迹可疑之人,立即报明该管警局,以遏匪踪。"但不得扶嫌讹索,任意留难。如果民人佃住寺院,应当询明来历考察确实,始能招留。寺院主管人员违反上述规定,以致发生危险事端的,应当承担全部责任。①

北京政府时期管理佛教政策包括:公布1913年6月《寺院管理暂行规则》。1915年10月公布《管理寺庙条例》,规定寺庙财产由住持管理;住持违反管理之义务,或不遵守僧道清规,情节重大者由当地长官训诫,或予撤退。同月,袁世凯公布《监督寺庙条例》5章24条,规定寺庙须向地方官署呈请注册,其财产及僧道,与普通人民受同等之保护。凡著名丛林,及有关名胜或形胜之寺庙,由该管地方官特别保护。凡寺庙在历史上有昌明宗教陈迹,或其徒众恪守清规,为人民所崇仰者,得由该管地方官详请该管长官,咨由内务部呈请大总统分别颁给经典、法物或匾额以表扬之。寺庙财产,由住持管理,不得抵押或处分,并不得侵占、没收或提充罚款。僧道之一切教规,从其习惯,但以不背公共秩序及善良风俗者为限。这样,寺庙置于地方长官管理之下,佛教界失去全国性统一组织,中华佛教会被明令取消。当时政局动荡,仍然制定了一批相关规定,但是仍未遏制占据庙产兴学。

1928年2月《国民政府组织法》规定宗教事务由内政部管辖。3月,国民政府设立蒙藏委员会,与各部同等,直属国民政府。掌理蒙藏行政及兴革事项"。② 10月改隶行政院。国民政府宗教政策的最高决策机构为国民党中央执行委员会,宗教政策立法由立法院负责,司法院对宗教法规中遇到的问题进行解释。行政方面,汉传佛教、道教、民间宗教、内地伊斯兰教由内政部礼俗司负责,蒙藏、回疆事务由蒙藏委员

---

① 韩延龙等:《中国近代警察史》上册,社会科学文献出版社2000年版,第299页。
② 黄奋生:《蒙藏新志》,广州中华书局1938年版,第208页。

会专管,教会教育问题由教育部处理。国民政府规定宗教团体属于文化团体,国民党中央训练部在制定、执行宗教政策时也占有相当重要地位。①

当时的行政法规,在整体上尊重宗教权利与利益的基础上,注意针对宗教的不同种类和地区实施管理监督,不乏利用宗教问题限制并压迫少数民族的情况。

1928年10月,内政部公布《寺庙登记条例》,要求各省于3个月内办理登记完毕,登记范围为僧道住持或居住的一切公建、募建或者私家独建的坛、庙、寺、院等,登记内容为人口、不动产、法务登记三项。1929年1月,国民政府公布《寺庙管理条例》21条,规定寺庙财产之所有权属于寺庙,僧道住持不得把持或浪费,并不得私擅抵押或处分。僧道住持之传继,从其习惯,但非中华民国人不得继承之,其有愿退教还俗者听。寺庙应按其财产之丰绌,自行办理各级小学校、补习学校、图书馆、公共体育场、救济院、贫民医院、贫民工厂、合作社等。寺庙僧道有破坏清规,违反党治,及妨害善良风俗者,得由该管市县政府呈转内政部核准后,以命令废止或解散之。1929年12月,国民政府公布《监督寺庙条例》13条,规定凡有僧道住持之宗教上建筑物,均为寺庙,其财产及法物,应向该管地方官署呈请登记,并由住持管理之,非经所属教会之决议,并呈请该管官署许可,不得处分或变更。住持须为中华民国人民,于宣扬教义、修持戒律,及其他正当开支外,不得动用寺庙财产之收入。寺庙应按其财产情形,兴办公益或慈善事业,其收支款项,及所办事业,住持应每半年报告该管官署,并公告之。违反规定者,该管官署得革除其住持之职,并得逐出寺庙,或送法院究办。并规定蒙古、西藏、

---

① 马莉:《现代性视域下民国政府宗教政策研究》,中国社会科学出版社2010年版,第48页。

西康、青海之寺庙不适用之。该条例对当时侵占寺产行为起到了一定遏制作用。同时,确定官署对寺庙的监督权,划定寺产与私产的界限,明确了寺庙的正当开支与非正当开支,并对僧道宗教人员的出家和还俗作出规定。

对藏传佛教,北京政府通过各种政令宣布中国对西藏的主权,拉拢上层。国民政府与蒙藏委员会先后制定《喇嘛转世办法》、《喇嘛给证规程》、《喇嘛登记办法》,强调政府对寺庙的管理与监督。1931 年 6 月,国民政府公布《蒙古喇嘛寺庙监督条例》18 条,规定喇嘛寺庙之领袖喇嘛,视为住持,由蒙藏委员会或该管蒙旗官署,分别派中华民国人民充之,综管该寺庙事务,并约束所属僧众。职任喇嘛,由住持按照惯例及等级派充,喇嘛换发札付等事,由住持办理,均分别呈报监督官署。住持应造具喇嘛名册,寺庙财产及法物清册,并每年收支款项之预算决算,分别呈报监督官署。其余各条内容,大致与《监督寺庙条例》相同。1935 年 12 月,国民政府公布《管理喇嘛寺庙条例》8 条,规定喇嘛寺庙及喇嘛向由当地官署管理者,仍照其旧,并受蒙藏委员会之监督;其向不转世之喇嘛,非经中央政府核准,不认为转世。喇嘛寺庙所设各项职任喇嘛,仍照惯例,酌予设置。喇嘛违反教律或法令者,依律惩处。

对于道教与民间信仰,1929 年 10 月,国民政府公布《神祠废存标准》,要求各地甄别存废,以清理旧宗教、保留比较正规的信仰。

西北地区,回族分布广泛。"依我们所见到的推测,宁夏和青海底回教徒与非回教徒分子各居半数,两省当各有回教徒二十万左右";"甘肃和陕西各有回教徒四百万,绥远约二十万";"以上各省的回教徒当在九百万左右"。[①] 民国时期,设立管理民族宗教事务机构时,将伊斯兰教和广大穆斯林置于次要地位,一般限于当地解决,中央政府不予处

---

① 白寿彝:《西北回教谭》,载《经世》1939 年第 39、40 期合刊。

理,造成长期以来处理伊斯兰教事务缺乏法律依据。1940年9月,行政院发布通令,提出回民"除其宗教上之仪式外,其他一切与汉人无异,这与信仰耶稣教天主教之教徒相同,故只可称回教徒,不得称为回族"。在当局不承认回族的民族政策下,回族享受不到少数民族的各项权利。不久后,中国回教协会以清真寺情形特殊为由,参照《监督寺庙条例》,另行制定《清真寺管理办法》,得到内政部批准,伊斯兰教事务处理才有了法律依据,中国回教协会当即通饬全国清真寺一体遵循。同时,另行制定颁布有《清真寺董事会组织通则》《推行清真寺管理办法及清真寺董事会组织通则注意事项》。这两个规定都突出了中国回教协会对清真寺及寺董会的最高领导地位和管理权限,显示出国民政府对其加强控制的意图。1947年6月,中国回教协会又修改《清真寺管理办法》,制定了《中国回教协会清真寺管理暂行办法》,也得到内政部核准备案。中国伊斯兰协会和其他伊斯兰团体承担了许多管理工作,而佛道管理工作则要由政府机关承担。

近代中国的基督徒队伍不断壮大。1922年以后,在中国出现了非基督教运动,并要求从外国教会夺回教育主权。北京政府给予基督教优崇,同时于1925年和1926年先后颁布《外人捐资设立学校请求办法》《私立学校规程》,要求教会学校向政府注册,不得以宗教课目为必修课,不得在课堂上进行宗教活动,不得强迫学生参加宗教仪式。但是,北京政府对基督教采取的一定的约束效果不明显。1931年2月。为指导基督教团体,国民党中央民众训练部拟定《指导基督教团体办法》,同年6月国民党中央常委会审议改为《指导外人传教团体办法》,规定凡外国人在中国国内设立传教团体,如教会教堂,应受党部之指导、政府之监督,不得违反三民主义之宣传,团体章程、职员履历表等应呈请中央党部登记。同年,国民政府公布《管辖在华外国人实施条例》,但未实施。1934年以后,新教因新生活运动拉近了与国民党的关系。

1936年,在华天主教男修会31个,女修会46个,教徒共280万人。1937年有基督徒65万人。

第六节 劳工与社会保障法

一、劳工法

中国近代工矿业发展,劳工数量迅速增加。光绪三十三年(1907年)八月,农工商部等制定的《大清矿务章程》中《矿务正章》第六十八款"体恤矿工各条"规定,非矿工之失,因就业时负伤,应补给医药培养等费;因负伤培养时,给与相当之伙食费;因负伤以致身故者,应优给埋葬费;因负伤以致残废者,应酌定期限给与补助费。一般估计"五四"前后中国产业工人人数约200万到300万。中国工人劳动时间长,一般一个劳动日在12小时以上,甚至15至16个小时。其次是劳动条件恶劣,工伤事故不断发生。根据抚顺煤矿1913年至1917年的不完全统计,工伤事故达1.68万余次,死伤7280人。再次是工人工资水平极低。在工人的斗争下,在国际劳工组织的影响下,劳动保障立法逐渐开始。

1914年3月,北京政府公布《矿业条例》及其施行细则,对矿业主订立矿工服务规则和抚恤规则的标准以及违者的处罚作了规定,被视为我国劳动保护单行法之起步。1923年3月,农商部公布《暂行工厂通则》28条,是北京政府关于劳工保护的第一个专门法规,其中规定厂主应按照所办工厂情形,拟订抚恤规则、奖励金及养老金办法,呈请行政长官核准。厂主对因工作致伤病者,应负担其医药费,并不得扣除其伤病期间应得之工资;厂主对于女工产前产后,应各停止其工作五个星期。厂主对于幼年工及失学职工,应于本厂内予以补习相当教育,并担负其费用；补习教育时间，幼童每星期至少应在10小时以上，失学职工每星期至少应在6小时以上。厂主对于工人应为灾害保险，在工人保险条例未公布以前，厂主得查照抚恤条例办理。抚恤条例另行制定。1927年9月，农工部将该通则修订为《工厂条例》，由张作霖以大元帅名义公布，对工人的劳动与休息时间、女工童工的保护、安全卫生的设置与防护、劳动保险等作了较为详细的规定。

1923年5月，农商部公布《矿工待遇规则》，可视为对矿工的劳动保护立法。并有《矿业保安规则》、《煤矿爆发预防规则》等法规，同时拟定《监察工厂规则》，将劳工教育、预防失业、女工保障、最低工资列为工厂监察的内容。

《工厂法》，国民政府1929年11月公布，共13章77条，包括劳工教育、女工保护，分红制等。规定工厂应备工人名册，每6个月将一定事项呈报主管官署一次。不得雇佣未满14岁之男女工人。工人每日工作8小时，工人最低工资应以各厂所在地之工人生活状况为程度。男女作用等之工作而其效率相同者，应给同等之工资。工厂应有安全及卫生上之设备。工厂应设工人会议，由工厂代表及全厂工人选举之同数代表组织之。这是国民政府正式颁布的第一部劳动保护法规。1932年12月修正。此外还有《工厂法施行条例》、《劳工教育实施办法大纲》（规定劳工教育按工人教育程度由底到高依次分为识字训练、公民训练及职业训练三种，各工厂、矿场、公司、商店等雇佣工人50人以上200人以下者应设劳工学校或劳工班，工人每增200人即递增1班）、《劳工教育奖励规则》、《工厂设置哺乳室及托儿所办法大纲》等。

1931年12月，实业部颁布《职业介绍所暂行办法》。1935年8月出台《职业介绍法》，包括总则、职业介绍机关、介绍业者、罚则等5章，规定市县政府掌管职业介绍行政事务、省市县得设置职业介绍机关或附设于他机关，受中央劳动主管机关之监督。该法的公布，对规范职业介绍活动、缓解失业压力有一定作用。1936年12月,在国际劳工组织大会通过《规定最低工资办法公约》影响下,国民政府公布《最低工资法》,包括最低工资的标准、最低工资委员会、最低工资的确定与公布、最低工资的保障与监督等规定。

国民政府时期,"工人工资的低廉,是无容讳言的";"中国数十百万的劳苦同胞,完全在饥寒窘乏中过着非人的生活。虽有工资较高生活较好的技能工人,但究系凤毛麟角,并非普通的现象"。据1930年工商部调查,最高的有50元一月者,但不过少数而已。就普通数而言,男女成年工人工资,每月没有超过20元以上者。童工每月工资亦只无锡一处为10.5元,其余均在10元以下。而工人每年每家平均支出数为454.38元。其中食物支出为53.2%,房租为8.3%,衣服为7.5%。这就意味着,一般工人家庭两人做工,才能勉强维持全家基本生活,"如果每家只有一人做工,则其生活之痛苦,更不堪过问"。而工作时间,产业工人每天要做到10至12小时,其他手工业、小工业工人及商店店员学徒,甚至有14或15小时。在工作时间内,不但无休息,并且还要早上班、晚下班。各地工人平均每年放假日数,平均最多为33日。①

1927年7月,公布《劳工局组织法》,国民政府成立劳工局,其职掌为:依据法令管理全国劳工行政事务,监督各省农工厅及各地农工行政机关。内设总务、行政、统计三处,并设立劳动法起草委员会,启动劳动立法。1928年2月,设工商部,将劳工局并入工商部劳工司,劳动法起草委员会并入法制局。1929年1月完成《劳动法典草案》的起草,共7编21章863条。包括保险范围、保险给付、保险组织、保险经费、实施与监督等内容。此时立法院议决制定《劳工法》,认为该草案无需审议。《劳动法典》虽未经立法,仍具有重要意义。首先,借鉴和吸收国外社会

---

① 骆传华:《今日中国劳工问题》,青年协会书店1933年版,第186—200页。

保险立法理论和经验。其次,考量并结合了近代中国产业落后的实际状况。为实施《工厂检查法》,国民政府于 1933 年 8 月设立中央工厂检查处,办理全国工厂检查。抗战末期,国民政府把实施社会保险确定为战后社会政策。

《劳动契约法》,国民政府 1936 年 12 月公布,共 5 章 34 条。其中规定劳动契约之条件依当事人双方之合意定之;劳动者于劳动契约期满前,未经双方同意,不得与第三人订立劳动契约;劳力者应依雇方或其代理人之指示,为劳动之给付,但指示有违法或过于有害健康者,不在此限;劳动报酬依劳动契约或团体协定之。

1937 年以后,国民政府劳工福利立法活动进入活跃期,主要立法活动如下。(1)颁布法规,建立劳工福利主管机构。社会部下设社会福利司,劳工福利成为社会福利事业组成部分,改变了以前由教育、实业、内政等几个机构分散管理的状况,而由该司劳工福利科和工厂检查处统一管理。(2)制定劳工福利法规,总体规划劳工福利事业。到抗战结束,国民政府制定了《劳工医院实施办法大纲》、《劳工食堂实施办法大纲》、《劳工教育实施办法大纲》等,劳工福利立法逐步走上制度化轨道,并加强对大型厂矿企业举办福利事业进行督导。(3)1943 年颁布《职工福利金条例》及其施行细则。前者是近代中国由中央政府颁布的第一部以职工福利命名的劳工福利法规,两者的颁布使福利资金由劳资双方共同承担的办法法制化。(4)1943 年 10 月社会部公布《职工福利委员会组织规程》和《职工福利社设立办法》;1944 年 3 月又颁发《职工福利委员会组织简章准则》和《职工福利社章程准则》,要求"工厂、矿场或其他企业组织雇佣职工在 200 人以上暨无一定雇主工人之工会有会员 200 人以上者应分别附设职工福利社或工人福利社,其不足 200 人者得联合设立之"。其费用由职工福利金中开支。(5)发展劳工幼托。1944 年社会部公布《普设工厂托儿所办法》。1936 年实业部公布《工厂设置哺乳室及托儿所办法大纲》,规定工厂平时雇佣已婚妇女达100人以上者应设置哺乳室,未满100人者可联合附近工厂设置,300人以上者除设置哺乳室外应设置托儿所。

这一时期国民政府公布的劳动相关法规还有《劳资争议处理法》、《工会法》及其施行法、《出国工人雇佣契约纲要》等,形成初步的劳动立法体系。抗战胜利后,"经济危机即随之而来,首蒙其害者则为我数百万之劳工产业工人,或因工厂关闭而大批失业,或受紧缩措施陆续被裁,或因减少产量降低待遇"。① 至1947年年底,全国救济公私团体达到4 172个。如1945年10月,重庆17万产业工人中有5.5万以上失业,而国民政府举办失业工人登记。②

二、社会保险制度

光绪三十三年(1907年)《保险业章程草案》是中国近代第一部以保险命名的专门法规草案,不过属于商业保险的内容。与商业保险不同,社会保险立法一般被认为是社会保障制度的核心内容。

1913年10月北京政府公布《农商部官制》,规定该部工商司兼管保险事项。1916年10月农商部公布《工商司分科办事细则》,规定由该司第四科管理保险。1917年农商部拟订《保险业法案》,翌年经法制局修订公布,是又一部以保险命名的专门法规。

国民政府成立后,开始着手保险立法。1929年12月,国民政府公布《保险法》,分总则、损害保险(又分通则、火灾保险、责任保险三节)、人身保险(又分通则、人寿保险、伤害保险三节),共3章82条,但并未规定实施日期。1935年7月,国民政府公布《保险业法》7章80条,采

---

① 中国第二历史档案馆:《中华民国史档案资料汇编》第五辑第三编《财政经济》(五),江苏古籍出版社2000年版,第537页。
② 岳宗福:《近代中国社会保障立法研究》,齐鲁书社2006年版,第246页。

取干涉主义,规定国家对于保险业之经营加以严密监督;经营保险业者以股份有限公司与相互保险社为限;经营保险业者,非呈请实业部核准,并依法登记、缴存保证金,领取营业执照者,不得开业。同一保险业不得兼营财产保险与人身保险,保险业不得经营其他事业。人身保险只准国人经营,损失保险得由华洋合资办理。1937年1月修正公布。

1935年5月,国民政府公布《简易人寿保险法》38条,开中国近代人寿保险单行法之先河,同年修正公布。其中规定简易人寿保险为国营事业,属交通部主管,其他保险业不得经营;邮政储金汇业局对被保险人负给保险金额之责。同年8月交通部公布《简易人寿保险章程》71条。不到一年内,承保简易寿险的邮政局达279个。到1937年7月,国民政府又制定了一些单行法规和办法。如《国民寿险章程》、《公务人员团体寿险简章》、《战时兵险法》等。1943年国民政府颁布《战时保险业管理办法》,财政部据此拟订《人寿保险单基本条款》。

抗战时期,1940年社会部改隶行政院,设社会福利司,其内又设社会保险科,负责设计和规划社会保险事宜。以后社会保险逐步受到重视。开始起草《社会保险法》。1941年11月社会部设立社会临时起草委员会,并公布《社会部社会法临时起草委员会简章》。与此同时,地方社会行政机构也相应建立,省政府设立社会处,或于民政厅内设社会科。

1944年社会部拟订了《社会保险方案草案》,包括业务原则、财务管理、管理机构。1945年,行政院在核定的《战后社会安全初步设施纲领实施办法》中,要求积极筹办社会保险。1946年11月行政院颁布《中央社会保险局筹备处组织章程》,随即初成立中央社会保险局筹备处。1947年10月,国民政府通过《社会保险法原则》,规定保险种类包括健康保险、伤害保险、老年遗族保险和失业保险。保险机构,社会部设中央社会保险局,各省市地方得设保险分局,或委托其他非营利机关办理。举办社会保险基金,应列入每年预算。该原则是国民政府在大陆期间制定并通过的唯一一部社会保险法规,该原则确定了社会保险立法模式。抗战结束后,《公务员保险法草案》于1947年5月送立法院审议,后来提出修正案,但无结果。

三、社会救济法

国民政府前期,救济机构日渐多样化,如救济院、散兵游勇收容习艺所、游民训练所等。救济院尤为普遍。1928年5月颁布《各地方救济院规则》,规定各省区省会、特别市政府及县市政府所在地设立救济院,各县市乡区村镇人口较繁处,亦等酌量情形设立之;救济院经费的筹集和使用实行基金化管理。各类救济设施名称统一为救济院,分为养老所、残废所、育婴所、施医所、贷款所等。该规则是南京政府成立后颁行的第一部专门救济法规,是民国前期规范社会救济的主要法规,并首次在法律上将救济经费明确列入政府预算。

民国时期,传统社会救济体制向近代社会福利体制的转折,根本性标志是国民政府最高社会行政机关——社会部的成立。社会部成立后,出现社会立法的高潮,涵盖了现代社会保障立法的各个领域,包括1944年9月的《社会救济法施行细则》、《救济院规程》等。1945年5月国民党六大通过《民族保育政策纲领》、《劳工政策纲领》、《农民政策纲领》、《战后社会安全初步实施纲领》等,提供了一套社会政策。

1942年5月,社会部为实验社会救济事业设立重庆实验救济院,根据章程,下设安老所、育幼所、习艺所、残疾所、医疗所等。1943年5月,社会部又专门颁行《各省市县地方救济事业基金管理办法》,从而使救济基金的管理更加严密。

民国年间有居养设施。1928年5月国民政府内政部《各地方救济院规则》规定,各省区,各特别市,各县市政府,为教养无自救力之老、幼、残废人,并保护贫民健康,救济贫民生计,于各该省区、省会、特别市政府及县、市政府所在地,应依规定设立救济院,各县、区、乡、邨、镇设立救济院。1933年,全国与救灾居养有关的救贫机关共834所,其中济贫所188所,贷款所55所,施医所399所,丧葬所192所。①

关于慈善团体,国民政府颁布有1928年5月颁布《管理私立慈善机关规则》。1929年6月,国民政府公布《监督慈善团体法》14条,规定慈善团体以济贫、救灾、养老、恤孤及其他救助事业为目的;除属于财团性质者外,应有五人以上发起人,发起人应有下列资格之一:(1)名望素著,操守可信者;(2)曾办慈善事业著有成效者;(3)热心公益,慷慨捐输者;(4)对于发起之慈善事业,有特殊之学识或经验者。主管官署得随时检查慈善团体办理之情形,及其财产状况。办理慈善事业著有成绩者,主管官署得呈请国民政府或省政府褒奖之。当时所谓慈善团体就是专门进行济贫、救灾、养老、恤孤及其他救助事业为目的的团体。慈善团体不得从事宗教的宣传,并要求杜绝兼营私人谋利的事业,某一慈善团体只能专门从事一项活动,必须接受政府的监督。为规范佛教救济,1935年1月,内政部公布《佛教寺庙兴办慈善公益事业规则》,规定各寺庙应酌量各自经济情形,由一寺独立兴办或由数寺院合力举办或当地佛教会督促该地全体寺庙共同举办慈善公益事业。1942年10月,社会部公布《冬令救济实施办法》,规定各省、县市应按时成立冬令救济委员会,由社会行政机关或主管社会行政人员发动联合有关机关、团体及当地公正人员组织之。

1928年7月,国民政府颁布《义仓管理规则》,加强对传统仓储的立法和管理。1930年1月,内政部在此基础上,修订公布《各地方仓储管理规则》5章,规定各地方为备荒恤贫设立之积谷仓分为县仓、市仓、

---

① 孟昭华等:《中国民政通史》下卷,中国社会出版社2006年版,第1177—1178页。

区仓、乡仓、镇仓、义仓六种,由地方长官各自管理,其筹备积谷应以地方公款办理。1933年,国民政府召开九省粮食会议,提出要复兴仓储。同年7月,行政院制定《农仓法》。1935年5月制定公布《农仓业法》。农仓分农仓和联合农仓两种,不得以赢利为目的。①"民国以来,旧有谷仓大多被破坏,仓库制度衰落"。"1937年10月,内政部拟具《全国各地方建仓积谷办法大纲》,对于各地仓储的种类、保管办法、经费来源、考绩办法、新陈代换等均有规定。"②

当时救济行政,由社会部"管理全国社会行政事务,设赈济委员会掌理全国赈济行政事务。又设中央救灾准备金保管委员会,保管救灾准备金,并议决救灾准备金关于救恤补助事项。其余各部会署,并各就其职掌范围,对于救济事业有关事务分别办理,或协同专管部会共同推进。包括教育部、农村部、卫生署、粮食部、内政部等。"③

四、赈灾与难民管理

历史上,每当遇到自然灾害,会出现大量灾民、流民。历代有扶危济贫、乐善好施的传统。统治者从遏制"乱萌"的立场出发,也经常采取措施救济穷人,主要有施粥赈济、收容灾民、以工代赈等。

晚清政府在北京开办工艺局,收养穷无所归等人,并分雇各种教习数十人,因材施教。这是近代行政介入社会救济事业的开端。光绪三十三年(1906年)五月巡警部《京师习艺所试办章程》,包括设所纲要、员司职任、经费筹计、看守规则、工艺制作等部分。宣统二年(1910年)民政部《咨各省创设贫民大工厂文》云:"查各省举办慈善事业半多有养无教,除老弱残废不堪工作而外,其余年力精壮之民,亟须教养兼施。

---

① 岳宗福:《近代中国社会保障立法研究》,齐鲁书社2006年版,第255—257页。
② 孟昭华等:《中国民政通史》下卷,中国社会出版社2006年版,第1180页。
③ 陈续光:《社会救济行政》,正中书局1946年版,第69—74页。

现在饥民遍野不下数百万人,若不设法安插赈恤,亦穷于筹措,应请各省创建贫民大工厂,广收极贫子弟入厂肄习,或劝募绅商合办创业,或将旧有之善堂、善举酌量改并,并宏教养而遏乱萌。"

民国初年,游民队伍有增无减,1915年12月当局公布《游民习艺所章程》,规定其直隶于内务部,专司幼年游民之教养及不良少年之感化等,使其获得普通知识、谋生技能。凡收养者分两种,一是年龄小者就学,二是年龄较大及不堪就学者习艺。这是北京政府颁行的唯一一部专门救济法规,其中明确规定了非供款制和无偿救助方式,规范了社会救济活动,而且使之由原来官府的施舍行为变为政府的当然责任。1917年河北水灾,"由政府特设督办,付以全权,省长不过居于辅助地位,一切赈费、工费,均由中央筹拨。交通运输财关免税,以及惩奖官吏,督办皆有权能,可以办理,故其运用灵活,布施周密,数百万灾民无由冻馁者,即此行政机关单独制之效果也"。①

1920年华北大旱,北京政府于11月颁布《赈灾公债条例》。国民政府承袭了这一办法,1929年4月立法院通过《公债法原则》,规定政府募集内外债的主要用途之一为"充非常紧急需要,如对外战争及重大天灾等皆属之"。救灾准备金是国民政府开始设立的救灾资金。1931年江淮大水,同年11月国民政府公布《救济水灾委员会章程》,特设救济水灾委员会,办理赈济。"本会成立之始,办理救灾事宜,关于治本计划,注重以工代赈。盖政府藉灾民之佣作,以修筑堤防;灾民赖政府之救济,以维持生活。事关实惠,款不虚糜,防患恤灾,一举两得。"当年,该会于灾区工作组设置工赈处,又在其下设备区工赈局,分别设于南京、芜湖、安庆、九江、汉口等处。民国期间,遇到自然灾害而灾民生活困难

---

① 熊希龄:《十六省水灾救济意见书》,载忏庵《赈灾辑要》,上海广益书局1936年版,第88页。

亦行赈济，赈谷数量有所不同。1931年《国民政府救济水灾委员会报告》说：芜湖地区给赈济粮，成年人每人给赈粉1斤至30斤，各省分配赈麦赈粉数量各不同，如南京，无论老幼，每日一律给馒头2枚，合粉半斤；皖北则每人给麦粉自8斤至70斤；河南则成人20斤，幼童10斤。各地仍然实行施粥，粥厂或由政府办理，或由慈善团体与堤防公团办理。① 1934年夏，黄河再次决堤，义赈会（即中国华洋义赈救灾总会，国民政府将农赈交其办理）将黄灾农赈捐款余数在重灾区办理贷款。

1930年10月，国民政府公布中国历史上首部《救灾准备金法》，其规定，救灾准备金由中央和省区两级机构筹建，应设保管委员会。1934年8月行政院公布《勘报灾歉规程》。1935年6月国民政府公布《救灾准备金保管委员会组织条例》。规定中央称中央准备金保管委员会、省称某省救灾准备金保管委员会。这些条例和规程都规定了灾荒救济基本程序：勘灾、报灾、蠲缓。1943年9月，国民政府公布《社会救济法》5章53条，规定救济设施分安老所、育婴所、育幼所、助产所、施医所、习艺所、残废教育所及妇女教育所等。救济方法主要有救济设施处所内之留养、钱物之给予、免费助产、免费医疗、职业介绍、感化教育及公民训练等。救济事业经费应列入中央或地方预算，且不得移作他用。救济设施由其主人负担费用，但救济设施办理著有成绩者，得由主管官署酌予补助。

民国时期，对于区外难民多用赍送办法遣返还乡。同时，赈济中尚有农赈之举，农赈即放贷。农商总长张謇1913年拟定《国有荒地承垦条例》，1914年公布其施行细则。1936年9月，行政院公布《内地各省市荒地实施垦殖督促办法》。对于救济设施，统一为：安老所、育婴所、育幼所、残疾教养所、习艺所、妇女教养所、助产所、施医所等，并规定了

---

① 孟昭华等：《中国民政通史》下卷，中国社会出版社2006年版，第1176页。

救济方法,包括院内救济和院外救济,还规定了经费的负担、使用原则、使用方法等。在附则中,明定主管机关在中央为社会部,在省市县为各级政府,但施医所等为卫生署,临时及紧急救济,为赈济委员会。《社会救济法》是在国民政府一系列救济法规的基础上制定的。此后,还颁布了一些子法。1944年9月行政院公布《救济院规程》,同时公布《私立救济设施管理规则》。

民国时期中央政府建立有赈灾机构。南京临时政府成立后,内政部下设民治局和卫生局,兼管社会救济事务,其中民治局负责抚恤、移民及慈善团体管理,卫生局负责预防、治疗传染病和地方病。地方上由于政局不稳,一般由各都督兼管社会救济事务。北京政府基本沿袭南京临时政府,1912年8月颁布《内务部官制》,列举了内务部掌管的14项行政事务,其中社会行政事务包括各类救济,占内务部政事1/3以上。同年12月公布《修正各部官制通则》,将内务部六个司减为四个,将民政司改为民治司,将卫生司职掌归并到警政司,兼管有关社会救济。1914年7月又颁布《内务部官制》,规定内务部直隶于大总统。民治司和警政司下设立各科,具体承办各项社会行政事务。民治司下,由第四科专管救济与慈善;警政司下置六科。以后又有一些变化,表明民治司四、五科和卫生局是当时主要社会救济机构。地方上,1913年1月北京政府由内务司掌管社会救济。袁世凯失败后,省长下属政务厅兼管社会救济。①

国民政府成立,对社会救济机构作适当调整。1928年4月,将内务部改为内政部,一直到抗战爆发都是常设社会救济机构,其下民政司掌管救济赈贫等事项。民政司下设四科,由第四科负责社会救济和其他社会福利事项。救济似不受重视。国民政府时期的地方省级政府机

---

① 岳宗福:《近代中国社会保障立法研究》,齐鲁书社2006年版,第210页。

构中,民政厅的职能之一是社会救济,民国时社会救济行政存在的问题:(1)机构重复,例如关于儿童保育一项,办理者有社会部、赈济委员会、战时儿童保育院,此外尚有不少私立者。(2)互相之间缺乏合作或联系。无法统筹兼顾,徒然浪费人力财力。(3)缺乏人才,从事此事业者。此事业所需之专家、大学生、初级干部等应在5万以上,已有者不足十一,从业者多半非专门人才。(4)相关理论与技术未臻完善,或长于经验而缺乏理论,或长于西洋学术,不能切我国实际。(5)经费不足,县救济院经费大抵每月不过一两百元,设备不周,办理不善,多是虚设。①

日本全面侵华,造成严重难民问题。1937年9月,行政院通过《非常时期救济难民办法大纲》,决定成立非常时期难民救济委员会,在省及院辖市设立分会,县市设支会,专办难民收容、运输、救护、管理等事项。抗战时期,国民政府成立社会部,由其社会福利司第五科专门负责救济事宜。抗战后又有调整。为统一难民救助体制,提高行政效率,国民政府于1938年4月将赈务委员会、非常时期难民救济委员会合并改组为赈济委员会,并将内政部民政司所掌管的救济行政也划归赈济委员会管理,使其成为一个综合性战时社会救助机构。1939年5月国民政府公布《非常时期难民移垦条例》。抗战中后期,国民政府开始重视社会救济。1941年1月,社会部设立社会行政计划委员会,5月间在委员会内设置研究室,至1942年,修订各种实施方案14种,并由国民党中央执行委员会通过了一些社会救济的决议案。为加强垦区管理,国民政府在农林部下设垦务总局统筹全国垦务。抗战后期又在垦务总局下设立垦区管理局。1944年12月国民政府《农林部垦务总局垦区管理局组织条例》。

---

① 杨象峰:《社会救济》,正中书局1946年版,第106—108页。

抗战末期,包括中国在内的 44 个国家代表在美国签订公约,决定成立联合国善后救济总署。国民政府于 1945 年 1 月成立行政院善后救济总署(行总),全国划分为 15 个分署。同年 11 月,赈济委员会撤销,其业务划归行总。根据国民政府公布的《善后救济总署组织法》和《善后救济分署组织法》。行总存在两年,1947 年撤销,其业务划归社会部。1946 年 3 月社会部会同卫生署公布《各地方推行义诊办法》,规定组织义诊委员会办理施济医药。同年 7 月,社会部修正公布《各省市县社会救济事业协会组织》,规定协会由各省市县为发展社会救济事业、增进社会福利而组织。此外社会部还修正了《冬令救济实施办法》。

第八章 近代行政监督与行政司法

近代以来,对行政的监督通常诉诸两种渠道,分别依靠行政系统内与行政系统外的机构和力量。外部监督如立法机关的监督、司法机关的监督,政党、团体、社会组织、公民、新闻媒体的监督。内部监督,指行政系统内的各级政府及所属部门对有关行政机关和公务员活动实施的监督和监察,可以分为层级监督和专门监督两类。前者是上级行政机关对下级行政机关和政府对其工作部门基于领导关系进行的监督,后者指行政机关中的专门监督机关就专门事项对行政机关及其工作人员进行的监督,主要是行政监察和审计监督。近代中国仿照大陆法系,建立了一套行政监督与行政审判制度。

第一节 行政监督制度

一、行政监督

清代中央监察机关都察院负责对各级官吏的监督,在清末官制改革中,光绪三十二年(1906年),清朝拟定《都察院整顿变通章程》。这次整顿内容包括:(1)调整都察院内部机构,包括裁科增道、新设都察院研究院等;(2)调整监察官员的设置,严格监察官员的选拔标准,进行监察官员的培训;(3)简化监察程序,规定各衙门只就紧要事件向都察院呈报,不必每事均报,以减少其监察事务,提高其效率。

设立资政院和各省咨议局是清政府预备立宪措施之一,也是改革监察制度的主要内容之一。资政院对行政部门有监督权,其职掌包括议决国家岁出岁入预算、决算、税法及公债,新定法典及嗣后修改(宪法不在此限)和其余奉旨交议事件。当然,资政院的监督权有限,不能对行政部门真正起到监督作用。咨议局对监督地方行政、分散督抚权力也有一定作用,但只有议决权,并无实施权,其议定事项必须经过督抚同意,督抚对于其决议具有最后决定权。

南京临时政府建立参议院取代清末监察制度,是其改革监察制度、实行议会监察制的主要措施。参议院以省都督府委派的参议员组成,每省以三人为限。《中华民国临时约法》规定参议院的监察权包括议决临时政府预算决算,向国务员提出质问并要求其出席答复,咨请临时政府查办官吏纳贿违法案件,对临时大总统谋叛行为提出弹劾。参议院对政府行使监察权的方法有质问、弹劾、查办和建议等。

北京政府时期,1914年3月建立了肃政厅,为平政院内兼具监察性质的机关,独立行使职权,职能包括纠弹和行政诉讼两个方面。设都肃政史一人,由大总统任命;肃政史16人。1914年6月,北京政府公布《纠弹法》13条,规定肃政厅肃政史对于官吏有违宪违法,行贿受贿,营私舞弊,或溺职殃民等事件,即径呈大总统纠弹之。或官吏有上列情事之一,经人民告诉告发者,由都肃政史指定肃政史两人以上审查之,如认为应行纠弹,即径呈大总统纠弹之。大总统认为有所弹各款情事之一,得特交肃政厅,由都肃政史指定肃政史两人以上查办之,如认为应行纠弹,即径呈大总统纠弹之,大总统对于纠弹事件,如认为应行审理者,即交平政院,如认为应付惩戒,或属司法审判者,即分交主管官署行之。1916年5月裁撤。

1925年8月,国民政府成立监察院,最初只有监察官吏权,如要惩治,须送交有关方面。1926年1月,专门成立一个惩治官吏的机构,名惩吏院,当时公布的《国民政府惩吏院组织法》规定,惩吏院"受国民党的指导监督与国民政府命令,专门掌握惩治官吏事件"。设惩吏委员若干人,互选一人为主席委员。凡行政或司法官吏有违法失职,监察院向惩吏院起诉,惩吏院则以惩吏委员组织合议庭审理,庭长为惩吏院主席委员。如涉及刑事犯罪,则将刑事部分提交司法机关处理。全院事务由委员组织会议公决,非有出席委员过半数同意,不得议决可否,下设秘书长及科长若干人。1926年5月撤销该委员会。

国民政府成立后,1927年11月,公布《监察院组织法》。1931年2月监察院正式成立。规定设立监察院院长、副院长各一人,由国民党中央执行委员会选任,直接对中央执行委员会负责。监察委员19至29人。监察院院长、副院长、监察委员组成监察院会议,以院长为会议主席,下设秘书处、参事室,以后又陆续设立统计室、会计室、人事室等机构。

国民政府时期,1929年6月公布《弹劾法》11条,规定监察委员对于公务员违法或失职之行为,应以书面详述事实,附举证据,提出弹劾案于监察院。监察院院长应分别指定监察委员三人审查之,但不得指使或干涉弹劾事项,弹劾案如有涉及刑事事件,惩戒机关应将刑事部分交该管法院审理。监察院得接受人民举发公务员违法行为之书状,但不得批答。1931年6月,国民政府通过修正《弹劾法》。

同年,监察院向江苏、皖赣、闽浙等7个监察区派出监察使,并设监察使署。监察使、署按照监察院指令,主管本区监察工作,如接受检举信、弹劾失职官吏等。作为国民政府最高监察机关,监察院在训政时期具有以下职能。(1)弹劾权,监察院主管对各类官吏的弹劾工作,凡对公务员的过失举发,均应由监察院受理,如不经监察院而径直受理的,则以越权者论处。对荐任以下的公务员,可以直接送交公务员惩戒委员会。弹劾权由监察委员行使,其行使的程序依次为提出弹劾案,审查弹劾案，移送弹劾案和公布弹劾案。(2)审计权。(3)调查权，监察院有权对各级政府的行政事项进行查询和调查，包括调阅有关机关的档案和簿册。遇有疑问时，该主管人员应该负责为其作出翔实答复。(4)纠举权，抗战时期，国民政府公布《非常时期监察权行使暂行办法》，规定监察院有纠举权，并制定《非常时期监察权行使暂行办法实施细则》。纠举权形式上适用于政府公务员和一切官吏，实际上主要对象仍是中下级公务员。(5)建议权，是抗战时期国民政府监察院增设的职权，属于事前监督方式，既可以建议撤换违法失职公务员，也可以督促有关机构改正其不合适的措施。建议权的施行对象，主要是中下级政权及公务员。建议须经院长核准才能发出。

1948年3月行宪以后，监察院机构发生了变化。(1)监察院正副院长的产生由委任制改为监察委员互选的选举制。(2)监察委员的产生由任命制变为选举制，由各省市议会、内蒙古、西藏地方议会及华侨团体选举产生。(3)增设监察院各委员会。行宪之前，监察院没有设置委员会。行宪后，监察院设置各委员会，有调查权和旧政权。(4)监察委员行署的设置，原来派往各地的监察使改称监察委员，监察使署改称监察委员行署，1948年公布《监察院监察委员行署组织条例》，不久撤销各行署。监察院职权的变动如下。(1)增设同意权，限于司法院和考试院的主要官员，这些人员由总统任命，经监察院同意即可。(2)建议权扩大为纠正权。纠正权对象为行政院核中央及地方公务人员，不包括其他。纠正案的提出，由监察院进行；纠正案的成立，须经监察院有关委员会的审查与决议。纠正案成立后，监察机关将其移送受纠机关或其上级机关。(3)调查权形式方法变化，发展为行查，即监察院委托其他机关代为调查；自行调查；派查，即监察院轮流派出委员或指派职员进行调查，或依院会、各委员会的决议而推派或轮派委员组成专案小组调查。

二、行政审计

行政审计是由专门机构对行政机关财政收支情况进行的监督。

光绪三十二年(1906年)九月,编纂官制大臣上奏《审计院官制草案》29条。规定设立审计院,掌检查京外各衙门出入款项之报销,核定虚实。置正使、副使、掌佥事、佥事等,设第一至第六司。审计院于各项报销之核准,以会议定之。但是,该草案并未正式颁布。

1912年9月,袁世凯任命赵秉钧为国务总理,设立专门机构审计处。10月,北京政府公布《审计处暂行章程》,规定审计处的总职责是"掌理全国会计监督事务"。经过调整,审计处实际人数为99人。在地方上,省级分别建立了审计分处。同年11月袁世凯公布《审计处暂行审计规则》8章27条,比较全面地规定了审计的范围、内容、方式方法。1914年3月,北京政府颁布《审计条例》8章29条,规定审计处及其分处的职责是审查国家年度收支(除政府机密费外);审计处审查各会计年度总决算后,须提出审查报告书,经国务总理呈报大总统,由大总统提交国会。《审计条例》明确了审计机关审计的具体内容:审查收入支出;检查国库,检查国债,检查工程及买卖贷借,检查簿记,并规定了审计发现官员违法情况后的处分程序。

1914年6月修正《审计条例》,将审计处改为审计院,公布有《审计院编制法》,规定审计院是对全国岁入岁出决算进行审定的机关,直属于大总统,设正副院长各一人,审计官15人,协审官27人。下设二室:书记室、外债室;三厅:一二三厅,每厅由审计官三人、协审官四人组成。每厅下设四股。另有审查决算委员会。审计院的职权,除规定正副总统岁费及政府机密费不受审定外,主要审定:(1)总决算;(2)各官署每月的收支计算;(3)特别会计的收入计算;(4)官有物的收支计算;(5)由政府发给补助费或特殊保证的收入计算;(5)法令规定应经审计院审的收支计算等。审计院设审计官15人,协审官27人。于是全国计政遂有完全统一之机关。

审计院成立后,即将从前颁布之《审计条例》详加修正。1914年10月公布《审计法》19条,所有从前颁布之审计条例,因即废止。除岁费暨政府机密费外,各项收支"均应由审计院审查"。① 这是中国近代第一部经国家立法程序制定的审计法律,规定应行审者有:总决算;各官署每月之收支计算,特别会计之收支计算;官有物之收支计算;法令特定为应经审计院审定之收支计算。其以立法确认了审计在监督国家财政收支等方面的法律地位,区分了会计监督与审计监督,还制定了以预算衡量决算的审计标准,为强化财政管理和审计监督作出了法律规定。审计院之审查,以总会议或厅会议决定之;对于各官署计算书如有疑义,得行文审查,认为必要,得向各官署调阅证据,或行委托审查。各官署之支出计算书,审计院审查议决为正当者,应发给核准状;不正当者,应通知该主管长官,执行处分。审查完竣事项,5年内发现有错误遗漏重复等情事,得再行审查,如发现诈伪之证据,虽经过5年后,仍得为再审查。同年12月公布施行细则。1915年11月,北京政府公布《审计官惩戒法》4章27条,规定了对失职或违法审计官的惩戒及其程序。

国民政府继续设立有专门审计机关。1928年2月《国民政府组织法》规定,国民政府下设审计院,负责监督预算的执行,审核国家岁入岁出的决算。3月,国民政府公布《审计院组织法》,规定设院长、副院长,审计10人、协审15人,均由国民政府任命。审计院设二厅二处,第一厅掌理有关监督预算执行事项,第二厅掌理有关审核决算事端,并设立院务会议与设计委员会。根据1928年10月修正《国民政府组织法》,

---

① 《审计院概要》,上海图书馆近代史阅览室藏。

审计院改为监察院审计部。1929年10月公布《审计部组织法》17条，规定审计部设部长与副部长，下设三厅，分别负责事前审计、事后审计及稽察事务，另设秘书处。与审计院相比，增设稽察8至10人，同时对审计、协审、稽察的任职资格作出了比审计院时期更加严格的规定。

为筹划在地方设立审计机构，1932年6月国民政府公布《审计处组织法》，规定在各省、市政府所在地设审计处，中央及各省公务机关、公有营业机关其组织非由行政区域划分者，经国民政府核准，由审计部设审计办事处，均直属于审计部。审计处设处长、三个组及总务组，其后各地设立审计处及审计办事处。① 各省、院辖市设审计处。

1928年4月，国民政府公布《审计法》23条，规定各主管财政机关的支付命令，都要经审计院核准，如果支付命令与预算案或者支出法案不相符合，审计院应当拒绝核签。未经审计院核准的支付命令，国库不得付款。各机关所用账簿，审计院应当进行检查。审计院的审计范围是：国民政府年度收支总决算，国民政府所属各机关每月收支计算，特别会计收支计算，国有资产收支计算，由国民政府发给补助费或特与保证的各事业收支计算；其他经法令明定应由审计院审核的收支计算。1938年5月，国民政府颁布修正《审计法》。比起原法，审计职责范围扩大，执法力度加强；在注重财政支出合法性审计的基础上，注重财政支出的合理性与经济性审计；同时修正颁布审计法施行细则。1943年10月国民政府公布《公有营业及公有事业机关审计条例》，规定公有营业及事业机关的审计事务由审计部或指定的审计机关及审计人员办理。②

中国旧时财政监督权"为行政机关所独有，并无立法行政及司法监

---

① 李金华等：《中国审计史》，中国时代经济出版社2004年版，第二卷，第86—87页。
② 同上书，第134页。

督之分";"民国元年(1912年)九月,北京政府创设审计处,兼行事前监督。以形式论,吾国财政监督机关,在彼时固已犁然具齐矣。然而审计处隶属于国务院,职权狭小,尚难独立执行其职权。三年(1914年),公布《审计院编制法》及《审计法》。十八年(1929年),公布《监察院组织法》,悉可称为独立之财政司法监督机关,但皆仅行事后监督",不久又将审计"并入监察院内,列为监察权之一种。此吾国审计机关成立之缘起也"。①

蒋介石本人作为行政院长,注意到官员贪腐问题,曾经"以近来官吏失德,宠赂用彰,欲修明政治,首当铲除贪污,特列举显著弊端十项",包括"侵吞公款"、"侵吞公物"、"滥用公物"、"虚糜公帑"、"伪造报销"、"买卖物品经手银钱收受回扣"、"浮报物价",并"通令内外各文武机关长官,自行省察,认真清除,并咨监察院依法纠治"。②

审计方法分为事前审计和事后审计两种。事前审计,即在财务行为开始以前的审计;事后审计,即在财务行为发生以后的审计。审计方式,一般分为驻在、送审、临时三种。所谓驻在方式,就是指审计机关派员到各机关执行审计任务;所谓送审方式,就是审计机关通知送审;所谓临时方式,就是审计机关临时派员持审计部稽查证对有关公私团体或个人进行查询,或调阅簿籍凭证或其他文件。除上述三种审计方式外,每年还要派员下去进行抽审。不论采取哪一种方式,被审机关负责人对审计人员查阅簿籍凭证或其他文件以及检查现金,都不能隐匿或拒绝,若有疑问,必须详细答复。

审计人员执行任务时,如果发现各机关人员在财务上有不法或不忠于职守的行为,一面报告主管机关通知该机关主要负责人进行处分,

---

① 杨汝梅:《论审计制度:中国财政问题之一》,军需学校1930版,上海图书馆藏,第1—2页。
② 黄凤铨:《官厅审计》,出版地、出版者不详,1937年印行,第6—7页。

一面由审计部呈请监察院依法移付惩戒。但是,审计人员认为必须进行紧急处分时,立即报告该管审计机关通知该机关负责人从速执行;若该机关负责人接到通知后不执行,则应负连带责任;若负有赔偿责任,则通知该机关负责人限期追缴。对于审计机关通知处分的案件,该机关若有延压或处理不当,则应催查或质询。对于催查或质询的案件,该机关必须认真答复。如果答复不当,则由审计部呈请监察院核办,情节严重的,除拒绝核签该机关经费支付书外,还要依法办理。①

抗战期间,又成立巡回审计小组,办理就地与巡回审计业务。1948年6月以后,部长改称审计长,由总统提名经立法院同意后任命,隶属监察院。审计的进行,在中央为审计部,在地方为各省市审计处。即审计部行使中央各机关及所属机构的财务审计,审计处行使各省政府及行政院直辖市政府及其所属机构的财务审计。但对各特种公务机关、公营企业及公共事业机构的财务,则由审计处在该组织范围内所设的办事处进行审计;未能设立审计处或办事处的地区,则由审计部直接或就近指定的审计处或办事处进行审计。抗战期间,审计事务繁多。1939年上半年,审计部门发文47 369件,进行事后审计共3 585件。其中,经审核后认为符合发出之核准通知的计4 080件,认为尚有问题发出之核准通知计2 296件,其余不属于上列两种的282件。②

国民政府建立了一套审计制度,规定审计人员"独立行使审计职权,不受干涉"。1939年《审计部组织法》再次修正,规定了审计人员的回避制度。1942年9月再次修正,审计机构内部人员有所增加。抗战时期,为适应战时需要,节约开支,国民政府大力加强对田赋、军费等财政收支的审计,并且加强了对国库、银行等重点机关(单位)和建设事业

---

① 袁继成等:《中华民国政治制度史》,湖北人民出版社1991年版,第435页。
② 《审计部工作报告》,出版地、出版者不详,1939年印行,第8页。

专款等重点资金的审计。

抗战结束后,1945年年底,国民政府修正公布《审计部组织法》,增设人事室机构,审计部人员编制明显增加。到1946年年底,审计部职员与工勤人员达435人。根据1947年1月宪法,以及1948年4月国民政府《监察院组织法》,监察院设审计部,由审计长综理审计部事务;审计部负责监督政府所属全国各机关预算的执行,核定政府所属全国各机关的收入命令及支付命令,审核政府所属全国各机关的计算及决算;稽查政府所属全国各机关财政上的不法或不忠于职务的行为。

国民党时期,政府腐败现象严重,许多法律规定往往流于形式。审计机关遇有可疑的单据,虽有抽查账簿、核对凭证等等办法,但惯于勾结财会人员贪污舞弊的商人有办法不让查出弊窦。例如,准备账簿三种,一种是买卖进出货物的真实账簿(内部账簿);一种是以少记多的账簿,是勾结机关财会人员制成的,用来应付审计人员核对单据;一种是以多报少的账簿,是勾结机关财会人员用以应付税收人员来查对账款的。①

三、公务员惩戒

对于在行政监督中查出问题的公务员,应该区分性质与情节轻重给予惩治。

1926年5月,广州国民政府命令裁撤惩吏院,将惩治官吏事务改归拟设立的惩治官吏的审政院,但因审政委员迟迟不就职而无法工作。同年10月,国民政府裁撤审政院,将惩吏权归并于监察院。

1929年6月,国民政府公布《公务员惩戒法》5章28条,规定公务

---

① 俞镜寰:《国民政府的审计制度及其实质》,全国政协文史资料委员会:《文史资料存稿选编》经济(上),中国文史出版社2002年版,第304页。

员应受惩戒之情事为违法,或废弛职务,或其他失职行为。惩戒机关有三:如被弹劾人为国民政府委员,则送中央监察委员会,政务官送国民政府,事务官送公务员惩戒委员会。监察院认为公务员有应付惩戒之情事,应将弹劾案连同证据,移送惩戒机关。各院部会长官,或地方最高级行政长官,认为所属公务员有应付惩戒之情事,分别送监察院审查,或公务员惩戒委员会审议。1932年公布、1933年修正《政务官惩戒委员会处务规程》规定,政务官惩戒委员会由国民政府委员中推定7至8人组成,下设秘书处。委员会直属国民政府,主要任务是专管政务官的惩戒,但对被惩戒的政务官作出的决议,不能直接行文,必须报告国民政府,然后由国民政府发布命令执行。1933年6月公布修正《公务员惩戒法》,规定同一惩戒事件,被弹劾者不止一人,而不属于同一惩戒机关者,应移送官职较高之惩戒机关合并审议。

中央公务员惩戒委员会为审理公务员违纪案件的专门机构,1932年6月成立,直隶于司法院,受理全国荐任职以上公务员及中央各官署委任职公务员惩戒事项。中央公务员惩戒委员会由委员长、委员、书记官组成。地方公务员惩戒委员会由委员长、委员组成,直隶司法院,委员长由最高法院院长兼任,下分三科三室。各省市先后成立了地方公务员惩戒委员会,分别设在各省及行政院直辖市。委员长综理会务,监督所属职员,对于惩戒案件得查询进行程序,但不得干涉惩戒。委员的条件,"对党义、政治、法律有深切的研究",曾在国民政府统治下任简任职公务员以上或荐任职公务员5年以上,年龄在30岁以上,或者"对党国有特殊勋劳,或致力革命十年以上"。

公务员的惩戒,分为国民党中央监察委员会和政府两类,政府又分为国民政府、公务员惩戒委员会、主管行政长官三个层次,加上国民党中央监察委员会共为四个层次。凡是公务员违法、渎职或失职,国民政府监察院认为所定的事实应付惩戒的,将弹劾的案件连同证据送交惩戒机关进行惩戒。其中被弹劾人员为国民政府委员（1933年12月改为选任政务官）的送国民党中央监察委员会；为国民政府以外的政务官送国民政府；为事务官的送公务员惩戒委员会；为荐任以下的公务员又属于记过或申诫性质的则直接由主管长官处理。如果同一惩戒案件，被弹劾人员不止一人而又不属于同一惩戒机关，则应移送官职较高者之惩戒机关合并审议。

国民党政府各院部、委员会或地方最高行政负责人，对其所属公务人员违纪犯法提出惩戒的案件，必须将所定的事实，备文申叙其事由，连同证据送监察院审查，其中属于荐任职以下的公务员，则送公务员惩戒委员会审议，以示不同等级和层次官吏处理的区别。

惩戒处分，是国民政府对公务员违纪犯法的处理。在进行处理中，按照所犯情节轻重分为免职、降级、减俸、记过、申诫五种。其中降级、减俸、记过处分不适用于政务官，1933年改为不适用于选任政务官及立法委员、监察委员，降级改为不适用于特派的政务官。免职，指免除公务员的现有职务。现职公务员被免职后，在一定时期内停止任用，时间至少一年。降级，降现任公务员职务的官级，一般降一级或二级，并从降级之日起，非经过二年不得再晋级。减俸，指减现任公务员的工资，减的数额为每月的10%或20%，其期间为一月以上一年以下。记过，指现任公务员受记过处分的，从记过之日起一年内不得再晋级，如果公务员一年连续三次记过，则要减俸，其数额与受减俸处分同。申诫，指对公务员以书面或言词进行告诫。

惩戒程序分四步。（1）调查，惩戒机关对接受惩戒的人员进行调查，方式有自行调查、指定委员调查、委托行政或者司法机关调查。（2）质询，对被惩戒人当面进行询问，一般是将提交惩戒的原文抄送一份给被惩戒人，并指定期限命其提出申辩书，对其所犯案件进行申辩，以防止做出不合事实的决议和处分。（3）先行停职。指惩戒机关或者送请监察院审查或公务员惩戒委员会审议的该管机关负责人认为情节重大的案件。但有下列情形之一的,自然停止职务:在刑事诉讼程序实施中被羁押,按照刑事确定判决受褫夺公权的宣告;按照刑事确定判决受拘役以上的宣告并在执行中的。在先行停职的公务员中,由于未受到免职处分或科刑的判决,则应准许其复职并补发给停职期间的薪俸,而自然停职的公务员,在停职中所为之职务上行为,不生效力。(4)作出议决。指惩戒机关经过充分讨论而形成的决定。但在作出决议时必须经过出席委员过半数的同意,如果出席委员的意见分三说以上未能超过半数的同意,则将各说排列,由最不利被付惩戒人的意见顺次算入,以过半数为议决。决议作出后,做成议决书,由全体出席委员签名,形成最后的决议,并通知监察院和被付惩戒人所属机关及其本人。同时,将决议交国民政府公报或省市政府公报登出,以儆效尤。惩戒机关对于惩戒案件,认为有刑事嫌疑,则立即移交法院审理;同一行为已在刑事侦查或审判中,惩戒机关不得开始惩戒程序;同一行为在惩戒程序中开始进行刑事诉讼程序时,在刑事确定裁判以前,停止其惩戒程序;同一行为已经不起诉、免诉或者无罪的,仍然进行惩戒处分;同一行为虽然受刑事的宣告而又未褫夺公权,则同样得为惩戒处分。

据统计,公务员惩戒委员会自成立到1935年9月共计三年零三个月中,办案共349件,其中被付惩戒人员中,受记过处分的101人,受降级或减俸处分的195人,受记过处分的101人。在这些人员中,简任职22人,荐任职188人,委任职198人,反映了惩下不惩上的实质。[①]

行宪后对公务员的惩戒制度也有所变化:(1)官吏惩戒机构减少,惩戒趋于统一。行宪前有国民党中央党部监察委员会、政务官惩戒委

---

① 袁继成等:《中华民国政治制度史》,湖北人民出版社1991年版,第401页。

员会、中央和地方公务员惩戒委员会,行宪后只有国民大会和司法院公务员惩戒委员会。(2)惩戒种类增加,1948年7月修正《公务员惩戒法》,惩戒处分分为撤职、休职、降级、减俸、记过、申诫六种。其中政务官只受撤职处分,不受其他。休职为行宪后增加,休职停用时间为半年,期满一般官复原职。

第二节 行政法院制度

一、行政裁判院

1872年5月,法国法律赋予参政院代理司法权。该法颁布后,作出了卡多案判决(1889年12月)。"这个高级法院在判决中宣布自己是普通法行政法院"。法国的行政法院,包括"省行政法院和最高行政法院"两级。① 或称,行政审检机关之设,"自法兰西始。法国古代审判衙门权力最大,行政权恒为所挟制。自西历1790年,法国始有行政审判制度"。但司法行政虽分,权限上仍不免冲突,又设权限审判所,凡行政事件误交审判衙门者,可设法取回,仍归行政官署或行政审判院办理,尤是审判衙门权势稍杀。"大陆法系设立行政法院,又分三类:一是三级制,以郡参事会与市参事会为下级行政审判所,以州参事会为地方行政审判所,于中央设独立机关为高等行政审判所;二是二级制,县设下级行政审判所,中央设上级行政审判所;三是一级制,唯于中央设行政审判所,管理全国行政事务。除此以外,还有所谓折衷制,"不设独立审判院,近英美;定行政司法之分界,以行政官署之一种为行政审判,近

---

① 〔法〕让·里韦罗、让·瓦利纳:《法国行政法》,鲁仁译,商务印书馆2008年版,第742页。

大陆,如比利时、瑞士。近世各国大多趋向大陆"。①

在中国,光绪三十二年(1906年)七月清廷颁布上谕,宣布仿行宪政,同时下诏进行官制改革。在改革中,清朝准备采取行政裁判院判决事项,原告及被告人不得再求覆审;仿效大陆法系的行政诉讼模式,建立二元制的司法体系,赋予行政相对人与政府平等诉讼的权利。这个方案引起了争论。当时很多人把西方的行政审判机关等同于传统的都察院,认为两者都是纠弹官吏违法的机构,但是如何处理两者的关系?一种意见主张设立行政裁判院,将都察院改为议院的一部分;另一种意见主张保留传统的都察院,不设行政裁判院。如何设立行政裁判院又是一个问题。德、法、日等大陆法系采取分离主义,于普通法院外另设行政法院,通称二元制;英美将行政诉讼交普通法院设立,称一元制。清朝决定采纳大陆法系体制。最后朝廷作出设立行政裁判院,保留并缩减都察院的决定。

同年九月,清朝将大理寺改为大理院,同年拟定《行政裁判院官制草案》21条,其奏呈者"谨按"称:"德、奥、日特设行政裁判衙门,既无以司法权侵害行政权之虞,又免行政官独行独断之弊,最为良法美意";"今采德、奥、日本之制特设此院,掌裁判行政各官员办理违法致被控诉事件,置正使、副使、掌金事、金事、书记官、录事等。凡呈控事件关系各部院及各省将军督抚暨钦差官者,准其径赴行政裁判院控诉,此外必须先赴各该行政长官衙门申诉。如不得直,科挨次上控以至行政裁判院,不许越诉"。行政裁判院"掌裁判行政各官员办理违法致被控诉事件","不得受理刑事、民事案件",规定设正使一人、副使一人。其设置目的是规范行政权力,并未将行政诉讼作为人民权利。

行政裁判院的筹设表现了清末政府激进的近代化取向,体现了权

---

① 张葆彝:《平政院制度之研究》,载《宪法新闻》,1913年第15期。

力分立思想和司法独立理念,包括赋予行政裁判院司法性质,确保其审判独立,而仍然由皇帝掌握最高司法权,并受制于行政权力。但是,清廷并未建立行政裁判院。1909年各直省省城商埠各级审判厅初步建立并开始审理案件,但是由审判厅和上级行政衙门暂时代替行政裁判院行使审判权。

二、平政院

行政诉讼是行政与司法两权的交叉。民国初期,有人认为行政审判权属于行政权,其多为实力派省都督、民政长、镇守使等;而主张行政审判属于司法权的也不乏其人。章士钊、王宠惠等人则主张行政裁判采取一元制,主张二元制的有梁启超和日本学者贺长雄等。宪法顾问美国古德诺,法国巴鲁等也支持二元制。

《中华民国鄂州临时约法草案》继承二元制,规定行政诉讼交行政审判院审理,并将行政诉讼视为人民享有的基本权利之一。当时其他一些省的约法都沿袭了《鄂州约法》。1912年《中华民国临时政府组织法草案》规定:人民"对于行政官署违法损害权利之行为,则诉讼于平政院"。《临时约法》对行政诉讼作出规定:"人民对于官吏违法损害权利之行为,有陈述于平政院之权";"法院依法律审判民事诉讼及刑事诉讼,但关于行政诉讼及其他特别诉讼,别以法律定之",首次确立了平政院的地位。《临时约法》颁布后,行政诉讼制度并未落实,作为行政法院的平政院到1914年才建立。

1913年4月,国会起草宪法时,讨论了行政诉讼体制。多数议员反对设立平政院。康有为希望改革都察院为独立的行政审判衙门,梁启超主张设平政院,王宠惠主张一元制,所以"天坛宪草"未加规定。到袁记约法,再次肯定二元制,规定设立平政院。时人强调设置平政院的重要意义:"官吏虽属国民,然其职务固自有特殊之性质,斯其适用之法律亦当异其规定,而手续之别,处分之差,殆非普通裁判机关所能并合而审理之者";"且事涉行政,关系甚巨,尤须特设机关,专其责任,索隐钩钜,详加论究"。①

1914年3月,袁世凯颁布《平政院编制令》29条,平政院受理行政诉讼,是为我国有行政诉讼之始。当平政院直属大总统,与审判机关互相独立,设院长一人,由大总统任命。下设三个审判庭,评事共15人。规定平政院察理行政官吏之违法不正行为,就行政诉讼及弹纠事件,行使审判权。置院长一人,评事15人,共分三庭,各以评事五人组成,并以一人为庭长;平政院设肃政厅,纠弹行政官吏之违宪、行贿等事件,并得提起行政诉讼,监视平政院裁决之执行。评事、肃政史由平政院长、大理院长、各部总长及高等咨询机关密荐大总统选择任命,非受刑法之宣告,及惩戒之处分,不得强令退职。1919年宪法草案继续设平政院。1923年贿选宪法推翻二元制,规定"法院依法律受理民事、刑事、行政及其他一切诉讼",撤销了平政院。自1914年3月成立,到1928年北洋政府结束而闭院,15年间,平政院大约受理案件407件,平均每年28件。②

平政院在机构设置上包括以平政院院长为首的行政诉讼审理机构,和以都肃政史为首的公诉和纠弹机构,机构和职能体现了中西合璧,是西方行政诉讼制度与中国传统监察制度相结合的产物。同时还颁布了《平政院裁决执行条例》、《平政院处务规则》、《平政院各庭评事兼代办法》、《平政院各庭办事细则》等。平政院奉行精英主义原则,其运行体现近代诉讼理念,采取概括主义受案范围,实行合议、回避制度,运用公开审理、直接言词的原则。

---

① 鹃血:《论设平政院之要要》,载《织云杂志》1914年第1期。
② 宋智敏:《从行政裁判院到行政法院》,法律出版社2012年版,第108页。

三、行政法院

国民政府成立后,实行五权分治体制,由行政法院职掌行政审判权并隶属于司法院的体制得以形成。行政法院与监察权分离,行政法院不再承担纠弹权。

1932年11月,国民政府公布《行政法院组织法》12条。行政法院为全国行政诉讼审判机关,1933年6月成立,负责全国行政诉讼审判事务。其组成包括院长1人,并有评事、书记官长、书记官,下设2庭或3庭,各置评事5人,审判以评事5人之合议行之。评事,须年满30岁,"非对于党义有深切之研究者,并曾任国民政府统治下简任公务员2年以上者,不得充任"。

按照1930年4月《诉愿法》,行政诉讼即对人民因中央或地方机关的违法或不当处分而损害其权利或利益提起的诉愿进行审判的事务。对诉愿进行的审判,由该院设立的审判庭进行。审判庭按规定由评事五人组成,一人为庭长。此外,每庭的评事,还必须有两人以上曾充任过法官。审判时,同最高法院一样,采取合议的形式,以庭长为审判长。据1936年《申报年鉴》及《行政法院判决汇编》记载,行政法院成立到1935年9月,前后两年多,共受理404件案件,已经结案309件。在受理案件中,不服再诉愿决定而提起行政诉讼的225件,其中已经结案的各案中,已经判决终结的94件,判决结果是撤销或变更原处分或原决定的43件,驳回起诉的51件。①

关于行政法院的成立必要与职能,时人指出,行政法院"使人民权利多一重要保障,不可谓非司法方面一好现象";"袁世凯当国时期,曾有平政院、肃政厅之设置,肃政厅的职权,适等于今日的监察院,平政院

---

① 袁继成等:《中华民国政治制度史》,湖北人民出版社1991年版,第400页。

职权就等于现在的行政法院,地位高卑、权限大小,虽有不同,性质却无殊异。总之,一司检察,一司审判,均所以惩官吏的不肖,以求民权的伸张。"①"关于行政审判,必须具备行政的特殊知识与经验,同时充当体悉行政机关公务上之实际的需要;而普通法官那里有这样的经验和知识;并且行政诉讼的手续要简单、迅速节省,不当像普通诉讼手续的繁重浪费。所以在理论上、事实上,都有设立中央行政法院直隶于行政院的根据。"②

一个值得注意的问题,是近代中国行政"兼理司法"的现象。北京政府时期虽然提出了司法独立、建立法院体制问题。但是,由于经费短缺、司法人才匮乏等因素,使其进程缓慢,导致司法效率低下,无法适应处理案件的要求。于是政治会议提出了裁废审检厅、实行"兼理司法"制度的问题,司法部虽然加以抗争,最后被迫退让,政治会议获胜,而决定胜败的重要因素是政治会议得到了行政的强力支持。1914年,司法总长梁启超在《司法计划书》第9条提出撤废部分地方审检厅"宜将一部分之罪犯,划归厅外审判"。1915年,北京政府公布了《县知事兼理司法事务暂行条例》,直接规定县知事拥有审判权,"凡未设法院各县之司法事务,委任县知事处理之";"县知事审理案件,得设承审员助理之。承审员审理案件,由承审员与县知事同负其责任";县知事拥有司法行政、司法人事权。承审员由县知事提名,"呈请高等审判厅长审定任用之","承审员受县知事监督",还规定了县知事任用书记员等的权力,"司法警察以县知事公署巡查兼充之"。紧接着,北京政府又公布了《县知事审理诉讼暂行章程》,进一步明确"凡未设审检厅各县,第一审应属初级或地方管辖之民刑事诉讼,均由县知事审理";"县之司法区域与行

---

① 社言:《行政法院与民权关系》,载《兴华》1933年第30卷第25期。
② 徐镇南:《论即将成立之行政法院》,载《新中华》1933年第1卷第12期。

政区域同"。这两部法律的颁行，显然是在沿袭旧制，说明国家以法的形式正式承认了县级行政官员对司法权的重新拥有。在这一段时间内，裁撤了各省地方审检厅90所，裁撤京外初级审判厅135所。[①] 没有审判厅的地方均由行政审理案件。1917年5月司法行政部颁布《县司法公署组织章程》，规定设立司法公署审理案件，"司法公署设在县行政公署内，以审判官及县知事组织之"，审判官必须具备法律知识、受过法律训练。

国民政府成立后，一方面宣扬司法独立，一方面在地方上仍然实行行政兼理司法。1936年4月公布《县司法处组织条例》，规定"凡未设法院各县之司法事务，皆于县政府设县司法处理之"；"县司法处至审判官，独立行使审判职务。审判官有二人以上时，以一人为主任审判官"；"县司法处检察官职务，由县长兼理之"。南京政府计划用三年时间完成司法处向法院的过渡，因抗战爆发而停顿。

第三节　行政诉讼制度

一、行政诉讼法

1914年5月，参政院制定《行政诉讼条例》，由大总统公布，是中国历史上第一部行政诉讼法典。后由参政院修改，不久改名《行政诉讼法》，于7月公布实施，包括4章35条。具体设计仿照德、日，规定由平政院直接审理地方最高级行政官署和中央行政官署作为被告的行政诉讼案件。《行政诉讼法》规定：人民对于下列事件，得于处分书或决定书

---

① 刘昕杰：《政治选择与实践回应：民国县级行政兼理司法制度述评》，载《西南民族大学学报》（人文社科版）2009年第4期。

到达之次日起,60日内,提起行政诉讼于平政院:(1)中央或地方最高级行政官署之违法处分,致损害人民权利者;(2)中央或地方行政官署之违法处分致损害其权利,经诉愿至最高级行政官署不服其决定者。肃政史依下列规定,于过期后60日内,亦得提起行政诉讼,并执行原告职务:(1)人民对于中央或地方最高级行政官署之违法处分致损害其权利,过期未提起诉讼者;(2)人民依《诉愿法》得提起行政诉讼之诉愿,过期未提起诉讼者。平政院受理之诉讼,应将诉状副本及其他副本或肃政史之公文,发交被告,限期令其提出答辩书,于必要时,并得限期令原被告以书状为第二次相互之答辩。被告提出答辩书后,平政院应定期传原被告及参加人对审,但认为便利或依原被告之请求时,得就书状裁决之。裁决后不得请求再审。行政诉讼裁决后,对于主管官署违法处分应取消或变更者,由平政院呈请大总统批令主管官署行之。

1916年6月,肃政厅被撤销,有关行政公诉的内容被废止,行政诉讼的形式仅限于当事人的起诉。

1931年,国民政府开始草拟行政诉讼法律。1932年11月,公布《行政法院组织法》和《行政诉讼法》,为国民政府时期行政诉讼的基本框架。行政法院成立后的15年中,国民政府颁布了10多项有关行政法院的法令。

《行政诉讼法》27条。其采取日、奥制,规定以行政法院为受理行政诉讼之机关。凡属于行政处分,不问其何种事项,均得提起行政诉讼。对于违法处分始得提起行政诉讼;而对于行政官署之不当处分,已有诉愿及再诉愿为救济之途,所以明区别而示限制。行政诉讼以一审为限。人民因中央或地方官署之违法处分至损害其权利,经依诉愿法提起再诉愿而不服其决定,或提起再诉愿逾三个月不为决定,或延长再诉愿决定期逾两个月不为决定者,得向行政法院提起行政诉讼,并附带请求赔偿。行政诉讼之当事人,包括原告即提起行政诉讼之人;被告,为驳回诉愿时之原处分官署或撤销或变更原处分或决定时,最后撤销或变更之官署;参加人,指就他人所提起的行政诉讼事件,因有利害关系而参加诉讼的个人或组织,第三人参加诉讼与否,由行政法院依职权决定。行政诉讼的当事人可以委托代理人代理诉讼。

行政法院审查诉状,认为不应提起行政诉讼或者违背法定程序者,应附理由以裁定驳回。审理方式上,行政法院原则上采取书面审理主义和职权审理主义。行政法院的裁判包括判定和裁决。凡当事人行政诉讼程序上之请求,由行政法院以裁定形式作出。以判决形式作出的有两种,一是行政法院认为起诉有理由者,应以判决撤销或者变更原处分;二是行政法院认为起诉为无理由者,以判决驳回之。有法定理由的,当事人对于行政法院之判决得向该院提起再审之诉。行政法院认为再审之诉不合法或显无理由者,应以裁定驳回之。

1933年5月,国民政府公布《行政诉讼费条例》,规定行政诉讼只收状纸费、送达文件费、抄录费、翻译费,不收审判费。行政法院自1933年6月成立后,至1948年8月,共受理案件1 696件,年均100余件。[①]

二、诉愿前置制度

行政法院的组织设置体现了行政诉讼的司法化,其制度设计继续推进对国外学说和法例的吸收,包括诉愿前置主义的诉讼原则,附带损害赔偿之诉,言辞辩论与书面审理相结合,一审终审、再审之诉。行政法院在运行中发展了行政判例制度。

诉愿指凡因行政作用致受不当损害者,对于该官署请求除去损害的诉愿。所以凡诉愿必为对于以往行政上之加害原因,而要求其救济

[①] 宋智敏:《从行政裁判院到行政法院》,法律出版社2012年版,第151页。

的一种程序,并非只陈述将来的希望而已。①"我国之行政诉讼法规定,必须经诉愿再诉愿之程序,而方得提起行政诉讼者,其理由如下。(1)在未移归行政法院审判以前,使行政官署尽量有更正之机会。(2)诉愿审理程序,较行政诉讼为简。若能简单了结,自得免久讼之累。(3)紧缩行政诉讼之范围,使行政法院不致担负过于繁剧。"②

1914年6月,参政院奉令代行立法院职权,旋即议定《诉愿法》18条,由大总统于同年7月公布施行。大致规定人民对于中央或地方行政官署违法或不当处分,致损害其权利或利益者,得向原处分行政官署之直接上级行政官署提起诉愿,如不服其决定,并得向原决定行政官署之直接上级行政官署再提起诉愿。如系违法处分,诉愿至中央或地方最高级行政官署不服其决定者,得向平政院提起行政诉讼;如系不当决定,即以中央或地方最高级行政官署之决定为最终之决定。人民对于中央或地方最高级行政官署之不当处分诉愿,应向原官署提起,如不服地方最高级行政官署之决定,得再向中央最高级行政官署提起诉愿,均以中央最高级行政官署之决定为最终之决定。诉愿须用书状,于处分书或决定书到达之次日起60日内提出。

1930年1月,行政院提出诉愿法草案。同年4月由国民政府公布《诉愿法》14条。其规定:人民因中央或地方官署之违法或不当处分,致损害其权利或利益者,得提起诉愿。诉愿之管辖:不服县市政府之处分者,向省政府主管厅提起诉愿,如不服其决定,向省政府提起再诉愿;不服省政府各厅之处分者,向省政府提起诉愿,如不服其决定,向中央主管部会提起再诉愿。不服省政府之处分者,向中央主管部会提起诉愿,如不服其决定,向主管院提起再诉愿。不服特别市各局之处分者,

---

① 朝阳大学法律科讲义:《行政法总论》(出版地、出版年份不明),第223—228页。
② 行政法院编:《行政诉讼法浅析》,1942年印行,第5—6页。

向特别市政府提起诉愿,如不服其决定,向中央主管部会提起再诉愿。不服特别市政府之处分者,向中央主管部会提起诉愿,如不服其决定,向主管院提起再诉愿。不服中央各部会之处分者,向原部会提起诉愿,如不服其决定,向主管院提起再诉愿。不服不当处分者,以再诉愿之决定为最终之决定,其不服违法处分之再诉愿,经决定后,得依法提起行政诉讼。诉愿自官署之处分书或决定书送达之次日起,30 日内提起之。多数人共同诉愿时,应由诉愿人选出三人以下之代表人,并提出代表委任书。

三、行政执行

1913 年 4 月,大总统公布《行政执行法》11 条。规定"该管行政官署,因维持公共之安宁秩序,保障人民之自由幸福,及执行法令,或本于法令之处分,认为必要时,得行间接或直接强制处分。"间接强制处分为:(1)代执行;(2) 30 元以下之怠金,均非预为告诫,不得行之。直接强制处分为:(1)对于人得为管束;(2)对于物得扣留、使用、处分或限制使用;(3)对于家宅及其他场所,得侵入搜索。均非认为不能行间接强制处分,或紧急时,不得行之。1914 年 8 月,修正行政执行法,对于家宅之侵入,增加"在日入后日出前,须先告知本人"的规定。

"行政制裁","可能具有制止性、预防性和补救性","就一般含义而言,制裁就是一个概括行政法上的各种行政义务保障措施的集合概念"。[①] 国民政府初期,沿用旧行政执行法。1932 年 12 月,国民政府公布《行政执行法》12 条,其内容与前法大致相同,规定行政官署于必要时,得行直接或间接强制处分。直接强制处分有三种:对于人之管束;

---

① 〔德〕汉斯·沃尔夫、奥托·巴霍夫等:《行政法》(第二卷),高家伟译,商务印书馆 2002 年版,第 319 页。

对于物之扣留使用或处分或限制其使用;对于家宅或其他处所之侵入。唯以上各直接强制处分,均有法定之条件与限度,行政官署不得任意为之。再行政官署非认为不能行间接强制处分,或认为紧急时,不得行直接强制处分。间接强制处分有二:代执行,罚锾。代执行之费用由义务人负担,罚锾之数额,中央各部会为30元以下,省市政府及各厅局为20元以下,县市政府为10元以下,其他行政官署为5元以下。将间接强制处分之"怠金"改为"罚锾",并规定中央各部会为30元以下,以次至其他行政官署,为20元以下、10元以下、5元以下。

行政执法的精神之一,在于运用国家强制力限制政府当局的专横:"方今民国初建,欲达纯粹之共和,势不能不利用法律之强制,否则行政之权力过于薄弱而无能,而野蛮之自由终将横决而莫挽。唯排除之方法,若无法律以范围之,则束缚抑压之势,且复陷于警察国之状态,而于民国之精神相背驰";"行政执法,实应此必要而制定者也";①"现代国家行政权之活动范围日益扩大,在在与吾人发生接触。而行政处分有时又难免不当或违法,致损害人民之利益或权利,自不可不讲求救济之道。诉愿法及行政诉讼法,即所以规定人民对行政官署不当或违法之处分,最确实最有效之救济手段者也"。②

---

① 《行政执法要论》,载《警务丛报》,1913年第2卷第38期。
② 徐家齐:《诉愿法释义》,会文堂新记书局1937年版,第1页。

附 录

一、中国近代主要行政立法表（包括宪法性文件）

类别	法律法规名称	条数	制定或颁布者	制定或颁布年月
约法、宪法类	钦定宪法大纲	23 条	宪政编查馆	光绪三十四年（1908年）
	中华民国临时约法	7 章 56 条	南京临时政府参议会	1912 年
	中华民国约法	10 章 68 条	约法会议	1914 年
	中华民国训政时期约法	8 章 89 条	国民会议	1931 年
	中华民国宪法	7 章 73 条	国会	1923 年
		14 章 175 条	国民大会	1946 年
政府组织、公务员类	国务院官制	12 条	参议院	1912 年
	国民政府组织法	7 章 48 条	国民党中央执委会	1925 年
	省官制	16 条	大总统	1914 年
	特别市组织法	7 章 39 条	国民政府	1928 年
	市组织法	7 章 42 条	国民政府	1928 年
	县组织法	7 章 58 条	国民政府	1928 年
	行政院组织法	11 条	国民政府	1932 年
	公务员任用条例	13 条	国民政府	1929 年
	考试法	18 条	国民政府	1929 年
	监试法	8 条	国民政府	1930 年
	文官甄用令	17 条	大总统	1915 年
	公务员登记条例	16 条	国民政府	1934 年
	公务员任用法	15 条	国民政府	1933 年
	人事管理条例	11 条	国民政府	1942 年
	中央行政官官等法	8 条	临时大总统	1912 年
	中央行政官官俸法	8 条	临时大总统	1912 年

续表

警察、司法行政类	各省区警务处组织章程	18条	大总统	1918年
	法部官制	13条	法部	光绪三十二年(1906年)
	律师暂行章程	8章38条	司法部	1912年
	律师章程	7章38条	司法部	1927年
	律师法	48条	国民政府	1941年
	监狱规则	15章103条	司法部	1913年
		14章109条	司法部	1928年
经济管理类	土地收用法	5章38条	大总统	1915年
	土地法	5编397条	国民政府	1930年
	森林法	6章32条	参政院	1914年
	水利法	9章71条，	国民政府	1942年
	大清矿务章程	正章15章74款，附章73条	农工商部	光绪三十三年(1907年)
	矿业法	9章121条	国民政府	1930年
	电气事业条例	12条	国民政府	1930年
	建筑法	5章50条	国民政府	1938年
	商标注册试办章程	28条	商部	光绪三十年(1904年)
	商标法	40条	国民政府	1930年
	专利法	133条	国民政府	1944年
	大清著作权律	5章55条	民政部	宣统二年(1910年)
	著作权法	5章45条	北京政府	1915年
		5章40条	国民政府	1928年
	电信条例	22条	交通部	1915年
	航空法	8章67条	国民政府	1941年
	铁道法	22条	国民政府	1932年
	盐法	7章39条	国民政府	1931年
	营业税法	13条	国民政府	1931年
	预算法	9章96条	国民政府	1932年
	会计法	10章27条	国民政府	1935年
	证券交易所法	8章58条	国民政府	1929年
	国家总动员法	32条	国民政府	1942年

续表

教育文化管理类	京师大学堂章程	8章	军机大臣、总理衙门	光绪二十四年(1898年)
	劝学所章程	10条	学部	光绪三十二年(1906年)
	奏定学堂章程	共6件	京师大学堂管学大臣等	光绪二十九年(1903年)
	小学法	18条	国民政府	1932年
	中学校令	16条	教育部	1912年
	中学法	14条	国民政府	1932年
	检定小学教员章程	27条	学部	宣统元年(1909年)
	师范学校法	17条	国民政府	1932年
	职业学校法	60条	国民政府	1932年
	大学组织法	26条	国民政府	1929年
	图书馆通行章程	20条	学部	宣统元年(1909年)
	图书馆规程	11条	教育部	1915年
	京师劝工陈列所章程总纲	9条	农工商部	宣统元年(1909年)
	礼制	7条	参议院	1912年
	古物保存法	14条	国民政府	1930年
	采掘古物规则	13条	行政院	1935年
	钦定报律	38条	民政部	宣统二年(1910年)
	出版法	23条	参议院	1914年
		4章44条	国民政府	1930年
	专用广播无线电接收机暂行规则	23条	交通部	1924年
	麻醉药品管理条例	22条	国民政府	1929年
	中医条例	10条	立法院	1936年
	医师法	6章39条	国民政府	1943年
	红十字会管理条例	14条	国民政府	1932年
	国民体育法	13条	国民政府	1929年

续表

社会管理类	违警律	10章45条	宪政编查馆	光绪三十四年（1908年）
	违警罚法	9章53条	大总统	1915年
		9章53条	国民政府	1928年
	国籍条例	5章24条	宪政编查馆	宣统元年（1909年）
	国籍法	5章22条	大总统	1912年
		5章20条	国民政府	1929年
	调查户口章程	11章40条	民政部	光绪三十四年（1908年）
	户籍法	8章184条	民政部	宣统三年（1911年）
		8章132条	国民政府	1931年
	保甲条例	42条	国民政府	1937年
	统计法	4章32条	国民政府	1932年
	权度法	25条	大总统	1915年
	度量衡法	26条	国民政府	1929年
	结社集会律	35条	民政部	光绪三十四年（1908年）
	工会法	8节53条	国民政府	1929年
	农会简明章程	23条	工商部	光绪三十三年（1907年）
	农会法	9章36条	国民政府	1930年
	非常时期人民团体组织法	20条	国民政府	1942年
	商会法	3章60条	参议院	1914年
		9章44条	国民政府	1929年
	合作社法	9章76条	国民政府	1934年
	稽核禁烟章程	9章23条	民政部	光绪三十四年（1908年）
	禁烟法	4章22条	国民政府	1929年
	蒙古待遇条例	9条	临时大总统	1912年
	监督寺庙条例	13条	国民政府	1913年
	寺庙管理条例	21条	国民政府	1929年
	工厂法	13章77条	国民政府	1929年
	职业介绍法	5章43条	国民政府	1935年
	劳动契约法	5章34条	国民政府	1936年
	保险法	3章82条	国民政府	1929年
	社会救济法	5章53条	国民政府	1943年

续表

行政监督、行政司法类	弹劾法	11条	国民政府	1929年
	审计法	19条	大总统	1914年
		23条	国民政府	1928年
	公务员惩戒法	5章28条	国民政府	1929年
	平政院编制令	29条	大总统	1914年
	行政诉讼法	4章35条	大总统	1914年
		27条	国民政府	1932年
	诉愿法	18条	参政院	1914年
		14条	国民政府	1930年
	行政执行法	11条	大总统	1913年
		12条	国民政府	1932年

二、本书所引法律法规资料主要出处

1.故宫博物院明清档案部:《清末筹备立宪档案史料》,2册,中华书局1979年版;

2.怀效锋等:《清末法制变革史料》,2册,中国政法大学出版社2010年版;

3.上海商务印书馆编译所编纂:《大清新法令》,11卷,点校本,商务印书馆2011年版;

4.上海法学会编译社编:《中华民国司法法令大全》,会文堂新记书局1932年版;

5.郭卫编:《六法全书》,会文堂新记书局1933年版;

6.司法行政部编:《司法法令汇编》第6册"行政法令",上海法学编译社1947年版;

7.中央陆军军官学校特别训练班编印:《现行地方行政法令汇编》(出版地、年份不详);

8.张研等:《民国史料丛刊》(2)"政治·法律法规",大象出版社2009年版;

9.《中华民国法规大全(1912—1949)》,2册,点校本,商务印书馆2016年版。

三、本书参考文献

1. 孙中山:《国民政府建国大纲》,《孙中山全集》,第9卷,中华书局2006年版;
2. 杨幼炯:《近代中国立法史》,商务印书馆1936年版;
3. 谢振民:《中华民国立法史》,正中书局1937年版;
4.〔美〕费正清等:《剑桥中华民国史(1912—1949)》,中国社会科学出版社1998年版;
5. 钱实甫:《北洋政府时期的政治制度》,中华书局1984年版;
6. 李进修:《中国近代政治制度史纲》,求实出版社1988年版;
7. 林代昭等:《中国近代政治制度史》,重庆出版社1988年版;
8. 袁继成等:《中华民国政治制度史》,湖北人民出版社1991年版;
9. 白钢主编:《中国政治制度史》,天津人民出版社2002年版;
10. 张宪文等:《中华民国史》,南京大学出版社2006年版;
11.〔日〕织田万:《清国行政法》,陈与年等译,上海广智书局1906年版;
12.〔日〕美浓部达吉:《行政法撮要》,程邻芳等译述,商务印书馆1934年版;
13. 黎兴殷:《比较行政法》,广东法学会1913年发行;
14. 徐仲白:《中国行政法论》,现代科学出版社1934年版;
15. 林纪东:《中国行政法总论》,正中书局1944年版;
16. 城仲模:《行政法之基础理论》,台北三民书局1991年版;
17. 杨海坤等:《中国行政法原理》,中国人民大学出版社2007年版;

18.姜明安等:《行政法》,科学出版社2010年版;

19.皮纯协等:《行政法学》,中国人民大学出版社2012年版;

20.谢瀛洲:《国民政府组织法研究》,华通书店1931年版;

21.黄伦:《户籍法与户籍行政》,中国文化服务社1944年版;

22.董中生:《土地行政》,大东书局1948年版;

23.莉萍:《民国时期永佃权》(中国法律史学文丛),商务印书馆2015年版;

24.雷国鼎:《中国近代教育行政制度史》,台北教育文物出版社有限公司1983年版;

25.殷莉:《清末民初新闻出版立法研究》,新华出版社2012年版;

26.汪文玑:《现行违警罚法释义》,商务印书馆1946年版;

27.马超俊、余长河:《比较劳动政策》(民国比较法文丛),商务印书馆2013年版;

28.赵长天:《赫德传》,人民文学出版社2012年版。